Guttentagsche Sammlung
Deutscher Reichsgesetze Nr. 196

Rittau

Militärstrafgesetzbuch

mit Einführungsgesetz und
Kriegssonderstrafrechtsverordnung

Fünfte Auflage

Walter de Gruyter & Co, Berlin

Guttentagsche Sammlung Deutscher Reichsgesetze
Nr. 196 Kommentare und erläuterte Textausgaben Nr. 196

Militärstrafgesetzbuch

in der Fassung der Verordnung vom 10. Oktober 1940
(RGBl. I S. 1347)

mit Einführungsgesetz und Kriegssonderstrafrechtsverordnung

erläutert von

Martin Rittau
Oberstrichter beim Reichskriegsgericht

Fünfte Auflage
(14. bis 19. Tausend)

Berlin 1944

Walter de Gruyter & Co

vormals G. J. Göschen'sche Verlagshandlung · J. Guttentag, Verlagsbuchhandlung · Georg Reimer Karl J. Trübner · Veit & Comp.

Archiv-Nr. 211 196

In dankbarer

und stolzer Erinnerung an

Generalfeldmarschall

von Reichenau

ihm zum Gedächtnis

Aus dem Vorwort zur 3. Auflage

Das Warten auf die Neufassung des Militärstrafgesetzbuchs, die schon lange in Aussicht stand und nunmehr durch Verordnung vom 10. Oktober 1940 (RGBl. I S. 1347) erfolgt ist, hat das Erscheinen der längst notwendig gewordenen 3. Auflage verzögert.

Die Neufassung tritt am 1. Dezember 1940 in Kraft. Sie beseitigt Begriffe, die durch die neuzeitlichen Formen der Kriegführung überholt sind, und die übertriebene Kasuistik, die sich bisher bei einzelnen Strafschärfungsgründen und in vielen Strafdrohungen fand. Die Vorschriften über die militärischen Ehrenstrafen, die so verwickelt, kasuistisch und unübersichtlich waren, daß sich selbst der geschulte Wehrmachtrichter in ihnen nur schwer zurechtfinden konnte, sind geändert und vereinfacht. Die Strafdrohungen für unerlaubte Entfernung, Fahnenflucht, Feigheit, Drohung und Tätlichkeit gegen einen Vorgesetzten, militärischen Aufruhr, Verabsäumung der Aufsichtspflicht und Nichtmeldung der Straftat eines Untergebenen, die teilweise schon durch die Kriegssonderstrafrechtsverordnung den Feldverhältnissen angepaßt worden waren, sind erhöht und in Vorschriften eingearbeitet worden, die auch für den Frieden eine angemessene Bestrafung gewährleisten. Im übrigen sieht die Neufassung des Militärstrafgesetzbuchs bewußt davon ab, zu den großen grundsätzlichen Fragen Stellung zu nehmen, deren Lösung der allgemeinen Strafrechtserneuerung und der endgültigen Gestaltung des Strafrechts der Wehrmacht vorbehalten bleiben soll. „Diese Beschränkung auf das Notwendigste verbietet", wie die Begründung hervorhebt, „den von der Rechtsprechung gelegentlich gezogenen Schluß, daß der Gesetzgeber die gesamte, zu den nicht geänderten Vorschriften vorhandene Rechtsprechung billige. Es bleibt die Pflicht des Richters, auch die alten Vorschriften im Geist der nationalsozialistischen Rechtserneuerung auszulegen und fortzubilden".

Die Kriegssonderstrafrechtsverordnung ist, ausführlich erläutert, dem MStGB nebst Einführungsgesetz vorangestellt und der frühere § 3 des Einführungsgesetzes als Grundlage für eine Darstellung des durch § 16a der Kriegsstrafverfahrensordnung erweiterten Rechts zur Disziplinarbestrafung gewählt worden. Mein besonderer Dank gilt Herrn Oberstkriegsgerichtsrat*)

*) jetzt Reichskriegsgerichtsrat.

Dr. Lattmann für die mir bei der Erläuterung der Kriegssonderstrafrechtsverordnung geleistete Hilfe und für manche wertvolle Anregung. Ferner habe ich, wie schon im Vorwort der 2. Auflage, Herrn Geh. Kriegsrat Dörken, Ministerialrat im Oberkommando der Wehrmacht, für die mir gewährte Unterstützung zu danken, ebenso Herrn Ministerialrat Keller, Oberkommando des Heeres.

Die von mir nach Erscheinen der 2. Auflage im Truppendienst gewonnenen Erkenntnisse sind, wie ich hoffe, der neuen Auflage an vielen Stellen zugute gekommen.

Generalfeldmarschall von Reichenau hat die Widmung dieses Buches angenommen. Sie soll dazu beitragen, den Dank abzustatten, den ihm die Rechtswahrer der Wehrmacht dafür schulden, daß er ihre Tätigkeit stets hoch eingeschätzt und sie tatkräftig gefördert, die Entwicklung des Wehrmachtstrafrechts mit reger Anteilnahme verfolgt, sie auf kriegswichtige Ziele hingelenkt und die Anwendung dieses Rechts innerhalb seines Befehlsbereichs in einer den Kriegsnotwendigkeiten entsprechenden Weise durchgesetzt hat.

Kassel, den 15. November 1940.

Martin Rittau.

Vorwort zur 5. Auflage

Nach dem Absatz der 4. Auflage, die gegenüber der 3. nur unbedeutende Änderungen aufwies, war eine weitgehende Umarbeitung des Buches erforderlich. Sie wurde vor allem veranlaßt durch die Strafrechtsangleichungs-Verordnung vom 29. Mai 1943 (RGBl. I S. 339), das Reichsjugendgerichtsgesetz vom 6. November 1943 und durch grundsätzliche neue Entscheidungen des Reichskriegsgerichts, die u. a. die Befehlslehre sowie die §§ 57, 62, 148 und 149 MStGB betreffen. Die für die Anwendung und Auslegung des MStGB und der KSSVO bedeutungsvollen Erlasse sind bis auf die neueste Zeit nachgetragen.

Brückenberg (Riesengebirge), den 18. Mai 1944.

Martin Rittau.

Inhaltsverzeichnis

Abkürzungen

Die Erläuterungsbücher zum Militärstrafgesetzbuch von:
Dörken und Scherer (4. Aufl., Berlin 1943),
Elsner von Gronow und Sohl (Militärstrafrecht, Berlin 1906),
Fuhse (2. Aufl., Berlin 1926),
Romen und Rissom (3. Aufl., Berlin 1918),
Rotermund (2. Aufl., Hannover 1911),
Schlayer (im Handbuch der Gesetzgebung, Berlin 1904),
Schwinge (5. Aufl., Berlin 1943)
sind mit den Namen der Verfasser angeführt; Zahlen dahinter ohne Zusatz bedeuten die Anmerkungen zu den betreffenden Paragraphen, bei Schlayer die durchlaufenden.

Paragraphenzahlen ohne Zusatz sind solche des Militärstrafgesetzbuchs, andere Zahlen ohne nähere Bezeichnung (z. B. 18, 141) bedeuten Band und Seite der Entscheidungen des Reichsmilitärgerichts.

Sonstige Abkürzungen.

a. A.	anderer Ansicht.
Abs.	Absatz.
a. F.	alte Fassung.
Allg. Verfg.	Allgemeine Verfügung des Reichsjustizministers.
Amtl. Erl.	Erläuterungen zum Kriegsstrafrecht der Wehrmacht (H. Dv. 3/13, M. Dv. Nr. 132, L. Dv. 3/13 Anhang 1).
Anm.	Anmerkung.
Art.	Artikel.
a. WG.	(altes) Wehrgesetz v. 23. 3. 1921 (RGBl. 329) in der Fassung der Gesetze v. 18. 6. 1921 (RGBl. 787) und v. 20. 7. 1933 (RGBl. I 526).
Begrdg. 36	Begründung zum Entwurf eines Strafgesetzbuchs für die deutsche Wehrmacht, Berlin 1936.
Begrdg. 40	Begründung zur Neufassung des Militärstrafgesetzbuchs v. 10. 10. 1940, veröffentlicht im „Gesetzesdienst für die Wehrmachtgerichte", Sonderheft, Berlin 1940.
BGB.	Bürgerliches Gesetzbuch.
D. a. B.	Bestimmungen für den Dienst an Bord (M. Dv. Nr. 49).

DBG.	Deutsches Beamtengesetz v. 26. 1. 1937 (RGBl. I S. 39).
Dietz, Einst. u. Entl. Best....	Dietz, Heinrich, Einstellungs- und Entlassungsbestimmungen für Heer und Luftwaffe (Erläuterungen), Leipzig 1936.
—, WDStO.......	Dietz, Heinrich, Wehrmachtdisziplinarstrafordnung, Leipzig 1943.
—, WG.	Dietz, Heinrich, Wehrgesetz, Dresden 1936.
DJ...............	Deutsche Justiz.
DJZ..............	Deutsche Juristen-Zeitung.
DR.	Deutsches Recht.
DStO.............	Reichsdienststrafordnung v. 26. 1. 1937 (RGBl. I S. 71).
DStr.............	Deutsches Strafrecht.
EG.	Einführungsgesetz.
G.................	Gesetz.
GArch............	(Goltdammers) Archiv für Strafrecht.
Gösser	Gösser, Fritz, Der Mißbrauch der Dienstgewalt (Wehrrechtliche Abhandlungen Heft 10), Berlin 1939.
Graf Gleispach	Wenzel Graf von Gleispach, Das Kriegsstrafrecht (Das Reich in Bereitschaft), Teil I und II, Berlin 1940.
Grau, Wehrstrafrecht	Fritz Grau, Georg Dörken, Dr. Dr. Rudolf Lehmann, Dr. Dr. Ulrich Stock, Wehrstrafrecht und allgemeines Strafrecht, Berlin (ohne Jahreszahl).
Gürtner	Das kommende deutsche Strafrecht. Allgemeiner Teil. Bericht über die Arbeit der amtlichen Strafrechtskommission, herausgegeben von Dr. Franz Gürtner, Reichsjustizminister, 2. Aufl., Berlin 1935.
H. d. R.	Handbuch der Rechtswissenschaft, herausgegeben von Stier-Somlo und Elster. Berlin und Leipzig 1926ff.
Hdwbch.	Handwörterbuch des Militärrechts, herausgegeben von Heinrich Dietz, Rastatt 1912.
Heckel	Prof. Dr. Joh. Heckel, Wehrverfassung und Wehrrecht des Großdeutschen Reiches, I. Teil, Hamburg 1939.
H. M.	Allgemeine Heeres-Mitteilungen.
HVBl.	Heeres-Verordnungsblatt.
JW.	Juristische Wochenschrift.
KG.	Kammergericht.
Kohlrausch-Lange...	Strafgesetzbuch mit Nebengesetzen und Erläuterungen von Prof. Dr. Eduard Kohlrausch in Verbindung mit Prof. Dr. Richard Lange, 38. Aufl., Berlin 1944.
KSSVO	Verordnung über das Strafrecht im Kriege und bei besonderem Einsatz (Kriegssonderstrafrechtsverordnung) v. 17. 8. 1938 (H. Dv. 3/13, M. Dv. Nr. 132, L. Dv. 3/13, I).

KStVO .... Verordnung über das militärische Strafverfahren im Kriege und bei besonderem Einsatz (Kriegsstrafverfahrensordnung) v. 17. 8. 1938 (H. Dv. 3/13, M. Dv. Nr. 132, L. Dv. 3/13, II).
L. K. .... Leipziger Kommentar zum Reichsstrafgesetzbuch, 5. Aufl., Berlin und Leipzig 1933.
LKO. .... Landkriegsordnung (Haager) v. 18. 10. 1907.
LVBl. .... Luftwaffen-Verordnungsblatt.
Mot. (Motive) ..... Begründung zum Entwurf eines Militärstrafgesetzbuchs.
MStGB .... Militärstrafgesetzbuch.
MStGO. .... Militärstrafgerichtsordnung.
M. V. .... Verordnung über die Musterung und Aushebung v. 17. 4. 1937 (RGBl. I S. 469) in der Fassung der Verordnungen v. 14. 4. 1938 (RGBl. I S. 394), v. 7. 3. 1939 (RGBl. I S. 425) und v. 3. 11. 1943 (RGBl. I S. 652).
Nagler............ Prof. Dr. Joh. Nagler, Kriegsstrafrecht, Stuttgart 1940.
n. F. .... neue Fassung.
NMilRBl.......... Neue militärrechtliche Blätter, herausgegeben von Heinrich Dietz. Einziger Jahrgang 1935/36.
O. B............. Organisatorische Bestimmungen für die Kriegsmarine (M. D. V. Nr. 15).
Ob. d. H. .... Oberbefehlshaber des Heeres.
Ob. d. L. .... Oberbefehlshaber der Luftwaffe.
OKH. .... Oberkommando des Heeres.
OKW. .... Oberkommando der Wehrmacht.
OLG. .... Oberlandesgericht.
PE. .... Prüfungsergebnisse des Reichsmilitärgerichts.
Pfundtner-Neubert . Das neue deutsche Reichsrecht (Ergänzbare Sammlung der einschlägigen Rechtsvorschriften mit Erläuterungen), herausgegeben von Hans Pfundtner und Dr. Reinhard Neubert, Berlin 1933 ff.
Raht .... Kriegsrecht für den Feldoffizier, bearbeitet von Oberkriegsgerichtsrat Raht, Rittmeister d. Res., 2. Aufl., Berlin 1942.
R. d. L. .... Reichsminister der Luftfahrt.
Rehdans-Dombrowski... Das Recht der Wehrmacht. Hand- und Lehrbuch von Dr. Rehdans, Dombrowski und Kersten, 2. Aufl., Berlin 1938.
RG. .... Reichsgericht.
RGBl. .... Reichsgesetzblatt.
RGSt. .... Entscheidungen des Reichsgerichts in Strafsachen.
RJGG............ Reichsjugendgerichtsgesetz v. 6. 11. 1943.
RKG. .... Entscheidungen des Reichskriegsgerichts, Berlin 1938/43.

RKrM. .... Reichskriegsministerium.
RMG. .... Reichsmilitärgericht.
Rsp. .... Rechtsprechung des Reichsgerichts in Strafsachen.
s. .... siehe.
S. .... Seite.
Schäfer-Dohnanyi . Schäfer und v. Dohnanyi, Die Strafgesetzgebung der Jahre 1931—1935 (Nachtrag zu Frank, Strafgesetzbuch, 18. Aufl.), Tübingen 1936.
Schmidt (ohne Zusatz)... Eberhard Schmidt, Militärstrafrecht, Berlin 1936.
St. O. D. V........ Standortdienst-Vorschrift (H. Dv. 131, M. Dv. Nr. 581, L. Dv. 131; Neudruck vom 24. 10. 1939).
StGB .... Reichsstrafgesetzbuch.
StPO. .... Strafprozeßordnung.
Stuckart-v. Rosen .. Stuckart und v. Rosen-v. Hoewel, Die Reichsverteidigung (Wehrrecht), 2. Aufl., Leipzig 1943.
T. F. .... Truppenführung (H. Dv. 300).
vgl. .... vergleiche.
WFVG. .... Wehrmachtfürsorge- und -versorgungsgesetz v. 26. 8. 1938 (RGBl. I S. 1077).
WG. .... Wehrgesetz v. 21. 5. 1935 (RGBl. I S. 609).
W.St.V. .... Strafvollstreckungsvorschrift für die Wehrmacht v. 27. 11. 1933 (RGBl. II S. 979).
WStVzV .... Vorschrift für den Vollzug von Freiheitsstrafen und anderer Freiheitsentziehung in der Wehrmacht v. 4. 12. 1937 (H. Dv. 3/7b, M. Dv. Nr. 124 Heft 3b, L. Dv. 3/7b).
Ziff. .... Ziffer.
ZStW. .... Zeitschrift für die gesamte Strafrechtswissenschaft.
ZWehrR. .... Zeitschrift für Wehrrecht, herausgegeben von Heinrich Dietz, Berlin und München 1936ff.

I.

Verordnung über das Sonderstrafrecht im Kriege und bei besonderem Einsatz

(Kriegssonderstrafrechtsverordnung)

Vom 17. August 1938

Zweck der Verordnung

Die Schlagfertigkeit und die Sicherung der Wehrmacht bedürfen im Kriege eines verstärkten Rechtsschutzes. Dem tragen die Tatbestände der KSSVO Rechnung. Daneben enthält die VO. Bestimmungen, die den Geltungsbereich der Strafgesetze erweitern und die das Disziplinarstrafrecht dem in der Kriegsstrafverfahrensordnung geregelten Kriegsverfahren anpassen.

Die VO. ist auf die während ihrer Geltungszeit begangenen Straftaten auch anzuwenden, nachdem sie außer Kraft getreten ist (§ 2a Abs. 3 StGB); Amtl. Erl.

In der Kriegsstrafgesetzgebung rücken die Gesichtspunkte des Schutzbedürfnisses entscheidend in den Vordergrund. Der äußere Tatbestand und mit ihm die Wirkung der widerrechtlichen Handlung treten beherrschend hervor. Die Stärke des rechtsfeindlichen Wollens kommt erst an zweiter Stelle zur Geltung. Auch für den erkennenden Richter hat der Schutzgedanke entscheidend im Vordergrund zu stehen. Für seine Entscheidung muß im Krieg ebenfalls nicht so sehr die Persönlichkeit des Täters als die Gefährlichkeit der Tat für die Volksgemeinschaft den Ausschlag geben (RKG. 2, 151).

Kriegssonderstrafrecht

§ 1

Das sachliche Strafrecht

(1) Für alle Personen, die dem Militärstrafgesetzbuch unterworfen sind, gilt auch das Strafgesetzbuch für das Deutsche Reich.

(2) Auf diese Personen ist das für sie geltende Strafrecht auch dann anzuwenden, wenn sie die Tat im Ausland begehen.

1. Abs. 1 erstreckt die Geltung des StGB im Interesse der Reichseinheit auch auf das Gefolge, soweit es nach § 155 MStGB dem Militärstrafgesetzbuch unterworfen ist, selbst wenn es nicht aus dem Altreich stammt, ferner auf zugelassene ausländische Offiziere (§ 157 MStGB) und auf Kriegsgefangene (§ 158 MStGB).

2. Abs. 2 erweitert über § 7 MStGB hinaus den räumlichen Geltungsbereich des in Deutschland geltenden Rechts. Auch wenn der Täter sich nicht bei den Truppen oder sonst in dienstlicher Stellung im Ausland befindet, — also besonders für deutsche Kriegsgefangene — gilt das deutsche Strafrecht weiter. Dabei ist zu beachten, daß auch im feindlichen Gefangenenlager — im Verhältnis zum deutschen Strafrecht — das Vorgesetzten- und Untergebenenverhältnis bestehen bleibt, jedoch ruht die Befehlsgewalt, soweit sie tatsächlich nicht ausgeübt werden kann; Amtl. Erl.

Die Zivilbevölkerung auf feindlichem Boden unterliegt dem gesamten Reichsstrafrecht nach Maßgabe der §§ 160, 161 MStGB. Der Inhaber der vollziehenden Gewalt kann durch Verordnung Reichsrecht ohne jede Einschränkung für anwendbar auf die Bevölkerung in dem von deutschen Truppen besetzten ausländischen Gebiet erklären.

Die PolenstrafrechtsVO. v. 4. 12. 41 (RGBl. I S. 759) geht dem § 1 (1) KSSVO als Sonderstrafrecht vor. Sie gilt daher auch für Angehörige des Gefolges, die dem MStGB unterworfen sind. Die Wehrmachtgerichte haben die sachlich-rechtlichen Vorschriften der PolenstrafrechtsVO. auf Polen (polnische Volkszugehörige) anzuwenden, die Schutzangehörige oder staatenlos sind, wenn sie a) die Straftat in den eingegliederten Ostgebieten begangen haben oder b) am 1. 9. 39 im Gebiet des ehem. polnischen Staates ihren Wohnsitz oder ständigen Aufenthalt gehabt und die Straftat in einem anderen Gebiet des Deutschen Reiches als in den eingegliederten Ostgebieten begangen haben; OKW. v. 10. 3. 44 — 14 h WR (I/1).

Sondertatbestände

Die Vorschriften, welche die Spionage (§ 2), die Freischärlerei (§ 3), die Zuwiderhandlungen gegen die von den Befehlshabern im besetzten ausländischen Gebiet erlassenen Verordnungen (§ 4) und die Zersetzung der Wehrkraft (§ 5) unter Strafe stellen, richten sich an jedermann. Die §§ 2 und 3 der VO. bedrohen die Spionage und die Freischärlerei mit dem Tode. Sie stellen Handlungen, die nur während eines Krieges begangen werden können, unter Strafe (Amtl. Erl.). Die ursprüngliche ausschließliche Zuständigkeit der Wehrmachtgerichte zur Verfolgung und Aburteilung der Wehrkraftzersetzung (§ 5 KSSVO) ist mit Wirkung vom 1. 6. 40 durch Art. I Nr. 1 der 7. VO. zur Durchführung und Ergänzung der VO. über das militärische Strafverfahren im Kriege und bei besonderem Einsatz v. 18. 5. 40 (RGBl. I S. 787) in Fortfall gekommen. Sie wurde s. Zt. begründet, weil die Strafvorschrift des § 5 KSSVO zur Ausfüllung einer Gesetzeslücke als eine militärische Mobilmachungsmaßnahme auf dem Gebiet der Kriegsstrafrechtspflege vorgesehen werden mußte. Wegen der zahlreichen Auslegungsschwierigkeiten, die die Vorschrift bietet, erschien der unvorbereitete Anfall solcher Strafsachen an die allgemeine Justiz rechtspolitisch unerwünscht. Diese Gründe bestehen heute nicht mehr. Die Strafvorschrift ist seit dem 26. 8. 39 (RGBl. I S. 1482) in Kraft. Das Reichskriegsgericht hat die Grundlagen für eine Rechtsprechung gelegt, die den Belangen der Wehrmacht gerecht wird. Zahlreiche Strafvorschriften, die seit Ausbruch des Krieges erlassen worden sind, haben zudem die Bedeutung des § 5 (1) Nr. 1 KSSVO zugunsten anderer Bestimmungen vermindert, für deren Auslegung die allgemeinen Strafgerichte zuständig sind. Erwähnt seien nur die KriegswirtschaftsVO. v. 4. 9. 39 (RGBl. I S. 1609), die VO. über außerordentliche Rundfunkmaßnahmen v. 1. 9. 39 (RGBl. I S. 1683), die VO. zum Schutze der Wehrkraft des Deutschen Volkes v. 25. 11. 39 (RGBl. I S. 2319); Begründung zur 7. DurchführungsVO. zur KSSVO.

Es sind also jetzt zur Aburteilung von Zivilpersonen wegen Straftaten nach § 5 KSSVO, soweit sie nicht als Angehörige des Beurlaubtenstandes zum Beispiel eine Selbstverstümmelung unter den Voraussetzungen des § 6a MStGB begehen (§ 2 Nr. 2 KStVO) oder soweit nicht die Voraussetzungen des § 3 KStVO (Begehung im Operationsgebiet) vorliegen, die allgemeinen Gerichte zuständig. Nach der VO. v. 29. 1. 43 (RGBl. I S. 76) ist für öffentliche Zersetzung der Wehrkraft (§ 5 Abs. 1 Nr. 1 KSSVO) der Volksgerichtshof zuständig, für vorsätzliche Wehrdienstentziehung (§ 5 Abs. 1 Nr. 3 KSSVO) nur dann, wenn der Oberreichsanwalt beim Volksgerichtshof die Aburteilung durch dieses Gericht für geboten hält. Sonst ist nach der Allg. Verfg. v. 27. 5. 40 (Deutsche Justiz S. 621 Nr. 236) Anklage vor dem Sondergericht zu erheben. In welchen Fällen die Gerichtsherren im Strafverfahren wegen Zersetzung der Wehrkraft nach § 5 (1) Nr. 2 und 3 KSSVO den Präsidenten des Reichskriegsgerichts um Übernahme der Untersuchung und Aburteilung zu ersuchen haben, ist durch Erlaß des Chefs OKW. v. 18. 5. 40 (HVBl. C S. 217 Nr. 635) bestimmt. Er gilt nicht für Strafverfahren gegen Beschuldigte, die der Zuständigkeit des RKG. nach § 14 (4 Satz 1) KStVO entzogen sind.

Die ausschließliche Zuständigkeit der Wehrmachtgerichte zur Verfolgung und Aburteilung der Spionage (§ 2 KSSVO) hat der Chef OKW. durch VO. v. 10. 12. 41 (RGBl. I S. 776) gelockert. Danach ist der Volksgerichtshof auch zuständig für Spionage, wenn das OKW. oder der Gerichtsherr erklärt, daß die militärischen Belange die Aburteilung durch ein Wehrmachtgericht nicht erfordern. Die Zuständigkeit des Volksgerichtshofs entfällt aber, wenn das OKW. oder der Gerichtsherr seine Erklärung zurücknimmt und der Volksgerichtshof zustimmt. Ist das Verfahren noch nicht beim Volksgerichtshof anhängig, so erteilt die Zustimmung der Oberreichsanwalt beim Volksgerichtshof.

§ 2
Spionage

(1) Wegen Spionage wird mit dem Tode bestraft, wer heimlich oder unter falschem Vorwand in dem Kriegsgebiet der deutschen oder einer verbündeten Wehrmacht Nachrichten einzieht oder einzuziehen sucht in der Absicht, sie dem Feinde oder zu dessen Nutzen einem anderen mitzuteilen. Daneben kann auf Einziehung des Vermögens erkannt werden.

(2) Keine Spione sind:

1. Militärpersonen in Uniform, die in das Kriegsgebiet der deutschen oder einer verbündeten Wehrmacht eingedrungen sind, um sich Nachrichten zu verschaffen.

2. Personen, die den ihnen erteilten Auftrag, Mitteilungen an ihre eigene oder an die feindliche Wehrmacht zu überbringen, offen ausführen.

3. Personen, die in Luftfahrzeugen befördert werden, um offen:

a) Mitteilungen zu überbringen oder

b) überhaupt Verbindungen zwischen den verschiedenen Teilen der feindlichen Wehrmacht oder eines Gebietes aufrechtzuerhalten.

(3) Ein Spion, der zur feindlichen Wehrmacht zurückgekehrt ist und später gefangen genommen wird, ist als Kriegsgefangener zu behandeln und kann für frühere Spionage nicht verantwortlich gemacht werden.

(4) Abs. 2 und 3 gelten nicht für Deutsche und die Angehörigen eines verbündeten Volkes oder einer verbündeten Wehrmacht.

1. Spionage ist die heimliche Beschaffung wichtiger Nachrichten, deren Kenntnis einem Staate gegenüber dem ausgekundschafteten Staate von Wert ist. Sie ist völkerrechtlich nicht verboten, wird aber mit scharfen Gesetzen abgewehrt. Ohne Bedeutung für die Eigenschaft als Spion ist, ob der Täter der feindlichen Wehrmacht angehört oder nicht. Ebenso ist es strafrechtlich gleichgültig, aus welchen Beweggründen der Spion seine Kundschaftertätigkeit ausübt (Vaterlandsliebe, Haß gegen den Feind, Geldgier usw.); RKG. 2, 71. Dadurch, daß § 2 KSSVO die Spionage zu einer nach deutschem Strafrecht zu bestrafenden Handlung gemacht hat, ist die Anwendung aller übrigen einschlägigen Vorschriften des deutschen Strafrechts auf die Spionage, wie auf jede andere strafbare Handlung auch, sichergestellt; vor allem gilt dies naturgemäß für den „Allgemeinen Teil" des StGB (RKG. 2, 69). Ein Waffenstillstand übt keinen Einfluß auf die Verfolgbarkeit der Spionage aus (RKG.

2, 72). Spionage setzt eine unmittelbare oder mittelbare **Beziehung zum Feinde** voraus. Steht der Täter im Dienste einer anderen (nicht feindlichen) Macht, so finden die Bestimmungen des StGB über Landesverrat Anwendung (Amtl. Erl.). § 2 KSSVO ist eine gesetzliche Sondervorschrift, die alle anderen durch die Kundschaftertätigkeit als solche etwa verletzten Strafvorschriften ausschließt. Vor allem haben also insoweit die Vorschriften über Landesverrat auszuscheiden. Wenn und soweit sich eine Kundschaftertätigkeit als Spionage i. S. des § 2 KSSVO darstellt, gilt für sie nur § 2 Abs. 1 und 3 KSSVO (RKG. 2, 72).

Der Wortlaut des § 2 beruht auf den vom Deutschen Reich anerkannten völkerrechtlichen Vereinbarungen (s. Art. 29—31 LKO.), ersetzt jedoch „Operationsgebiet" (Art. 29 LKO.) durch „Kriegsgebiet" und bestimmt den Begriff der „Gegenpartei" genauer als „Feind oder zu dessen Nutzen einem anderen".

Über **Todesstrafe** (Vollstreckung) s. § 103 KStVO.

2. Die **Spionage wird begangen** durch Einziehen, worunter auch Übermitteln oder Überbringen zu verstehen ist (RKG. 2, 80 und 86), von Nachrichten, die für den Feind bestimmt sind, auch solcher Nachrichten, die von einem anderen beschafft worden sind (RKG. 2, 71). Auch die Fälle sind in den Begriff des „Nachrichteneinziehens" einzubeziehen, wo es sich um Weitergabe von Mitteilungen handelt, welche der Täter ohne vorangegangenes Ausspähen erlangt hat; RKG. v. 11. 12. 42 StPL. (HLS) I 110/42. Der Zweck des Gesetzes geht dahin, jede verbotene Kundschaftertätigkeit zu erfassen, die in Übereinstimmung mit dem Völkerrecht (vgl. Art. 29 LKO.) nach **Herkommen und militärischem Bedürfnis** als Spionage beurteilt wird. Das bedeutet, daß als Spion i. S. des Gesetzes jeder anzusehen ist, der es im Kriegsgebiet der deutschen oder einer verbündeten Wehrmacht unternimmt, durch Einziehung oder Übermittlung von Nachrichten den Feind in seiner Kriegführung zu unterstützen, ohne offen zu handeln, etwa nach Art eines uniformierten feindlichen Spähtrupps (RKG. 2, 86). Die Tätigkeit zugunsten eines verbotenen Kundschafterdienstes kann sich auch in anderen Formen als in der des Einziehens oder Überbringens von Nachrichten über den Gegner abspielen, z. B. durch Anwerbung, Schulung oder Beförderung von Agenten, durch Beschaffung von Geld oder Nachrichtenmitteln (Sendern), durch technische Hilfeleistungen usw. Es muß dem Einzelfall überlassen bleiben, zu entscheiden, ob sich auch eine Tätigkeit dieser Art — etwa unter dem Gesichtspunkt der Mittäterschaft — als Spionage darstellt oder unter welchen anderen rechtlichen Gesichtspunkten sie zu beurteilen ist; RKG. v. 16. 12. 43 StPL. (III. Sen.) 84/43.

Nachrichten, die keineswegs immer Staatsgeheimnisse im Sinne des § 88 (1) StGB zu sein brauchen (Amtl. Erl.), aber für den Feind nicht völlig bedeutungslos sein dürfen (RKG. 2, 71), sind schriftliche oder mündliche Mitteilungen über Gegenstände, Tatsachen oder Vorgänge. „Auch Mitteilungen über Zustände und Stimmungen können darunter fallen" (Schäfer-Dohnanyi, Anm. I 3 zu § 80).

Das Einziehen der Nachrichten muß heimlich erfolgen, denn Spionage ist Kriegführung „im Dunkeln“, die das Licht der Öffentlichkeit scheut, oder „unter falschem Vorwand“, z. B. unter dem Vorgeben, Kriegsberichterstatter oder Beauftragter des Roten Kreuzes zu sein. Es genügt, wie sich aus einem Vergleich mit § 2 (2) Nr. 2 KSSVO ergibt, daß der Täter nicht offen, d. h. nicht allgemein erkennbar, als Kundschafter festzustellen ist (RKG. 2, 71). Der Begriff des Einziehens ist auch erfüllt, wenn der Täter die Nachricht, die er (heimlich oder unter einem Vorwand) an den Feind weiterleiten will, unaufgefordert bekommen hat (RKG. 2, 71). Er kann sich nicht damit entschuldigen, daß es sich um Tatsachen oder Vorgänge handle, die an dem fraglichen Ort allgemein bekannt waren oder beobachtet werden konnten. Entscheidend ist nur, ob er wußte oder wollte, daß der Gegner aus ihnen Nutzen zog; RGK. v. 16. 12. 43 StPL. (III. Sen.) 84/43.

Der Versuch des Einziehens von Nachrichten für den Feind oder zu dessen Nutzen genügt zur Bestrafung mit dem Tode. Dies gilt auch für den „untauglichen“ Versuch; aus welchen Gründen der Versuch „untauglich“ ist, ist ohne Bedeutung (RKG. 2, 70). Einen strafbefreienden Rücktritt gibt es nicht (RKG. 2, 83).

3. Kriegsgebiet ist das im Besitz der deutschen oder einer verbündeten Wehrmacht befindliche Gebiet, in dem kriegerische Handlungen irgendwelcher Art stattfinden oder stattfinden können. Bei der heutigen Reichweite der Luftwaffe fällt der größte Teil des Deutschen Reichsgebiets darunter. Zum Kriegsgebiet rechnen auch die von eigenen Truppen besetzten Teile feindlichen Gebiets (RKG. 2, 70 und 86; 2, 135).

Ob es sich um eine verbündete Wehrmacht handelt, richtet sich nach den geschlossenen Verträgen; gelegentliches Zusammenwirken genügt nicht.

4. Da nach § 2 (1) KSSVO Spion ist, wer heimlich Nachrichten einzieht oder übermittelt, der Begriff der Spionage also auf das rein äußere Merkmal des Auskundschaftens in verbotener Form abgestellt ist, kommt das innere Bewußtsein bei der Spionage nur insoweit in Betracht, als der Täter weiß oder wenigstens mit der Möglichkeit rechnen muß, daß es sich um kriegswichtige Nachrichten handelt, die dem Feind zugute kommen sollen. Gleichgültig ist, ob der Gegner, der in verbotener Form auskundschaftet, dies von sich aus und aus eigenem Entschluß tut, ob er sich nur auf eine Anfrage des Vorgesetzten gemeldet hat oder ob er sogar nur mit innerem Widerstreben und entgegen seiner persönlichen Einstellung nur einen Befehl vollzieht. Aus diesem Grunde kann auch die Frage, ob Mittäterschaft oder Beihilfe i. S. des § 49 StGB vorliegt, nur bei einem Teilnehmer auftauchen, der in anderer Weise als durch Einziehen oder Übermitteln von Nachrichten an einem Spionageunternehmen beteiligt ist. Wer selbst Nachrichten einzieht oder übermittelt, ist Täter. Er kann nicht Gehilfe sein, gleichgültig, ob er die Tat als eigene oder nur die Tat eines anderen unterstützen will (RKG. 2, 81).

5. Die Einziehung des Vermögens erfolgt im Verwaltungszwangsverfahren (§ 110 Abs. 1 KStVO), sie kann durch Vermögensbeschlagnahme (§ 41 KStVO) vorbereitet werden.

6. Abs. 2, der im wesentlichen dem Wortlaut des Art. 29 (2) LKO. entspricht, zählt die Personen auf, die das Einziehen und Überbringen von Nachrichten (s. Anm. 2 oben) nicht heimlich oder unter falschem Vorwand betreiben und deswegen keine Spione sind.

a) Nr. 1 betrifft die Kundschafter. Unter Militärpersonen sind Wehrmachtangehörige (§ 4 MStGB) zu verstehen.

Über Uniform s. Anm. 4 zu § 6b MStGB. Wer in Uniformrock und -hose gekleidet ist, befindet sich in Uniform, auch wenn er keine Mütze oder eine solche trägt, die als Wehrmachtmütze nicht ohne weiteres kenntlich ist. Eine Wehrmachtmütze allein ist als Uniform nicht anzusehen (Dietz, WDStO. S. 137).

In das Kriegsgebiet (s. Anm. 3 oben) eingedrungen ist auch eine feindliche Streife, die hinter die deutschen Linien gelangt ist, mehrere Wochen hindurch versucht, ihre Truppe zu erreichen, und während dieser Zeit von Feldfrüchten lebt, vereinzelt auch Lebensmittel von der Bevölkerung beitreibt, bis sie schließlich in Gefangenschaft gerät. Sie kann nicht wegen Spionage, aber auch nicht wegen Diebstahls oder Plünderung bestraft werden (§ 129 Abs. 3 MStGB). Mit der Gefangennahme hat sie Anspruch auf ordnungsmäßige Behandlung als Kriegsgefangene, auch wenn sie hinter den deutschen Linien Nachrichten eingezogen hat. Denn auch diese Tätigkeit würde sich im Rahmen rechtmäßiger Kampfhandlungen halten. Hingegen ist ein entwichener Kriegsgefangener, der Zivilkleider anlegt und auf seinem Fluchtweg wichtige Anlagen ausspäht und skizziert, um die Skizzen seinem Heere auszuhändigen, jedoch ergriffen wird, bevor er es erreicht, als Spion zu bestrafen. Gelingt ihm aber die Flucht und fällt er erneut in deutsche Gefangenschaft, so kann (nach Abs. 3) eine Bestrafung wegen Spionage nicht erfolgen. Über Fallschirmjäger s. Anm. 1 und 7 zu § 3.

b) Nr. 2 betrifft Personen, die im Auftrag einer fremden Wehrmacht handeln und in engeren Beziehungen zur Organisation ihres Nachrichtendienstes stehen. Jedoch ist das nicht Voraussetzung für ihre Freistellung von der Behandlung als Spion. Übrigens ist Graf Gleispach (I S. 38) darin Recht zu geben, daß es schwer zu verstehen ist, wenn den Mitteilungen an die feindliche Wehrmacht solche an die eigene gleichgestellt werden. Der Auftrag, Mitteilungen (= Nachrichten) zu überbringen, muß in jedem Falle offen ausgeführt werden, d. h. ohne das Unternehmen, Nachrichten heimlich oder unter falschem Vorwand einzuziehen (Abs. 1). Dazu ist es notwendig, daß die Personen, die den Auftrag ausführen wollen, Mitteilungen an ihre eigene oder die feindliche Wehrmacht zu überbringen, zum mindesten als Beauftragte der feindlichen Wehrmacht in Erscheinung treten. Sie müssen sich also, da für die Kriegführung tätig, auch offen der Bekämpfung als Feind aussetzen. Sie werden in der Regel auch als Angehörige der feindlichen „bewaffneten Macht" i. S. des

Art. 1 LKO. „von ferne" kenntlich sein müssen. Treten sie nicht „offen" auf, greifen sie aber gleichwohl mit der Waffe in den Kampf ein, so sind sie Freischärler nach § 3 KSSVO. Schalten sie sich nicht „offen" in die den Angehörigen der bewaffneten Macht vorbehaltene Erkundung oder Nachrichtenübermittlung ein, so handeln sie „heimlich" und werden zu Spionen nach § 2 (1) KSSVO. „Zivilisten" als Erkunder oder Überbringer militärischer Dinge und Nachrichten sind also schon als solche immer Spione, genau so wie ein Soldat als Spion behandelt wird, der bei seiner Erkundung oder Nachrichtenübermittlung bürgerliche Kleidung trägt; RKG. v. 16. 12. 43 StPL. (III. Sen.) 84/43. „Keine offene Weitergabe würde das Anzeigen mit Windmühlenflügeln oder durch Turmuhrzeiger bedeuten" (Scherer, ZWehrR. IV S. 227).

c) Nr. 3 betrifft ebenfalls, wie aus den Worten „befördert werden, um offen" hervorgeht, Personen, die im Auftrag einer fremden Wehrmacht handeln.

Bezüglich der offenen Handlungsweise und des Überbringens von Mitteilungen gilt das vorstehend unter b Gesagte. Wer im Flugzeug deutsches Hoheitsgebiet oder das Operationsgebiet der deutschen oder einer verbündeten Wehrmacht oder von deutschen Truppen besetztes Gebiet überfliegt, um im Auftrag einer fremden Wehrmacht die Verbindung zwischen getrennten Teilen der feindlichen Wehrmacht oder zwischen dieser und ihrem Heimatgebiet aufrechtzuerhalten, wird nicht als Spion behandelt, wenn er gelegentlich dieser Tätigkeit wichtige Anlagen ausspäht und skizziert, um diese Skizzen der feindlichen Wehrmacht auszuhändigen, und der Täter mit den Skizzen gelegentlich einer Notlandung in deutsche Hände fällt. Hierbei wird es sich hauptsächlich um unbeabsichtigt gemachte Wahrnehmungen handeln.

7. Abs. 3 entspricht wörtlich dem Art. 31 LKO.

8. Abs. 4 nimmt Deutsche und Angehörige eines verbündeten Volkes oder einer verbündeten Wehrmacht von den Vergünstigungen der Abs. 2 und 3 aus. Auf sie sind die völkerrechtlichen Vereinbarungen nicht anwendbar (Amtl. Erl.). Sie soll in jedem Fall die verdiente Strafe treffen.

Dem Schutz der militärischen Angelegenheiten anderer (befreundeter) Staaten gegen Spionage auf deutschem Boden, ganz gleich ob sie von Deutschen oder Ausländern betrieben wird, dient § 5 der VO. zur Ergänzung der Strafvorschriften zum Schutz der Wehrkraft des Deutschen Volkes v. 25. 11. 39 (RGBl. I S. 2319):

Gefährdung der Wehrmacht befreundeter Staaten

(1) Wer im Inland für einen fremden militärischen Nachrichtendienst zum Nachteil eines anderen Staates Nachrichten über militärische Angelegenheiten sammelt oder weitervermittelt oder einen Nachrichtendienst über solche Angelegenheiten bildet, unterhält oder unterstützt, wird mit Zuchthaus, in minder schweren Fällen mit Gefängnis bestraft.

(2) Die Tat wird nur auf Anordnung des Reichsministers der Justiz verfolgt.

In diesem Zusammenhang ist auch von Bedeutung die VO. über den Nachrichtenverkehr v. 2. 4. 40 (RGBl. I S. 823). Sie gilt auch für die eingegliederten Ostgebiete und unterscheidet den Nachrichtenverkehr mit dem feindlichen Ausland, den Nachrichtenverkehr mit dem nichtfeindlichen Ausland und den Inlandsnachrichtenverkehr. Nach § 2 der VO. ist der unmittelbare und mittelbare Nachrichtenverkehr (Postverkehr, Fernmeldeverkehr, Güter- und Frachtenverkehr, Brieftaubenverkehr und jeder Verkehr mit optischen, akustischen und allen anderen Arten von Verständigungsmitteln zum Zwecke der Nachrichtenübermittlung) mit dem feindlichen Ausland verboten. Unter mittelbarem Nachrichtenverkehr ist die Übermittlung von Nachrichten an das nichtfeindliche Ausland, die zur Weitergabe an das feindliche Ausland bestimmt sind, zu verstehen. Ausnahmen von dem Verbot genehmigt das OKW., erforderlichenfalls im Benehmen mit den Obersten Reichsbehörden. § 4 der VO. lautet:

> Wer es unternimmt, mittelbar oder unmittelbar Nachrichten ohne Genehmigung gemäß § 2 Abs. 2 in das feindliche Ausland gelangen zu lassen, wird mit Gefängnis, in leichteren Fällen mit Haft oder mit Geldstrafe bestraft, sofern nicht nach anderen Bestimmungen eine schwerere Strafe, insbesondere wegen Landesverrats die Todesstrafe, verwirkt ist.

Die §§ 5 und 6 der VO. betreffen den — grundsätzlich zulässigen — Nachrichtenverkehr mit dem nichtfeindlichen Ausland, § 9 bedroht Zuwiderhandlungen gegen die Beschränkungen und Auflagen, denen der Inlandnachrichtenverkehr aus Gründen der Kriegführung durch das OKW. unterworfen werden kann, mit Strafe, während § 11 auf die besonderen Bestimmungen hinweist, die für den Nachrichtenverkehr des Auswärtigen Amts und des Roten Kreuzes gelten.

§ 3

Freischärlerei

(1) Wegen Freischärlerei wird mit dem Tode bestraft, wer, ohne als Angehöriger der bewaffneten feindlichen Macht durch die völkerrechtlich vorgeschriebenen äußeren Abzeichen der Zugehörigkeit erkennbar zu sein, Waffen oder andere Kampfmittel führt oder in seinem Besitz hat in der Absicht, sie zum Nachteil der deutschen oder einer verbündeten Wehrmacht zu gebrauchen oder einen ihrer Angehörigen zu töten, oder sonst Handlungen vornimmt, die nach Kriegsgebrauch nur von Angehörigen einer bewaffneten Macht in Uniform vorgenommen werden dürfen. Daneben kann auf Einziehung des Vermögens erkannt werden.

(2) Keine Freischärler sind:

1. Angehörige der bewaffneten feindlichen Macht in Uniform, die sich lediglich einer üblichen Tarnung bedienen,

2. Angehörige der Milizen und Freiwilligen-Korps, wenn sie folgende Bedingungen erfüllen:

a) jemand an ihrer Spitze steht, der für seine Untergebenen verantwortlich ist;

b) sie ein bestimmtes aus der Ferne erkennbares Abzeichen tragen;

c) sie die Waffen offen führen und

d) bei ihren Unternehmungen die Gesetze und Gebräuche des Krieges beachten,

3. die Bevölkerung eines nicht besetzten Gebietes, die beim Herannahen des Feindes aus eigenem Antrieb zu den Waffen greift, um die eindringenden Truppen zu bekämpfen, ohne Zeit gehabt zu haben, sich nach Nr. 2a und b zusammenzuschließen, wenn sie die Waffen offen führt und die Gesetze und Gebräuche des Krieges beachtet.

1. Die Strafdrohung des Abs. 1 dient ohne örtliche Beschränkung dem Schutz der Wehrmacht, besonders der kämpfenden Truppe, vor hinterhältigen Angriffen durch Freischärler. Als solcher ist anzusehen, wer sich in irgendeiner Weise an den Feindseligkeiten beteiligt, ohne Angehöriger der bewaffneten Macht und als solcher durch deutliche Abzeichen erkennbar zu sein. Diese Kennzeichnung trifft in keinem Falle auf die deutschen Fallschirmjäger zu. Denn

I. die deutschen Fallschirmjäger sind Teile der deutschen Wehrmacht („reguläre Truppe"). Sie sind rechtmäßige Kämpfer und befinden sich in Ausübung berechtigter Kriegshandlungen. Wo sie eingesetzt werden (ob an der Front oder hinter den feindlichen Linien oder tief im Hinterland), ist für ihre Kombattanteneigenschaft gleichgültig. Ihre kriegsrechtliche Berechtigung wird nicht geändert. Auch ihre Nachrichteneinziehung als militärische Erkundung und Aufklärung ist rechtmäßig, so daß auch von Spionage bei ihnen keine Rede sein kann (s. Anm. 6a zu § 2);

II. ob die Fallschirmjäger in größeren oder kleineren Gruppen oder einzeln ein- und abgesetzt werden, ist für ihre Eigenschaft als rechtmäßige Kämpfer belanglos;

III. als Soldaten tragen sie die ihnen verliehene und dem Gegner bekannte Uniform mit Hoheitsabzeichen (Parade zu Berlin am 20. 4. 39 in Anwesenheit des Diplomatischen Korps und der Ausländischen Militärattachés). Eine Verwechslung ihrer Uniform mit Zivilkleidung ist unmöglich. Daß die Uniform anders ist als die des Heeres und der Luftwaffe, beruht auf Zweckmäßigkeitserwägungen. Dies ist nichts Ungewöhnliches, denn auch die Panzertruppe hat eine Sonderuniform, die der Besonderheit gerade ihrer Verwendung angepaßt ist. Diese Tatsache kann nicht als Beweis etwa in dem Sinne verwandt werden, daß es sich bei den Fallschirmsoldaten nicht um eine bei der deutschen Wehrmacht übliche Uniform handelt.

Wenn Fallschirmspringer des Gegners in ziviler Kleidung abspringen, auf Grund ihrer Beherrschung der fremden Landessprache unter der Maske eines Landeseinwohners alsbald untertauchen und dann einzeln Sabotageakte begehen oder Geheimnisse ausspähen, so sind sie Freischärler bzw. Spione. Denn dann tritt an Stelle des Typs des Kämpfers der Agent und Saboteur (OKH. v. 2. 6. 40, Az. 454 GenQu (III) GenStdH Nr. 13077/40).

Drei Begehungsformen der Freischärlerei sind nach Abs. 1 möglich:

1. Führen von Waffen oder anderen Kampfmitteln in der Absicht, sie zum Nachteil der deutschen oder einer verbündeten Wehrmacht zu gebrauchen oder einen ihrer Angehörigen zu töten,

2. Besitz von Waffen oder anderen Kampfmitteln in der gleichen Absicht,

3. Vornahme sonstiger Handlungen, die nach Kriegsgebrauch nur von Angehörigen einer bewaffneten Macht vorgenommen werden dürfen.

Nach der inneren Tatseite setzt eine Bestrafung nach § 3 KSSVO nur voraus, daß der Täter die Absicht hatte, die Waffe zum Nachteil der deutschen Wehrmacht zu gebrauchen oder einen ihrer Angehörigen zu töten oder eine sonstige nach Kriegsbrauch nur den Angehörigen einer bewaffneten Macht erlaubte Handlung vorzunehmen, und daß er den, wenn auch nur bedingten, Vorsatz hatte, dies zu tun, ohne durch die völkerrechtlich vorgeschriebenen äußeren Abzeichen als Angehöriger einer bewaffneten Macht erkennbar zu sein (RKG. 2, 120).

2. Zu Anm. **1**, 1: Der Ausdruck „Waffe" umfaßt nicht nur Waffen im technischen Sinne, also Werkzeuge, die bestimmungsgemäß Menschen zum Angriff oder zur Verteidigung bei äußeren Kämpfen dienen und geeignet sind, Körperverletzungen beizubringen oder andere zu töten, sondern auch alle Gegenstände, die nur geeignet sind, den Zwecken des Angriffs oder der Verteidigung bei körperlichen Kämpfen zu dienen. „Waffe" ist also im wesentlichen gleichbedeutend mit „gefährliches Werkzeug" (§ 223a StGB), z. B. Messer. „Andere Kampfmittel" sind z. B. ätzende Flüssigkeiten, die einem anderen ins Gesicht gegossen werden sollen, Sprengstoffe, Gifte und Bakterien.

Waffen oder andere Kampfmittel führt, wer sie bei sich trägt, gleichgültig ob offen oder versteckt.

Die Absicht des Gebrauchs zum Nachteil der deutschen oder einer verbündeten Wehrmacht (über Verbündete s. Anm. **2** zu § 8 MStGB) oder der Tötung eines ihrer Angehörigen braucht nicht schon im Augenblick des Ergreifens der Waffe usw. vorhanden gewesen, sondern kann später gefaßt worden sein. Es genügt nicht das bloße Bewußtsein, eine Waffe oder ein anderes Kampfmittel bei sich zu tragen mit der Möglichkeit, davon Gebrauch zu machen. Erforderlich zur Überführung ist vielmehr der Nachweis, daß der Täter zu irgendeiner Zeit, als er die Waffe usw. führte oder besaß, den, wenn auch nur bedingten Vorsatz hatte, den Erfolg eines Nachteils für die deutsche oder eine verbündete

Wehrmacht oder der Tötung eines ihrer Angehörigen herbeizuführen (RKG. 2, 120). Ein solcher Nachweis wird nicht immer leicht zu erbringen sein, wenn es sich beispielsweise bei der „Waffe“ lediglich um ein Rasier- oder ein Taschenmesser handelt und die Mitführung solcher Messer bei der in Betracht kommenden männlichen Bevölkerung allgemein, auch in Friedenszeiten, üblich ist. Jedoch kann das Mitführen solcher Messer von den Befehlshabern im besetzten ausländischen Gebiet verboten und dann als eine Zuwiderhandlung nach § 4 KSSVO bestraft werden.

Eine feindliche Zivilperson, die bei der Säuberung eines Hauses, aus dem vorher geschossen worden ist, mit der Waffe in der Hand zu fliehen versucht, ist als Freischärler zu behandeln, weil anzunehmen ist, daß sie die Waffe auch zum Nachteil der deutschen Wehrmacht gebraucht hat. Da der fliehende Freischärler von der Waffe jederzeit erneut gegen deutsche Soldaten Gebrauch machen kann, die Kampfhandlung mit seiner Flucht also noch nicht beendet ist, kann er ohne weiteres erschossen werden (rechtmäßige Kampfhandlung).

3. Zu Anm. **1**, 2: Für die Beurteilung, ob jemand Waffen oder andere **Kampfmittel** „in seinem Besitz hat“, ist der Besitzbegriff des BGB. nicht maßgebend. Es genügt die körperliche Möglichkeit tatsächlicher Beherrschung der Waffe usw., ohne daß noch der Besitzwille hinzuzutreten braucht. Wer im Gefechtsgebiet, ohne als Angehöriger der bewaffneten feindlichen Macht durch deutliche Abzeichen erkennbar zu sein, die Möglichkeit besitzt, die tatsächliche Herrschaft über eine Waffe auszuüben, kann als Freischärler kriegsgerichtlich mit dem Tode bestraft werden. Das erfordert die Sicherheit der Truppe. Im Besitz einer Waffe kann auch sein, wer eine solche auf dem Boden oder im Keller seines Hauses aufbewahrt, sie im Garten vergraben oder nur weggeworfen hat, um nicht mit der Waffe in der Hand betroffen zu werden. Ein feindlicher Zivilist, der beim Durchmarsch deutscher Truppen auf einen deutschen Soldaten geschossen hat, dann die Waffe wegwirft und davonläuft, kann ohne weiteres bei dem Fluchtversuch erschossen werden. Denn durch das Wegwerfen der Waffe und den Fluchtversuch unmittelbar nach Abgabe des Schusses ist die Kampfhandlung noch nicht beendet. Bei der gefährlichen und hinterhältigen Kampfweise der Freischärler muß erfahrungsgemäß damit gerechnet werden, daß der Täter an anderer Stelle mit anderen Waffen in den Kampf eingreifen wird. Seine Erledigung ist noch im Kampf erfolgt und daher rechtmäßig.

4. Zu Anm. **1**, 3: Handlungen, die nach Kriegsgebrauch nur von Angehörigen einer bewaffneten Macht in Uniform vorgenommen werden dürfen, sind z. B. die Zerstörung eigener rückwärtiger Verbindungen, das Durchschneiden von Fernsprechleitungen, die Vornahme von Sprengungen und die Bekämpfung von Fallschirmjägern, sowohl in der Luft als auch auf der Erde. **Keine** rechtmäßige **Kampfhandlung** ist die Beschießung von Flugzeugbesatzungen, die ihre beschädigten Maschinen verlassen und zu ihrer Rettung über den feindlichen Linien abspringen. Sie haben, wenn sie in Feindeshand fallen, ebenso wie Fallschirmjäger, die ergriffen werden, Anspruch auf Behandlung als Kriegsgefangene. Jede Verletzung dieses völkerrechtlichen Schutzes kann Vergeltungsmaßnahmen (Repressalien) nach sich ziehen (OKH. v. 2. 6. 40 Az. 454 GenQu (III) GenStdH Nr. 13077/40), ferner Bestrafung der Täter, wenn sie in deutsche Hand fallen, wegen Mordes oder Totschlags oder wegen Versuchs dieser Verbrechen (s. Anm. 1 zu § 158 MStGB).

5. Über Todesstrafe (Vollstreckung) s. § 103 KStVO. Die Einziehung des Vermögens geschieht nach § 110 (1) KStVO durch Beitreibung im Verwaltungszwangsverfahren.

6. Die Aufzählung der Personen, die nicht Freischärler sind (Abs. 2) entspricht dem Art. 1 LKO. „Diese Bestimmungen gehen von der Voraussetzung aus, daß nicht alle feindlichen Staatsangehörigen, sondern nur bestimmte Personengruppen berechtigt sind, an den Feindseligkeiten teilzunehmen. Diese Regel ist mit der anderen verknüpft, daß auch nur gegen diese Personen Kampfhandlungen zulässig sind, während alle übrigen Angehörigen des Feindes nicht Gegenstände des kriegerischen Schädigungsrechtes sein dürfen. Die Schonung der friedlichen Zivilbevölkerung, die den wichtigsten Fortschritt des modernen Kriegsrechts bildet, ist aber nur dann möglich, wenn die Zivilbevölkerung von der bewaffneten Macht klar und deutlich unterschieden ist"; v. Verdroß, Der Freischärler, Deutsche Justiz 1940 S. 980.

Zu 1.: Die Ausdrücke „Angehörige der bewaffneten Macht", „Militärpersonen" (§ 2 Abs. 2 Nr. 1) und „Wehrmachtangehörige" (§ 4 MStGB) sind gleichbedeutend (s. Erläuterungen zu § 4 MStGB).

Über Uniform s. Anm. 4 zu § 6b MStGB und Anm. 6a zu § 2 KSSVO. „Ein Soldat, der die Uniform ablegt und auch auf andere Abzeichen i. S. des § 3 KSSVO verzichtet, begibt sich damit des Rechtsanspruchs, nach Kriegsrecht als Soldat behandelt zu werden"; Hodes, Freischärler, ZWehrR. V S. 491, entgegen Schätzel, Freischärler, ZWehrR. V S. 209/224. Notwehrhandlungen von Zivilpersonen gegen ordnungsmäßige Kampfhandlungen von Kriegführenden können grundsätzlich nicht anerkannt werden (RKG. 2, 120).

Als „übliche Tarnung" ist z. B. anzusehen das Entfernen oder Verdecken der Schulterklappen, das Tragen von Mannschaftsschulterklappen durch Offiziere, das Bestreichen des Stahlhelms mit Lehm oder feuchter Erde, das Bestecken des Stahlhelms mit Blättern oder Zweigen, das Tragen einer anderen Waffenfarbe (Kavallerie als Infanterie eingekleidet). Die Tarnung darf nicht so weit getrieben werden, daß die Uniform als solche nicht mehr erkennbar ist. Unzulässig ist ferner ein Mißbrauch der militärischen Abzeichen oder der Uniform des Feindes. Auch das Tragen einer feindlichen Uniform oder eines feindlichen Abzeichens durch Angehörige einer bewaffneten Macht ist keine erlaubte Kriegslist im Sinne des Art. 24 LKO.

Zu 2.: Milizen und Freiwilligenkorps in Ländern, wo solche „das Heer oder einen Bestandteil des Heeres bilden" (Art. 1 Abs. 2 LKO), „sind militärähnlich organisierte Verbände, die einem verantwortlichen Befehlshaber unterstellt sind" (v. Verdroß a. a. O.). Ihre Angehörigen müssen, um nicht als Freischärler angesehen zu werden, die Bedingungen nach Abs. 2 Nr. 2a—d in sich vereinigen, es darf also keine davon fehlen. Das gilt auch von organisierten Abwehrverbänden zur Bekämpfung von Fallschirmjägern und Luftlandetruppen (RKG. 2, 118). Über die Beteiligung der nicht organisierten Bevölkerung am Kampf s. Anm. 7. Niemand kann „gleichzeitig Angehöriger der Miliz oder eines Freikorps und der Zivilbevölkerung sein. Man kann nur das eine oder das andere sein. Zivilpersonen, die als Einzelgänger am Kampfe teilnehmen, sind unter allen Umständen Freischärler. Es spielt dabei keine Rolle, ob sie aus eigenem Antriebe oder im Auftrage oder mit Ermächtigung ihrer Regierung handeln. Denn für unsere Frage ist nicht das innere Verhältnis zwischen Regierung und Untertan, sondern der äußere Tatbestand entscheidend. Auch ein staatlich ermächtigter Freischärler bleibt ein Freischärler. Das Haager Kriegsrecht übernahm das Organisationsprinzip (im Gegensatz zum Autorisationsprinzip). Da auch Großbritannien das Haager Abkommen über die Gesetze und Gebräuche des Landkrieges v. 18. 10. 07 vorbehaltlos ratifiziert hat, kann demnach kein Zweifel bestehen, daß jeder Engländer als Freischärler bestraft werden kann, der ohne oder mit Ermächtigung seiner Regierung gegen die deutschen Truppen feindliche Unternehmungen vornimmt, ohne den Bedingungen des Art. 1 der Haager Landkriegsordnung zu entsprechen. Dem steht auch eine allfällige Berufung auf die vom Haager Kriegsrecht abweichende angelsächsische Kriegsdoktrin nicht entgegen, da diese völkerrechtlich unerheblich ist, soweit ihr ein bindender Völkerrechtssatz entgegensteht"; v. Verdroß a. a. O.

Nach Abschnitt 10 des am 25. 6. 40 in Kraft getretenen deutsch-französischen Waffenstillstandsvertrags sind auch als Freischärler zu behandeln alle französischen Staatsangehörigen, die dem von der französischen Regierung erlassenen Verbot, im Dienst von Staaten, mit denen sich das Deutsche Reich noch im Kriege befindet, gegen dieses zu kämpfen, zuwiderhandeln. Vgl. hierzu Waltzog, Freischärlerei und Art. 10 Abs. III des Waffenstillstandsvertrages vom 22. Juni 1940, ZWehrR. V S. 447. Danach hat das OKW. amtlich festgestellt: „Weiterkämpfende Franzosen sind

1. Kriegsgefangene, was zur Voraussetzung hat, daß sie legitime Kämpfer waren;

2. sie können nach innerstaatlichem deutschen Recht nicht wegen Freischärlerei bestraft werden;

3. sie können lediglich von der französischen Justiz wegen Zuwiderhandelns gegen ein innerstaatliches französisches Gesetz bestraft werden;

4. es ist der Truppe verboten, in ihre Hand gefallene weiterkämpfende Franzosen außerhalb des Kampfes kurzerhand zu erschießen".

Frankreich hat durch Dekret vom 7. 7. 40 in Ergänzung des Art. 75 seines Strafgesetzbuchs die Weiterbeteiligung seiner Staatsangehörigen am Kampfe gegen Deutschland unter Todesstrafe gestellt. „Soweit die Franzosen nicht Angehörige der englischen Wehrmacht geworden sind, kämpfen sie illegitim und können nach § 3 KSSVO zum Tode verurteilt werden. Die Zuständigkeit der Wehrmachtgerichte ergibt sich aus § 3 KStVO" (Waltzog a. a. O.).

a) Über Verantwortlichkeit für seine Untergebenen s. Anm. 1 zu § 147.

b) Ein bestimmtes Zeichen ist ein für alle gleiches. Es ist aus der Ferne erkennbar, wenn es auf Reichweite des unbewaffneten Auges (in der preußischen Proklamation v. 29. 8. 1870 hieß es „auf Gewehrschußweite") wahrgenommen werden kann. Das Abzeichen muß „fest mit der Kleidung verbunden sein"; v. Verdroß a. a. O.

c) Über Waffen s. oben Anm. 2. Auch Dreschflegel und Sensen fallen darunter, da sie nicht zu den nach Art. 23e LKO. verbotenen Waffen gehören und es keinen Unterschied ausmacht, ob der Gegner durch einen Schlag mit dem Gewehrkolben oder dem Dreschflegel, durch Verletzungen mit dem Bajonett oder der Sense unschädlich gemacht wird. Keine offene Führung der Waffen liegt vor, wenn sie verborgen oder zerlegt sind (v. Verdroß a. a. O.) oder wenn auf deutsche Wehrmachtangehörige aus dem Hinterhalt geschossen wird.

d) Eine Mißachtung der Gesetze und Gebräuche des Krieges bedeutet z. B., abgesehen von der schon erwähnten Beschießung von Flugzeugbesatzungen, die zu ihrer Rettung abspringen (s. Anm. 4 oben),

1. die Verwendung von Gift oder vergifteten Waffen sowie von Dum-Dum-Geschossen,

2. die meuchlerische Tötung oder Verwundung von Angehörigen des feindlichen Volkes oder Heeres, die auch durch eine feindliche Zivilperson erfolgen kann, die sich keiner feindlichen Truppe angeschlossen hat, sondern sich auf eigene Faust an Kämpfen beteiligt und aus der feindlichen Frontlinie auf anstürmende deutsche Truppen schießt,

3. die Tötung oder Verwundung eines die Waffen streckenden oder wehrlosen Feindes, der sich auf Gnade oder Ungnade ergeben hat,

4. die Erklärung, daß kein Pardon gegeben wird (Art. 23 LKO. und Erklärung vom 29. 7. 1899, RGBl. 1901 S. 478),

5. das Schießen auf Sanitätspersonal, das eine auf dem linken Arm befestigte, von einer Militärbehörde gestempelte Binde mit dem Abzeichen des Roten Kreuzes auf weißem Grunde trägt, und die Wegnahme dieses Abzeichens (Genfer Abkommen vom 27. 7. 29, RGBl. 1934 II S. 208),

ferner der Mißbrauch von Uniformen oder Abzeichen des Feindes (s. oben Anm. 6 zu 1).

7. Abs. 2 Nr. 3 behandelt das Volksaufgebot (v. Verdroß, Völkerrecht, Berlin 1937, S. 293) oder die Volkserhebung in einem noch nicht besetzten, d. h. tatsächlich noch nicht in der Gewalt der deutschen oder einer verbündeten Wehrmacht befindlichen Gebiet. Die Besetzung erstreckt sich nur auf die Gebiete, wo diese Gewalt hergestellt ist und ausgeübt werden kann (Art. 42 Abs. 2 LKO.). Eine „Volkserhebung im besetzten Gebiet ist völkerrechtlich nicht anerkannt. Eine Volkskrieg im Rücken des vorrückenden Heeres kann demnach nach Völker-

recht mit allen Mitteln unterdrückt werden. Die gefangenen Teilnehmer werden nicht Kriegsgefangene, sondern können strafrechtlich abgeurteilt werden. Aber auch im nicht besetzten Gebiet ist die Volkserhebung gegen den herannahenden Feind nicht schrankenlos anerkannt, sondern nur dann, wenn ein plötzlicher Überfall erfolgt, so daß der Bevölkerung des bedrohten Gebietes keine Zeit bleibt, sich ordnungsgemäß zu einem Freiwilligenkorps zu organisieren" und wenn sich die Volkserhebung „den allgemeinen Gesetzen eines offenen und ritterlichen Kampfes unterwirft. Hingegen ist jeder getarnten Aktion der Zivilbevölkerung gegen die feindliche Armee unter allen Umständen die völkerrechtliche Anerkennung versagt. Personen, die sich an einer völkerrechtlich nicht anerkannten Volkserhebung beteiligen, sind Freischärler. Freischärlerei liegt in solchen Fällen auch dann vor, wenn diese Personen mit Ermächtigung ihrer Regierung handeln"; v. Verdroß, Der Freischärler, Deutsche Justiz 1940 S. 980/982.

Aus eigenem Antrieb muß die Bevölkerung zu den Waffen gegriffen haben. Tut sie es infolge eines Aufrufs ihrer Regierung oder infolge Zugehörigkeit zu einem Geheimbund, der sich schon in Friedenszeiten zur Bekämpfung eindringender feindlicher Truppen gebildet hat, so liegt Freischärlerei vor. Sonst wird von dem Volksaufgebot, das nicht organisiert zu sein braucht (v. Verdroß a. a. O.), nur verlangt, daß es die Waffen offen führt (s. oben Anm. 6 zu 2 c) und die Gesetze und Gebräuche des Krieges beachtet (s. oben Anm. 6 zu 2 d), z. B. mit normalen Geschossen und nicht aus dem Hinterhalt auf die deutschen Soldaten schießt.

Zur Abwehr von Fallschirmjägern ist weder die Polizei als solche berechtigt, es sei denn, daß es sich um Polizeikräfte handelt, die planmäßig in die Wehrmacht eingegliedert sind, noch — unter den augenblicklichen Verhältnissen — die „nichtorganisierte Bevölkerung". Denn die Voraussetzung, daß die Bevölkerung keine Zeit gehabt hat, sich entsprechend zu organisieren (Art. 2 LKO.), liegt bei der bereits jahrelangen Dauer des Krieges mit England und bei den in diesem Lande und in seinen Dominien, Kolonien usw. getroffenen Vorbereitungen nicht vor (RKG. 2, 118). Zivilisten, die sich an dem Kampf gegen Fallschirmjäger beteiligen, sind daher Freischärler (OKH. v. 2. 6. 40 Az. 454 GenQu (III) GenStdH Nr. 13077/40).

8. Verfahrensrecht. Freischärler sind in erster Reihe im Kampf und auf der Flucht zu erschießen (s. oben Anm. 3). Werden sie dagegen gefangen genommen, so sind sie nach innerstaatlichem Recht (§ 1 Abs. 4 b KStVO) in einem geordneten Gerichtsverfahren abzuurteilen. Sie sind aber nicht als Kriegsgefangene, sondern als Verbrecher zu behandeln. Für ihre Aburteilung sind in erster Reihe die von den Regimentskommandeuren oder mit derselben Disziplinarstrafgewalt versehenen Befehlshabern zu berufenden Feldkriegsgerichte (Standgerichte) zuständig (§ 13 a KStVO). Für deren Zusammensetzung und Tätigkeit gelten die allgemeinen Bestimmungen (§§ 9 und 1 KStVO). Verhandlungsleiter ist, wenn ein Wehrmachtsrichter (s. S. 68 Abs. 2) nicht zur Stelle ist, ein Offizier mit Befähigung zum Richteramt, notfalls

ein anderer Offizier, jedoch mindestens von der Rangklasse der Hauptleute (Kapitänleutnante). Als Beisitzer ist ein Offizier zu berufen, der möglichst im Rang eines Stabsoffiziers stehen soll, während der zweite Beisitzer in Anpassung an die Lebensstellung oder sonstigen Verhältnisse der beschuldigten Zivilperson zu bestimmen ist. Diese Vorschriften über die Zusammensetzung des Standgerichts sind jedoch nicht zwingend. Den gesetzlichen Vorschriften, die unter allen Umständen beachtet werden müssen, ist genügt, wenn die Hauptverhandlung vor drei (3) militärischen Richtern, gleichviel welcher Rangklasse, stattfindet. Sie haben etwaige Zeugen zu vernehmen, den Angeklagten zu hören und das Urteil mit Stimmenmehrheit zu fällen. Wird der Angeklagte der Freischärlerei für schuldig befunden, ist er zum Tode zu verurteilen, anderenfalls freizusprechen. Das Urteil ist schriftlich abzusetzen und kann etwa lauten:

„Feldurteil.

Der Schmied X hat nach der eidlichen Aussage des Unteroffiziers Müller, 1./J. R. 1, am .... mit einem Gewehr auf deutsche Truppen geschossen. Er wird daher wegen Freischärlerei zum Tode verurteilt.

......, den ....

Das Feldkriegsgericht eines Infanterie-Regiments.

....	....	.....
Hptm.	Uffz.	Gefr.“

Hinzuziehung eines Vertreters der Anklage und eines Verteidigers ist nicht notwendig. Als Verteidiger kann vor der Hauptverhandlung der Gerichtsherr oder in der Hauptverhandlung das erkennende Gericht jede Person zulassen oder bestellen, sofern 1. dadurch die Sicherheit des Reichs nicht gefährdet wird und 2. die Person zur Stelle ist oder ohne Verzögerung hinzugezogen werden kann (§ 51 KStVO). Das Recht zur Bestätigung des Urteils hat der Kommandeur, der das Feldkriegsgericht berufen hat. Die Bestätigung lautet im Falle der Verurteilung: „Ich bestätige das Urteil; das Urteil ist zu vollstrecken“. Im Anschluß an die Bestätigung ist das Urteil sofort durch Erschießen zu vollstrecken.

In Ausnahmefällen kann gemäß § 77 (3) KStVO das Feldkriegsgericht durch einstimmigen Beschluß das gegen Freischärler ergangene Todesurteil für vollstreckbar erklären, wenn 1. der bestätigungsberechtigte Befehlshaber nicht auf der Stelle erreicht werden kann und 2. die Vollstreckung aus zwingenden militärischen Gründen keinen Aufschub duldet. Das schriftliche Urteil, die Bestätigungsverfügung und eine Meldung über die Vollstreckung sind umgehend dem sonst zuständigen Gerichtsherrn (Divisionskommandeur usw.) vorzulegen.

Ist die Täterschaft noch beweisbedürftig, so wird der Freischärler dem allgemein zuständigen Gerichtsherrn (§ 12 KStVO) vorgeführt. Beweismittel zur Überführung sind sicherzustellen (Erlaß des Ob. d. H. vom 4. 11. 39 Az. 453 GenQu (III) GenStdH Nr. 5962/39). Abwegig sind die Ansichten von Schätzel (Freischärler, ZWehrR. V S. 209/225), es stehe der Truppe, die einen Freischärler gefangengenommen hat, frei, ihn „nach Kriegsrecht" zu erschießen oder ihn „von der Exekution auszunehmen", und das Gericht habe sich im Verfahren gegen Freischärler auf die Feststellung des objektiven Tatbestandes zu beschränken, also den „ganzen Komplex der strafrechtlichen Vorschriften über subjektive Schuld, Strafbarkeit usw." außer Betracht zu lassen; dagegen mit zutreffender Begründung Hodes, Freischärler, ZWehrR. V S. 491/493.

§ 4

Zuwiderhandlungen gegen die von den Befehlshabern im besetzten ausländischen Gebiet erlassenen Verordnungen

(1) Zuwiderhandlungen gegen die von den Befehlshabern im besetzten ausländischen Gebiet zur Sicherung der Wehrmacht oder des Kriegszwecks erlassenen Verordnungen werden mit Zuchthaus oder Gefängnis bis zu fünfzehn Jahren bestraft, soweit in diesen Verordnungen keine anderen Strafen angedroht sind.

(2) In besonders leichten Fällen kann auf Haft bis zu sechs Wochen oder Geldstrafe erkannt werden.

1. § 4 enthält ein Blankettstrafgesetz. Es unterstützt die Durchsetzung der von den Befehlshabern im besetzten ausländischen Gebiet zur Sicherung der Wehrmacht oder des Kriegszwecks erlassenen Verordnungen (Amtl. Erl.).

Ein Gebiet gilt als besetzt, wenn es sich tatsächlich in der Gewalt des einrückenden Heeres befindet. Die Besetzung erstreckt sich nur auf die Gebiete, wo diese Gewalt hergestellt ist und ausgeübt werden kann (sog. Effektivität der Herrschaft, Art. 42 LKO.). Durch eine vorübergehende, überdies schon von vornherein auf einige Stunden beschränkte und zudem auch noch gebietsmäßig eng begrenzte Störung von außen wird die Befehlsgewalt über das betreffende Gebiet nicht beseitigt. Maßgebend ist nur, ob die gesetzmäßige Gewalt in der Lage ist, sich alsbald wieder durchzusetzen (RKG. 2, 95). Nachdem die gesetzmäßige Gewalt tatsächlich in die Hände des Besetzenden übergegangen ist, hat dieser alle von ihm abhängigen Vorkehrungen zu treffen, um nach Möglichkeit die öffentliche Ordnung und das öffentliche Leben wiederherzustellen und aufrechtzuerhalten, und zwar, soweit kein zwingendes Hindernis besteht, unter Beachtung der Landesgesetze (Art. 43 LKO.).

2. Zum Erlaß der Verordnungen berufen sind in erster Reihe die Armeeoberbefehlshaber und die Kommandanten des rückwärtigen Armeegebiets, ferner die Inhaber der vollziehenden Gewalt, falls deren Ausübung anderen Befehlshabern, als den Oberbefehlshabern der Armeen, übertragen ist. Nach Auffassung des OKW., mitgeteilt durch Erlaß des OKH. (Ch H Rüst u. BdE) v. 10. 8. 43 Az. B 13 n 30 HR (IIIa) 1800/43 — 11. Mob. S. Erl., gehört es

im Führerstaat nicht zu den Aufgaben der Gerichte, festzustellen, ob eine Verordnung rechtsgültig ist, die von einem militärischen Befehlshaber im Rahmen der vollziehenden Gewalt oder aus dieser abgeleitet erlassen worden ist.

Gegenstand der Verordnungen kann z. B. sein: Militärische Sicherung des rückwärtigen Armeegebiets einschließlich der Armee-Einrichtungen, Durchführung von Abwehrmaßnahmen, Unterbringung von Truppen und Armee-Einrichtungen, Unterhalt und Ausbau der für die Kriegführung wichtigen Straßen, Heranziehung der Zivilbevölkerung zu Dienstleistungen, die jedoch nicht von solcher Art sein dürfen, daß sie für die Bevölkerung die Verpflichtung enthalten, an Kriegsmaßnahmen (opérations de la guerre) gegen ihr Vaterland teilzunehmen (Art. 52 Abs. 1 LKO.), allgemeine Verkehrsregelung, Durchführung gesundheits- und veterinärpolizeilicher Maßnahmen.

Verordnungen, die der Chef der Zivilverwaltung beim Armee-Oberkommando oder beim Oberkommando einer Heeresgruppe erläßt, sind nicht als Verordnungen von Befehlshabern „zur Sicherung der Wehrmacht und des Kriegszwecks" anzusehen, sondern sie sind Verwaltungsanordnungen. Der Chef der Zivilverwaltung gehört nicht zu den rückwärtigen Diensten der Armee (Heeresgruppe), sondern leitet als Organ des Oberbefehlshabers der Armee (oder Heeresgruppe) nach dessen Weisungen die gesamte Zivilverwaltung im Armeegebiet. Seine Aufgaben sind nach den besonderen Verhältnissen von Fall zu Fall zu regeln. Strafen festzusetzen, ist er nicht berechtigt, soweit er hierzu nicht vom Oberbefehlshaber der Armee (oder Heeresgruppe) ausdrücklich ermächtigt worden ist. Würden die vom Chef der Zivilverwaltung erlassenen Verordnungen unter § 4 fallen, so wären Zuwiderhandlungen dagegen stets kriegsgerichtlich abzuurteilen (§ 2 Nr. 4 c KStVO). Die Begründung der Zuständigkeit von Einrichtungen der Wehrmacht, die — wie die Kriegsgerichte — mit der Ausübung der militärischen Kommandogewalt aufs engste zusammenhängen, kann aber nicht in der Hand des Chefs der Zivilverwaltung liegen.

Dagegen kann im Auftrage des Inhabers der vollziehenden Gewalt auch ein anderer Verordnungen mit rechtsverbindlicher Kraft erlassen. Es handelt sich um Hoheitsakte des Staates, deren Rechtsgültigkeit von vornherein zu vermuten ist. Hat der Beauftragte von dem ihm eingeräumten Recht in unzulässiger Weise Gebrauch gemacht, so kann der Inhaber der vollziehenden Gewalt die erlassenen Verordnungen abändern. So hat z. B. während des Polenfeldzugs der Oberbefehlshaber des Heeres die VO. über die Einführung deutschen Strafrechts im besetzten, bisher polnischen Gebiet erlassen, andere Rechtsverordnungen, die für das gleiche Gebiet galten, der Generalquartiermeister im Auftrage des Ob. d. H.

3. Die Verordnungen der Befehlshaber im besetzten ausländischen Gebiet sind an irgendwelche Formvorschriften nicht gebunden. Sie können sich in die Form einer Bekanntmachung oder eines Aufrufs, z. B. zur Waffenablieferung, kleiden und brauchen Strafdrohungen nicht zu enthalten. Falls in den Verordnungen der Befehlshaber keine anderen, d. h. höhere oder geringere, Strafen angedroht sind, sind diese dem § 4 KSSVO zu entnehmen.

Voraussetzung für die Bestrafung von Zuwiderhandlungen gegen Verordnungen der Befehlshaber im besetzten ausländischen Gebiet ist deren gehörige Bekanntgabe, sei es durch Maueranschläge, durch die Presse, durch Ausrufer oder auf sonstige, den örtlichen Verhältnissen angemessene Weise.

4. Zuwiderhandlungen deutscher Soldaten gegen die von den Befehlshabern im besetzten ausländischen Gebiet erlassenen Verordnungen werden, wenn auch nicht immer, zugleich eine militärische Dienstpflichtverletzung darstellen und demnach auch in besonders leichten Fällen (Abs. 2) nicht mit Geldstrafe zu ahnden sein (§ 29 (2) MStGB). Auf Zuchthaus darf zwischen einem (1) Jahr und 15 Jahren erkannt werden (§ 14 Abs. 2 StGB).

5. Ob ein „besonders leichter Fall" (Abs. 2) vorliegt, ist nicht in erster Linie nach dem Erfolge der Tat, sondern nach der Schwere des Mangels im sittlichen Willen zu beurteilen; Freisler in Gürtner-Freisler, Das neue Strafrecht, Berlin 1936, S. 119. Jedenfalls sind die besonders leichten Fälle den „minder schweren" des MStGB. (s. Anm. 14 zu § 64) nicht gleichzusetzen, da diese nicht immer, wie jene, die mildeste Beurteilung verdienen.

Der Mindestbetrag der Haftstrafe ist ein Tag (§ 18 Abs. 1 StGB). Die Geldstrafe braucht im besetzten ausländischen Gebiet nicht in Reichsmark (§ 27 Abs. 1 StGB), sondern kann in einheimischer Währung angedroht und festgesetzt werden, und zwar in beliebiger Höhe.

§ 5

Zersetzung der Wehrkraft

(1) Wegen Zersetzung der Wehrkraft wird mit dem Tode bestraft:

1. wer öffentlich dazu auffordert oder anreizt, die Erfüllung der Dienstpflicht in der deutschen oder einer verbündeten Wehrmacht zu verweigern, oder sonst öffentlich den Willen des deutschen oder verbündeten Volkes zur wehrhaften Selbstbehauptung zu lähmen oder zu zersetzen sucht;

2. wer es unternimmt, einen Soldaten oder Wehrpflichtigen des Beurlaubtenstandes zum Ungehorsam, zur Widersetzung oder zur Tätlichkeit gegen einen Vorgesetzten oder zur Fahnenflucht oder unerlaubten Entfernung zu verleiten oder sonst die Mannszucht in der deutschen oder einer verbündeten Wehrmacht zu untergraben;

3. wer es unternimmt, sich oder einen anderen durch Selbstverstümmelung, durch ein auf Täuschung berechnetes Mittel oder auf andere Weise der Erfüllung des Wehrdienstes ganz, teilweise oder zeitweise zu entziehen.

(2) In minder schweren Fällen kann auf Zuchthaus oder Gefängnis erkannt werden.

(3) Neben der Todes- und der Zuchthausstrafe ist die Einziehung des Vermögens zulässig.

(4) Wer leichtfertig unrichtige oder unvollständige Angaben macht, die dazu bestimmt sind, sich oder einen anderen von der Erfüllung des Wehrdienstes ganz, teilweise oder zeitweise freistellen zu lassen, wird mit Gefängnis bestraft.

1. § 5 stellt die Zersetzung der Wehrkraft unter Strafe. Er ergänzt und ersetzt zu einem Teil die dem Schutze der Wehrkraft dienenden Vorschriften des StGB und des MStGB. Abs. 1 dient in seiner Nr. 1 dem Kampf gegen die Zersetzung des völkischen Wehrwillens. Die Erfahrungen des Weltkriegs haben gelehrt, daß der geschlossene Einsatz des gesamten Volkes, das hinter der Wehrmacht steht, den Ausgang eines Krieges entscheiden kann. § 5 zieht aus dieser Erfahrung Folgerungen für den Strafschutz. Während er im Abs. 1 Nr. 1 die öffentliche Zersetzung mit Strafe bedroht, bekämpft Abs. 1 Nr. 2 die Zersetzung, die sich gegen den einzelnen richtet (Amtl. Erl.); Abs. 1 Nr. 3 dient zur Abwehr von Angriffen auf die Erfüllung des Wehrdienstes (Graf Gleispach, I S. 31).

Nach § 5 (1) Nr. 1 wird u. a. wegen Zersetzung der Wehrkraft bestraft, wer öffentlich den Willen des deutschen oder verbündeten Volkes zur wehrhaften Selbstbehauptung zu lähmen oder zu zersetzen sucht, nach Nr. 2 u. a., wer es unternimmt, die Mannszucht in der deutschen oder einer verbündeten Wehrmacht zu untergraben. Es sind Zweifel aufgetreten, ob die Absicht der Zersetzung oder Untergrabung erforderlich ist oder ob Vorsatz genügt. Nach Auffassung des RKG. — Urteile vom 29. 11. 39 StPL (HLS) III 2/39 und vom 1. 12. 39 StPL (HLS) II 66/39 (RKG. 2, 38 und 41) — genügt vorsätzliches Handeln mit dem Bewußtsein und Inkaufnehmen seiner zersetzenden Wirkung. Dieser Auslegung hat sich auch der Chef OKW. angeschlossen (OKH. v. 4. 4. 40 Az. 458 GenQu (III) GenStdH Nr. 7442/40). Bei Straftaten nach § 5 (1) Nr. 2 und 3, deren Tatbestand durch eine Äußerung verwirklicht worden sein soll, hat sich die Untersuchung zum äußeren Tatbestande darauf zu erstrecken, wie der, dem die Äußerung zugeht, der Empfänger, die Äußerung nach ihrem Wortlaut und nach den Umständen, unter denen sie ihm zugeht, auffassen muß. Ergibt sich nach dieser Auslegung, daß der Äußerung kein Sinn zukommt, der den gesetzlichen Tatbestand einer Straftat erfüllen könnte, so kann keine vollendete Straftat in Frage kommen, sondern nur eine versuchte. Da das Unternehmen zur Erfüllung des Tatbestandes genügt, der Versuch der Vollendung also gleichgestellt ist, kommt es allerdings hier vornehmlich auf den inneren Tatbestand an. Hierbei reicht es aus, daß der Täter erkennt und in seinen Willen aufgenommen hat, der Empfänger könne die Äußerung in einem Sinn auffassen, der den Tatbestand der Zersetzung der Wehrkraft erfüllt (RGSt. 76, 359).

Über Todesstrafe (Vollstreckung) s. § 103 KStVO.

Zu Abs. 1 Nr. 1.

2. In seinem ersten Teiltatbestand trifft § 5 (1) Nr. 1 die öffentliche Aufforderung und Anreizung, die Erfüllung der Dienstpflicht in der deutschen Wehrmacht zu verweigern. Der Umfang des Verbotes entspricht dem Bereich der Dienstpflicht, wie sie in § 7 WG. geregelt ist; sie umfaßt den aktiven Wehrdienst, den Wehrdienst im Beurlaubtenstand und die Dienstpflicht des gemäß § 6 WG. im Krieg oder bei besonderen Notständen herangezogenen erweiterten Kreises deutscher Männer. Der erste Teiltatbestand wird hiernach nicht nur erfüllt, wenn allgemein aufgefordert wird, der Dienstpflicht nicht zu genügen. Vielmehr fallen auch Aufforderungen darunter, sich zur Musterung nicht zu stellen oder der Einberufung zu einer Übung keine Folge zu leisten. Er unterscheidet ferner nicht, ob aufgefordert wird, die Dienstpflicht später nicht zu leisten, sondern gilt auch, wenn die Aufforderung oder das Anreizen dahin geht, daß Soldaten, die bereits den Wehrdienst erfüllen, die weitere Erfüllung verweigern sollen (OKW. 14 n 16 WR I¹ Nr. 197/40 vom 10. 6. 40).

Der Ausdruck „öffentlich" ist nicht so aufzufassen, wie er in den bisherigen Gesetzen (z. B. §§ 110, 200 StGB) gebraucht und von der Rechtsprechung ausgelegt worden ist, also i. S. der Wahrnehmbarkeit durch unbestimmt welche und wieviele Personen. Diese Auslegung würde dem Sinn und Zweck des § 5 (1) Nr. 1 KSSVO, der die Zersetzung des Wehrwillens des deutschen Volkes durch jede bewußte Einwirkung auf einen größeren Personenkreis verhindern will, nicht gerecht werden. Öffentlich i. S. der genannten Bestimmung handelt auch, wer sich gegenüber einer unbestimmten Anzahl von Personen nacheinander zersetzend äußert oder, wer sich zwar an einen bestimmten Kreis wendet, aber damit rechnet, daß seine Äußerungen in die Öffentlichkeit dringen (RKG. 2, 61 = D. J. 1940 S. 939). Öffentlich i. S. des § 5 (1) Nr. 1 KSSVO handelt auch, wer den Willen hat, über den durch die Tat unmittelbar berührten begrenzten Personenkreis hinaus auf eine unbestimmte Anzahl von Personen einzuwirken, sei es dadurch, daß er damit rechnet, daß seine zersetzenden Äußerungen von den Personen, an die sie sich zunächst richten, weiter- und an eine unbestimmte Anzahl von Personen herangetragen werden, die nicht zu diesem Kreise gehören. Auch unter solchen Umständen begangene Angriffe gegen den Wehr- und Widerstandswillen des Volkes müssen von der Strafdrohung des § 5 (1) Nr. 1 KSSVO erfaßt werden, wenn ein wirksamer Schutz der Wehrkraft erreicht werden soll. Bei der Beurteilung solcher Zersetzungsversuche wird davon auszugehen sein, daß nach der allgemeinen Lebenserfahrung in aller Regel nicht damit gerechnet werden kann, daß Äußerungen, die mehreren Personen gegenüber gefallen und von besonderem Interesse sind, auf diesen Kreis beschränkt bleiben (RKG. 2, 60 = D.J. 1940 S. 939).

Wohl mögen Äußerungen straffrei gelassen werden können, welche im engsten Kreise, z. B. innerhalb einer Hausgemeinschaft, fallen, aber nur dann, wenn gleichzeitig die Gewähr besteht, daß die Äußerungen über den betreffenden Kreis nicht hinausdringen. Ist eine solche Gewähr nicht vorhanden und muß der Täter damit rechnen, daß seine Bemerkungen weitergegeben werden, so ist die Sachlage nicht anders, als wenn er von vornherein außerhalb eines geschlossenen Kreises und damit öffentlich i. S. der bisherigen Auffassung gehandelt hat (RKG. 2, 62 = D. J. 1940 S. 939).

Die in den vorstehend wiedergegebenen RKG.-Entscheidungen entwickelte Auffassung des Tatbestandsmerkmals „öffentlich" wird von Schmidt, ZWehrR. VI S. 314ff., abgelehnt. Er meint, daß etwas, was erst „in die Öffentlichkeit dringen" soll, nicht schon in der Öffentlichkeit gewesen sein kann, stellt die Frage: „Ist es nicht so, daß das RKG. den Satz vertritt: als öffentliche Äußerungen i. S. des § 5 KSSVO gelten auch nichtöffentliche?" und kommt zu dem Ergebnis: „Das RKG. ist tatsächlich, wenn auch ungewollt, an die Stelle des Gesetzgebers getreten. Es hat nicht mittels extensiver Auslegung den Sinn des Wortes ‚öffentlich' bestimmt; vielmehr hat es im Hinblick auf den ihm erwünscht erscheinenden Strafrechtsschutz das Wort ‚öffentlich' durch ein ‚auch nichtöffentlich' ergänzt, damit praktisch das Wort ‚öffentlich' aus dem Tatbestande gestrichen und seinerseits die Grenzen des mit § 5 KSSVO gegebenen Strafrechtschutzes ohne Mitwirkung des Gesetzgebers erweitert." Erwiderung hierauf von Schmauser, ZWehrR VII S. 132. Auch Kohlrausch-Lange (Anm. II 1 zu § 5 KSSVO) äußern Bedenken gegen die Auslegung des Merkmals „öffentlich" durch das RKG. und das Reichsgericht (RGSt. 76, 118), besonders im Hinblick auf § 2 (2) HeimtückeG., wo die vom RKG. zu den öffentlichen gerechneten Äußerungen ausdrücklich als nichtöffentliche bezeichnet werden, die aber den öffentlichen „gleichstehen" sollen, falls sie böswillig getan wurden und der Täter damit rechnete oder rechnen mußte, daß sie in die Öffentlichkeit dringen werden. „Hält man trotzdem mit dem RGer. eine solche richterliche Gesetzerweiterung hier für zulässig und für geboten, dann ist um so sorgfältiger das vom RGer. betonte Erfordernis des **Vorsatzes** zu prüfen"; Kohlrausch-Lange a. a. O. S. auch Crohne, Zum Begriff „Öffentlich" im Strafrecht, Deutsche Justiz 1943 S. 161.

3. **Aufforderung** bedeutet eine Kundgebung, die dem Willen des Auffordernden erkennbar macht, daß von dem anderen ein bestimmt bezeichnetes Tun oder Lassen **gefordert** werde. Die Aufforderung will nicht einen Reiz zum Handeln erwecken, sondern sie fordert ein Tun oder Lassen, und deshalb wendet sie sich an den Intellekt, der von der Richtigkeit und Zweckmäßigkeit des geforderten Tuns oder Unterlassens überzeugt werden soll. Auch wenn sie, was für die Anwendung des Begriffs ausreichend ist, in verschleierter Form auftritt, muß doch immer ihr wahrer Charakter, der Wille, ein Tun oder Lassen zu fordern, erkennbar sein (RGSt. 63, 170/173). Der **Anreizung** hingegen eignet eine Beeinflussung, eine Wirkung auf Sinne und Leidenschaften,

die dem anderen unter Umständen gar nicht zum Bewußtsein kommt (20, 31/35), einen Reiz zum Handeln weckt und den Angereizten kraft eigenen Entschlusses zum Handeln bringt (RGSt. 63, 170/173). Das Auffordern oder Anreizen ist vollendet, wenn es mit dem Willen des Täters in ein derartiges Verhältnis zum Empfänger der Kundgebung gelangt, daß dieser die Möglichkeit der Kenntnisnahme hat (9, 9).

4. Im zweiten Teiltatbestand der Nr. 1 ist für strafbar erklärt, wer in anderer Weise öffentlich (s. oben Anm. 2) den Willen des deutschen Volkes zur wehrhaften Selbstbehauptung zu lähmen oder zu zersetzen sucht. Dabei ist mit dem Wort „lähmen" die vorübergehende Schwächung oder Verdrängung des Wehrwillens, mit dem Wort „zersetzen" eine auf eine Dauerwirkung gerichtete Tätigkeit gemeint. Diese allgemeine Fassung ist gewählt, da sich die Fälle der Zersetzung des deutschen Wehrwillens nicht abschließend aufzählen lassen. So kann der Wehrwillen des deutschen Volkes z. B. dadurch zersetzt werden, daß öffentlich dazu aufgefordert wird, der in § 1 Abs. 1 WG. ausgesprochenen Verpflichtung jedes deutschen Mannes und jeder deutschen Frau, im Kriege über die Wehrpflicht hinaus dem Vaterlande Dienst zu leisten, nicht nachzukommen. Der Tatbestand richtet sich vor allem gegen pazifistische Bestrebungen, die darauf abzielen, die soldatische Haltung des Volkes zu schwächen oder allgemein die Disziplin zu unterhöhlen. Der Wille, sich gegen Angreifer zu wehren, darf weder aus Feigheit noch aus weltanschaulicher Überzeugung gelähmt werden (OKW. 14 n 16 WR I[1] Nr. 197/40 v. 10. 6. 40). Eine Lähmung der Wehrkraft führt auch derjenige herbei, der die politische Einheitsfront des deutschen Volkes in irgendeiner Form spaltet. Wer es unternimmt, den Kampf des deutschen Volkes auch nur gegen einen seiner Feinde nicht mit der erforderlichen Entschlossenheit zu führen, vielmehr einzustellen oder einen Verständigungsfrieden anzustreben, weil der Kampf gegen alle Feinde aussichtslos oder gegen einen der Feinde unberechtigt sei, der spaltet den einheitlichen Willen des deutschen Volkes, diesen Krieg mit aller Entschiedenheit gegen jeden, der ihm in diesem Kampf entgegentritt, zum siegreichen Ende zu führen. Insbesondere gilt dies im Hinblick auf die deutsche Wehrmacht; RKG. v. 5. 6. 43 StPL. (HLS) II 41/43. „Sucht" ist gleichbedeutend mit „versucht". Für den Begriff des „Versuchens" aber ist in dem Schrifttum z. B. zu § 117 MStGB anerkannt, daß Vorsatz genügt. § 5 (1) Nr. 1 KSSVO (2. Teiltatbestand) setzt also nicht die Absicht des Täters voraus, die Wehrkraft zu zersetzen oder zu lähmen. Es genügt das Bewußtsein, dies zu tun (RKG. 2, 38 u. 49). „Die gelegentliche Unmutsäußerung eines an sich wackeren und pflichttreuen Soldaten, der sich dabei der dem Soldaten nun einmal geläufigen drastischen Ausdrucksweise ohne zarte Wortauswahl bedient", ist „zu unterscheiden von den zersetzenden Äußerungen des geflissentlichen Miesmachers und Drückebergers. Die Unterscheidung unter ‚tätertypischen' Gesichtspunkten ist notwendig, um der Gefahr zu begegnen, daß durch Ahndung jener ersteren Art von Äußerungen mit den Strafen

des § 5 KSSVO beim Soldaten der Eindruck einer lebensfremden Formaljustiz hervorgerufen wird"; Schmidt, ZWehrR. VI S. 314.

Durch die weite Fassung des § 5 (1) Nr. 1 (2. Halbsatz) werden die Bestimmungen des Gesetzes gegen heimtückische Angriffe auf Staat und Partei und zum Schutze der Parteiuniformen — Heimtückegesetz — vom 20. 12. 34 (RGBl. I S. 1269) nur insoweit berührt, als der Täter durch seine — öffentlich erfolgten — zersetzenden Äußerungen den Wehrwillen des deutschen Volkes treffen will (Amtl. Erl.). Dabei wird davon auszugehen sein, daß Angriffe auf den Führer und die an der Staatsführung beteiligten führenden Männer im totalen Kriege mittelbar auch die Wehrkraft treffen und daher die in den §§ 1 und 2 des HeimtückeG. mit Strafe bedrohten Tatbestände in ihren äußeren Merkmalen häufig in den der Wehrkraftzersetzung i. S. des § 5 (1) Nr. 1, 2. Halbsatz übergehen können (RKG. 2, 49). Im übrigen soll nach der Allg. Verfg. vom 13. 4. 35 keineswegs jede Äußerung, die den Tatbestand des § 2 HeimtückeG. erfüllt, verfolgt werden. Vielmehr soll die Verfolgung, um die neue Waffe im Kampf gegen Staatsfeinde nicht abzustumpfen, im allgemeinen nur eintreten, wenn die Straflosigkeit der Tat im Interesse des Gemeinwohls und des Ansehens von Staat und Partei nicht erträglich wäre. Grundsätzlich brauchen einmalige Entgleisungen, insbesondere solche angetrunkener Personen, nicht verfolgt zu werden. In diesen Fällen genügt eine Verwarnung. Diese Richtlinien lassen sich im Heer um so besser einhalten, als der Disziplinarvorgesetzte die Möglichkeit hat, disziplinar zu strafen (s. S. 56). Die Beachtung vorstehender Gesichtspunkte wird dazu beitragen, die Aktenvorlage zur Einholung von Strafverfolgungsanordnungen durch den Reichsminister der Justiz nach § 2 (3) HeimtückeG. einzuschränken und dadurch zu der besonders während des Kriegszustandes gebotenen schnelleren Ahndung der Tat zu gelangen (OKH. v. 18. 11. 39 Az. 458 GenQu (III) GenStH Nr. 7269/39). „Böswillig" i. S. des § 2 (2) HeimtückeG. handelt, wer eine Äußerung der im § 2 (1) mißbilligten Art macht, weil er das Vertrauen des Volkes zur politischen Führung gefährden will (RG. GSSt. 2/41). Äußerungen im Offiziersheim (Kasino) sind im allgemeinen nicht als „öffentlich" i. S. des HeimtückeG. anzusehen. Der Täter braucht auch im allgemeinen nicht damit zu rechnen, daß Äußerungen, die er im Offiziersheim im geschlossenen Kreis seiner engeren Kameraden fallen läßt, in die Öffentlichkeit dringen werden. Es kann in der Regel davon ausgegangen werden, daß alle Beteiligten Äußerungen, die eine Entgleisung oder noch mehr enthalten, außenstehenden Personen gegenüber als vertraulich behandeln werden; RKG. 2, 116 und v. 5. 5. 41 StPL (HLS) I 17/41.

Ist die Zersetzung durch Verbreitung ausländischer Rundfunknachrichten unternommen worden, so besteht Tateinheit (§ 73 StGB) des Verbrechens gegen § 5 (1) Nr. 1 KSSVO mit der Zuwiderhandlung gegen § 2 der VO. über außerordentliche Rundfunkmaßnahmen vom 1. 9. 39 (RGBl. I S. 1683).

Zu Abs. 1 Nr. 2.

5. Nr. 2 verlangt im ersten Teiltatbestand das Unternehmen (hier wie im § 87 StGB Vollendung und Versuch), einen Soldaten oder Wehrpflichtigen d. B. zum Ungehorsam (§§ 92, 94), zur Widersetzung (§ 96), zur Tätlichkeit gegen einen Vorgesetzten (§ 97), zur Fahnenflucht (§ 69) oder zur unerlaubten Entfernung (§ 64) zu verleiten. Es sollen getroffen werden — von der unerlaubten Entfernung abgesehen — die Fälle der §§ 78, 99 MStGB und §§ 112, 141 StGB, die durch § 6 KSSVO für nicht anwendbar während der Geltungszeit der KSSVO erklärt sind. Ein darüber hinausgehender besonderer Vorsatz der Zersetzung der Wehrkraft wird im ersten Teiltatbestand der Nr. 2 nicht verlangt. Die Zersetzung der Wehrkraft wird begangen mit dem Unternehmen der Verleitung zu den angeführten, gesetzlich geregelten Straftaten. Auch das Nähren, Fördern und Wachhalten eines im Täter schon vorhandenen Entschlusses, fahnenflüchtig zu werden, ist „Verleitung" zur Fahnenflucht (RKG. 2, 45).

6. Die „sonstige Untergrabung der Mannszucht" in der deutschen oder einer verbündeten Wehrmacht (s. Anm. 3 zu § 2 KSSVO) kann auf jegliche Art und Weise erfolgen, z. B. durch Beleidigung, Verächtlich- oder Lächerlichmachen Vorgesetzter, oder indem der Täter einen Soldaten mißvergnügt stimmt mit dem Willen, die Mannszucht zu untergraben. Zu diesem Teiltatbestand, der keine Bezugnahme auf gesetzlich geregelte andere Tatbestände enthält, gehört das Bewußtsein, daß die Tat geeignet ist, die Mannszucht zu untergraben. Der Teiltatbestand kann auch gegeben sein, wenn der Täter eine der strafbaren Handlungen nach §§ 89 bis 112 MStGB begeht, um beispielgebend zu wirken (OKW. 14 n 16 WR I[1] Nr. 197/40 v. 10. 6. 40).

Wenn der Vorsatz des Täters auf die Verminderung der Schlagfertigkeit der Wehrmacht gerichtet ist, liegt Tateinheit mit dem Verbrechen des Zersetzungshochverrats (§ 83 Abs. 3 Nr. 2 StGB) vor. Das strengere Gesetz, dem nach § 73 StGB die Strafe zu entnehmen ist, ist aber § 5 (1) KSSVO, weil es für den Regelfall ausschließlich Todesstrafe androht. Die Abgrenzung zu § 102 (Erregen von Mißvergnügen) ergibt sich daraus, daß § 102 keinen über seinen eigenen Tatbestand hinausgehenden besonderen Vorsatz erfordert, die Mannszucht zu untergraben (OKW. 14 n 16 WR I[1] Nr. 197/40 v. 10. 6. 40).

Zu Abs. 1 Nr. 3.

7. Nr. 3 führt, ähnlich wie Nr. 2, im ersten Teiltatbestand bestimmte, gesetzlich schon geregelte Tatbestände auf: Das Unternehmen, sich oder einen anderen durch Selbstverstümmelung oder durch ein auf Täuschung berechnetes Mittel der Erfüllung des Wehrdienstes ganz, teilweise oder zeitweise zu entziehen. Es sollen getroffen werden die Fälle der §§ 81, 83 MStGB, §§ 142, 143 StGB, die durch § 6 KSSVO für nicht anwendbar während der Geltungszeit der KSSVO erklärt sind. Ein darüber hinausgehender besonderer Vorsatz der Zersetzung der Wehrkraft wird nicht verlangt: Die Zersetzung der Wehrkraft ist begangen mit dem Unternehmen der angeführten Taten (RG. v. 11. 3. 41 — 1 D 4/41 — D. R. 1941 S. 1284). Voraussetzung der An-

wendung der Nr. 3 ist aber insoweit, daß der Vorsatz des Täters darauf gerichtet ist, sich der Erfüllung des Wehrdienstes als solchen zu entziehen, nicht nur einzelnen Dienstverrichtungen (OKW. 14 n 16 WR I[1] Nr. 197/40 v. 10. 6. 40). Bedingter Vorsatz genügt (RGSt. 76, 168; RKG. v. 20. 3. 43 StPL. (HLS) III 20/43). In ihrem zweiten Teiltatbestand bedroht Nr. 3 ohne Bezugnahme auf sonstige Straftatbestände den Täter, der sich auf andere Weise der Erfüllung des Wehrdienstes zu entziehen sucht. Mit diesem Teiltatbestand soll jede Art von Kriegsdienstverweigerung erfaßt werden, soweit nicht die unberührt gebliebenen Tatbestände der unerlaubten Entfernung oder Fahnenflucht gegeben sind (s. Anm. 12). § 5 (1) Nr. 3 richtet sich mithin auch gegen Kriegsdienstverweigerer, die sich auf die in § 48 MStGB angeführten Gründe berufen. Zugleich wird klargestellt, daß es keinen Unterschied macht, ob der Täter sich oder einen anderen „ganz, teilweise oder zeitweise" der Erfüllung des Wehrdienstes zu entziehen sucht (Amtl. Erl.).

8. Selbstverstümmelung ist jede äußerliche oder innerliche Beschädigung des Körpers, die Dienstuntauglichkeit zur Folge hat oder haben kann (Schlayer 307). Sie ist vollendet, wenn sie den Erfolg gehabt hat, daß der Täter oder der „andere" die Wehrpflicht durch Wehrdienst nicht mehr erfüllen kann. Erreicht der Täter diesen Erfolg nicht, so liegt nur Versuch (Unternehmen) vor (10, 110), den jedoch Abs. 1 Nr. 3 zur selbständigen Straftat erhoben hat. Die Beurteilung der Untauglichkeit erfolgt nach der Vorschrift über militärärztliche Untersuchungen der Wehrmacht (H. Dv. 252/1), während des Krieges nach der „Ärztlichen Anweisung zur Beurteilung der Kriegsbrauchbarkeit (V. U. Wm. Teil I Auszug)" vom 7. 3. 38 und den „Vorläufigen Bestimmungen über wehrmachtärztliche Untersuchungen bei besonderem Einsatz und im Kriege" HVBl. 1939 C S. 397 Nr. 1053, 1940 C S. 36 Nr. 110.

Der Vorsatz, sich das Leben zu nehmen, schließt den Vorsatz, sich selbst zu beschädigen, aus. Denkbar ist jedoch, wie Rosencrantz, ZWehrR. I S. 310, an Hand eines Beispiels zutreffend ausführt, daß der Täter als Erfolg seines Handelns außer seinem Tod weiterhin die Möglichkeit in Betracht zieht, zum Wehrdienst untauglich zu werden, und mit diesem als möglich erkannten Erfolg im voraus einverstanden ist. Er könnte dann, wenn er am Leben bleibt, jedoch gänzlich, teilweise oder für beschränkte Zeit zum Wehrdienst untauglich wird, nach § 5 (1) Nr. 3 bestraft werden. Rietzsch (Die vorgetäuschte Straftat und die falsche Aussage, DStr. 1943 S. 97/102) hält den Selbstmordversuch, wenn er geschieht, um sich der Wehrpflicht oder dem Reichsarbeitsdienst zu entziehen, für schlechthin strafbar nach § 5 (1) Nr. 3 KSSVO. Über Selbstmord als Fahnenflucht s. Anm. 1 zu § 69 MStGB.

9. a) Täuschung ist Irrtumserregung. Der Irrtum muß sich auf tatsächliche Umstände beziehen, die, sei es in Wirklichkeit nach den dafür maßgebenden Vorschriften, sei es in der Meinung des Täters, einen Befreiungsgrund abgeben. Als Befreiungsgrund kommen körperliche Untauglichkeit in Betracht, mag ein gar nicht bestehendes Leiden vorgeschützt oder ein vorhan-

denes übertrieben werden (2, 74; 7, 251), aber auch Vorspiegelung gewisser Familienverhältnisse, der Ausländereigenschaft, schwerer Bestrafung oder anderer Gründe, die zur Entlassung aus dem aktiven Wehrdienst nach § 24 WG. zwingen (5, 52; 19, 35). Auch derjenige versucht es i. S. des § 5 (1) Nr. 3 KSSVO, sich dem Wehrdienst in strafbarer Weise zu entziehen, der seine Freistellung in der Hauptsache oder sogar ausschließlich aus rein persönlichen Gründen und zu persönlichen Zwecken betreibt. Es ist für die Schuldfrage gleichgiltig, ob er nur den Einschränkungen durch den Wehrdienst entgehen will, ob er sich auch im Krieg seine bisherige wirtschaftliche Stellung erhalten möchte, oder ob er sich dem Einsatz vor dem Feind zu entziehen sucht. In Fällen dieser Art kann es strafrechtlich nicht darauf ankommen, ob die Freigabe aus dem Wehrdienst zugunsten einer anderen Verwendung sachlich und im Ergebnis vertretbar wäre. Es ist der unlautere, die Wehrbereitschaft zersetzende Wille, der das Streben nach Freistellung vom Wehrdienst zum Versuch der Entziehung von diesem Dienst macht oder machen kann; RKG. v. 31. 8. 43 StPL. (HLS) III 61/43. Eine Täuschung ist auch möglich, wenn andere Befreiungsgründe tatsächlich vorliegen oder wenn andere körperliche Mängel, als der behauptete, den Befreiungsgrund der körperlichen Dienstuntauglichkeit erfüllen (1, 142).

b) **Mittel** ist jedes Vorbringen, durch das die Täuschung hervorgerufen, also der Irrtum über Tatsachen, die einen Befreiungsgrund erfüllen, herbeigeführt werden soll. Unwahre Angaben sind für sich allein kein „auf Täuschung berechnetes Mittel", stellen aber eine „andere Weise" des Unternehmens der Dienstpflichtentziehung dar; Nagler S. 53. Zum „Mittel" gehört, daß der Täter seinem Vorbringen durch bestimmte Handlungen, die auf Täuschung berechnet sind, den Schein der Wahrheit zu geben sucht (1, 142; 12, 167/168; 19, 35; RKG. 1, 35), z. B. durch auffälliges Hinken, Vorspiegelung von Hör- oder Sehfehlern, Einnehmen von Mitteln, um die Seh-, Herz- oder Hörtätigkeit zu beeinflussen, Vorlegen von Bescheinigungen, Briefen, Telegrammen, Zeugnissen über seine gesundheitlichen oder Familienverhältnisse, über seine Eigenschaft als Ausländer (Begrdg. 36 zu § 56). Wenn der Täter versucht, seinem mündlichen Vorbringen durch nähere Angaben über die Erscheinungsformen oder Folgen des körperlichen Mangels den Schein der Wahrheit zu geben, oder wenn er ein ausgeklügeltes System von Lügen anwendet, um z. B. zur angeblichen Vorbereitung auf eine Prüfung und für deren Ablegung Urlaub zu erhalten, so wendet er gleichfalls auf Täuschung berechnete „Mittel" an (Schmidt, ZWehrR. III S. 221 unter Ablehnung der in RKG. 1, 33 vertretenen gegenteiligen Auffassung). Auch die durch fortgesetzte Ausschweifungen in den Tagen vor der Gestellung bewirkte scheinbare Herabsetzung der allgemeinen körperlichen Leistungsfähigkeit gehört hierher. Wer entgegen den „Bestimmungen für Unabkömmlichstellung bei besonderem Einsatz" (Einf. Uk. B.) v. 11. 11. 40 (D 3/14) bewußt oder — in bestimmten Fällen — auch nur leichtfertig es unternimmt, sich selbst oder einen anderen dauernd oder zeitweise von der

Erfüllung des Wehrdienstes an der für ihn in Betracht kommenden Stelle frei zu bekommen, handelt rechtswidrig. Er „entzieht" sich oder den anderen dem Wehrdienst und zersetzt die Wehrkraft i.S. des § 5 (1) Nr. 3 und (4) KSSVO. Daß der Täter die Bestimmungen der D 3/14 kennt, ist zu seiner Strafbarkeit nicht notwendig. Es genügt zum Nachweis einer von ihm betriebenen Entziehung vom Wehrdienst, wenn er sich der Umstände bewußt ist, aus denen sich die Unzulässigkeit der Freistellung ergibt; RKG. v. 20. 3. 43 StPL. (HLS) III 20/43.

Auf Täuschung berechnet sind Mittel, durch deren Anwendung der Täter eine Täuschung i. S. der Anm. 9 a zu erreichen hofft. Daß diese Täuschung eingetreten ist, ist nicht erforderlich, auch nicht, daß die angewendeten Mittel zur Herbeiführung der Täuschung überhaupt geeignet sind.

10. Eine andere Weise des Unternehmens der Dienstpflichtentziehung ist z. B. bloßes Lügen (s. Anm. 9 b oben), ferner das Begehen von strafbaren Handlungen in der Erwartung, durch die Anordnung des Strafvollzuges sich dem Wehrdienst entziehen zu können, das Erwecken der Überzeugung vom Vorliegen eines in der Tat vorhandenen Leidens durch nicht einwandfreie Mittel, besonders auch die Berufung darauf, daß religiöse Überzeugung oder das Gewissen des Täters ihm nicht gestatteten, überhaupt Wehrdienst oder Wehrdienst mit der Waffe oder an bestimmten Tagen (z. B. am Sonnabend) zu leisten (Ernste Bibelforscher, Zeugen Jehovas, Adventisten; vgl. § 48 MStGB). Schon mit der beim Musterungsgeschäft unter Berufung auf religiöse Überzeugung erklärten, durch die Verweigerung der unterschriftlichen Vollziehung des Wehrpasses und der Wehrstammkarte bestärkten Weigerung, Wehrdienst zu leisten, ist der Tatbestand des § 5 (1) 3 KSSVO vollendet. Denn Wehrdienstentziehung begeht nicht nur, wer als einberufener Soldat den Dienst verweigert, sondern auch derjenige Wehrpflichtige, welcher noch nicht zum aktiven Wehrdienst einberufen ist, aber gegenüber der zuständigen Ersatzbehörde bei einem die Regelung der Wehrpflicht betreffenden Verwaltungsakt, wie bei der Musterung, ernsthaft erklärt, er werde einem Einberufungsbefehl keine Folge leisten (RKG. 2, 44). Das Verbrechen der Zersetzung der Wehrkraft nach § 5 (1) Nr. 3 KSSVO kann auch durch vorsätzliche Nichterfüllung militärischer Meldepflichten begangen werden, wenn ihr eine wehrfeindliche Einstellung zugrunde liegt (RKG. 2, 157). Der Wehrpflichtige wird mit der Zustellung des Gestellungsbefehls Soldat (§§ 7 Abs. 1a, 20, 21 WG.). Eine etwaige in körperlichen Mängeln begründete Wehrdienstunfähigkeit berührt das durch die Gestellungspflicht begründete Verhältnis noch nicht. Der Einberufene kann, wenn seine Wehrdienstunfähigkeit festgestellt wird, von der Truppe aus dem aktiven Wehrdienst entlassen werden (§ 24 Abs. 2a WG.). Solange eine solche Entscheidung nicht ergangen ist, bleibt er Soldat. Als solcher ist er verpflichtet, zur Truppe einzurücken und Waffendienst zu leisten. Wenn er sich trotzdem unter Berufung auf religiöse Überzeugung weigert, dem Gestellungsbefehl nachzukommen und den Dienst bei der Truppe anzutreten, unternimmt er es, sich der Erfüllung des Wehrdienstes „auf andere Weise" mindestens teilweise zu entziehen, und ist daher nach § 5 (1) Nr. 3 KSSVO zu bestrafen (RKG. 2, 36); a. A. Schmidt, ZWehrR. VI S. 128/130, der unerlaubte Entfernung oder Fahnenflucht als gegeben ansieht. Daß der Wehrdienstverweigerer körperlich wehrdienstunfähig ist, ist für die Beurteilung der Schuldfrage ohne Bedeutung. Eine etwaige Wehrdienstunfähigkeit berührt das durch die Gestellungspflicht begründete Verhältnis noch nicht, selbst wenn durch die militärärztliche Untersuchung festgestellt wird, daß der Täter nach § 14 (1) WG. nicht zum Wehrdienst herangezogen werden durfte. Mit Strafe bedroht ist schon das „Unternehmen" der Wehrdienstentziehung. Der Begriff des Unternehmens ist hier wie im Bereich des StGB dahin auszulegen, daß er die Vollendung und den Versuch, und zwar auch den sogenannten untauglichen Versuch umfaßt (RKG. 2, 51 und 58).

11. a) „Ganz" bedeutet für die ganze Dauer der Wehrpflicht, d. h. vom vollendeten 18. bis zu dem auf die Vollendung des 45. Lebensjahres folgenden 31. März, sofern der Täter nicht ohne zeitliche Begrenzung wehrpflichtig ist (nach der VO. über die Wehrpflicht von Offizieren und Wehrmachtbeamten im Offizierrang v. 22. 3. 38/28. 1. 39, RGBl. I S. 214/103) oder nicht eine andere Erweiterung der Wehrpflicht durch freiwilliges Diensttun oder kraft Gesetzes (§ 6 WG.) eingetreten ist, und für alle Waffengattungen.

b) Teilweise sich dem Wehrdienst zu entziehen, ist dadurch möglich, daß der Wille des Täters darauf abzielt, sich oder den „anderen" dem Dienst in der Waffengattung, der er angehört oder für die er ausgehoben ist (z. B. dem Infanteriedienst, Dienst in der Luftwaffe) oder dem ihm obliegenden Dienst mit der Waffe oder dem Dienst im Felde, „für die Zeit einer Übung auf einem Truppenübungsplatz, einem Kommando zu einer Truppe, Anstalt, für die Dauer innerer Unruhen" (Fuhse S. 71), dem Dienst an Bord oder im zugewiesenen Standort oder einem besonderen Dienstzweig, wie Turnen, Reiten, Schwimmen, zu entziehen. Es genügt, daß der Täter eine andere, ihm oder dem „anderen" angenehmere oder bequemere Art des Dienstes zu erreichen bestrebt gewesen ist (RGSt. 9, 96; RKG. v. 27. 7. 43 StPL. (HLS) I 48/43). Einer besonders gründlichen und gewissenhaften Nachprüfung bedarf der innere Tatbestand. Wenn der Täter der ehrlichen Überzeugung ist, daß er oder ein anderer an der Stelle, an der der Täter die Verwendung erstrebt, gebraucht wird und — im Verhältnis der Fronttruppe zur Heimat oder zur Versorgungstruppe oder auch im Verhältnis zwischen verschiedenen Fronttruppen, so etwa zwischen Infanterie und Nachrichtentruppe — durch einen nicht oder nicht voll Frontfähigen nicht ersetzt werden kann, ist der innere Tatbestand der Wehrdienstentziehung nicht gegeben, selbst wenn der Täter sich irrt oder wenn zu den sachlichen Gründen persönliche hinzutreten (RKG. a. a. O.).

c) Durch die Einfügung des Wortes „zeitweise" ist gegenüber der früher herrschenden Lehre zum § 83 MStGB klargestellt, daß nicht nur Täter getroffen werden sollen, die sich oder andere dem Wehrdienst im ganzen oder den ihnen obliegenden Dienstarten im allgemeinen entziehen wollen, sondern auch

Fälle bloßer Drückebergerei im Dienst, „die im täglichen militärischen Leben vorkommen können" (Begrdg. 36 zu § 56). Der Zeit nach kann daher Wehrdienstentziehung versucht werden, wenn der Täter die Einstellung in die Wehrmacht um ein oder mehrere Jahre oder die Ableistung einer Übung auf unbestimmte Zeit hinauszuschieben unternimmt (RGSt. 33, 280), aber auch, wenn sein Wille dahin geht, sich oder einen anderen einer einzelnen Dienstleistung zu entziehen, wozu auch die Verbüßung einer Disziplinarstrafe zu rechnen ist (Scherer, NMilRBl. S. 22/24), oder wenn er sich durch Vorschützen einer Krankheit vor einem Gefechtseinsatz seiner Truppe drücken will. Inwieweit beim Erschwindeln von Urlaub § 5 (1) Nr. 3 KSSVO anzuwenden ist, ist nach den Umständen des Einzelfalles zu beurteilen. Bei kurzfristigem Urlaub wird, wenn nicht besondere Umstände vorliegen (z. B. Befreiung von einer Übung, einer besonderen Verwendung, einem Kommando usw.), von der Anwendung der Nr. 3 abgesehen werden können. § 64 MStGB hat zur Voraussetzung, daß sich der Täter von seiner Dienststelle unbefugt entfernt oder ihr fernbleibt. Hat er, wenn auch durch Täuschung veranlaßt, ordnungsmäßig Urlaub erhalten, so ist sein Fernsein nicht unbefugt, es sei denn, daß er vorsätzlich die besonderen Voraussetzungen nicht erfüllt hat, von denen die Gültigkeit der Urlaubserteilung abhängig gemacht worden war, z. B. Beibringen — vor Antritt des Urlaubs — eines ärztlichen Zeugnisses, einer standesamtlichen Urkunde. Wenn gegen einen Soldaten, der durch Täuschung einen ordnungsgemäßen Urlaub erhalten hat, nicht aus § 5 (1) Nr. 3 KSSVO vorgegangen werden kann, weil ihm der Vorsatz nicht nachgewiesen werden kann, sich der Erfüllung des Wehrdienstes als solchen zu entziehen, wird zu prüfen sein, ob ein Verstoß gegen § 139 MStGB vorliegt. Andernfalls wird disziplinare Erledigung ausreichen (OKW. 14 n 16 WR I[1] Nr. 197/40 v. 10. 6. 40).

12. Das wiederholte Vorschützen von Gebrechen stellt sich, auch wenn es verschiedenen Stellen gegenüber erfolgt, als ein einheitlicher Dauerverstoß dar (11, 179; RKG. 1, 76/77).

Eine gleichzeitige Verurteilung aus § 5 (1) Nr. 3 KSSVO und aus §§ 57 MStGB, 91 b StGB ist ausgeschlossen, wenn dem Täter, wie im Regelfalle, das Bewußtsein einer Nachteilszufügung, die über die eigene Wehrdienstentziehung hinausgeht, nicht nachgewiesen werden kann. Die eigene Wehrdienstentziehung findet im § 5 (1) Nr. 3 KSSVO ihre abschließende Regelung. Auch § 94 MSGB greift nicht Platz, wenn die Gehorsamsverweigerung einem Befehl nur im Rahmen des Unternehmens galt, sich der Erfüllung des Wehrdienstes ganz, teil- oder zeitweise zu entziehen. Die zugleich mit dem Verbrechen nach § 5 (1) Nr. 3 KSSVO begangene Gehorsamsverweigerung gegenüber dem Befehl, den Fahneneid zu leisten, liegt auch im Rahmen der vorbezeichneten Straftat und wird von ihr umfaßt. Die für den Kriegsfall erlassene Sonderregelung des § 5 (1) Nr. 3 KSSVO deckt auch die Ungehorsamstat abschließend, in der das Unternehmen, sich der Erfüllung des Wehrdienstes zu entziehen, Ausdruck gefunden hat; RKG. 2, 32, ferner v. 8. 11. 39 StPL (HLS) I 22/39.

Das Fernbleiben oder die Entfernung vom Dienst, das am häufigsten vorkommende Mittel der Wehrdienstentziehung, hat zusammen mit seiner qualifizierten Erscheinungsform in Gestalt der Fahnenflucht im 3. Abschnitt des MStGB (§§ 64ff.) eine besondere Regelung gefunden. Diese Regelung ist durch § 5 (1) Nr. 3 KSSVO nicht ersetzt und nach wie vor in Kraft. Das folgt daraus, daß die §§ 64ff. MStGB durch § 6 KSSVO für die Dauer des Krieges eine neue Fassung mit Verschärfung der Strafdrohung erhalten hatten, die bis zum Inkrafttreten der Neufassung des MStGB in Geltung war. Die KSSVO ging also selbst davon aus, daß die Wehrdienstentziehung in Gestalt des Fernbleibens vom Dienst grundsätzlich nach §§ 64ff. MStGB zu bestrafen ist. Bei anderer Auffassung wäre § 6 KSSVO (alter Fassung) nicht verständlich gewesen. Eine Wehrdienstentziehung durch Fernbleiben vom Dienst kann nur dann unter § 5 (1) Nr. 3 KSSVO fallen, wenn sie gleichzeitig das Merkmal der Wehrkraftzersetzung erfüllt. Denn dieses Merkmal ist es, dessen Bekämpfung § 5 KSSVO sich zur besonderen Aufgabe gesetzt hat. § 5 führt die Überschrift „Zersetzung der Wehrkraft" und er wird im Abs. 1 mit den Worten eingeleitet: „Wegen Zersetzung der Wehrkraft wird bestraft". Wenn also eine Wehrdienstentziehung durch Fernbleiben vom Dienst begangen wird, ohne daß die betreffende Handlung in ihrer besonderen Ausgestaltung das Merkmal der Wehrkraftzersetzung aufweist, müssen die Bestimmungen der §§ 64ff. MStGB angewendet werden (RKG. 2, 57); a. A. Schmidt, ZWehrR. VI S. 309, der ein „Verhältnis logischer Spezialität" der §§ 64, 69 MStGB zu § 5 (1) Nr. 3 KSSVO annimmt, und Kohlrausch-Lange, Anm. II 3 zu § 5 KSSVO: „Fahnenflucht ist, obwohl nach dem Wortlaut auch unter Z. 3 fallend, dieser gegenüber Sonderverbrechen. Die nach § 5 (2) für ‚minder schwere Fälle' zugelassene Gefängnisstrafe ist also für Fahnenflucht ausgeschlossen." Fahnenflucht begeht ein Wehrpflichtiger des BeurlStandes, der nach Zustellung des Einberufungsbefehls die Flucht ergreift und sich verborgen hält; wenn er nach seiner Ergreifung die Erfüllung des Wehrdienstes verweigert, macht er sich in Tateinheit mit Fahnenflucht der Wehrkraftzersetzung nach § 5 (1) Nr. 3 KSSVO schuldig (RKG. 2, 158).

13. Über minderschwere Fälle (Abs. 2) s. Anm. 14 zu § 64. Ihre Zulassung war nötig, weil bei den weiten Tatbeständen des § 5 Fälle vorkommen können, bei denen die Todesstrafe nicht in Betracht kommen kann. Bei der besonderen Gefahr, die durch die Zersetzung der Wehrkraft droht, wird jedoch bei der Abgrenzung der minder schweren Fälle von den schweren Fällen ein strenger Maßstab anzulegen sein (Amtl. Erl.). Die Frage, ob ein minder schwerer Fall i. S. des § 5 (2) KSSVO anzunehmen ist, ist nicht so sehr auf die Person des Täters, als auf die Betrachtung und Wertung der Gefährlichkeit und auf die tatsächlichen und drohenden Folgen der Tat abzustellen (RKG. 2, 144/154); sie ist in erster Reihe vom Standpunkt der Allgemeinheit, vor allem von den Kriegsnotwendigkeiten aus, zu beurteilen. Hartnäckigkeit der Tat und die sich daraus ergebende gefährliche Werbekraft stehen der Annahme eines minder schweren Falles entgegen; RKG. v. 3. 5. 40 StPL (HLS) III 25/40. Die Kriegsdienstverweigerung nach § 5 (1) Nr. 3 KSSVO kann grundsätzlich nicht als minder schwer beurteilt werden, solange sich nicht der Täter ernsthaft und ohne Vorbehalt zur Leistung des Kriegsdienstes bereit erklärt hat; RKG. v. 24. 1. 40 StPL (HLS) II 4/40 — D. J. 1940 S. 939, ferner RKG. 2, 144/154. „Minder schwere Fälle" nach § 5 (2) KSSVO und „verminderte Zurechnungsfähigkeit" nach § 51 (2) StGB sind getrennte Begriffe. Sie haben getrennte Strafrahmen und müssen getrennt entschieden werden (RKG. 2, 144/146). Eine Strafmilderung nach § 51 (2) StGB ist bei Wehrdienstentziehung nach § 5 (1) Nr. 3 KSSVO grundsätzlich ausgeschlossen. Sinn und Zweck des § 5 KSSVO stehen einer solchen Milderung entgegen. Denn die Kriegsnotwendigkeiten gehen in der gegenwärtigen Lage Deutschlands allen anderen Erwägungen vor. Diese erfordern aber, daß ein Deutscher, der in einem Augenblick schwerster Not für Volk und Reich die Wehrdienstleistung, gleichgültig aus welchen Gründen, ablehnt und bei dieser Ablehnung trotz eindringlichster Belehrung verbleibt, keine Milde findet (RKG. 2, 63) und daß vermindert zurechnungsfähige Täter nicht anders behandelt werden als strafrechtlich voll verantwortliche. Nur die Todesstrafe vermag die erforderliche abschreckende Wirkung auszuüben. Eine Ausnahme hiervon kann nur in besonderen Fällen gemacht werden, wenn z. B. bei dem Täter eine außerordentlich schwere erbliche Belastung vorliegt und die festgestellte krankhafte Störung der Geistestätigkeit als die Vorstufe einer echten Geisteskrankheit angesprochen werden kann; RKG. 2, 65 und 151. „Daß mit dieser Auffassung durchweg gerechte Entscheidungen möglich sein sollten, glaube ich nicht"; Schmidt, ZWehrR. VI S. 326, der dazu ferner bemerkt: „Der Gesetzgeber will von Fall zu Fall ein Abwägen. Nichts, was für die Täterschuld hierbei bedeutsam sein kann, darf von vornherein ausgeschlossen werden. Und darum dürfen die Unterschiede, die sich aus den Persönlichkeiten der Täter ergeben, nicht unbeachtet bleiben." Erwiderung hierauf von Schmauser, ZWehrR. VII S. 132. Neben Zuchthaus (von einem Jahr bis zu 15 Jahren) muß gegen Soldaten auf Verlust der Wehrwürdigkeit erkannt werden (§ 31 Nr. 1 MStGB).

Über Vermögenseinziehung (Abs. 3) s. Anm. 5 zu § 2 KSSVO; vgl. ferner §§ 283, 433 StPO.

14. Abs. 4 ist durch die 3. VO. zur Ergänzung der KSSVO v. 15. 8. 42 (RGBl. I S. 536) hinzugefügt worden. Leichtfertig bedeutet soviel wie grobfahrlässig (s. Anm. 10 zu § 91). Das Mindestmaß der Gefängnisstrafe beträgt für Wehrmachtangehörige, Gefolge und Kriegsgefangene 43 Tage (§ 29 Abs. 1).

§ 5a

Überschreitung des regelmäßigen Strafrahmens

(1) Bei allen Tätern, die durch eine vorsätzliche strafbare Handlung einen schweren Nachteil oder eine ernste Gefahr für die Krieg-

führung oder die Sicherheit des Reichs verschuldet haben, kann unter Überschreitung des regelmäßigen Strafrahmens die Strafe bis zur Höchstgrenze der angedrohten Strafart erhöht oder auf zeitiges oder lebenslanges Zuchthaus oder auf Todesstrafe erkannt werden, wenn der regelmäßige Strafrahmen nach gesundem Volksempfinden zur Sühne nicht ausreicht. Das gleiche gilt für alle fahrlässigen strafbaren Handlungen, durch die ein besonders schwerer Nachteil oder eine besonders ernste Gefahr für die Kriegführung oder die Sicherheit des Reichs verschuldet wurde.

(2) Bei strafbaren Handlungen gegen die Mannszucht oder das Gebot soldatischen Mutes kann der regelmäßige Strafrahmen ebenso überschritten werden, wenn es die Aufrechterhaltung der Mannszucht oder die Sicherheit der Truppe erfordert.

1. Die vorstehende Fassung des § 5a, der durch die 1. ErgänzungsVO. zur KSSVO v. 1. 11. 39 (RGBl. I S. 2131) eingefügt worden ist, beruht auf Art. 1 der 5. VO. zur Ergänzung der KSSVO v. 5. 5. 44 (RGBl. I S. 115) und gilt nach Art. 2 dieser VO. auch für Taten, die vor ihrem Inkrafttreten begangen sind. Sie bringt als Übergangsvorschrift eine Anpassung an die Strafrahmen des Entwurfs eines Wehrmachtstrafgesetzbuchs, dessen Verabschiedung bisher zurückgestellt werden mußte. Abs. 1 läßt die Überschreitung des regelmäßigen Strafrahmens gegenüber den Personen, die dem Kriegsverfahren unterliegen, bei allen strafbaren Handlungen zu, die, falls vorsätzlich begangen, einen schweren Nachteil oder eine ernste Gefahr, falls fahrlässig begangen, einen besonders schweren Nachteil oder eine besonders ernste Gefahr für die Kriegführung oder die Sicherheit des Reichs verschuldet haben, während sich Abs. 2 gegen Täter richtet, die durch Auflehnung gegen die Mannszucht oder die Gebote des soldatischen Mutes den guten Geist der Truppe schädigen. Die Strafdrohungen des MStGB (vgl. §§ 85, 86, 89, 92, 94, 96, 97, 106, 107) reichen nicht aus für eine wirksame Bekämpfung von Schädlingen, die sich durch ihre Tat für den Ehrendienst des deutschen Soldaten unwürdig gemacht haben (Amtl. Erl.). Durch die Verbesserungen in den Strafdrohungen, die durch die VO. über die Neufassung des MStGB v. 10. 10. 40 (RGBl. I S. 1347) bewirkt worden sind, ist § 5a KSSVO nicht überflüssig geworden. Er gestattet ein Überschreiten des regelmäßigen Strafrahmens auch bei allgemeinen Straftaten. Zudem ist die Überschreitung des Strafrahmens nach Abs. 1 lediglich von der Sühneforderung des gesunden Volksempfindens, nicht aber von der Gestaltung der Tat im Einzelfalle, nach Abs. 2 von den Erfordernissen der Mannszucht und der Sicherheit der Truppe abhängig (Begrdg. 40).

2. Abs. 1 setzt zunächst voraus, daß der Täter vorsätzlich (s. Anm. 6 zu § 33) einen schweren Nachteil (s. Anm. 6 zu § 92) oder eine ernste Gefahr (s.

Anm. 7 zu § 92) für die Kriegführung oder die Sicherheit des Reichs (s. Anm. 10 zu § 92) oder fahrlässig (s. Anm. 5 zu § 92) einen besonders schweren Nachteil oder eine besonders ernste Gefahr für die Kriegführung oder die Sicherheit des Reichs verschuldet hat. Weitere Voraussetzung des § 5a (1) ist, daß der regelmäßige Strafrahmen nach gesundem Volksempfinden zur Sühne nicht ausreicht. Unter „gesundem Volksempfinden" kann „nicht immer das Empfinden des ganzen Volkes verstanden werden. Dies ist schon deshalb nicht möglich, weil sich über viele Fragen und Vorgänge des Lebens ein einheitliches Empfinden des ganzen Volkes gar nicht gebildet hat. Maßgebend kann immer nur das für die örtlichen und sachlichen Besonderheiten des Einzelfalles vorhandene Empfinden des Volkes sein" (Grau, Wehrstrafrecht S. 19), also für die Anwendung der allgemeinen Strafgesetze, soweit darin auf das „gesunde Volksempfinden" verwiesen wird, auf Wehrmachtangehörige „das auch im gesunden Volksempfinden wurzelnde militärische Empfinden" (Begrdg. 36 zu § 11). Die Überschreitung des regelmäßigen Strafrahmens ist dann angebracht, wenn bei Abwägung der gefährlichen Auswirkungen für die Kriegführung oder für die Sicherheit des Reichs die Verhängung der höchsten sonst zulässigen Strafe dem Sühnebedürfnis der Volksgemeinschaft nicht genügen würde (OKW. v. 9. 4. 43 — 14 n 16 WR (I 1/2) 146/43).

3. Voraussetzung der Anwendung des § 5a Abs. 2 ist, daß die Überschreitung der Strafrahmen des MStGB zur Aufrechterhaltung der Mannszucht oder der Sicherheit der Truppe nach den besonderen Umständen des Falles notwendig ist (Amtl. Erl.). Im übrigen ist Abs. 2 nach seinem Sinn und Zweck auszulegen. Er ist in seiner Anwendbarkeit nicht auf die §§ 89—112 und 84—86 MStGB beschränkt. Es ist nicht ausgeschlossen, daß die Mannszucht auch geschädigt wird durch Mißbrauch der Dienstgewalt (§§ 114—125), durch Leichenfledderei (§ 134 MStGB), durch Feldpostdiebstähle, durch Verstöße gegen die allgemeinen Strafgesetze, z. B. durch Widerstand gegen die öffentliche Ordnung oder gegen die Sittlichkeit (Notzucht); OKW v. 17. 11. 39 — 14 h/n 16 WR I. Es muß aber jeweils im einzelnen Fall durch die besondere Art der Straftat das zu ihren anderen Tatbestandsmerkmalen hinzutretende Merkmal einer Tatrichtung gegen die Mannszucht oder das Gebot soldatischen Mutes festgestellt werden. Neben dieser Voraussetzung fordert die Anwendung des Abs. 2 noch die Feststellung, daß die Sicherheit der Truppe oder die Aufrechterhaltung der Mannszucht in der Truppe die Überschreitung des regelmäßigen Strafrahmens verlangt. Die Feststellung in dieser Beziehung ist nicht gleichbedeutend mit der des Vorliegens einer Straftat gegen die Mannszucht. Sie geht darüber hinaus und setzt voraus, daß durch die Straftat eine Erschütterung der Mannszucht oder Gefährdung der Sicherheit der Truppe eingetreten ist oder einzutreten droht, die nur durch die scharfen Maßnahmen des § 5a (2) KSSVO ausgeglichen werden kann. Der Charakter der militärischen Unterschlagung schließt die Anwendung des Abs. 2, abgesehen von besonderen Umständen, aus (RKG. 2, 114). Auch bei Zuwiderhandlungen gegen § 330a StGB

kann in besonders gelagerten Fällen von der Strafverschärfung Gebrauch gemacht werden. Zu berücksichtigen ist jedoch, daß Volltrunkene bis zur Einfügung des § 330a StGB (G. vom 24. 11. 33) straffrei gewesen sind. Als Strafe ist Gefängnis oder Geldstrafe angedroht. Dadurch hat der Gesetzgeber zum Ausdruck gebracht, daß er die Tat eines Volltrunkenen anders gewertet sehen will als die Handlungen eines Zurechnungsfähigen, der bewußt sich gegen die Strafgesetze vergeht. Dieser Gesichtspunkt darf auch künftig nicht unbeachtet gelassen werden. Es bedarf deshalb bei Verurteilungen nach § 330a StGB besonders eingehender Prüfung, ob eine Strafschärfung nach § 5a (2) KSSVO notwendig ist. Auch bei unerlaubter Entfernung müssen, nachdem § 64 MStGB neu gefaßt ist, ganz besondere Umstände vorliegen, wenn § 5a (2) Anwendung finden soll.

In der Regel wird eine Strafschärfung nur solche Soldaten treffen, die als Wehrmachtschädlinge bezeichnet werden müssen. Es wäre nicht richtig, die scharfe Waffe, die § 5a KSSVO den Feldkriegsgerichten gibt, durch allzu häufigen Gebrauch und ohne hinreichenden Grund vorzeitig stumpf werden zu lassen; OKH. v. 18. 12. 39 Az. 458 GenQu (III) GenStdH Nr. 9770/39.

4. § 5a ist anwendbar auf alle Personen, die dem Kriegsverfahren unterliegen, also nicht nur auf Soldaten und Wehrmachtbeamte, Wehrpflichtige d. B., die nicht zum aktiven Wehrdienst einberufen sind, und ihnen gesetzlich gleichstehende Personen unter den Voraussetzungen des § 2 (1) Nr. 2 KStVO sowie Personen, die sich bei der Wehrmacht im Operationsgebiet befinden (Gefolge, zugelassene ausländische Offiziere usw.), und Kriegsgefangene, sondern auch auf Ausländer und Deutsche im Operationsgebiet (§ 3 KStVO). Auch diese Personen können strafbare Handlungen gegen die Mannszucht und gegen die Gebote soldatischen Mutes begehen, wenn sie z. B. in Gegenwart von Soldaten die deutsche Wehrmacht beschimpfen (§ 134a StGB), an einem militärischen Aufruhr (§ 106 MStGB) teilnehmen oder einem Feigling, der sich während einer Kampfhandlung weggeschlichen hat (§ 85 Abs. 2 MStGB), Gelegenheit bieten, sich zu verstecken.

5. Verhältnis des § 5a zur VO. gegen Volksschädlinge.

Die Anwendung des § 4 der VO. gegen Volksschädlinge v. 5. 9. 39 (RGBl. I S. 1679) — Ausnutzung des Kriegszustandes als Strafschärfungsgrund — ist durch § 5a KSSVO dann ausgeschlossen, wenn sich eine strafbare Handlung gegen die Mannszucht oder die Gebote des soldatischen Mutes richtet oder wenn der Täter durch sie einen besonders schweren Nachteil für die Kriegführung oder für die Sicherheit des Reichs verschuldet hat und wenn die Aufrechterhaltung der Mannszucht oder die Sicherheit der Truppe (Abs. 2) oder das gesunde Volksempfinden (Abs. 1) die Überschreitung des regelmäßigen Strafrahmens erfordert. Soweit diese Voraussetzungen nicht vorliegen, gilt § 4 der VO. gegen Volksschädlinge auch für Wehrmachtangehörige, und zwar auch bei Straftaten gegen das MStGB (z. B. bei Verstößen gegen

§§ 139, 140); OKW. v. 17. 1. 39 — 14 h/n 16 WR I. Im Gegensatz zu dem nur eine Strafzumessungsregel enthaltenden § 5a KSSVO bildet § 4 der VO. gegen Volksschädlinge einen besonderen Deliktstatbestand; L. Schäfer bei Pfundtner-Neubert, II c 19 S. 4 und im Bericht „Die Arbeit der Sondergerichte in der Kriegszeit", herausgegeben vom Reichsjustizministerium, S. 28. Die Anwendbarkeit des § 4 der VO. gegen Volksschädlinge gehört also zur Schuldfrage, während die Nichtanwendung des § 5a KSSVO einem damit nicht einverstandenen Gerichtsherrn, dem das Aufhebungsrecht zusteht, ermöglicht, ein verurteilendes Erkenntnis im Schuldausspruch zu bestätigen und den Strafausspruch aufzuheben (§ 87 KStVO). Die VO. gegen Volksschädlinge dient der Sicherung und Erhaltung der deutschen Volksgemeinschaft. Ihr Sinn und Zweck ist es, denjenigen aus dem Gemeinschaftsleben auszumerzen, der in dem Abwehrkampf des deutschen Volkes durch besonders verwerfliche Handlungen und unter Ausnutzung der durch den Krieg bedingten Verhältnisse die innere Widerstandskraft des Volkes schädigt, sich damit an der Volksgemeinschaft versündigt und so dem Reich in den Rücken fällt. Geschützt soll die „innere Front" werden. Damit ist allerdings nicht gesagt, daß die Anwendbarkeit der VO. sich nur auf die blutsmäßig mit der Gemeinschaft verbundenen Volksgenossen beschränkt. Auch Ausländer, die innerhalb der deutschen Volksgemeinschaft leben, können sich an ihr vergehen. Sie sind nicht weniger gefährlich und können strafrechtlich nicht besser gestellt sein. Täter nach der VO. kann aber nur sein, wer in einem räumlich begrenzten Gemeinschaftsverhältnis zum deutschen Volk steht, nicht aber, wer außerhalb dieser Gemeinschaft lebt. Daher sind von Ausländern im Ausland begangene Straftaten nicht nach der VO. gegen Volksschädlinge zu bestrafen (RKG. 2, 121). Das besetzte ausländische Gebiet rechnet zum Inland (RKG. 2, 93).

Über „gesundes Volksempfinden" s. Anm. 2 oben.

§ 2 der VO. gegen Volksschädlinge (Verbrechen bei Fliegergefahr) ist auch anwendbar auf Straftaten des MStGB, die unter Ausnutzung der zur Abwehr von Fliegergefahr getroffenen Maßnahmen begangen werden z. B. auf Verstöße gegen § 137. Wird aber unter diesen Voraussetzungen eine Straftat gegen den Leib, Leben oder Eigentum begangen, die sich auch gegen die Mannszucht richtet, z. B. eine Tätlichkeit gegen einen Vorgesetzten, oder wird durch eine solche Tat ein schwerer Nachteil für die Kriegführung oder die Sicherheit des Reichs verschuldet, so ist zu prüfen, ob nicht § 5a KSSVO anzuwenden ist. Die Verhängung der Todesstrafe ist nicht, wie bei § 5 der VO. gegen Volksschädlinge, davon abhängig, ob eine strafbare Handlung gegen die Mannszucht usw. als solche ein besonders schwerer Fall ist, sondern davon, ob — unabhängig von der Wertung der Tat als solcher — die Aufrechterhaltung der Mannszucht oder die Sicherheit der Truppe oder — im Falle des Abs. 1 — das gesunde Volksempfinden eine so erhebliche Überschreitung des regelmäßigen Strafrahmens erfordert; OKW. 14 h/n 16 WR I v. 17. 11. 39.

§ 3 der VO. gegen Volksschädlinge (gemeingefährliche Verbrechen) ist nach seinem Wortlaut anwendbar auf die gemeingefährlichen Verbrechen der allgemeinen Strafgesetze (a. a. O.).

Über das Verhältnis des § 1 der VO. gegen Volksschädlinge zu § 129 MStGB s. dessen Anm. 12.

6. Verhältnis des § 5a KSSVO zur VO. gegen Gewaltverbrecher (OKH. v. 22. 1. 40 und v. 19. 6. 40 Az. 458 GenQu (III) GenStdH Nr. 1295/40 und 14709/40).

1. Die GewaltverbrecherVO. soll nach dem Willen des Gesetzgebers den gewalttätigen Verbrechertyp, den Gangster treffen. Derjenige, der bei einem Verbrechen der Notzucht, des Straßenraubs oder des Bankraubs oder bei einer anderen schweren Gewalttat die Tatbestandsmerkmale des § 1 (1) der VO. verwirklicht, ist nicht schon wegen dieser Verwirklichung allein als Gewaltverbrecher zu bestrafen; es kommt vielmehr stets darauf an, ob sich aus der Tat, insbesondere aus der Art und Weise ihrer Ausführung und ihren Folgen, oder aus der Persönlichkeit des Täters ergibt, daß er ein „Gewaltverbrecher" ist (RG. Deutsch. Recht 1941 S. 2183). Demnach wird eine Zivilperson in der Heimat, die sich Waffen beschafft und sie gebraucht, um schwere Gewalttaten damit zu begehen, in der Regel als Gewaltverbrecher zu bezeichnen sein, vor allem wenn das Vorleben sie dazu stempelt (vgl. RGSt. 75, 110). Der Soldat dagegen lebt und dient, ganz besonders im Kriege und im Feindesland, unter eigen gearteten Bedingungen. Es widerspricht dem Sinn des Gesetzes, den Soldaten, der beruflich Waffen trägt und handhabt, im Kriege ohne weiteres unter die scharfen Bestimmungen der GewaltverbrecherVO. zu stellen. § 1 der VO. gibt mit der Anführung von Notzucht, Straßenraub, Bankraub einen Anhalt dafür, welche Personen getroffen werden sollen und was unter einer „anderen schweren Gewalttat" i. S. der VO. zu verstehen ist. Es ist aber nicht angängig, daß Soldaten des Feldheeres, die während des Einsatzes eine Notzucht unter Anwendung der Waffe begehen, in jedem Fall nach der GewaltverbrecherVO. bestraft werden. Ein Soldat, der sich derartig vergeht, verdient selbstverständlich eine harte Bestrafung. Eine Schuld des Angeklagten im Sinne eines Gewaltverbrechers muß aber stets besonders sorgfältig geprüft und einwandfrei nachgewiesen und bei jeder Bestrafung von Angehörigen des Feldheeres wegen Notzucht, begangen unter den besonderen Verhältnissen des Operations- und Besatzungsgebiets, dem Strafmaß nach dem Erlaß des Ob. d. H. v. 5. 7. 40 Az. 458 GenQu (III) GenStdH Nr. 1608/40 größte Beachtung geschenkt werden. Hierzu ist in diesem Erlaß folgendes ausgeführt:

> Es erscheint nicht angängig, einmalige Entgleisungen auf sittlichem Gebiete stets so zu ahnden, wie es bei normalen Verhältnissen angebracht ist. Insbesondere ist zu prüfen, ob der Täter als Ehrloser verstoßen und deshalb mit Zuchthaus bestraft werden muß. Ich gebe zu bedenken, daß ein mit Zuchthaus Bestrafter praktisch gebrandmarkt aus dem Leben ausscheidet.

Meine Auffassung geht dahin, daß die besonderen Bedingungen, unter denen der Soldat im Feindesland lebt, es als möglich erscheinen lassen, den gewöhnlichen Fall der Notzucht als minder schweren im Sinne des § 177 RStGB anzusehen, damit auf eine Gefängnisstrafe erkannt werden kann.

Eine Zuchthausstrafe halte ich dann für berechtigt, wenn bei der Tat Gemeinheit, brutales Verhalten und Roheit des Täters eine Rolle gespielt haben.

Verurteilung zum Tode ist in ganz besonders üblen Fällen angezeigt, bei denen sich der Täter in jeder Weise unmenschlich und tierisch benommen hat.

Ich bitte, vorstehenden Gesichtspunkten bei der Entscheidung über die Bestätigung von Urteilen und über Gnadengesuche Rechnung zu tragen.

gez. von Brauchitsch.

2. Von besonderen Ausnahmefällen abgesehen, werden die Straftaten des MStGB nicht als schwere Gewalttaten i. S. der GewaltverbrecherVO. zu beurteilen sein, auch nicht die Tätlichkeit gegen einen Vorgesetzten.

Bei Verstößen gegen die Mannszucht ist durch § 5a Abs. 2 KSSVO die Grundlage für eine den Bedürfnissen der Wehrmacht entsprechende Bestrafung geschaffen. Ausnahmsweise wird § 5a KSSVO auch bei Notzucht, Raub und ähnlichen Gewalttaten die Überschreitung des regelmäßigen Strafrahmens zulassen. Hier ist aber eine gewisse Zurückhaltung angebracht, weil in derartigen Fällen eine schwere Schädigung der Mannszucht oder ein besonders schwerer Nachteil für die Kriegführung oder die Sicherheit des Reichs vorliegen und nachgewiesen werden muß.

3. In § 1 (2) der VO. gegen Gewaltverbrecher ist durch die Begriffsbestimmung „der Verbrecher" zum Ausdruck gebracht, daß es sich um einen „Verbrechertyp" handeln muß. Die Wehrmachtgerichte werden sich mit solchen Verbrechertypen nur in Ausnahmefällen zu befassen haben, in denen dann aber außer in den Urteilsgründen auch in der Urteilsformel zum Ausdruck zu bringen ist, daß der Angeklagte als Gewaltverbrecher verurteilt wird, z. B. „Der Angeklagte wird als Gewaltverbrecher wegen ... zu ... verurteilt".

Bei schweren Notzuchtsfällen oder einer anderen Gewalttat, bei denen der Gangstertyp des Täters nicht mit genügender Sicherheit nachzuweisen ist — z. B. wegen Eilbedürftigkeit können Ermittlungen über das Vorleben des Angeklagten nicht durchgeführt werden —, wird besser der § 4 der VO. gegen Volksschädlinge v. 5. 9. 39 angewendet (Ausnutzung des Kriegszustandes als Strafschärfungsgrund). Denn diese Bestimmung gibt dem Kriegsgericht bei der Straffestsetzung mehr Spielraum als der ausschließlich die Todesstrafe androhende § 1 der VO. gegen Gewaltverbrecher.

4. Der die VO. gegen Gewaltverbrecher v. 5. 12. 39 einleitende Satz „für das Gebiet des Großdeutschen Reiches" enthält keine Be-

schränkung auf den großdeutschen Raum im örtlichen Sinne, sondern bringt nur zum Ausdruck, daß diese Verordnung auch für Angehörige der neu eingegliederten Gebiete Anwendung findet. Die Verordnung gilt also nach § 1 KSSVO, § 3 StGB für Wehrmachtangehörige und nach § 155 MStGB für das Gefolge ohne Rücksicht darauf, ob die Tat im Gebiet des Großdeutschen Reiches oder jenseits der Reichsgrenzen ausgeführt worden ist.

7. Die Neufassung des § 5a KSSVO ermöglicht, nicht nur auf Todes- und Zuchthausstrafe zu erkennen, sondern auch Gefängnis- und Festungshaftstrafen bis zur Höchstgrenze der angedrohten Strafart zu erhöhen. Es gibt Taten, die zwar eine über den regelmäßigen Strafrahmen hinausgehende Sühne erfordern, bei denen aber die Verhängung der im besonderen Maße entehrenden Zuchthausstrafe nicht in Betracht kommt (OKW. v. 9. 4. 43 — 14 n 16 WR (I 1/2) 146/43).

Über Todesstrafe (Vollstreckung) s. § 103 KStVO, über Zuchthausstrafe Anm. 13 zu § 5 KSSVO (am Ende).

§ 6

Die §§ 78, 81, 83, 99 und 102a des Militärstrafgesetzbuchs und die §§ 112, 140, 141, 142 und 143 des Strafgesetzbuchs für das Deutsche Reich sind nicht anzuwenden.

§ 6, dessen vorstehende Fassung auf Nr. I der Dritten Verordnung zur Änderung der Kriegssonderstrafrechtsverordnung v. 10. 10. 40 (RGBl. I S. 1362) beruht, hebt für die Dauer der Geltung der KSSVO die Vorschriften des MStGB und des StGB auf, die durch § 5 der VO. überholt sind..

Der im § 6 nicht genannte § 143a StGB (Wehrmittelbeschädigung) ist durch § 5 G. v. 4. 9. 41 (RGBl. I S. 549) neu gefaßt; s. Erläuterungen zu § 137 MStGB.

§ 7

Einschränkung der Dienstentlassung

§ 23 Abs. I Ziffer b und c des Wehrgesetzes tritt außer Kraft.

1. Die vorstehende Fassung des § 7 beruht auf Nr. II der Dritten Verordnung zur Änderung der Kriegssonderstrafrechtsverordnung v. 10. 10. 40 (RGBl. I S. 1362).

2. Die Außerkraftsetzung des § 23 (1) Ziff. b und c WG. bedeutet, daß Soldaten während der Geltung der KSSVO aus dem aktiven Wehrdienst von Rechts wegen nicht ausscheiden, wenn gegen sie auf Gefängnis von längerer als einjähriger Dauer wegen einer vorsätzlich begangenen Tat oder auf Unfähigkeit zum Bekleiden öffentlicher Ämter erkannt worden ist.

In Kraft geblieben ist § 23 (1) Ziff. a und (2) WG., wonach Soldaten, gegen die nach dem MStGB auf Verlust der Wehrwürdigkeit erkannt worden ist, aus dem aktiven Wehrdienst und überhaupt aus jedem Wehrdienstverhältnis von Rechts weden ausscheiden.

§ 8

Disziplinarübertretungen

Als Disziplinarübertretungen sind zu beurteilen:

1. **vorsätzliche oder fahrlässige Verstöße gegen die militärische Zucht und Ordnung, die keinem Strafgesetz unterfallen;**
2. **Zuwiderhandlungen gegen Strafgesetze, die gerichtlich nicht bestraft oder strafvollzugsfrei gelassen werden.**

§ 8 der VO. hat in den Begriff der Disziplinarübertretungen, der früher nur die unter Nr. 1 genannten Verstöße umfaßte, die „Zuwiderhandlungen gegen Strafgesetze, die gerichtlich nicht bestraft oder strafvollzugsfrei gelassen werden", einbezogen. Dem entspricht die Fassung des § 2 WDStO. Kleinere Verfehlungen von Wehrmachtangehörigen, die an sich gerichtlich strafbar sind, sollen wegen der besonderen Verhältnisse im Kriege möglichst disziplinar erledigt werden (vgl. dazu §§ 16a, 47 Abs. 2 KStVO und Anm. 2 zu § 3 EG. zum MStGB). Das gilt auch für Zuwiderhandlungen gegen die allgemeinen Strafgesetze, die vor Diensteintritt begangen worden sind (OKH. 14 n 16 HR IIb Nr. 2791/40 v. 25. 9. 40).

Strafvollzugsfrei gelassen werden solche Straftaten, bei denen nach rechtskräftiger gerichtlicher Verurteilung die Strafe nicht vollstreckt wird. Beispiel: Amnestie während der Dauer des Kriegszustandes (Amtl. Erl.), aber auch Aussetzung des gesamten Vollzugs bei Freiheitsstrafen bis nach Beendigung des Kriegszustandes (§ 104 Abs. 1 KStVO.). Sollte die ausgesetzte Freiheitsstrafe nach Beendigung des Kriegszustandes verbüßt werden, so müßte die wegen der gleichen Tat verhängte Disziplinararreststrafe auf die gerichtlich erkannte Freiheitsstrafe angerechnet werden.

Schlußbestimmungen

§ 9

(gestrichen durch Nr. II der Dritten Verordnung zur Änderung der Kriegssonderstrafrechtsverordnung v. 10. 10. 40, RGBl. I S. 1362)

§ 10

Änderungsbefugnis

Der Chef des Oberkommandos der Wehrmacht ist zur Erläuterung dieser Verordnung, zu ihrer Anpassung an das jeweils geltende Recht und, soweit ein Bedürfnis der Kriegsführung es gebietet, auch zu Änderungen und Ergänzungen befugt.

Von der ihm durch § 10 erteilten Ermächtigung hat der Chef OKW. durch Erlaß der „Ersten Verordnung zur Ergänzung der Kriegssonderstrafrechtsverordnung“ v. 1. 11. 39 (RGBl. I S. 2131), der „Zweiten Verordnung zur Ergänzung der Kriegssonderstrafrechtsverordnung“ v. 27. 2. 40 (RGBl. I S. 445), der „Dritten Verordnung zur Änderung der Kriegssonderstrafrechtsverordnung“ v. 10. 10. 40 (RGBl. I S. 1362), der „Vierten Verordnung zur Ergänzung der Kriegssonderstrafrechtsverordnung“ v. 31. 3. 43 (RGBl. I S. 261) und der 5. solchen VO. v. 5. 5. 44 (RGBl. I S. 115) Gebrauch gemacht. Sie sind in diese Erläuterungen eingearbeitet.

§ 11

Inkrafttreten der Verordnung

(1) Diese Verordnung tritt mit der Mobilmachung für die gesamte Wehrmacht in Kraft, wenn der Führer und Reichskanzler nicht etwas anderes befiehlt.

(2) In anderen Fällen befiehlt der Führer, wann diese Verordnung in Kraft tritt und für welche Teile der Wehrmacht sie anwendbar ist.

Der Führer und Oberste Befehlshaber der Wehrmacht hat den Chef OKW. durch Erlaß v. 5. 7. 39 ermächtigt, die Befugnisse aus § 11 (2) KSSVO auszuüben. Demgemäß hat der Chef OKW. durch VO. v. 26. 8. 39 (RGBl. I S. 1482) bestimmt, daß die KSSVO für die gesamte Wehrmacht am 26. 8. 39 in Kraft tritt (§ 1), ferner daß, soweit die VO. oder das MStGB in einzelnen Vorschriften auf den Krieg Bezug nehmen, diese Vorschriften für den besonderen Einsatz entsprechend gelten (§ 4).

Zwar ist die Inkraftsetzung nur „für die gesamte Wehrmacht“ erfolgt. Da aber gleichzeitig die KStVO und damit das Kriegsverfahren (2. Teil der KStVO) in Kraft gesetzt worden ist, kann kein Zweifel daran bestehen, daß die KSSVO seit dem 26. 8. 39 auch auf die sonst der Wehrmachtgerichtsbarkeit nicht unterworfenen Personen, soweit sie für sie gilt, anzuwenden ist (s. Vorbemerkung vor § 2 KSSVO). Denn die Inkraftsetzung „für die gesamte Wehrmacht“ bedeutet, daß die KSSVO von allen Dienststellen der Wehrmacht, die danach zu arbeiten haben, anzuwenden ist. „Gegen wen die KSSVO anzuwenden ist, muß aus ihrem Inhalt entnommen werden“; Hülle, ZWehrR. V S. 564.

II.

Einführungsgesetz

zum Militärstrafgesetzbuch (a. F.)

Vom 20. Juni 1872 (RGBl. S. 173).

§ 1

Das Militärstrafgesetzbuch für das Deutsche Reich tritt im ganzen Umfang des Reichsgebiets mit dem 1. Oktober 1872 in Kraft.

§ 2

Mit diesem Tage treten im ganzen Reichsgebiet alle Militärstrafgesetze, soweit sie materielles Strafrecht zum Gegenstande haben, außer Kraft.

§ 3

(fortgefallen)

1. § 3, der durch Ges. zur Vereinfachung des Militärstrafrechts vom 30. 4. 26 (RGBl. I. S. 197) gestrichen worden ist, hatte folgenden Wortlaut:

Eine Bestrafung in Gemäßheit des Militär-Strafgesetzbuches kann nur auf Grund eines gerichtlichen Erkenntnisses erfolgen.

In leichteren Fällen können im Disziplinarwege geahndet werden:

1. *Vergehen wider die §§ 64, 66 Satz 2, §§ 79, 89, 90, 91 Abs. 1, §§ 92, 93, 94, 120, 121 Abs. 1, §§ 137, 141 Abs. 1, §§ 146, 148 Fall 1, § 151;*
2. *Vergehen wider § 114, wenn die strafbare Handlung nur in dem Borgen von Geld oder in der Annahme von Geschenken ohne Vorwissen des gemeinschaftlichen Vorgesetzten besteht.*

Jedoch darf im Disziplinarwege keine andere Freiheitsstrafe als Arrest festgesetzt werden und die Dauer desselben vier Wochen gelinden Arrestes oder Stubenarrestes, drei Wochen mittleren Arrestes oder vierzehn Tage strengen Arrestes nicht übersteigen.

Durch die 5. VO. zur Durchführung und Ergänzung der KStVO v. 11. 11. 39 (RGBl. I S. 2264) ist dieser folgender § 16a eingefügt und es sind in seiner ursprünglichen Fassung die Worte „von Unteroffizieren und Mannschaften“ durch Art. I § 1 der 9. VO. zur Durchführung und Ergänzung der KStVO v. 12. 7. 43 (RGBl. I S. 392) gestrichen worden:

§ 16a

Disziplinare Erledigung vor Meldung an den Gerichtsherrn

(1) Die Oberbefehlshaber der Wehrmachtteile können, wenn die Kriegslage es erfordert, die Disziplinarvorgesetzten vorübergehend ermächtigen, Straftaten (mit Ausnahme des Mißbrauchs der Dienstgewalt, §§ 114 bis 125 des Militärstrafgesetzbuchs) nach der Disziplinarstrafordnung zu ahnden, wenn der Sachverhalt genügend geklärt ist und nach der Schuld des Täters und den Folgen der Tat eine disziplinare Erledigung ausreicht.

(2) Der Disziplinarvorgesetzte, der eine Straftat nach Abs. 1 disziplinar erledigt hat, legt dem Gerichtsherrn eine Meldung über den Sachverhalt und die disziplinare Erledigung vor.

(3) Entspricht die disziplinare Erledigung nicht der Sach- und Rechtslage, so verfügt der Gerichtsherr die Anklage. Auf die gerichtliche Strafe wird eine verbüßte Disziplinararreststrafe angerechnet.

Von der den Oberbefehlshabern der Wehrmachtsteile hierdurch verliehenen Befugnis haben bisher nur der Ob. d. H. und der Ob. d. L. Gebrauch gemacht. Der Ob. d. H. hat durch Erlaß v. 12. 11. 39 — 458 GenQu (III), HVBl. 1939 Teil C S. 416 Nr. 1071, betr. Disziplinarstrafgewalt, geändert und berichtigt durch die Erlasse v. 26. und v. 28. 8. 43 (HVBl. B S. 261 Nr. 506), folgendes angeordnet:

Auf Grund der mir durch § 16a der Kriegsstrafverfahrensordnung erteilten Befugnis ermächtige ich die Disziplinarvorgesetzten bis auf weiteres, Straftaten (mit Ausnahme des Mißbrauchs der Dienstgewalt, §§ 114 bis 125 MStGB) im Rahmen ihrer Disziplinarstrafgewalt (§§ 13ff. WDStO) im Disziplinarweg zu ahnden, wenn der Sachverhalt genügend geklärt ist und nach der Schuld des Täters und den Folgen der Tat eine disziplinare Erledigung für ausreichend gehalten wird (sog. leichtere Fälle im Sinne des früheren § 3 des Einführungsgesetzes zum MStGB ohne die damaligen Beschränkungen). Für die Ausübung der Disziplinarstrafgewalt gelten die allgemeinen Grundsätze, insbesondere § 39 WDStO. Verhängt werden können die nach § 5 WDStO zulässigen Disziplinarstrafen.

Ich übertrage damit den Disziplinarvorgesetzten eine große Verantwortung. Ich erwarte, daß diese erweiterten Machtbefugnisse in voller Gerechtigkeit gehandhabt werden mit dem einen Ziel, die Mannszucht und damit die moralische Schlagkraft der Truppe auf voller Höhe zu halten.

Der Disziplinarvorgesetzte, der eine an sich gerichtlich strafbare Tat disziplinar erledigt hat, legt dem Gerichtsherrn eine Meldung über den

Sechste Verordnung zur Ergänzung der Kriegssonderstrafrechtsverordnung

vom 10. Oktober 1944

(RGBl. I S. 252).

Auf Grund des § 10 der Verordnung über das Sonderstrafrecht im Kriege und bei besonderem Einsatz (Kriegssonderstrafrechtsverordnung) vom 17. August 1938 (RGBl. 1939 I S. 1455) wird verordnet: In die Kriegssonderstrafrechtsverordnung wird folgende Vorschrift eingefügt:

§ 8

§ 65 des Militärstrafgesetzbuchs vom 10. Oktober 1940 (RGBl. I S. 1348) ist in folgender Fassung anzuwenden:

§ 65

Ebenso (§ 64) wird bestraft, wer es vorsätzlich oder fahrlässig unterläßt, innerhalb eines Tages sich der Truppe oder Dienststelle, von der er abgekommen ist, oder einer anderen Truppe wieder anzuschließen oder sich nach beendeter Kriegsgefangenschaft bei einem Truppenteil zu melden.

Sachverhalt und die disziplinare Erledigung vor. Entspricht die disziplinare Erledigung nicht der Sach- und Rechtslage, so verfügt der Gerichtsherr die Anklage. Auf die gerichtliche Strafe wird eine verbüßte Disziplinarstrafe angerechnet.

Die Kommandeure haben umgehend die ihnen unterstellten Offiziere über den Umfang und die Bedeutung der zugestandenen erweiterten Disziplinarstrafgewalt zu unterrichten. Ich erwarte, daß unter den oben angegebenen Voraussetzungen die Disziplinarvorgesetzten sofort disziplinar strafen, ohne in jedem Fall erst durch Vorlage eines Tatberichts die Entscheidung des Gerichtsherrn nach § 47 KStVO herbeizuführen. Die Strafe soll damit der Tat unmittelbar auf dem Fuße folgen und so erzieherisch am stärksten wirken. Auf der anderen Seite muß jeder Mißbrauch dieser erweiterten Rechte unterbleiben, deren Zweck keinesfalls darin liegt, den Täter der verdienten Strafe zu entziehen.

Der Erlaß des Ob. d. L. v. 7. 3. 44 (LVBl. S. 204 Nr. 331) lautet:

Auf Grund der mir durch § 16a der Kriegsstrafverfahrensordnung erteilten Befugnis ermächtige ich die Disziplinarvorgesetzten, bis auf weiteres Straftaten (mit Ausnahme des Mißbrauchs der Dienstgewalt §§ 114 bis 125 MStGB) im Rahmen ihrer Disziplinarstrafgewalt im Disziplinarwege zu ahnden, wenn der Sachverhalt genügend geklärt ist und nach der Schuld des Täters und den Folgen der Tat eine disziplinare Erledigung ausreicht.

Der Disziplinarvorgesetzte, der eine an sich gerichtlich strafbare Tat disziplinar erledigt hat, hat dem Gerichtsherrn eine Meldung über den Sachverhalt und die disziplinare Erledigung vorzulegen. Entspricht die disziplinare Erledigung nicht der Sach- und Rechtslage, so verfügt der Gerichtsherr die Anklage. Auf die gerichtliche Strafe wird eine verbüßte Disziplinarstrafe angerechnet.

Schon aus der Überschrift des § 16a KStVO ergibt sich, daß die Disziplinarbestrafung an sich gerichtlich strafbarer Taten nur eine vorläufige Maßnahme ist, deren Bestand von der nachfolgenden Entscheidung des Gerichtsherrn abhängt. Sie läßt die Pflicht des strafenden Disziplinarvorgesetzten zur Einreichung oder Weitergabe des Tatberichts (Meldung nach § 16 KStVO) an den Gerichtsherrn unberührt; Hülle bei Pfundtner-Neubert, II RV 3 S. 52.

2. Die den Disziplinarvorgesetzten vom Ob. d. H. und vom Ob. d. L. erteilte Ermächtigung zur Disziplinarbestrafung erstreckt sich

a) **nicht** auf Mißbrauch der Dienstgewalt (§§ 114—125 MStGB),

b) **nur** auf leichtere Fälle i. S. des früheren § 3 EG. zum MStGB ohne die damaligen Beschränkungen auf gewisse Straftaten,

c) **nicht** auf Kriegsgefangene, da Art. 52 (3) des Kriegsgefangenenabkommens v. 27. 7. 29 (RGBl. 1934 II S. 227) dem Gerichtsherrn die gerichtliche Nachprüfung der Disziplinarstrafe verwehrt.

Ob ein „leichterer Fall" vorliegt, entscheidet der zuständige Disziplinarvorgesetzte (4, 107) verantwortungsfreudig nach pflichtmäßigem Ermessen. Wird aber sein Vorliegen von ihm verneint und Tatbericht an den zuständigen Gerichtsherrn eingereicht, so kann dieser, außer in den Fällen des Mißbrauchs der Dienstgewalt (§§ 114—125 MStGB), wenn die Schuld des Täters gering ist und die Folgen der Tat unbedeutend sind, von der Anklage absehen und die Tat entweder selbst disziplinar bestrafen oder die disziplinare Ahndung (nach § 8 Nr. 2 KSSVO) dem zuständigen Disziplinarvorgesetzten überlassen, ebenso wenn er das Ermittlungsverfahren endgültig einstellt (§ 47 KStVO). Für die Entscheidung der Frage, ob die Schuld des Täters gering ist, können auch die in seiner Person liegenden, eine mildere Auffassung rechtfertigenden Umstände, wie bisherige Unbestraftheit, tadellose Führung, große Erregung, herangezogen werden (1, 35).

„Die Disziplinarstrafe wirkt, da sie der Straftat unmittelbar auf dem Fuße folgt, im besonderen Maße erzieherisch, auch auf die Allgemeinheit. Sie ist daher in allen Fällen zu verhängen, wo sie nach Straftat und Persönlichkeit des Schuldigen vertretbar ist" (Erlaß des Ob. d. H. v. 4. 11. 39 Az. 458 GenQu (III) GenStdH. Nr. 5963/39). „Der Disziplinarvorgesetzte muß die Möglichkeit, die erweiterten Rechte auszuüben, in entschlußfreudiger Selbstverantwortung prüfen und sich in allen den Fällen für disziplinare Bestrafung entscheiden, in denen die disziplinare Ahndung nach Art der Tat und der Persönlichkeit des Täters ausreichend erscheint. In der Regel ist dies der Fall, wenn die Tat nicht aus verbrecherischer Neigung, sondern z. B. in jugendlichem Leichtsinn begangen wurde oder sich als eine einmalige Entgleisung bei sonst tadelloser Führung darstellt. Bei der Entscheidung über die disziplinare Ahndung ist insbesondere zu berücksichtigen, daß die sofort vollzogene Disziplinarstrafe erzieherisch oft nachhaltiger wirkt, in ihren Folgen aber weniger schwer wiegt als eine gerichtliche Strafe. Erscheint die eigene Strafbefugnis nicht ausreichend, so ist die Tat dem höheren Disziplinarvorgesetzten zur Entscheidung zu melden. In Zweifelsfällen empfiehlt sich Fühlungnahme mit dem zuständigen Heeresrichter"; Erlaß des OKH. (Ch H Rüst u. BdE) v. 22. 10. 42 (HVBl. B S. 472 Nr. 803).

3. I. Disziplinarbestrafung ist in leichteren Fällen zulässig

1. wegen aller Straftaten, gleichgültig ob es sich um Verbrechen oder Vergehen gegen das MStGB (außer gegen die §§ 114—125), die KSSVO oder die allgemeinen Strafgesetze oder um Übertretungen der §§ 360ff. StGB oder der strafrechtlichen Nebengesetze handelt,

2. im Rahmen der Disziplinarstrafgewalt des strafenden Vorgesetzten (§§ 13ff. WDStO.),

3. unter Anwendung des Strafensystems der WDStO.,

4. nach den für die Ausübung der Disziplinarstrafgewalt geltenden allgemeinen Grundsätzen, insbesondere § 39 WDStO.,

5. wenn der Sachverhalt genügend geklärt ist.

Entfallen sind mithin die Beschränkungen des früheren § 3 EG. zum MStGB auf

a) bestimmte militärische Straftaten,

b) die Bestrafung mit Arrest.

II. Strafzwang besteht nach Nr. 15 des Erlasses OKH. (Ch H Rüst u. BdE) Az. B 13 n 30 HR III a Nr. 3347/40 (6. Mob. S. Erl.) v. 27. 11. 40 nicht. Der Disziplinarvorgesetzte „kann auch bei gerichtlich strafbaren Handlungen, wenn die Voraussetzungen des § 16a KStVO gegeben sind, von einer Bestrafung absehen, wenn dies nach der Lage des Falles gerechtfertigt ist". Über Bedenken, die dagegen erhoben werden könnten, s. Rittau, Strafzwang im Kriegsdisziplinarstrafrecht? ZWehrR. V S. 25.

Den Ausführungen von Hodes (ZWehrR. IV S. 433) für und gegen die Annahme eines Strafzwangs, wenn der Gerichtsherr die disziplinare Ahndung der Tat gemäß § 47 (2) KStVO dem zuständigen Disziplinarvorgesetzten überlassen hat, ist ebenso zuzustimmen wie seiner Ansicht, daß die den Strafzwang ablehnenden Gründe überwiegen. Sie stimmt mit den „Erläuterungen zum Kriegsstrafrecht der Wehrmacht" v. 13. 1. 40 (OKW. 14 n 16 WR. I, 3) und mit der Lehre von Dietz, WDStO. S. 550 und ZWehrR. IV S. 422, überein. Die Fälle, in denen der D.-Vorgesetzte eine Straftat nach § 16a KStVO und den Erlassen des Ob. d. H. v. 12. 11. 39 und des Ob. d. L. v. 7. 3. 44 disziplinar erledigen kann, unterscheiden sich von den nach § 47 (2) KStVO an ihn abgegebenen allein schon dadurch, daß „der Sachverhalt genügend geklärt" sein, die „Schuld des Täters" feststehen und ein Überblick über die „Folgen der Tat" gewonnen sein muß. Fehlen diese Unterlagen, „ist erst eine zeitraubende Vervollständigung der Untersuchung durch schriftliche oder mündliche Verhandlung vonnöten, weil noch Zweifel über die Schuld oder den Grad der Strafbarkeit bestehen, so ist die Vorlage an den Gerichtsherrn geboten" (Hülle bei Pfundtner-Neubert, II RV 3 S. 52). Die sachlichen Voraussetzungen für das Tätigwerden des D.-Vorgesetzten einerseits nach § 47 (2), andererseits nach § 16a KStVO sind also verschieden. Aber auch vom Standpunkt des Gerichtsherrn aus betrachtet, ist ein wesentlicher Unterschied festzustellen, je nachdem er sich nach § 47 KStVO aus dem Verfahren selbst ausschaltet oder nach § 16a (2) KStVO in das Verfahren eingeschaltet wird. Die Abgabe an den zuständigen D.-Vorgesetzten nach § 47 (2) KStVO bedeutet praktisch den endgültigen Verzicht des Gerichtsherrn, sich mit der Angelegenheit weiter zu befassen. Zwar kann er „sich aus irgendeinem Grund — dieser bedarf keiner Rechtfertigung — nachträglich entschließen, doch die Anklage zu erheben; das darf er, weil nach § 47 (2) letzter Satz die Strafklage durch die disziplinare Erledigung nicht verbraucht wird" (Dietz, ZWehrR. IV S. 423). Fälle, in denen der Gerichtsherr seine nach § 47 (2) KStVO getroffene Entscheidung später umstößt, kommen aber so gut wie gar nicht vor. In jedem Fall steht am Anfang der disziplinaren Erledigung nach § 47 (2) die Entscheidung des Gerichtsherrn, bei einer disziplinaren Erledigung nach § 16a steht sie am

Ende, oder — anders ausgedrückt — die Disziplinarstrafe, die der D.-Vorgesetzte nach § 47 (2) verhängt, setzt eine (meist endgültige) Entscheidung des Gerichtsherrn voraus, die Disziplinarstrafe, die er auf Grund des § 16a (1) ausspricht, ist nur eine vorläufige Maßnahme, die der Billigung des Gerichtsherrn bedarf (Hülle a. a. O.).

Diese vorläufige Maßnahme läßt die Pflicht des D.-Vorgesetzten zur Einreichung oder Weitergabe des Tatberichts (Meldung nach § 16 KStVO) unberührt. Vorsätzliche Mißachtung dieser Pflicht zieht Bestrafung nach § 147a MStGB nach sich (vgl. H. M. 1941 S. 248 Nr. 478). Voraussetzung für die Meldung ist, daß gerichtlich strafbare Handlungen Untergebener zur Kenntnis militärischer Dienststellen kommen. Die „Vorausmaßnahme" der disziplinaren Erledigung nach § 16a KStVO erfordert aber, wie oben schon dargelegt, darüber hinaus, daß „der Sachverhalt genügend geklärt ist" und die Schuld des Täters feststeht, mithin nicht nur den Verdacht einer strafbaren Handlung, sondern das zweifelsfreie Vorliegen ihres äußeren und inneren Tatbestandes.

4. Weitere allgemeine Grundsätze, die auch für die Disziplinarbestrafung an sich gerichtlich strafbarer Handlungen gelten, sind

a) Ausschluß der Gesamtstrafe,
b) Unabänderlichkeit einer verhängten Disziplinarstrafe,
c) Ausschluß des Klageverbrauchs durch eine rechtswidrig verhängte Disziplinarstrafe,
d) Ausschluß der Bestrafung Ausgeschiedener,
e) Zulässigkeit des Beschwerdewegs.

zu a). Die Vorschrift, daß mehrere selbständige gleichzeitig zur Entscheidung reife Disziplinarübertretungen, soweit für sie ein und derselbe D.-Vorgesetzte zuständig ist, nur mit einer Strafe belegt werden dürfen (§ 38 (2) WDStO.), ist auch anzuwenden, wenn mehrere selbständige an sich gerichtlich strafbare Handlungen disziplinar geahndet werden sollen. Sie schließt aber nicht aus, daß der Disziplinarvorgesetzte nur eine oder einzelne dieser Handlungen disziplinar bestraft und wegen der übrigen Tatbericht (nach § 16 KStVO) erstattet (Dietz, WDStO. S. 360; Romen-Rissom, Anm. 4 zu § 3 EG. MStGB). Für die Bemessung der von dem D.-Vorgesetzten auszusprechenden Einheitsstrafe sind nur die im § 39 WDStO. aufgestellten Richtlinien maßgebend.

zu b). Eine Disziplinarstrafe ist mit ihrer dienstlichen Bekanntgabe an den Beschuldigten verhängt und darf nach diesem Zeitpunkt von der Dienststelle, die sie verhängt hat, nicht mehr aufgehoben oder abgeändert werden (§ 36 Abs. 1 und 3 WDStO.). Die durch § 16a (2) KStVO vorgeschriebene Meldung gehört nicht zur „Verhängung" der Disziplinarstrafe. Rechtswidrige Disziplinarstrafen sind von dem höheren Vorgesetzten nach § 48 WDStO. aufzuheben oder abzuändern. Ebenso ist zu verfahren, wenn die Meldung der disziplinaren Erledigung den Gerichtsherrn veranlaßt, die Anklage zu verfügen und der Angeklagte rechtskräftig verurteilt wird. In diesem Falle erfolgt die Aufhebung „zweckmäßig gleichzeitig mit der Bestätigung" (Hülle a. a. O.), sofern der bestätigungsberechtigte Befehlshaber gleichzeitig höherer Disziplinarvorgesetzter des Verurteilten ist.

zu c). Der strafrechtliche Grundsatz „ne bis in idem" hat für das Disziplinarstrafrecht nur beschränkte Geltung (RKG. 1, 31). Daß eine der Sach- und Rechtslage nicht entsprechende Disziplinarstrafe, selbst wenn sie bereits verbüßt ist, die Strafbarkeit nicht tilgt (§ 32 Abs. 3 WDStO.), gilt nach § 16a (3) KStVO auch für solche Disziplinarstrafen, durch die an sich gerichtlich strafbare Handlungen geahndet worden sind. Die weitere Bestimmung, daß eine bereits verbüßte Disziplinararreststrafe auf die gerichtliche Strafe anzurechnen ist, beseitigt die hierüber früher bestehende Unklarheit (vgl. RKG. 1, 31). Eine Aufhebung der Disziplinarstrafe durch das Gericht bei einer Verurteilung kommt mangels dahingehender gesetzlicher Vorschriften nicht in Frage. Vielmehr hat die Aufhebung nach rechtskräftiger Verurteilung gemäß § 32 (3) WDStO. durch den höheren Disziplinarvorgesetzten zu erfolgen (RKG. 1, 31; s. oben unter b).

zu d). Aus jedem Wehrdienstverhältnis Ausgeschiedene können nicht mehr disziplinarisch bestraft, es können jedoch gegen sie bereits verhängte Disziplinarstrafen vollstreckt werden (§ 58 Abs. 3 WDStO.). Die Einleitung oder Fortsetzung eines gerichtlichen Strafverfahrens wird durch das Ausscheiden aus jedem Wehrdienstverhältnis nicht berührt. Es muß also, wenn vor dem Ausscheiden eine gerichtlich strafbare Handlung begangen worden ist, deswegen Tatbericht an den Gerichtsherrn (nach § 16 KStVO) eingereicht werden.

zu e). Da die „kraft der reinen Kommandogewalt verhängte Strafe ihrem Wesen nach eine Disziplinarstrafe bleibt" (Romen-Rissom, Anm. 4 zu § 3 EG. zum MStGB), ist Beschwerde dagegen nach §§ 45, 46 WDStO. zulässig (ebenso gegen die nach § 47 (2) KStVO vom Gerichtsherrn oder vom zuständigen Disziplinarvorgesetzten verhängten Disziplinarstrafen). Über die Beschwerde entscheidet demnach derjenige Disziplinarvorgesetzte, dem die strafende Dienststelle zur Zeit der Entscheidung truppendienstlich unmittelbar unterstellt ist (§ 46 Abs. 1 WDStO). Die Auffassung, daß über Beschwerden gegen die Disziplinarbestrafung an sich gerichtlich strafbarer Handlungen nur der Gerichtsherr zu entscheiden habe, findet in der KStVO keine Stütze und ist auch deswegen abzulehnen, weil sie im Felde häufig zu unerträglichen Verzögerungen der notwendigen Bestrafung führen würde.

5. Verjährung. Gerichtlich strafbare Handlungen können, vorausgesetzt, daß die Strafverfolgungsverjährung nach §§ 67ff. StGB noch nicht eingetreten ist, nach § 16a oder § 47 (2) KStVO auch dann noch disziplinar bestraft werden, wenn sie erst 6 Monate nach ihrer Begehung bekannt werden.

Im Falle des § 47 (2) KStVO kann jedoch eine Disziplinarstrafe nur innerhalb von 6 Monaten nach der Entscheidung ausgesprochen werden, durch die der Gerichtsherr eine disziplinare Erledigung für ausreichend erklärt hat; OKH. (Ch H Rüst u. BdE) Az B 13 n 30 HR III a Nr. 2101/41 v. 22. 9. 41 (7. Mob. S. Erl.) Nr. 15.

III.

Militärstrafgesetzbuch

Vom 10. Oktober 1940

Einleitende Bestimmungen

§ 1

Militärische Verbrechen und Vergehen

(1) Eine Handlung[1], die dieses Gesetz mit dem Tode, mit Zuchthaus oder mit Gefängnis oder Festungshaft von mehr als fünf Jahren bedroht, ist ein militärisches Verbrechen[2].

(2) Eine Handlung, die dieses Gesetz mit Freiheitsstrafe (§ 16) bis zu fünf Jahren bedroht, ist ein militärisches Vergehen[2].

1. Auch die Unterlassung eines Tuns, das vom Recht geboten ist, daher Begehungs- und Unterlassungsdelikte. Der Inbegriff der im Gesetz angegebenen Merkmale einer Handlung, die sie zu einer strafbaren machen, ist ihr gesetzlicher Tatbestand. Ist er erfüllt, so sind weitere Voraussetzungen der Strafbarkeit Rechtswidrigkeit und schuldhafte, d. h. vorsätzliche oder, wo dies genügt, fahrlässige Begehung. Ist der gesetzliche Tatbestand nicht erfüllt, findet mithin auf die Tat kein bestimmtes Strafgesetz Anwendung, so wird sie nach dem Gesetz bestraft, dessen Grundgedanke auf sie am besten zutrifft, vorausgesetzt, daß sie nach dem Grundgedanken eines Strafgesetzes und nach gesundem Volksempfinden Bestrafung verdient (§ 2 StGB). Der Grundsatz, daß die Disziplinarstrafe „in allen Fällen zu verhängen ist, wo sie nach Straftat und Persönlichkeit des Schuldigen vertretbar ist, da sie der Straftat unmittelbar auf dem Fuße folgt" und deshalb „in besonderem Maße erzieherisch wirkt, auch auf die Allgemeinheit" (Erlaß des Ob. d. H. v. 4. 11. 39 Az. 458 GenQu (III) GenStdH Nr. 5963/39), darf niemals aus den Augen gesetzt werden und zwingt dazu, von der Analogie nach § 2 StGB im Wehrmachtstrafrecht einen äußerst vorsichtigen, auf Ausnahmefälle beschränkten Gebrauch zu machen.

§ 2 StGB gestattet nicht

a) die entsprechende Anwendung eines anderen Strafgesetzes, wenn schon die unmittelbare Anwendung eines Strafgesetzes eine angemessene, d. h. eine dem gesunden Volksempfinden und der Gerechtigkeit entsprechende Bestrafung wegen der Handlung ermöglicht, die dem Täter nachgewiesen ist (RGSt. 70, 362; 71, 390), so daß es z. B. unzulässig wäre, Diebstähle aus kleinen unbewohnten Sportbooten nach § 243 (1) Nr. 2 StGB zu bestrafen;

b) die Grenzen zu überschreiten, die der Gesetzgeber bewußt der Anwendung einer Strafvorschrift gezogen hat (RGSt. 70, 175), z. B. die unerlaubte Entfernung, wenn die Abwesenheit weniger als einen Tag gedauert hat, unter entsprechender Anwendung des § 64 oder die Fortnahme von Sachen aus Kompaniebeständen, die anderen Kompanieangehörigen zum Dienstgebrauch überlassen sind, um sie selbst dienstlich zu gebrauchen, als Diebstahl gerichtlich zu bestrafen (s. Anm. 3 zu § 138);

c) für eine nach dem Gesetz strafbare Tat im Wege der entsprechenden Anwendung eine besondere Strafe oder Ehrenstrafe zu verhängen (RGSt. 70, 220), z. B. Verlust der Wehrwürdigkeit bei Stubenarrestbruch. Eine „entsprechende Anwendung" findet aber auch dann statt, wenn zwar ein bestimmtes Gesetz unmittelbar angewandt werden kann, aber nur die entsprechende Anwendung eines anderen Gesetzes die Strafe ermöglicht, die den Unrechtsgehalt der Tat erschöpft und dem gesunden Volksempfinden genügt (RGSt. 70, 356/362; 71, 324/391; 72, 52; 73, 152; 75, 43).

In erster Reihe soll die entsprechende Anwendung auf Grund des § 2 StGB dazu dienen, Handlungen, die unter kein Strafgesetz fallen, die aber nach dem gesunden Volksempfinden, d. h. dem „auch im gesunden Volksempfinden wurzelnden militärischen Empfinden" (Begrdg. 36 zu § 11), und nach dem Grundgedanken eines Strafgesetzes Bestrafung verdienen, im Interesse der Gerechtigkeit einer Bestrafung zuzuführen (RGSt. 70, 362), falls die disziplinare Ahndung nicht ausreicht. Die Ausnahmevorschrift des § 2 StGB ist nicht zugunsten des Angeklagten anzuwenden und es kann daher von einer nach dem Gesetz gebotenen Bestrafung nicht deshalb abgesehen werden, weil die angedrohte Strafe nach dem gesunden Volksempfinden zu hart erscheine. Der Richter muß dem Gesetze gemäß urteilen und darf nicht das Recht der Gnade ausüben (RGSt. 75, 42).

Steht fest, daß jemand gegen eines von mehreren Strafgesetzen verstoßen hat, ist aber eine Tatfeststellung nur wahlweise möglich, so ist der Täter aus dem mildesten Gesetz zu bestrafen (§ 2b StGB).

2. Militärische Verbrechen oder Vergehen sind nur solche Handlungen, die ihrem Tatbestand nach in das MStGB aufgenommen und hier mit Strafe bedroht sind. Diese Militärvergehungen sind nun entweder

a) reine Militärvergehungen, die einen dem allgemeinen Strafrecht ganz fremden, auf dem militärischen Dienstverhältnisse beruhenden Tatbestand enthalten, wie Fahnenflucht, Ungehorsam usw., oder

b) solche an sich auch im allgemeinen Strafrecht mit Strafe bedrohte Handlungen, die mit Rücksicht darauf, daß sie unter gewissen, die militärischen Belange besonders berührenden Verhältnissen begangen werden, als militärische Verbrechen und Vergehen in das MStGB Aufnahme gefunden haben und hier mit Strafe bedroht werden, z. B. der Diebstahl, wenn er bei Ausübung des Dienstes oder unter Verletzung eines militärischen Dienstverhältnisses begangen wird (5, 110).

Für die Feststellung, ob eine Tat im MStGB mit Strafe bedroht ist, kommt es nicht darauf an, ob im Einzelfall die Strafe auch dem MStGB selbst entnommen wird. Das gilt zunächst für das rechtliche Zusammentreffen einer Straftat des MStGB mit einer allgemeinen Straftat. Die Tat bleibt ein militärisches Verbrechen oder Vergehen, selbst wenn nach § 73 StGB das allgemeine Strafgesetz auf sie angewendet werden muß. Diesem Gedanken entspricht es, als militärische Straftaten auch die Taten zu behandeln, bei denen die verletzte Bestimmung des MStGB selbst zur Zeit wegen der Geltung des § 5 KSSVO aus gesetzestechnischen Gründen nicht angewendet werden darf. Handlungen, die in den §§ 78, 81, 83, 99 und 102a MStGB mit Strafe bedroht sind, sind also militärische Straftaten, auch wenn sie zur Zeit nach § 5 (1) Nr. 2 oder 3 KSSVO beurteilt werden müssen; OKW. v. 21. 4. 43 — 14 n 16 WR (I 1/2) 483/43.

Für die Unterscheidung militärischer Verbrechen und Vergehen ist nur „die im Höchstbetrage erfolgte Strafandrohung maßgebend" ohne Rücksicht darauf, welcher Mindestbetrag angedroht ist (Mot. 47). Durch gesetzliche Straferhöhungsgründe wie §§ 115, 125, kann ein Vergehen zum Verbrechen werden (PE. 3, 110; 13, 21). Übertretungen sind dem MStGB fremd.

Der militärische Charakter einer Straftat ist von Bedeutung für das zur Anwendung kommende Strafensystem, die Anwendung besonderer Bestimmungen über Teilnahme, Alter des Täters, Gesamtstrafen usw. (§§ 47—54) und den Verfolgungszwang (§ 174 Abs. 2 MStGO. gilt nur für Vergehen gegen die allgemeinen Strafgesetze; jedoch besteht während der Geltungsdauer der KStVO nach deren § 47 auch für militärische Straftaten, abgesehen vom Mißbrauch der Dienstgewalt nach §§ 114—125 MStGB, kein Verfolgungszwang).

§ 2

Anwendung der allgemeinen Bestimmungen des Deutschen Strafgesetzbuchs

Die Bestimmungen, die nach den Vorschriften des Deutschen Strafgesetzbuchs[1] in Beziehung auf Verbrechen und Vergehen allgemein[2] gelten, finden auf militärische Verbrechen und Vergehen entsprechende[3] Anwendung.

1. Sie gelten gegenüber dem MStGB nur hilfsweise (subsidiär) und nur insoweit, als nicht die Militärgesetze ein anderes bestimmen (§ 10 StGB), d. h.

als nicht die strafbaren Handlungen der Wehrmachtangehörigen (§ 4) sich als militärische Verbrechen oder Vergehen darstellen (5, 110). Soweit das MStGB Sonderbestimmungen getroffen hat, kommt diesen kraft der vorherrschenden Stellung des MStGB ausschließliche Geltung zu (RKG. 1, 32).

2. Nicht allein die in den „Einleitenden Bestimmungen", im 1. Teil des StGB (§§ 13—79) und im untrennbar dazu gehörenden EinführungsG. für Verbrechen und Vergehen im allgemeinen getroffenen Bestimmungen, sondern auch die im 2. Teil des StGB für eine besondere Art von Verbrechen und Vergehen gegebenen Bestimmungen allgemeiner Art.

3. Insoweit, als die besonderen Bedürfnisse der Wehrmacht und die Rücksicht auf die Erhaltung der Mannszucht mit der Anwendung vereinbar sind. Alle dieser Anforderung nicht entsprechenden Bestimmungen (z. B. §§ 188, 199, 200, 231, 233 StGB im Verhältnis zu §§ 91, 121, 122 MStGB) scheiden von der Anwendbarkeit des § 2 aus (1, 134 Pl.; 2, 34; 3, 84; 6, 253/257; 18, 80/84; RG. v. 9. 7. 35 — 4 D 618/35).

§ 3

Strafbare Handlungen gegen die allgemeinen Strafgesetze

Strafbare Handlungen der Wehrmachtangehörigen[1], die keine militärischen Verbrechen oder Vergehen[2] sind, werden nach den allgemeinen Strafgesetzen[3] beurteilt, soweit nicht dieses Gesetz anderes bestimmt[4].

1. § 4. — 2. § 1.

3. Außer dem StGB alle übrigen Reichs- und Landesstrafgesetze. Zuwiderhandlungen dagegen bleiben, auch wenn sie von Wehrmachtangehörigen begangen werden oder sich auf militärische Straftaten beziehen (z. B. Begünstigung, Hehlerei in Beziehung auf einen militärischen Diebstahl), bürgerliche Vergehungen. Das gilt auch für Zuwiderhandlungen gegen § 330a StGB (RGSt. 69, 189).

Für eine strafbare Handlung, die sowohl einen Tatbestand des MStGB als auch einen solchen des StGB erfüllt, greifen die Grundsätze der Idealkonkurrenz (§ 73 StGB) Platz (RKG. 1, 32).

4. § 29 (1).

§ 4

Wehrmachtangehörige

Unter Wehrmachtangehörigen[1] sind im Sinne des Militärstrafgesetzbuchs[2] die Soldaten[3] und Wehrmachtbeamten[4] zu verstehen.

1. Angehörige der aktiven Wehrmacht, die aus dem Heer, der Kriegsmarine und der Luftwaffe besteht (§ 2 WG.). Im aktiven Wehrdienst stehen:

1. die Wehrpflichtigen während der Erfüllung der aktiven Dienstpflicht, deren Dauer der Führer durch Erlaß v. 24. 8. 36 (RGBl. I S. 706) auf zwei Jahre festgesetzt hat, 2. die aktiven Offiziere und solche Unteroffiziere und Mannschaften, die freiwillig länger als ein Jahr dienen, 3. die Wehrmachtbeamten, die nach Erfüllung der Dienstpflicht (Ziff. 1 und 2) als Beamte angestellt werden, ohne in den Beurlaubtenstand überführt zu werden (vgl. hierzu Rosenberger, Das neue Wehrgesetz, Deutsches Recht 1935, 294), 4. die aus dem Beurlaubtenstande zu Übungen oder sonstigem aktiven Wehrdienst einberufenen Offiziere, Unteroffiziere und Mannschaften und Wehrmachtbeamten nach Ziff. 3 (§ 7 Abs. 1a WG.), 5. die vom Oberbefehlshaber eines Wehrmachtteils, wenn dienstliche Verhältnisse es erfordern, auf begrenzte Dauer in der Wehrmacht zurückbehaltenen a) Soldaten, die die aktive Dienstpflicht erfüllt haben, nach Ablauf der zweijährigen Dienstzeit, b) Unteroffiziere und Mannschaften nach Ablauf der über die aktive Dienstzeit von zwei Jahren hinaus freiwillig eingegangenen Dienstverpflichtung, 6. die vom Oberbefehlshaber eines Wehrmachtteils, wenn dienstliche Verhältnisse es erfordern, zum aktiven Wehrdienst wieder einberufenen Wehrpflichtigen des Beurlaubtenstandes (§ 22 WG.), 7. die Offiziere, Unteroffiziere und Mannschaften der Feldgendarmerie, 8. die in Offizier- oder Unteroffizierstellen verwendeten Sonderführer (vgl. HVBl. 1940 B S. 14 Nr. 34 und „Bestimmungen für den Einsatz von Sonderführern in Offizierstellen" H. Dv. 83), 9. die zu kurzfristigem Wehrdienst durch eine Wehrersatzdienststelle nach der VO. über kurzfristigen Wehrdienst v. 19. 11. 43 (HVBl. B S. 365 Nr. 667, MVBl. 1944 S. 42 Nr. 23, LVBl. 1944 S. 69 Nr. 64) herangezogenen Wehrpflichtigen.

Der persönliche Geltungsbereich des MStGB umfaßt außerdem die Wehrpflichtigen des Beurlaubtenstandes nach Maßgabe der §§ 6—6c und 35 und in Kriegszeiten weitere Personenklassen nach §§ 155—161 (vgl. Weber, Der Geltungsbereich des deutschen Strafrechts im Kriege; ZWehrR. V S. 315). Angehörige der auf deutscher Seite kämpfenden ausländischen Freiwilligenverbände, die nicht Divisionsstärke und eigene Gerichtsbarkeit haben, unterstehen vor der Vereidigung dem MStGB wie Angehörige des Gefolges (§ 155), nach der Vereidigung dem MStGB wie deutsche Wehrmachtangehörige (Erlaß des OKW. v. 10. 1. 42). Die Angehörigen der spanischen Legion unterlagen dem deutschen Strafrecht nur, so lange sie sich in deutschen Vollzugsanstalten befanden (Schober, Strafgewalt über fremde Militärpersonen, ZWehrR. VII S. 452/455).

Wegen der Zivilangestellten in der Wehrmacht s. Anm. 2.

2. Nach § 35 WG. können vom Chef OKW. oder den Oberbefehlshabern der Wehrmachtteile die im Bereich der Wehrmacht angestellten Zivilpersonen den für Soldaten geltenden gesetzlichen Vorschriften, also auch dem MStGB, ganz oder teilweise unterworfen werden, wenn und solange militärische Notwendigkeit es erfordert. Während eines gegen das Deutsche Reich ausgebrochenen Krieges sind sie, wenn sie zum „Gefolge" gehören, dem MStGB, insbesondere den „Kriegsgesetzen" soweit unterworfen, als ihre Unterstellung gemäß § 155 MStGB erfolgt ist.

Die Nachrichtenhelferinnen des Heeres sind, obwohl sie keine Angehörigen der Wehrmacht i. S. des § 21 WG. sind, nach § 7 der Dienstordnung v. 25. 3. 42 (HVBl. B S. 160 Nr. 285) den Bestimmungen des MStGB, soweit diese für sie passen, unterworfen. Nicht anwendbar auf Nachrichtenhelferinnen sind solche Bestimmungen des MStGB, bei denen typisch soldatische Unterstellungs- oder Vorgesetztenverhältnisse Strafbarkeitsvoraussetzungen bilden.

3. Soldaten sind die im aktiven Wehrdienst (s. Anm. 1) stehenden Offiziere im Truppendienst und im Truppensonderdienst, Unteroffiziere und Mannschaften. Ihre Zugehörigkeit zur Wehrmacht dauert vom Tage des Eintritts oder der Einberufung (Gestellungstag) bis zum Ablauf des Entlassungstages (§ 21 Abs. 2, Abs. 3a WG.). Der nach dem Gesetz v. 20. 8. 1934/20. 7. 1935 (RGBl. I S. 785/1035) zu leistende Eid ist für die Entstehung der Soldateneigenschaft nicht maßgeblich (2, 222; 8, 235; 19, 132/137; Böhme, Der Eid des Soldaten, Deutsches Recht 1935, 312). Rangklassen und Dienstgrade der Soldaten des Heeres s. Anhang 1 S. 247, der Kriegsmarine O. B. Heft 6 (Berichtigung MVBl. 1943 S. 554 Nr. 421), der Luftwaffe v. 18. 5. 35 (L. Dv. 3/11).

Offiziere z. D. stehen gemäß § 7 (1) a Ziff. 4 WG. im aktiven Wehrdienst.

Soldaten sind nach RKG. 1, 9/15 und 76 auch die durch einen fehlerhaften Staatsakt (ohne die in § 18 Abs. 4 WG. vorgeschriebene Genehmigung) in die Wehrmacht eingestellten Nichtdeutschen (Ausländer und Staatenlose) für die Dauer ihrer Zugehörigkeit zur Truppe. Das Reichskriegsgericht geht dabei von dem auch in seiner späteren Rechtsprechung ständig und mit noch größerer Bestimmtheit eingenommenen Standpunkt aus, daß ein fehlerhafter Hoheits- oder Verwaltungsakt grundsätzlich so lange gültig bleibt, bis er durch die zuständige Stelle widerrufen wird (so z. B. RKG. v. 11. 2. 43 StPL. (HLS) III 118 und 119/42, v. 30. 3. 43 StPL. (HLS) III 120/42). Hingegen halten Helfritz (Die Ausländerfrage im Militärstrafrecht unter dem Gesichtspunkt des fehlerhaften Staatsakts, ZWehrR. III S. 369ff.) und Dietz (WDStO. S. 87) die Einstellung eines Nichtdeutschen in die Wehrmacht ohne vorherige Genehmigung, staatsrechtlich gesehen, für stets nichtig. Dietz will auf solche fehlerhaft Eingestellte die für das Gefolge (§ 155) geltenden Strafvorschriften angewendet wissen, während Helfritz dafür eintritt, sie so zu behandeln, als ob sie Soldaten wären (Fiktionstheorie); er hält jedoch z. B. die Verurteilung eines gegen seinen Willen eingestellten Ausländers wegen Fahnenflucht für ausgeschlossen, da man Nationalbewußtsein und die ihm entspringende Treupflicht von einem Ausländer oder Staatenlosen weder erwarten noch verlangen könne, es sei denn, daß es sich um einen freiwillig Dienenden deutscher Nationalität handelt. Übereinstimmend Heckel S. 197; a. A. Schwinge, VI 3 zu § 4.

4. Wehrmachtbeamte sind alle in der Wehrmacht dauernd oder auf Zeit angestellten, nicht zu den Soldaten gehörenden und unter den Oberbefehlshabern der Wehrmachtteile oder dem Chef OKW. als höchsten Verwaltungsvorgesetzten stehenden Beamten, die einen militärischen Rang haben (s. Helfritz, Der militärische Rang der Wehrmachtbeamten, ZWehrR. V S. 545; Niewerth, Die soldatische Ausrichtung der Wehrmachtbeamten, ZWehrR VIII S. 197). Rangverhältnisse der Wehrmachtbeamten s. Anhang 2 S. 253, Dienstverhältnis zwischen Soldaten und Wehrmachtbeamten s. Anhang 1 S. 251 unter D.

Nach den Führerbefehlen v. 24. 1. 44 (H. M. S. 63/64 Nr. 109—111, MVBl. S. 209/210 Nr. 95—97, LVBl. S. 125/126 Nr. 199—201) sind die Wehrmachtbeamten des höheren Intendanturdienstes und des gehobenen Intendantur- und nicht technischen Verwaltungs-(Zahlmeister-)Dienstes des Heeres und der Luftwaffe (für den Bereich der Kriegsmarine erfolgt Sonderregelung) sowie die Wehrmachtbeamten des richterlichen Dienstes aller Wehrmachtteile mit Wirkung vom 1. 5. 44 „Offiziere im Truppensonderdienst" und damit Soldaten i. S. des WG.; sie haben die gleichen Rechte und Pflichten wie die Offiziere im Truppendienst. Die Vorschriften der WDStO gelten für sie mit der Maßgabe, daß die ihnen auf Grund ihrer Dienststellung zustehende Disziplinarstrafbefugnis sich nicht auf Offiziere im Truppendienst erstreckt, soweit nicht Abweichendes bestimmt ist.

Von den Soldaten unterscheiden sich die Wehrmachtbeamten dadurch, daß sie als Beamte in staats- und strafrechtlicher Beziehung dem DBG., der Reichsdienststrafordnung, den Strafbestimmungen für Beamte (§§ 331 ff. StGB) und allen sonstigen für Beamte allgemein geltenden Bestimmungen unterworfen sind. Sie sind grundsätzlich nicht zum Waffendienst und — im allgemeinen — nicht zum unbedingten Gehorsam verpflichtet, sondern sie haben ihr Amt zu verwalten nach den Grundsätzen ihrer Wissenschaft und den Verwaltungsgrundsätzen und -vorschriften (Begrdg. 36 zu § 2). Die Wehrmachtbeamten sind jedoch nach dem Erlaß des Chefs OKW. v. 10. 5. 41 (HVBl. B S. 202 Nr. 328) berechtigt und nach Maßgabe ihrer Dienstobliegenheiten verpflichtet, sich mit der Waffe an Kampfhandlungen zu beteiligen. Dies gilt nicht für die unter dem Schutz des Art. 9 des Genfer Abkommens zur Verbesserung des Loses der Verwundeten und Kranken des Heeres im Felde v. 27. 6. 29 und des Art. 10 des Abkommens betr. die Anwendung der Grundsätze des Genfer Abkommens auf den Seekrieg v. 18. 10. 07 stehenden Personen. Durch diesen Erlaß ist klargestellt, daß die deutschen Wehrmachtbeamten Kombattanten i. S. des § 3 LKO. sind. Sie haben daher, wenn sie am Kampf teilnehmen und dabei in Feindeshand fallen, Anspruch darauf, in der Kriegsgefangenschaft als rechtmäßige Kombattanten behandelt zu werden. Die im Sanitätsdienst eingesetzten Beamten sowie die Feldgeistlichen sind ausgenommen, weil sie unter dem Schutz der obengenannten Genfer Abkommen stehen und kein Recht zur Teilnahme am Kampf haben (s. Anm. 2 zu § 158); vgl. hierzu Waltzog, Wehrmachtbeamte als Kombattanten, ZWehrR. V S. 338.

Während Soldaten aus besonderen Gründen (§ 24 WG., besonders Abs. 2b und 3) entlassen werden können, wenn sie für ihre Dienststelle nicht mehr geeignet sind, Offiziere auch, wenn für sie keine Verwendungsmöglichkeit besteht, sind die Wehrmachtbeamten lebenslänglich oder auf Zeit angestellt.

Von den anderen Reichsbeamten unterscheiden sich die Wehrmachtbeamten dadurch, daß sie außer Verwaltungsvorgesetzten i. S. des § 2 (5) DBG. militärische Vorgesetzte haben (HVBl. 1941 B S. 263 Nr. 398, 1942 B S. 142 Nr. 242) und daß den Wehrmachtbeamten — Heer — im Offizierrang über Wehrmachtbeamte — Heer, die unter ihrer Leitung oder Verantwortung Dienst leisten, militärische Befehlsbefugnis zusteht (HVBl. 1942 B S. 30 Nr. 53, gleiches gilt nach HVBl. 1942 S. 142 Nr. 242 für die Wehrmachtbeamten im Bereich des OKW.). Die militärischen Vorgesetzten der Wehrmachtbeamten sind zugleich Disziplinarvorgesetzte*) und haben gegenüber den unterstellten Wehrmachtbeamten militärische Befehlsbefugnis. Die Wehrmachtbeamten haben ihnen gegenüber militärische Gehorsamspflicht. Die Befehlsbefugnis erstreckt sich nicht auf Angelegenheiten, die den Wehrmachtbeamten durch Vorschriften zur selbständigen Erledigung übertragen sind. Die militärischen Vorgesetzten sind aber befugt, in diese Angelegenheiten einzugreifen, wenn es auf Grund eines Notstandes erforderlich ist. Sie haben bei Ausübung ihrer Befehlsbefugnis die geltenden Rechts- und Verwaltungsvorschriften zu beachten. Verstößt ein Befehl gegen solche Vorschriften, so hat der Wehrmachtbeamte darauf hinzuweisen. Besteht der Vorgesetzte auf seinem Befehl, so hat er ihn schriftlich niederzulegen; er trägt für ihn ausschließlich die Verantwortung und hat über die Gründe, die den Befehl veranlaßt haben, seinem nächsten Vorgesetzten schriftlich zu berichten. Das Dienststrafverfahren gegen Wehrmachtbeamte, an dem der Leiter der Partei-Kanzlei und die NSDAP nicht zu beteiligen sind (§ 113 Abs. 3 RDStO.), wird vor besonderen Dienststrafgerichten entsprechend der VO. über das Dienststrafverfahren gegen Wehrmachtbeamte v. 24. 6. 37 (RGBl. I S. 722) durchgeführt. Eine kriegsgerichtliche Bestrafung von Wehrmachtbeamten schließt die nochmalige Bestrafung des Täters wegen des gleichen Tatbestandes durch eine Dienststrafverfügung einer Wehrmachtdienststelle nach der DStO. aus; einem förmlichen Dienststrafverfahren steht sie jedoch nicht entgegen (Erlaß des Chefs OKW. v. 30. 4. 43, HVBl. B S. 140 Nr. 267, MVBl. S. 401 Nr. 294). Wehrmachtbeamte können, wenn militärische Notwendigkeit dies erfordert, den gleichen Beschränkungen politischer Tätigkeit unterworfen werden, wie sie für Soldaten gelten (§ 26 Abs. 4 WG.). Wehrmachtbeamte dürfen, auch wenn sie Mitglieder der NSDAP sind, vor einem Parteigericht nicht zur

*) Gilt nur für das Feldheer. Beim Ersatzheer bestimmt sich nach den hierüber bestehenden besonderen Vorschriften, inwieweit die militärischen Vorgesetzten zugleich Disziplinarvorgesetzte sind.

Verantwortung gezogen werden (§ 7 Abs. 4 DBG. gilt nach § 171 Abs. 6 DBG. nicht für Beamte der Wehrmacht).

Wehrmachtbeamten im Offizierrang steht über Unteroffiziere und Mannschaften, die unter ihrer Leitung oder Verantwortung Dienst leisten, militärische Befehlsbefugnis zu (HVBl. 1941 B S. 265 Nr. 3 (3)).

Außer den aktiven, d. h. im aktiven Dienst der Wehrmacht stehenden Wehrmachtbeamten gibt es Ergänzungs-Wehrmachtbeamte. Unter diesem Begriff werden nach der VO. des Chefs OKW. v. 4. 11. 41 (RGBl. I S. 694) (Erläuterungen hierzu MVBl. 1943 S. 540 Nr. 407) zusammengefaßt:

1. Wehrmachtbeamte des BeurlStandes, das sind Wehrpflichtige d. B., die nach der vorgeschriebenen soldatischen und fachlichen Ausbildung zu Wehrmachtbeamten d. B. ernannt worden sind (§ 34 WG.),

2. Wehrmachtbeamte zur Verfügung (z. V.), das sind die auf Grund der VO. über die Wehrpflicht von Offizieren und Wehrmachtbeamten im Offizierrang vom 22. 2. 38 (RGBl. I S. 214) / 28. 1. 39 (RGBl. I S. 103) ohne zeitliche Begrenzung Wehrpflichtigen, die für den Mobilmachungsfall oder für einen besonderen Einsatz zur Verwendung in Wehrmachtbeamtenstellen zur Verfügung eines Wehrmachtteils gestellt worden sind,

3. Wehrmachtbeamte auf Kriegsdauer (a. K.), das sind die Wehrpflichtigen oder Freiwilligen, die nach Einberufung zum Wehrdienst in Wehrmachtbeamtenstellen verwendet und zu Wehrmachtbeamten a. K. mit dem Vorbehalt jederzeitigen Widerrufs ernannt worden sind (fallen im Heer mit dem 31. 12. 43 fort, H. M. 1943 S. 403 Nr. 648); s. hierzu Bestimmungen über die Ergänzungs-Wehrmachtbeamten der Kriegsmarine für die Dauer des Krieges v. 22. 10. 43 (MVBl. S. 771).

Die Militärverwaltungsbeamten und die sonst zur Wehrmacht abgeordneten oder ihr unterstellten Beamten der zivilen Verwaltungen sowie die auf Grund des § 35 WG. den für Soldaten geltenden Vorschriften ganz oder teilweise unterworfenen Zivilpersonen sind nicht Ergänzungs-Wehrmachtbeamte i. S. der VO. v. 4. 11. 41 (RGBl. I S. 694). Die Ergänzungs-Wehrmachtbeamten sind nicht Beamte i. S. des DBG. Sie sind während ihrer Einberufung zum Wehrdienst Wehrmachtbeamte i. S. wehrrechtlicher Vorschriften. Für ihre Dienstverhältnisse gelten, soweit nichts anderes ausdrücklich bestimmt ist, die für einberufene Wehrpflichtige d. B. und die für aktive Wehrmachtbeamte erlassenen Vorschriften des WG. Insbesondere unterstehen die Ergänzungs-Wehrmachtbeamten den gleichen militärischen und Verwaltungsvorgesetzten wie die aktiven Wehrmachtbeamten. Diese Verwaltungsvorgesetzten haben die Befugnis, die unterstellten Ergänzungs-Wehrmachtbeamten wegen schuldhafter Dienstpflichtverletzungen, auch soweit diese vor dem Inkrafttreten der VO. v. 4. 11. 41 (RGBl. I S. 694) begangen sind, nach Maßgabe des § 4 (2) dieser Verordnung durch Dienststrafverfügungen nach den für aktive Wehrmachtbeamte geltenden Bestimmungen zu bestrafen (vgl. Erlaß des Chefs OKW. v. 15. 8. 41 — HVBl. B S. 384 Nr. 615 — über die Rechtsstellung der Militärverwaltungsbeamten, dazu Erlaß des OKH. v. 1. 5. 43, HVBl. B S. 147 Nr. 289).

Die in den Ruhestand getretenen ehem. aktiven Wehrmachtbeamten der Reichswehr und der heutigen Wehrmacht, die nach der VO. über Maßnahmen auf dem Gebiete des Beamtenrechts v. 1. 9. 39 (RGBl. I S. 1603) als Widerrufsbeamte unter Berufung in das Beamtenverhältnis reaktiviert worden sind, zählen zu den aktiven Wehrmachtbeamten des Friedensstandes und unterliegen, wenn auch mit geringfügigen Abweichungen, den Vorschriften des DBG. (Wagner, ZWehrR. VII S. 534).

Bezüglich der Feldpolizeibeamten s. HVBl. 1941 B S. 383 Nr. 614, bezüglich der Feldpostbeamten H. M. 1944 S. 29 Nr. 47.

Erlaß des Führers v. 28. 2. 41 (RGBl. I S. 123):

Die aktiven Wehrmachtbeamten leisten aktiven Wehrdienst im Sinne des Wehrgesetzes.

Dies gilt auch für die Wehrmachtbeamten des Beurlaubtenstandes, für die auf Grund der Verordnung über die Wehrpflicht von Offizieren und Wehrmachtbeamten im Offizierrang vom 22. 2. 1938 (RGBl. I S. 214) zur Verfügung der Wehrmachtteile (z. V.) gestellten Wehrmachtbeamten sowie für die Wehrmachtbeamten auf Kriegsdauer während der Ableistung von Kriegsdienst, von Übungen oder sonstigem aktiven Wehrdienst.

Durch diesen Erlaß wird die Pflicht der Wehrmachtbeamten, auch Wehrdienst als Soldat i. S. des § 7 WG. zu leisten, nicht berührt (OKW. v. 24. 9. 41, HVBl. A S. 43 Nr. 35).

Im Felde, unter der Geltung der Kriegsgesetze, sind wichtige Abschnitte des MStGB auf Wehrmachtbeamte anwendbar (§ 153 Abs. 3), während sie sonst nur dem § 80, soweit sie zu Vorgesetzten über Soldaten bestellt worden sind, auch den §§ 114—124, 147 und 147a, im übrigen den allgemeinen Strafgesetzen unterworfen sind (§ 153 Abs. 1 und 3).

5. Die Vorschriften des MStGB finden auch für die Sondergerichtsbarkeit der SS in Strafsachen nach der VO. v. 17. 10. 39 (RGBl. I S. 2107) Anwendung, jedoch nur sinngemäß (§ 3 der VO.), d. h. „nur insoweit, als Sinn und Zweck der neuen Sondergerichtsbarkeit dies zulassen" (Grau bei Pfundtner-Neubert III RV 13 S. 5). Der Wehrmachtgerichtsbarkeit sind Personen, auf die sich die SS- und Polizeigerichtsbarkeit erstreckt, nur unterworfen, wenn sie eine kriegsgerichtlich verfolgbare Straftat begehen 1. während ihrer Einberufung zum aktiven Wehrdienst in der Wehrmacht oder während ihrer Zugehörigkeit zum Wehrmachtgefolge oder 2. als Wehrpflichtige des Beurl-Standes mit Ausnahme der im § 6a MStGB und § 2 Nr. 2c KStVO genannten Straftaten (Erlaß des Chefs OKW. v. 4. 4. 43, HVBl. B S. 140 Nr. 269, MVBl. S. 400 Nr. 293).

Für die im Rahmen der Wehrmacht eingesetzten männlichen **Angehörigen des Reichsarbeitsdienstes** gelten nach Art. 2 der VO. zur Durchführung der VO. über die Fortführung des Reichsarbeitsdienstes für die männliche Jugend während des Krieges v. 10. 4. 40 (RGBl. I S. 626) die Vorschriften des MStGB gleichfalls sinngemäß, jedoch nur bei Verletzung einer Dienstpflicht aus Besorgnis vor persönlicher Gefahr (§ 84), strafbaren Handlungen gegen die Pflichten der militärischen Unterordnung (§§ 89—91, 92, 94—98, 101, 103—112), widerrechtlichen Handlungen im Felde gegen Personen oder Eigentum (§§ 128, 129, 132, 134), Beschädigung von Dienstgegenständen (§ 137), falscher Meldung gegenüber vorgesetzten Dienststellen (§ 139). Bei Zuwiderhandlungen gegen die Pflichten der militärischen Unterordnung ist zu beachten, daß ein allgemeines Vorgesetztenverhältnis von Angehörigen der Wehrmacht gegenüber denen des Reichsarbeitsdienstes nicht besteht. Das Recht zu verbindlichen Anordnungen kann sich vielmehr nur aus den Befugnissen einer besonderen Dienststellung ergeben, wie sie z. B. der militärische Befehlshaber inne hat, dem Gliederungen des Reichsarbeitsdienstes unterstellt sind, oder wie sie die Feldgendarmen im Operationsgebiet des Heeres genießen. § 137 MStGB ist auf Dienstgegenstände der Wehrmacht und des Reichsarbeitsdienstes anzuwenden. Die Aufzählung der Tatbestände im Art. 2 (1) der VO. v. 10. 4. 40 ist erschöpfend. Sie sind selbstverständlich unter sinngemäßer Berücksichtigung der Vorschriften anzuwenden, die der allgemeine Teil des MStGB (§§ 1—54) enthält. Das ist vor allem bei der Verhängung des Arrestes zu beachten, dessen Art auch hier von der Rangklasse des Beschuldigten abhängt. Die Ehrenstrafen des MStGB können jedoch nicht verhängt werden; denn sie sind nur gegen Wehrmachtangehörige statthaft. Taten, die bei einem Soldaten als Täter nach einer im Art. 2 (1) der VO. v. 10. 4. 40 nicht angezogenen Bestimmung des MStGB strafbar wären, können bei einem Angehörigen des Reichsarbeitsdienstes nur als allgemeine strafrechtliche oder auch nur als dienststrafrechtliche Verfehlungen gewertet werden; das gilt z. B. für die Mißhandlung eines Untergebenen und die unerlaubte Entfernung. Gesetze und Verordnungen, die für alle oder für die dem Kriegsverfahren unterworfenen Personen gelten — wie z. B. §§ 5, 5a KSSVO — berührt die Aufzählung im Art. 2 (1) der VO. v. 10. 4. 40 ebensowenig wie die Strafvorschriften, die zum besonderen Schutze des Reichsarbeitsdienstes erlassen worden sind (vgl. die „Verordnung zum Schutze des Reichsarbeitsdienstes" v. 12. 3. 40, RGBl. I S. 485).

Für die Aburteilung der im Art. 2 (1) der VO. v. 10. 4. 40 aufgezählten strafbaren Handlungen gegen Vorschriften des MStGB sind (nach Art. 2 Abs. 2) die Wehrmachtgerichte zuständig. Bei Verhandlungen der Feldkriegsgerichte gegen Angehörige des Reichsarbeitsdienstes wird (nach Art. 2 Abs. 3) ein Beisitzer aus den bei der Wehrmacht eingesetzten Reichsarbeitsdienstführern entnommen. Bei der Entscheidung im Nachprüfungsverfahren wird der Höhere Reichsarbeitsdienstführer (§ 8 Abs. 3 der VO. v. 20. 12. 39) gehört. Diese Vorschriften gehören zwar nicht zu denen, die im Kriegsverfahren unter allen Umständen beachtet werden müssen (§ 1 Abs. 2 KStVO); doch wird nur in besonderen Ausnahmefällen ein Abweichen davon vertretbar sein. Art. 2 (4) der VO. v. 10. 4. 40 verpflichtet den Dienststrafvorgesetzten des Reichsarbeitsdienstes, Verbrechen und solche Vergehen, die militärische Belange berühren, dem Gerichtsherrn zu melden. Maßgebend für die Meldepflicht ist nicht die im Einzelfall verwirkte, sondern die im Gesetz schlechthin angedrohte Strafe (§ 1 StGB, § 1 MStGB). Die abschließende Beurteilung ist Sache des Gerichtsherrn. Dieser kann in den Fällen des Art. 2 (1) der VO. v. 10. 4. 40 und des § 2 Nr. 4 und § 3 KStVO, in denen ausschließlich die Zuständigkeit der Wehrmachtgerichte gegeben ist, anklagen oder das Verfahren einstellen, wenn er nach der Schuld des Täters und den Folgen der Tat eine Ahndung mit den Mitteln der Dienststrafordnung für den Reichsarbeitsdienst v. 25. 2. 36 (RGBl. I S. 123), ergänzt durch VO. v. 29. 9. 41 (RGBl. I S. 592), v. 23. 2. 43 (RGBl. I S. 111) und v. 16. 11. 43 (RGBl. I S. 657), für ausreichend hält. Ist die Zuständigkeit der Wehrmachtgerichte nach Art. 2 (2) der VO. v. 10. 4. 40 nicht ohne weiteres gegeben, so kann sie der Gerichtsherr mit der Erklärung begründen, daß überwiegende militärische Belange die Verfolgung durch Wehrmachtgerichte erfordern; Erläuterungen des OKW. zu Art. 2 der DurchführungsVO. zu der VO. über die Fortführung des Reichsarbeitsdienstes v. 10. 4. 40 — 14 n 16 WR (I^3) 349/40. Vgl. hierzu Hülle, Die Unterstellung des RAD. unter das Wehrstrafrecht, ZWehrR. V S. 21; Donner, Strafrechtliche Bemerkungen zum Einsatz des RAD. im Rahmen der Wehrmacht, ZWehrR. V S. 501.

§ 5

(weggefallen)

Wehrpflichtige des Beurlaubtenstandes

§ 6

(1) Wehrpflichtige des Beurlaubtenstandes[1] sind diesem Gesetz in vollem Umfang[2] unterworfen:

1. **während der Zeit, in der sie zum aktiven Wehrdienst[3] einberufen[4] sind,**
2. **während der Dauer einer Wehrversammlung, zu der sie einberufen[5] sind,**
3. **während der Zeit, in der sie sich in einer militärischen Strafanstalt in Untersuchungshaft oder Strafhaft — einschließlich Disziplinarstrafhaft — befinden[6].**

(2) Außerhalb dieser Zeit sind sie diesem Gesetz nach Maßgabe der §§ 6a bis c und des § 35 unterworfen.

1. Im Beurlaubtenstande sind die Angehörigen 1. der Reserve, 2. der Ersatzreserve, 3. der Landwehr (§ 7 Abs. 1b WG.), 4. des aufgerufenen Landsturms (§ 6 WG.). Diese Unterscheidung ist staatsrechtlich ohne Bedeutung (Rosenberger, Das neue Wehrgesetz, Deutsches Recht 1935, 294). Die Offiziere z. B. und Wehrmachtbeamten z. B. (s. Anm. 4 zu § 4) sind Wehrpflichtige d. B. (Wehrpflichtverhältnis: z. B.). Sie sind jedoch nicht Offiziere d. B. bzw. Wehrmachtbeamte d. B. der neuen Wehrmacht.

2. Im Gegensatz zur beschränkten Geltung nach Abs. 2. Jedoch führt eine wörtliche Auslegung der Wendung „in vollem Umfange" zu nicht tragbaren Ergebnissen. Wehrpflichtige d. B. können nicht unter solche Bestimmungen des MStGB fallen, die notwendig und ihrem Wesen nach voraussetzen, daß der Täter sich im aktiven Wehrdienst bei der Truppe oder einer Dienststelle befindet, z. B. §§ 64, 69; RKG. v. 10. 1. 40 StPL. (HLS) II 76/39.

3. Anm. 1 zu § 4.

4. Auch dann, wenn sie der Einberufung nicht nachkommen. „Übung" im Sinne der VO. über die Einberufung zu Übungen der Wehrmacht v. 15. 3. 39 (RGBl. I S. 609) ist nach deren § 1 jeder von Wehrpflichtigen d. B. außerhalb der aktiven Dienstpflicht in Erfüllung der Wehrpflicht oder freiwillig geleistete aktive Wehrdienst, demnach auch a) die Heranziehung zur kurzfristigen Ausbildung an Stelle der Erfüllung der aktiven Dienstpflicht, b) die Heranziehung zu sonstigem aktiven Wehrdienst, c) die Wiedereinberufung zum aktiven Wehrdienst nach § 22 (2) WG. Der aktive Wehrdienst beginnt auch bei Übungen mit dem Tage der Einberufung (Gestellungstag) und endigt mit dem Ablauf des Entlassungstages (§ 21 Abs. 3a WG.). Das gilt aber nicht für die Teilnahme an Dienstversammlungen der Offiziere d. B., Kriegsspielen, Planübungen, Vorträgen, Geländebesprechungen und ähnlichen Veranstaltungen außerhalb des Verbandes der aktiven Truppe, die häufig nur einige Stunden dauern. Bei ihnen ist — wie bei einer Wehrversammlung — nur die tatsächliche Dauer die „Zeit, in der sie zum aktiven Wehrdienst einberufen sind"; Schwinge II, Meier-Branecke und Dietz, ZWehrR. II S. 268; Dietz, WDStO. S. 129 (Fußnote) und S. 132. Dauert eine Übung nicht länger als einen Tag, so ist ein Fernbleiben disziplinarisch zu beurteilen, sofern nicht Fahnenflucht in Frage kommt (§§ 64, 69). Entsprechendes gilt auch für die zu sonstigem aktiven Wehrdienst, z. B. im Krieg, einberufenen Wehrpflichtigen des Beurlaubtenstandes.

5. Auch wenn sie nicht erschienen sind (Beispiel: Ein Wehrpflichtiger erscheint nicht, hält sich aber in der Nähe auf und beleidigt den leitenden Offizier). Die Wehrversammlungen werden nach Zeit und Ort so abgehalten, daß die Beteiligten nicht länger als einen Tag, den Hinweg zum Versammlungsort und den Rückweg eingerechnet, ihrem Beruf entzogen werden (§ 13 Abs. 2 der VO. über die Wehrüberwachung v. 24. 11. 37, RGBl. I S. 1273). Da mithin ein unerlaubtes Fernbleiben von der Wehrversammlung über die Dauer eines Tages hinaus nicht möglich ist, kann es gerichtlich nach § 64 nicht bestraft werden, auch nicht als Ungehorsam, selbst wenn die im § 92 (1) bezeichneten Folgen eingetreten sind, weil § 64 als lex specialis die Anwendung des § 92 ausschließt (Dietz, WDStO. S. 135). Meist ist also das unerlaubte Fernbleiben von einer Wehrversammlung nur Disziplinarübertretung. Ist es aber in der Absicht erfolgt, sich der Verpflichtung zum Wehrdienst dauernd zu entziehen, so ist zu unterscheiden, ob der Täter Anstalten trifft, sich dem Machtbereich seiner Dienststelle — durch Flucht oder Verborgenhalten — zu entziehen, in welchem Falle Fahnenflucht vorliegt (§ 69), oder ob er sich z. B. weigert, einem Einberufungsbefehl Folge zu leisten, ohne sich von seinem bisherigen bekannten Aufenthaltsort zu entfernen. In diesem Falle ist er als Wehrdienstverweigerer nur nach § 5 (1) Nr. 3 KSSVO zu bestrafen (Erlaß des OKH. v. 1. 3. 40 — B 13 n 30 HR III Nr. 611/40). Wehrmachtbeamte d. B., die zur Wehrversammlung einberufen sind, aber grundlos nicht erscheinen, machen sich in Friedenszeiten nur disziplinar strafbar, während sie im Felde, soweit nicht § 5 (1) Nr. 3 KSSVO anwendbar ist, nach den für Soldaten gegebenen Bestimmungen zu bestrafen sind (§ 153 Abs. 3).

6. Diese besondere Bestimmung war notwendig, weil die Einstellung in militärische Untersuchungs-, Straf- oder Disziplinarstrafhaft keine Einberufung zum aktiven Wehrdienst im Sinne des WG. ist. Sie gilt auch für Wehrpflichtige d. B., die von einem bürgerlichen Gericht gegen sie erkannte Festungshaftstrafe in einer militärischen Strafanstalt verbüßen; Scherer und Dietz, ZWehrR. II S. 225/226. Hingegen begründet der Vollzug von Freiheitsstrafen in bürgerlichen Strafanstalten (WStVzV. Nr. 33) keine Unterbringung „in einer militärischen Strafanstalt", wenn auch das Ersuchen um Strafvollstreckung von militärischen Dienststellen (Gerichtsherr, Wehrbezirkskommandeur usw.) ausgeht. Da die Beorderung zum Strafantritt in diesen Fällen durch die bürgerliche Behörde (Oberstaatsanwalt) erfolgt, fehlen auch die militärischen Beziehungen zu den Wehrpflichtigen d. B. „Der zum Strafantritt Beorderte kann selbstverständlich durch Gnadenanträge, Anträge auf Strafaufschub oder -unterbrechung den dienstlichen Verkehr mit Vorgesetzten, in erster Linie mit dem Wehrmeldeamt, herstellen" und dadurch dem MStGB nach § 6b (1) Satz 1 oder 6c unterworfen sein (Dietz, WDStO. S. 142).

Untersuchungshaft ist nicht in technischem Sinne zu verstehen, sondern jede Freiheitsentziehung durch eine Behörde, durch militärische Vorgesetzte, Wachen usw. zwecks Strafverfolgung des Festgenommenen (RGSt. 38, 182). Daher ist im Falle einer vorläufigen Festnahme des Beschuldigten deren genaue Uhrzeit im Tatbericht zu vermerken (H. Dv. 3/5, Ldv. 3/5, MDv. Nr. 124 Heft 1 S. 137). Auch die vorläufige Festnahme zur Aufrechterhaltung der Mannszucht (§ 30 WDStO.) und die auf Grund der VO. zum Schutz von Volk und Staat v. 28. 2. 33 (RGBl. I S. 83) verhängte Schutzhaft sind „Untersuchungshaft", wenn sie zur Sicherung der Strafverfolgung oder zur Untersuchung der Straftat angeordnet werden (RGSt. 69, 327).

Strafhaft und Disziplinarstrafhaft beginnen in der Regel mit dem Zeitpunkt des Einstellens in die Strafanstalt. Bei verhafteten oder festgenommenen Angeklagten, die zu Freiheitsstrafe verurteilt worden sind, rechnet die Strafzeit vom Tag der Rechtskraft des Urteils ab; hatten sie auf Einlegen eines Rechtsmittels verzichtet, so wird schon vom Tage des Verzichts ab gerechnet. Entsprechend wird verfahren, wenn Angeklagte ein Rechtsmittel zurückgenommen oder ohne Erklärung die Frist zum Einlegen haben verstreichen lassen. Im Feldverfahren, in dem es keine Rechtsmittel gibt (§ 76 KStVO), macht die Bestätigung die Urteile rechtskräftig und vollstreckbar (§ 77 Abs. 2 KStVO). Die Strafzeit rechnet dann bei verhafteten oder festgenommenen Angeklagten vom Tag der Bestätigung des auf Freiheitsstrafe lautenden Urteils. Werden Verurteilte erst nach den vorstehend angegebenen Zeitpunkten verhaftet, so wird die Strafe vom Tag der Verhaftung berechnet (WStV. Ziff. 38, 39). Die Strafhaft und die Disziplinarstrafhaft enden infolge Ablaufs der Strafzeit, Strafunterbrechung oder Gnadenerweises (WStVzV. Nr. 112). Die Strafverbüßung ist kein aktiver Wehrdienst und die Strafanstalt für den Häftling keine Dienststelle oder Truppe i. S. der §§ 64, 69. Wehrpflichtige d. V., die als solche zur Strafverbüßung einem Wehrmachtgefängnis überwiesen sind, können sich daher durch Ausbruch aus der militärischen Strafanstalt nicht der unerlaubten Entfernung oder der Fahnenflucht schuldig machen; RKG. v. 10. 1. 40 StPL. (HLS) II 76/39.

§ 6 a

Die Bestimmungen des Ersten Titels des Zweiten Teils

a) dritter Abschnitt über unerlaubte Entfernung und Fahnenflucht[1] und

b) vierter Abschnitt über Selbstverstümmelung und Dienstentziehung durch Täuschung[2]

gelten für die vorläufig in die Heimat beurlaubten ausgehobenen[3] oder zum freiwilligen Eintritt angenommenen[4] Wehrpflichtigen[5].

1. §§ 64—78. — **2.** §§ 81, 83, die jedoch während der Geltung der KSSVO nach deren § 6 nicht anzuwenden sind. An ihrer Stelle gilt § 5 (1) Nr. 3 KSSVO für alle Personen, auch wenn sie sonst der Wehrmachtgerichtsbarkeit nicht unterliegen.

3. Die nach Durchführung der Musterung wehrfähig (tauglich oder bedingt tauglich) befundenen Dienstpflichtigen werden der Ersatzreserve I überwiesen. Die Ersatzreservisten I der auszuhebenden Geburtsjahrgänge werden in Aushebungslisten eingetragen. Wird auf ihre Aushebung entschieden, so gibt ihnen der Wehrbezirkskommandeur diesen Entscheid bekannt, der gleichzeitig in den Wehrpaß einzutragen ist. Die ausgehobenen Ersatzreservisten I werden bei der Aushändigung des Gestellungsbefehls mit dem Wehrpaß über ihre Pflichten als in die Heimat beurlaubte Rekruten durch den Wehrbezirkskommandeur oder 2. Offizier belehrt (§§ 48, 57, 68, 69 M. V.).

Nach § 18 (2) der Wehrmachtersatzbestimmungen während des besonderen Einsatzes vom 11. 12. 41 (H. Dv. 81/15, M. Dv. Nr. 881/15, L. Dv. 75/15) wird die Aushebung während des besonderen Einsatzes ohne erneute Vorstellung der Wehrpflichtigen durch die Einberufung durchgeführt. Sie erfolgt in der Regel nach der Musterung getrennt von dieser.

4. Der freiwillige Eintritt in die Wehrmacht regelt sich nach den „Bestimmungen für den freiwilligen Eintritt in die Wehrmacht" v. 17. 11. 38 — D 3/2, MDv. 909, LDv. 74/5. Nach § 2 (2) der VO. über das Wehrersatzwesen bei besonderem Einsatz v. 4. 3. 40 (RGBl. I S. 457) / 26. 8. 41 (RGBl. I S. 532) ist das Verfahren bei der Annahme von Freiwilligen (§ 12 der VO. über das Erfassungswesen v. 15. 2. 37, RGBl. I S. 205) nicht anzuwenden; s. auch HVBl. 1943 C S. 147 Nr. 123, MVBl. 1943 S. 243 Nr. 170.

5. Diesen Wehrpflichtigen stehen die für wiederholte Einberufungen zu kurzfristigem Wehrdienst durch eine Wehrersatzdienststelle herangezogenen Wehrpflichtigen in der Zeit gleich, in der sie nicht zum aktiven Wehrdienst einberufen sind; § 2 der VO. über kurzfristigen Wehrdienst bei der Luftwaffe vom 7. 5. 42 (RGBl. I S. 280), die nach der VO. v. 19. 11. 43 (HVBl. B S. 365 Nr. 667, MVBl. 1944 S. 42 Nr. 23, LVBl. 1944 S. 69 Nr. 64) bei den anderen Wehrmachtteilen entsprechend anzuwenden ist.

§ 6 b

(1) Die Bestimmungen des Ersten Titels des Zweiten Teils, Sechster Abschnitt, über strafbare Handlungen gegen die Pflichten der militärischen Unterordnung gelten für die Wehrpflichtigen des Beurlaubtenstandes[1], wenn sie dem § 101 zuwiderhandeln[2], oder wenn sie eine andere der im Sechsten Abschnitt behandelten strafbaren Handlungen[3] in Wehrmachtuniform[4] oder im dienstlichen Verkehr[5] mit einem Vorgesetzten[6] begehen. Die Bestimmungen des Sechsten Abschnitts in den §§ 92 bis 96 (98) über Ungehorsam und Widersetzung gelten auch für solche Wehrpflichtigen des Beurlaubtenstandes, die sich eines Ungehorsams oder einer Widersetzung gegen einen Befehl in Dienstsachen[7] schuldig machen, ohne sich in Wehrmachtuniform oder im dienstlichen Verkehr mit einem Vorgesetzten zu befinden[8].

(2) Die Bestimmung des § 80 gilt für Wehrpflichtige des Beurlaubtenstandes, die im Beurlaubtenverhältnis Stubenarrest[9] verbüßen.

1. Anm. 1 zu § 6.

2. Wenn sie unbefugt Soldatenversammlungen zum Beraten über militärische Angelegenheiten oder Einrichtungen veranstalten oder zu einer gemeinsamen Vorstellung oder Beschwerde über solche Angelegenheiten Unterschriften sammeln, machen sich die Wehrpflichtigen des Beurlaubtenstandes stets strafbar, auch wenn sie derartige Handlungen nicht in Wehrmachtuniform oder im dienstlichen Verkehr mit einem Vorgesetzten begehen. § 26 (3) WG. über die Mitgliedschaft in Vereinigungen jeder Art sowie die Bildung von Vereinigungen innerhalb und außerhalb der Wehrmacht gilt nicht für Wehrpflichtige d. B., solange sie nicht aktiven Wehrdienst leisten. Verboten ist ihnen jedoch, ebenso wie den aktiven Wehrmachtangehörigen, ohne Erlaubnis des zuständigen Wehrmachtvorgesetzten (Wehrbezirksoffizier usw.) eine Versammlung zur Beratung über militärische Angelegenheiten zu veranstalten oder an einer solchen Versammlung teilzunehmen. Wehrpflichtige d. B. machen sich nach § 101 auch dann strafbar, wenn sie eine Versammlung, die zu anderen Zwecken einberufen ist, in der aber zur Behandlung eines Vorgehens wegen des militärischen Dienstes übergegangen wird, nicht sofort verlassen, nachdem sie diese verbotene Beschäftigung der Versammlung von Wehrpflichtigen d. B. mit militärischen Angelegenheiten erkannt haben. Bauern, die dem Beurlaubtenstand angehören und eine Versammlung veranstalten, um über ein Vorgehen wegen des ihnen durch Truppenübungen verursachten Flurschadens zu beraten, machen sich nach § 101 nicht strafbar, weil der Flurschaden wohl eine Folge des von einem zuständigen Vorgesetzten befohlenen Dienstes sein kann, seine Verursachung aber nicht zu diesem Dienst gehört, vielmehr jeder Wehrmachtangehörige verpflichtet ist, Flurschäden nach Möglichkeit zu vermeiden. Hingegen würden 18jährige Deutsche nach § 101 zu bestrafen sein, wenn sie Vorgänge, die sie als Zuschauer bei Truppenübungen beobachtet haben, in einer Versammlung vorbringen würden, in der darüber beratschlagt wird, ob ihre Beobachtungen in einer Eingabe an eine Dienststelle innerhalb oder außerhalb der Wehrmacht niedergelegt werden sollen. Ebenso würden Wehrpflichtige d. B. zu bestrafen sein, die nach Ableistung einer Übung in einer Versammlung die Möglichkeit erörtern, die Handhabung des Dienstes oder einzelner Dienstverrichtungen während ihrer Übung, z. B. des Stall- oder des Wachdienstes, zum Gegenstand der Vorstellung bei einem früheren Vorgesetzten zu machen, selbst wenn diese Erörterungen zu keiner gemeinsamen Vorstellung oder Beschwerde führen. Strafbar nach § 101 würden sich auch vorläufig in die Heimat beurlaubte zum Infanteriedienst ausgehobene Wehrpflichtige d. B. machen, wenn sie an einer Versammlung teilnehmen, in der darüber beratschlagt wird, sich an eine Wehrersatzdienststelle zu wenden, um zu einer anderen Waffengattung einberufen zu werden.

Nach § 101 ist auch ein Wehrpflichtiger d. B. zu bestrafen, der sich gemeinsam mit einem im aktiven Wehrdienst stehenden Soldaten an einer militärischen Beschwerde oder Vorstellung beteiligt. Hingegen fällt nicht unter § 101 die gemeinsame, militärische Angelegenheiten betreffende Beschwerde eines Wehrpflichtigen d. B. und einer nicht dem Beurlaubtenstand angehörenden Zivilperson, auch nicht eine von einem Wehrpflichtigen d. B. entgegen den militärischen Dienstvorschriften, z. B. unter Umgehung des auch für Wehrpflichtige d. B. vorgeschriebenen Dienstwegs, gemeinsam mit nicht dem Beurlaubtenstand angehörenden Zivilpersonen wegen des militärischen Dienstes erhobene Vorstellung bei einer Wehrersatzdienststelle.

3. Der Strafmilderungsgrund des § 98 findet auf Zuwiderhandlungen gegen die §§ 89—97 Anwendung. Sondervorschrift für Ungehorsam und Widersetzung im 2. Satz des Abs. 1. Der Wehrpflichtige d. B. ist verpflichtet, jedem Gestellungs- und Einberufungsbefehl zu einer Übung oder sonstigem Wehrdienst und zur Teilnahme an einer Wehrversammlung sowie jeder Aufforderung zur Meldung und zur ärztlichen Untersuchung bei der zuständigen Wehrersatzdienststelle Folge zu leisten (§ 5 der VO. über die Wehrüberwachung v. 24. 11. 37). Nichtbefolgung eines Gestellungs- oder Einberufungsbefehls ist jedoch nicht als Ungehorsam gerichtlich strafbar; s. hierüber Anm. 5 zu § 6. Verstöße gegen die in der VO. über die Wehrüberwachung v. 24. 11. 37, ergänzt durch § 5 der VO. über das Wehrersatzwesen bei besonderem Einsatz v. 4. 3. 40 (RGBl. I S. 457), enthaltenen Vorschriften, insbesondere die Nichtbefolgung der Bestimmungen über die Meldepflichten und nicht entschuldigtes Fernbleiben von den Wehrversammlungen, sind nach § 4 Nr. 3 WDStO. zu ahnden (§ 9 der Wehrüberwachungsbestimmungen v. 17. 2. 38 — D 3/6, M. Dv. Nr. 880, L. Dv. 75/6); jedoch kann durch Fernbleiben von einer Wehrversammlung auch Zersetzung der Wehrkraft oder Fahnenflucht begangen werden (s. Anm. 5 zu § 6).

Befehle in Dienstsachen, die Wehrpflichtigen d. B. erteilt werden können, sind beispielsweise: Ausdrückliche Weisungen über die Einhaltung des Dienstwegs (vgl. HVBl. 1937 S. 456 Nr. 1234) und über andere Formen und Fristen des dienstlichen Verkehrs; Befehle zur Verschwiegenheit über dienstliche Angelegenheiten, deren Geheimhaltung erforderlich oder angeordnet ist (Näheres bei Dietz, WG. unter § 25); Beorderungen im militärischen Ehrengerichtsverfahren (Dietz, WDStO. S. 145).

4. Die vorgeschriebene gleichmäßige („uniforme") Bekleidung, welche die Wehrmachtangehörigen deutlich erkennbar von Nichtangehörigen der Wehrmacht unterscheidet. Mängel der Uniform sind bedeutungslos, Vollständigkeit ist nicht erforderlich (12, 248). Beim Tragen der Uniform eines Wehrmachtteiles sind die Wehrpflichtigen des Beurlaubtenstandes der militärischen Befehlsgewalt unterworfen (§ 19 Abs. 3 WG.).

5. Ein Verkehr, der Dienstsachen (§§ 47, 92), dienstliche Angelegenheiten betrifft, wozu auch schon eine Rücksprache über die dienstlichen Formen des Verkehrs gehört (8, 84). Er kommt nur dann in Frage, wenn die Voraussetzungen des Dienstes im Beurlaubtenverhältnis (§ 6 Abs. 1) nicht vorliegen (9, 178). Im dienstlichen Verkehr mit den Ersatzdienststellen (Anm. 6) sind die Wehrpflichtigen des Beurlaubtenstandes der militärischen Befehlsgewalt unterworfen (§ 19 Abs. 3 WG.).

6. Anm. 3 zu § 47; 4 zu § 89. Es kommen hier nur Vorgesetzte in Betracht, die einer Ersatzdienststelle (Wehrersatzinspektion, Wehrbezirkskommando, Wehrbezirksoffizier) des Wehrpflichtigen des Beurlaubtenstandes angehören; im dienstlichen Verkehr mit ihnen können z. B. auch im Dienstrang Höhere beleidigt werden (§ 91). Der dienstliche Verkehr mit einem Vorgesetzten wird aber auch dadurch hergestellt, daß ein Wehrpflichtiger d. B. sich durch eine Eingabe beschwerdeführend an den Kommandierenden General wendet, um diesen zu einem Einschreiten zu veranlassen (vgl. RMG. 16, 143/144). Die strafbare Handlung gegen die Pflichten der militärischen Unterordnung muß sich aber gegen denjenigen Vorgesetzten richten, mit dem der Täter in dienstlichen Verkehr getreten ist, so daß die Beleidigung usw. anderer früherer Vorgesetzter des Täters nicht unter § 6b fällt (RKG. 1, 80).

7. Anm. 2 zu § 47.

8. Die Bestimmung des Abs. 1 Satz 2 ist nötig, da es unter Umständen zweifelhaft sein kann, ob im Einzelfall ein dienstlicher Verkehr besteht (Beispiel: Ein zur Wehrversammlung einberufener, aber nicht erschienener Wehrpflichtiger schreibt an den Offizier der Ersatzdienststelle, er würde ihn niederschießen, wenn er wegen seines Fernbleibens zur Verantwortung gezogen würde).

9. §§ 19, 20, 23. Anm. 1 zu § 80.

§ 6c

Die Bestimmungen des Ersten Titels des Zweiten Teils, Siebenter Abschnitt, über Mißbrauch der Dienstgewalt[1] gelten für Wehrpflichtige des Beurlaubtenstandes[2], die eine der dort behandelten strafbaren Handlungen in Wehrmachtuniform[3] oder in dienstlichem Verkehr[4] mit einem Untergebenen[5] begehen[6].

1. §§ 114—125. — **2.** Anm. 1 zu § 6. — **3.** Anm. 4 zu § 6b. — **4.** Anm. 5 zu § 6b. — **5.** Anm. 1 zu § 89.

6. Umgekehrt haben die im aktiven Wehrdienst stehenden Wehrmachtangehörigen im dienstlichen Verkehr mit vorgesetzten Wehrpflichtigen des Beurlaubtenstandes und gegenüber solchen in Wehrmachtuniform befindlichen Wehrpflichtigen die Pflichten der Unterordnung bei Vermeidung der Bestrafung nach §§ 89ff. (4, 284).

§ 6d

(weggefallen)

§ 7

(weggefallen)

§ 8

Strafbare Handlungen gegen Wehrmachtangehörige verbündeter Staaten

Militärische Verbrechen oder Vergehen[1], die gegen Wehrmachtangehörige verbündeter Staaten[2] in gemeinschaftlichen Dienstverhältnissen[3] begangen werden, sind, wenn Gegenseitigkeit verbürgt ist[4], ebenso zu bestrafen, als wenn diese Handlungen gegen Angehörige der deutschen Wehrmacht begangen wären.

1. § 1.

2. Solche, die als deutsche Wehrmachtangehörige zu erachten wären, wenn sie dieselbe Stellung in der deutschen Wehrmacht hätten, die sie im verbündeten Staate haben (Mot. 52).

3. Sie werden durch gemeinschaftliche dienstliche Tätigkeit im Krieg oder Frieden begründet.

4. Nach den geschlossenen Verträgen.

Im Felde

§ 9

Die in diesem Gesetz für strafbare Handlungen im Felde gegebenen Vorschriften[1] (Kriegsgesetze) gelten:

1. **für die Dauer des mobilen Zustands[2] der Wehrmacht oder einzelner ihrer Teile;**
2. **(weggefallen);**
3. **für die Truppen, denen bei einem Aufruhr[3], einer Meuterei[4] oder einem kriegerischen Unternehmen der befehligende Offizier dienstlich bekanntgemacht hat[5], daß die Kriegsgesetze für sie in Kraft treten, für die Dauer dieser Zustände;**
4. **für die Kriegsgefangenen, denen der höchste an ihrem Aufenthaltsort[6] befehligende Offizier[7] dienstlich bekanntgemacht hat, daß die Kriegsgesetze für sie in Kraft treten[8].**

1. Enthalten in den §§ 57, 59—61, 62, 63, 64, 65, 70, 78, 92, 94, 96, 97, 99. 102, 106, 107, 128—134, 141, 153.

2. Zustand erhöhter Kampfbereitschaft der ganzen Wehrmacht oder einzelner ihrer Teile, der vom Führer und Obersten Befehlshaber angeordnet ist, bei Schiffen ihr Kriegszustand (§ 164), vgl. im übrigen § 10.

3. §§ 106 ff. — **4.** § 103.

5. Eine Willenserklärung des betreffenden Offiziers aus eigener Machtvollkommenheit, die jedoch durch einen anderen bekanntgegeben werden kann, ist notwendig (21, 294).

6. Das Lager, zu dem die Kriegsgefangenen gehören, ob sie sich nun darin befinden oder abkommandiert sind (21, 294).

7. Der höchste der anwesenden (deutschen) Offiziere.

8. Eine solche Anordnung ist, solange die ganze Wehrmacht mobil ist, nicht notwendig; Dörken, ZWehrR. VI S. 105.

§ 10

Die Wehrmachtangehörigen sind im Falle des § 9 Nr. 1 vom Tage ihrer Mobilmachung[1] bis zu ihrer Demobilmachung den Kriegsgesetzen unterworfen.

1. Der Zeitpunkt der Mobilmachung (Anm. 2 zu § 9) ist für jeden Angehörigen der Wehrmacht besonders zu bestimmen (22, 305), weil die Kriegsgesetze für die Dauer des mobilen Zustandes auf den einzelnen Wehrmachtangehörigen nur Anwendung finden, wenn er tatsächlich von der Mobilmachung betroffen ist, wenn und soweit er also selbst mobil ist (3, 218).

§§ 11 bis 13

(weggefallen)

Erster Teil

Von der Bestrafung im allgemeinen

Erster Abschnitt

Strafen[1]

§ 14

Die Strafarten

(1) Die Strafarten dieses Gesetzes sind Todesstrafe, Zuchthaus, Freiheitsstrafen und die militärischen Ehrenstrafen[2].

(2) Für diese Strafarten gelten die folgenden Vorschriften und, soweit diese nicht entgegenstehen, die Bestimmungen des Deutschen Strafgesetzbuchs[3].

1. Diese Überschrift ist an Stelle der früheren „Strafen gegen Soldaten“ gewählt worden, weil der ganze zweite Abschnitt „Strafen gegen Wehrmachtbeamte“ (§§ 43—45) gestrichen worden ist. Die „Bestrafung im allgemeinen“ ist nunmehr in den §§ 14—35 für Soldaten und Wehrmachtbeamte zusammen geregelt (Begrdg. 40).

2. Während des Krieges gelten für den Vollzug der Todesstrafe die §§ 102 (3), 103 KStVO, während des Friedens gelten die §§ 413, 415 MStGO (Begrdg. 40).

3. Auch hier kommt Sonderbestimmungen des MStGB, soweit solche getroffen sind, kraft der vorherrschenden Stellung des MStGB ausschließliche Geltung zu (vgl. Anm. 1 zu § 2). Die Verurteilung zur Zuchthausstrafe hat nach § 31 StGB die dauernde Unfähigkeit zum Dienste in der Wehrmacht zur Folge; wird sie auf Grund des MStGB ausgesprochen, so muß daneben auf Verlust der Wehrwürdigkeit erkannt werden (§ 31 Nr. 1). Wird ein Wehrpflichtiger d. B. zu Zuchthaus verurteilt, so tritt Verlust der Wehrwürdigkeit von Rechts wegen ein (§ 35 Abs. 1a).

§ 15

(weggefallen)

Arten der Freiheitsstrafen

§ 16

(1) Freiheitsstrafe im Sinne dieses Gesetzes ist Gefängnis, Festungshaft oder Arrest.[1]

(2) Der Höchstbetrag der Freiheitsstrafe ist fünfzehn Jahre, ihr Mindestbetrag ein Tag[2].

1. Wahlweise nach Maßgabe des § 17, s. § 21. Im § 54 bedeutet „Freiheitsstrafe“ auch Zuchthaus.

2. Während die Höchstdauer der Gefängnisstrafe wegen gemeiner Verbrechen und Vergehen 5 Jahre beträgt (§ 16 StGB.), kann nach dem MStGB auf Gefängnis bis zu 15 Jahren erkannt werden. Andererseits darf wegen militärischer Verbrechen oder Vergehen, wenn auch der Mindestbetrag der Freiheitsstrafe ein Tag ist, nicht auf einen Tag Gefängnis oder Festungshaft erkannt werden, weil der Mindestbetrag dieser Freiheitsstrafen 43 Tage ist (§ 17 Abs. 1); ist eine geringere Freiheitsstrafe verwirkt, so kommt nur Arrest in Frage, und zwar auch dann, wenn der Täter zur Zeit der Aburteilung nicht mehr Soldat ist (RGSt. 56, 156).

§ 17

(1) Die Freiheitsstrafe[1] ist, wenn ihre Dauer mehr als sechs Wochen beträgt, Gefängnis oder Festungshaft, bei kürzerer Dauer Arrest[2].

(2) Ist eine angedrohte Zuchthausstrafe auf eine kürzere als einjährige Dauer zu ermäßigen[3], so tritt an ihre Stelle Gefängnis von gleicher Dauer[4].

1. § 16. — 2. Von einem Tage bis zu sechs Wochen, daher Mindestbetrag der Gefängnis- und Festungshaftstrafe 43 Tage, auch wenn darauf gegen Wehrmachtangehörige wegen Verbrechen oder Vergehen gegen die allgemeinen Strafgesetze erkannt wird (§ 29 Abs. 1).

3. Bei Versuch eines militärischen Verbrechens (vgl. §§ 43, 44 StGB), Beihilfe zu einem solchen (§ 49 StGB.) und nach § 98.

4. § 21 StGB, wonach achtmonatige Zuchthausstrafe einer einjährigen Gefängnisstrafe gleichzuachten ist, gilt also für militärische Verbrechen (§ 1) nicht. Andererseits gilt der Umwandlungsmaßstab des § 17 (2) nur für militärische Straftaten (RKG. 1, 47).

§ 18

(weggefallen)

Arrest

§ 19

Der Arrest[1] zerfällt in Stubenarrest[2], gelinden Arrest[3] und geschärften Arrest[3].

1. Besondere Strafart, jedoch der Gefängnis- und Festungshaftstrafe ihrer Art nach gleichwertig (3, 154; 12, 53; RGSt. 70, 269 unter Aufgabe der in RGSt. 58, 65 vertretenen gegenteiligen Ansicht, die von Schwinge (Anm. II zu § 16) gebilligt wird).

2. §§ 20, 23, 80 (bei der Kriegsmarine nach § 162: Kammerarrest).

3. §§ 24, 25, 27.

§ 20

Der Stubenarrest[1] wird verhängt gegen Offiziere und Unteroffiziere mit Portepee[2] und gegen Wehrmachtbeamte[3], der gelinde Arrest gegen Unteroffiziere und Mannschaften und gegen Wehrmachtbeamte im Unteroffizierrang[4], der geschärfte Arrest gegen Unteroffiziere ohne Portepee[5] und gegen Mannschaften[6].

1. Zulässig ist

gegen Offiziere (auch kriegsgefangene; 21, 243) und Wehrmachtbeamte aller Rangklassen Stuben-(Kammer-)arrest,
gegen Wehrmachtbeamte im Unteroffizierrang (s. Anhang 2 S. 254) auch gelinder Arrest,

gegen Portepee-Unteroffiziere Stuben-(Kammer-)arrest oder gelinder Arrest,
gegen sonstige Unteroffiziere und Mannschaften gelinder oder geschärfter Arrest. Höchstdauer in allen Fällen 6 Wochen.

2. S. Anhang 1 S. 248 unter B III 2. — **3.** S. Anhang 2 S. 253. — **4.** S. Anhang 1 S. 248 unter B III u. IV und Anhang 2 S. 254. — **5.** S. Anhang 1 S. 249 unter B III 3.

6. Für die Angehörigen der ᛋᛋ, soweit sie der Sondergerichtsbarkeit der ᛋᛋ in Strafsachen unterstehen (s. Anm. 5 zu § 4), gilt an Stelle des § 20 MStGB § 8 der VO. v. 1. 11. 39 (RGBl. I S. 2293).

§ 21

Ist in diesem Gesetz Freiheitsstrafe angedroht, so sind darunter, je nach der Zeitdauer des Strafmaßes, Gefängnis, Festungshaft und Arrest als wahlweise angedroht zu erachten*).

§§ 16, 17 und dortige Anm.

§ 22

(1) Ist in diesem Gesetz Arrest angedroht, so kann auf jede der nach dem Militärrang des Täters statthaften Arten des Arrests[1] erkannt werden[2].

(2) Ist in diesem Gesetz eine bestimmte Arrestart angedroht[3] und diese gegen den Täter nach seinem Militärrang nicht statthaft, so ist auf die nächstfolgende nach seinem Range statthafte Arrestart zu erkennen.

1. § 20. — **2.** Formel und Gründe des Urteils müssen die Art des Arrestes, auf die erkannt ist, ausdrücklich bezeichnen (RGSt. 57, 401).

3. In den §§ 64 Satz 2, 89, 92 Abs. 1, 94 (1), 102 (2), 138 (1), 141 (1), 144 (1) ist geschärfter Arrest angedroht. An seiner Stelle ist gegen Unteroffiziere mit Portepee auf gelinden Arrest, gegen Offiziere bis zum Haupt-

---

*) Richtlinien des Führers und Obersten Befehlshabers der Wehrmacht für die Verhängung von Festungshaft vom 14. April 1940:

Auf Festungshaft darf nur erkannt werden, wenn sie nach den Umständen und Folgen der Tat angemessen ist und wenn der Täter nach seiner Führung und Persönlichkeit dieser Ehrenhaft würdig ist.

Festungshaft ist daher ausgeschlossen, wenn sich der Täter gegen den nationalsozialistischen Staat, seine Führung oder sonst gegen das Wohl des Volkes vergangen hat.

Festungshaft ist auch ausgeschlossen, wenn der Täter aus unehrenhaften Beweggründen gehandelt hat.

Festungshaft darf ferner nicht verhängt werden, wenn die Tat geeignet war, die Manneszucht oder das Vertrauen zum Vorgesetzten oder das Ansehen der Wehrmacht zu erschüttern oder schwer zu gefährden.

Festungshaft darf weiterhin nicht verhängt werden, wenn die Tat auf erheblichen Mängeln des Charakters beruht oder wenn aus grober Pflichtversäumnis ein erheblicher Nachteil verursacht worden ist.

Auf das bestimmteste erwarte ich, daß bei der Verhängung von Festungshaft zwischen Offizier und Mann kein Unterschied gemacht wird (Amtl. Fußnote).

mann einschl. auf geschärften Stubenarrest (§ 23 Satz 2), im übrigen auf Stubenarrest zu erkennen; Dörken-Scherer 2.

§ 23

Der Stubenarrest wird von dem Verurteilten in seiner Wohnung[1] verbüßt. Der Verurteilte darf während der Dauer des Stubenarrests seine Wohnung nicht verlassen, auch Besuche nicht annehmen[2]. Gegen Hauptleute, Leutnante und Unteroffiziere mit Portepee[3] und gegen Wehrmachtbeamte in entsprechendem Rang[4] kann durch Richterspruch die Strafvollstreckung in einem besonderen Offizierarrestzimmer angeordnet werden (geschärfter Stubenarrest)[5].

1. Inbegriff der Räumlichkeiten, die einer Einzelperson oder einer Familie zum ständigen Aufenthalt dienen oder zur Benutzung freistehen (RGSt. 12, 133), einschließlich der Treppen, Flure, Keller, Waschräume usw. (RGSt. 1, 121), aber ausschließlich der Ställe, Kraftwagenhallen und Gärten, selbst wenn sie mit der Wohnung räumlich zusammenhängen (Romen-Rissom und Rotermund 1; Schwinge 1; a. A. Schlayer 95). Bei der Kriegsmarine ist gleichbedeutend mit der „Wohnung" die Kammer (§ 162).

Nach § 109 KStVO ist auch Behelfsvollzug von Stubenarrest möglich, also Teilnahme des Bestraften am Dienst, aber im übrigen Beschränkung der persönlichen Freiheit. Durch Teilnahme am Dienst wird der Vollzug nicht unterbrochen.

2. § 80.

3. Wegen der Rangklassen der Hauptleute usw. und der Unteroffiziere mit Portepee s. Anhang 1 S. 247 unter B I und III 2. Über den Vollzug von geschärftem Stubenarrest s. WStVzV. Nr. 186. — **4.** S. Anhang 2 S. 253.

5. Der geschärfte Stubenarrest ist als besondere Arrestart anzusehen (Fuhse S. 21; vgl. Anm. 3 zu § 22).

§ 24

Der gelinde und der geschärfte Arrest werden in Einzelhaft verbüßt.

W.St.V. Ziff. 132—141; WStVzV. Nr. 189—196.

§ 25

Der geschärfte Arrest wird in der Art vollstreckt, daß der Verurteilte eine harte Lagerstätte und als Nahrung Wasser und Brot erhält. Diese Schärfungen kommen am vierten und demnächst an jedem dritten Tage in Fortfall.

W.St.V. Ziff. 133—141; WStVzV. Nr. 191—196.

§ 26

(fortgefallen)

§ 27

Läßt der körperliche Zustand des Verurteilten die Verbüßung des geschärften Arrests nicht zu, so tritt gelinder Arrest ein[1].

1. Eine nur auf dem Gebiet der Vollstreckung liegende Bestimmung. Das erkennende Gericht hat die Strafe stets dem angewandten Strafgesetz zu entnehmen (7, 207).

§ 28

Die Abweichungen, die bei Vollstreckung von Arreststrafen dadurch bedingt werden, daß sie während eines Krieges oder auf den in Dienst gestellten Schiffen oder anderen Fahrzeugen der Kriegsmarine zu vollziehen sind, werden durch Anordnung des Führers bestimmt.

S. § 109 KStVO.

§ 29

Arrest statt Gefängnis, Festungshaft oder Haft bis zu sechs Wochen. Ausschluß der Geldstrafe

(1) Ist die Strafe gegen einen Wehrmachtangehörigen[1] nicht diesem Gesetz zu entnehmen, so tritt Arrest an die Stelle von Gefängnis, Festungshaft oder Haft bis zu sechs Wochen[2].

(2) Auf Geldstrafe, die wahlweise[3] angedroht ist[4], darf nicht erkannt werden, wenn durch die strafbare Handlung zugleich eine militärische Dienstpflicht verletzt[5] worden ist.

1. § 4. Der Chef OKW. hat durch Erlaß v. 14. 10. 43 (MVBl. S. 752 Nr. 633) auf Grund des § 35 WG. bestimmt, daß die Vorschrift des § 29 auf alle Personen, die sich in irgendeinem Dienst- oder Vertragsverhältnis bei der Wehrmacht befinden, anwendbar ist, soweit die Zuständigkeit der Wehrmachtgerichte begründet ist (vgl. § 3a KStVO). § 29 (1) ist auch auf Kriegsgefangene anzuwenden, da sie auf Grund des § 158 Satz 1 den für Soldaten geltenden Vorschriften dieses Gesetzes unterworfen sind; OKH. (Ch H Rüst u. BdE) Az. B 13 n 30 HR III a Nr. 2101/41 v. 22. 9. 41 (7. Mob. S. Erl.) Nr. 8. Auf die Personenklassen, die in Kriegszeiten dem MStGB nach §§ 157, 160 und 161 unterworfen sind, findet § 29 (1) keine Anwendung.

2. Dieser durch die VO. über die Neufassung des MStGB v. 10. 10. 40 (RGBl. I S. 1347) eingefügte Absatz läßt als einzige Freiheitsstrafe bis zu sechs Wochen statt Gefängnis, Festungshaft oder Haft gegen Wehrmacht-

angehörige (Anm. 1) nur Arrest zu, wenn die Strafe nicht dem MStGB, sondern den allgemeinen Strafgesetzen zu entnehmen ist. Maßgebend ist der Zeitpunkt des Urteils (Begrdg. 40). Demnach sind Arreststrafen auch wegen vormilitärischer Taten zu verhängen, die während der Zugehörigkeit des Täters zur Wehrmacht abgeurteilt werden, nicht hingegen für Taten, die während der Dienstzeit begangen wurden, wenn der Täter bei der Aburteilung bereits aus der Wehrmacht ausgeschieden ist (Scherer, JW. 1940 S. 2091). Arrest tritt auch dann an die Stelle einer der im Abs. 1 bezeichneten Freiheitsstrafen, wenn es sich um Ersatzfreiheitsstrafen an Stelle uneinbringlicher Geldstrafen gegen Wehrmachtangehörige handelt; OKH. (Ch H Rüst u. BdE) $\frac{14\,g\,\mathrm{HR\,IIb}}{354/41}$ v. 19. 2. 41.

Die Vorschrift im Abs. 1 ergänzt und erweitert den § 17 (1). Dafür sprachen mehrere Gründe. Die Regelung ist zunächst durch das allgemeine Bedürfnis der Strafrechtspflege der Wehrmacht nach einer kurzen, im Vollzuge harten, in ihren Folgen aber nicht entehrenden Freiheitsstrafe bedingt. Die frühere Fassung des § 29, die jetzt inhaltlich den Abs. 2 bildet, entsprach zwar durch die Ausschließung der Geldstrafe militärischen Bedürfnissen. Sie „versagte aber insofern, als in den meisten Fällen an Stelle der Geldstrafe auf eine kurzfristige Gefängnis- oder Haftstrafe erkannt werden mußte, also auf eine militärisch unzweckmäßige Strafart" (Begrdg. 36 zu § 12). Die Praxis war bei Bestätigungen und in Gnadensachen bereits dazu übergegangen, Freiheitsstrafen unter sechs Wochen in Arrest umzuwandeln (Begrdg. 40).

Haft scheidet, weil ihre gesetzliche Höchstdauer sechs Wochen beträgt (§ 18 Abs. 1 StGB), als Strafe für Wehrmachtangehörige ganz aus, während gegen sie, falls auf Gefängnis oder Festungshaft erkannt wird, hiervon — auch wegen Zuwiderhandlungen gegen die allgemeinen Strafgesetze — mindestens 43 Tage verhängt werden müssen (§ 17 Abs. 1). Da Haft die gelindeste Strafart der allgemeinen Strafgesetze ist, wird in der Regel statt der Haft die Verhängung der mildesten Arrestart angemessen sein (Begrdg. 40).

3. Also nicht, wenn Geldstrafe ausschließlich oder neben Freiheitsstrafe (kumulativ) angedroht ist (4, 230; PE. 1, 115). Eine Bestimmung über ausschließlich angedrohte Geldstrafe ist entbehrlich: Das StGB droht sie nur in wenigen Fällen an (§ 92b Abs. 1, § 92e, § 92f, § 145, § 145a). Hierfür bedarf es keiner Sonderregelung (Begrdg. 40). Wahlweise Androhung liegt auch in den Fällen des § 27b Abs. 1 StGB. vor; nach § 27b Abs. 2 StGB. sind jedoch die Vorschriften des MStGB, daher auch § 29, unberührt geblieben (RGSt. 57, 410). Der Vorschrift des § 29 (2) wird also nicht dadurch genügt, daß wegen Zuwiderhandlungen gegen die allgemeinen Strafgesetze, wenn sie zugleich eine militärische Dienstpflicht verletzen, an Stelle einer an sich verwirkten Freiheitsstrafe auf Geldstrafe erkannt wird.

4. In den allgemeinen Strafgesetzen. Verstöße dagegen werden durch die Anwendbarkeit des § 29 (2) nicht zu militärischen Verbrechen oder Vergehen (RGSt. 62, 433).

5. Jede vorsätzliche oder fahrlässige Zuwiderhandlung gegen die auf einer allgemeinen oder besonderen Dienstvorschrift oder einem Dienstbefehle beruhenden Dienstobliegenheiten sowie jede vorsätzliche oder fahrlässige Zuwiderhandlung gegen die militärische Zucht und Ordnung. Es sind auch die besonderen, die militärischen Verhältnisse berührenden Umstände zu berücksichtigen, unter denen die Tat verübt ist (14, 68). Was allgemeine Pflicht eines jeden Volksgenossen ist, kann ohne Hinzutreten besonderer, in den militärischen Verhältnissen begründeter Umstände nicht zu einer militärischen Dienstpflicht bloß um deswillen werden, weil der Täter Soldat ist. Es muß auf der Grundlage des vorliegenden Einzelfalls und seiner Besonderheiten geprüft werden, ob durch ihn der Täter nur eine für jedermann bestehende, allgemeine Norm oder ob er zugleich ein besonderes soldatisches Pflichtgebot verletzt hat. Nur in diesem letzteren Fall ist eine militärische Dienstpflicht verletzt.

§ 29 ist aber auch dann anzuwenden, wenn der gegebene Einzelfall vermöge der Begleitumstände so gelagert ist, daß die militärische Zucht und Ordnung als verletzt erscheint; ebenso 14, 70 und 18, 154. Die Verletzung einer militärischen Dienstpflicht kann nicht nur in einem Verstoß gegen einen Befehl in Dienstsachen oder gegen eine sonstige dienstliche Anordnung liegen, sondern auch z. B. in der Verletzung der Verpflichtung zu kameradschaftlichem Verhalten, der Pflicht der Dienstvorgesetzten zur Fürsorge für das Wohl der Untergebenen und der sich aus ihr ergebenden Verpflichtung des Dienstvorgesetzten, das Leben und die Gesundheit der Untergebenen nicht leichtsinnig zu gefährden, ferner der Pflicht des Soldaten, mit ihm anvertrautem militärdienstlichem Eigentum pfleglich umzugehen, des besonderen Pflichtenkreises des Disziplinarvorgesetzten u. a. m. (RKG. 1, 63). Der Soldat, der bei einer vorgesetzten Dienststelle wissentlich eine falsche Anzeige im Sinne des § 164 StGB erstattet, verletzt eine militärische Dienstpflicht (RKG. 1, 101), nicht hingegen der Soldat, der einen nach § 242 StGB zu bestrafenden Diebstahl in Uniform begeht, oder um die entwendete Sache in einer Kasernenstube aufzuhängen (RKG. 1, 71).

Weitere Beispiele der Verletzung einer militärischen Dienstpflicht: Mißhandlung und Beleidigung von Kameraden (5, 153 und 165; PE. 5, 95), Begehung einer Straftat unter Mißbrauch der Waffe (PE. 3, 115a; RGSt. 60, 97); Beleidigung eines Polizeibeamten (21, 202), überhaupt Auftreten gegen die ihre Berufspflicht erfüllenden Polizeiorgane (12, 169) und Verstöße gegen die Richtlinien „Polizei und Wehrmacht" (Anhang 4 S. 256), insbesondere durch tätliche Angriffe gegen Polizeibeamte (RKG. 1, 225; RGSt. 57, 410), Ausschreitungen gegen den Unteroffizier vom Dienst (14, 71), Begünstigung eines straffällig gewordenen Kameraden durch Belügen eines Vorgesetzten (5, 109), Rentenbetrug (4, 232), nachträgliches Zurückweichen eines einschreitenden Vorgesetzten ohne rechtfertigenden Grund (1, 30; 2, 101). Ein Soldat, der sich so betrinkt, daß er in unzurechnungsfähigem Zustande gegenüber Zivilpersonen beleidigende Vorwürfe gegen Vorgesetzte erhebt, verletzt zugleich mit § 330a StGB eine militärische Dienstpflicht (RGSt. 69, 190). Diese Beispiele können aber nur als Zusammenstellung dessen dienen, was von der Rechtsprechung als Verletzung der militärischen Dienstpflicht unter Berücksichtigung der Besonderheiten des betreffenden Einzelfalles angesehen worden ist. Nicht darf hingegen aus ihnen gefolgert werden, daß in jedem einem solchen Beispiel äußerlich gleichliegenden Falle die Verletzung einer militärischen Dienstpflicht gegeben ist. Eine andere Gestaltung des gegebenen äußeren und inneren Sachverhalts kann eine abstrakt gesehen scheinbar gleichliegende Rechtsfrage in einem anderen Licht erscheinen lassen. Besonders gilt dies für die unbestimmten Tatbestandsmerkmale. Bei ihnen ist eine zutreffende Rechtsanwendung überhaupt nur unter maßgeblicher Berücksichtigung des im Einzelfall gegebenen einmaligen Sachverhalts, also nicht „abstrakt" möglich (RKG. 1, 63).

Beleidigung und Mißhandlung von Zivilpersonen fallen nicht notwendig unter den Begriff „Verletzung einer militärischen Dienstpflicht" (9, 98; PE. 3, 115b; RGSt. 60, 97). Es kann aber die Art des Auftretens Zivilpersonen gegenüber das militärische Ansehen und den Ruf der Truppe schädigen, und zwar um so mehr, je höher der Dienstgrad des Täters ist (14, 68). Eine besondere militärische Dienstpflicht, sich gerade auf Urlaub anständig zu benehmen, besteht nicht (9, 98). Jedoch können die Art der Umgebung und die Beachtung, welche die einzelnen beurlaubten Soldaten zu finden pflegen, unter Umständen besondere militärische Pflichten hinsichtlich des Benehmens auf Urlaub begründen; Romen-Rissom 3. Der Tatbestand, daß ein Soldat, der als Lenker eines Kraftfahrzeugs eine fahrlässige Körperverletzung begeht, zu der Fahrt und der Lenkung des Fahrzeugs dienstlich befohlen worden war, „reicht für sich allein noch nicht zur Annahme der Verletzung einer militärischen Dienstpflicht aus, wenn der Täter lediglich gegen die Straßenverkehrs-Ordnung verstoßen und damit bloß eine allgemeine, jedermann obliegende Rechtspflicht verletzt hat"; § 29 (2) ist in solchen Fällen nur dann anwendbar, wenn der Täter eine über die allgemeine Rechtspflicht „hinausgehende wehrrechtlich betonte militärisch geartete Verpflichtung mißachtet" hat; Wagner, ZWehrR. I S. 479, übereinstimmend RKG. v. 6. 7. 39 Rev. L. 94/39 I. Der Umfang der militärischen Dienstpflicht bemißt sich nach dem Umfang der an die Wehrmachtangehörigen gestellten dienstlichen Anforderungen (5, 165). Zu den Dienstpflichten des Soldaten gehört auch die Befolgung der in den „Pflichten des deutschen Soldaten" (früher „Kriegsartikel" genannt) enthaltenen Pflichtenlehre (5, 107 und 165). „Pflichten des deutschen Soldaten" s. Anhang 3 S. 255.

6. Auf Wehrmachtbeamte ist § 29 (2) ebenfalls anwendbar, da der ganze 1. Abschnitt „Strafen" auch für sie gilt. Sie können also jetzt eine militärische Dienstpflicht nicht nur im Sinne des § 359 (1) Nr. 3 MStGO. verletzen (vgl. für das frühere Recht 21, 201; RKG. 1, 188).

§ 30

Die militärischen Ehrenstrafen[1]

Die militärischen Ehrenstrafen[2] gegen Soldaten[3] und Wehrmachtbeamte[4] sind:

1. Verlust der Wehrwürdigkeit[5],

2. Dienstentlassung[6], an deren Stelle bei Verurteilung von Soldaten im Felde[7] Rangverlust tritt.

1. Die §§ 30—34 regeln die militärischen Ehrenstrafen einheitlich für Soldaten und Wehrmachtbeamte. Die Ehrenstrafe des Verlustes der Wehrwürdigkeit gilt auch für Wehrmachtbeamte und die Ehrenstrafe der Dienstentlassung gleichmäßig für alle Wehrmachtangehörigen. An ihre Stelle tritt bei Soldaten, die im Felde verurteilt werden, die Ehrenstrafe des Rangverlustes, die nicht das Ausscheiden aus dem aktiven Wehrdienst zur Folge hat (Begrdg. 40). Der zum Rangverlust Verurteilte muß weiter vor dem Feinde seine Pflicht tun. Er wird nicht — wie es bei der Dienstentlassung die Folge sein würde (§ 34 Abs. 1 Nr. 1) — im Hinterland untätig der Gefahr der Front entzogen. Ehrlosen und Feigen wird dadurch der Anreiz genommen, sich durch Straftaten dem Dienst an der Front zu entziehen (Amtl. Erl. zur KSSVO). Auf die VO. des Chefs OKW. über die Wirkung der Aufhebung gerichtlicher Ehrenstrafen gegen Soldaten v. 8. 10. 42 (RGBl. I S. 592) wird verwiesen.

Gegen Ergänzungs-Wehrmachtbeamte ist als militärische Ehrenstrafe nicht auf Rangverlust, sondern auf Dienstentlassung zu erkennen. Denn nach § 2 der VO. über die Rechtsverhältnisse der Ergänzungs-Wehrmachtbeamten v. 4. 11. 41 (s. S. 70) sind diese Beamten Wehrmachtbeamte i. S. wehrrechtlicher Vorschriften. Zu diesen Vorschriften gehört auch das MStGB, nach dessen § 30 Nr. 2 nur gegen Soldaten im Felde auf Rangverlust zu erkennen ist; OKH. (Ch H Rüst u. BdE) Az. B 13 n 30 HR III a Nr. 85/42 (8. Mob. S. Erl.) Nr. 2.

§ 30 bestimmt die gegen Soldaten und Wehrmachtbeamte zulässigen militärischen Ehrenstrafen. §§ 31 und 32 behandeln den Verlust der Wehrwürdigkeit, §§ 33 und 34 die Dienstentlassung (Rangverlust), § 35 die Ehrenfolgen bei Wehrpflichtigen des Beurlaubtenstandes.

Erlaß des Ob. d. H. Nr. 9800/41 PA 2 (I/Ia) v. 1. 10. 41 betr. Ehrenstrafe des Rangverlustes (der Dienstentlassung):

> Auf Grund der mir vorgelegten Urteile habe ich feststellen müssen, daß Kriegsgerichte in vielen Fällen gegen Wehrmachtangehörige im Offizierrang Rangverlust (Dienstentlassung) ausgesprochen haben, in

denen dies nicht berechtigt ist. In diesen Urteilen wird zum Ausdruck gebracht, der betreffende Offizier oder Wehrmachtbeamte habe durch seine Tat gezeigt, daß er nicht mehr würdig ist, weiterhin als Vorgesetzter verwendet zu werden.

Dabei wird verkannt, daß diese Entscheidung nicht Sache des Kriegsgerichts ist; nach jedem gerichtlichen Verfahren gegen einen Offizier oder Wehrmachtbeamten wird auch ohne Ausspruch des Rangverlustes (der Dienstentlassung) auf dem truppendienstlichen bzw. Verwaltungswege stets geprüft, ob der Verurteilte als Vorgesetzter noch tragbar ist.

Um eine möglichst einheitliche Behandlung in der Frage der Verhängung des Rangverlustes zu erreichen, habe ich durch Erlaß v. 6. 6. 41 mir die Bestätigung von Urteilen vorbehalten, in denen gegen Offiziere oder Wehrmachtbeamte im Offizierrang auf Rangverlust (Dienstentlassung) erkannt wird.

Ich gebe im folgenden meine Auffassung bekannt, nach der ich selbst bei der Bestätigung solcher Urteile verfahre, damit auch die Oberbefehlshaber der Armeen und die ihnen gleichgestellten Befehlshaber, die Gerichtsherrn und Kriegsgerichte diese Gesichtspunkte ihren Entscheidungen und Stellungnahmen zugrunde legen und so zur einheitlichen Behandlung der Frage beitragen können.

1. Gerichtliche Bestrafung mit Rangverlust (Dienstentlassung) halte ich in den Fällen, in denen er nicht zwingend vorgeschrieben ist (§ 33 Abs. 2 MStGB), nur für berechtigt, wenn die Straftat selbst in ihrer Eigenart und in ihren Auswirkungen unter Berücksichtigung der Persönlichkeit des Angeklagten aus strafrechtlichen Gründen den Ausspruch der Ehrenstrafe des Rangverlustes (der Dienstentlassung) rechtfertigt. Dies wird insbesondere der Fall sein bei unehrenhaften Handlungen im Sinne des § 24 (2) c WG., zumal dann, wenn das Ansehen des Soldatenstandes, insonderheit des Führerkorps, erheblich herabgewürdigt wird, bei verwerflicher Gesinnung oder bei persönlicher Bereicherungsabsicht.

2. Dagegen wird im allgemeinen der Ausspruch des Rangverlustes (der Dienstentlassung) nicht am Platze sein bei Fahrlässigkeitsdelikten, bei geminderter Verantwortlichkeit auf Grund von Alkoholeinwirkung ohne schwerwiegende Folgen oder bei solchen einmaligen Verfehlungen, in denen es mit dem gesunden Rechtsempfinden nicht vereinbar ist, den Fehler mit den Folgen der gerichtlichen Strafe des Rangverlustes (der Dienstentlassung) zu belasten.

Dieselben Grundsätze gelten bezüglich der Verurteilung zu Rangverlust (Dienstentlassung) von Unteroffizieren und Wehrmachtbeamten im Unteroffizierrang.

gez. von Brauchitsch.

2. Neben den allgemeinen der §§ 32—39, 86, 93, 128, 129, 161, 358 StGB und der strafrechtlichen Nebengesetze. Beide Arten von Ehrenstrafen können sowohl wegen bürgerlicher als auch wegen militärischer Straftaten gegen Wehrmachtangehörige (§ 4) erkannt werden, treten aber nur ein, wenn sie ausdrücklich vom Gericht in der Urteilsformel ausgesprochen sind (12, 198; 15,160). Bei einer Verurteilung wegen militärischer Verbrechen oder Vergehen darf gemäß § 2 MStGB, §§ 32ff., 45 StGB, auf Verlust der bürgerlichen Ehrenrechte stets, neben Gefängnis von mindestens 3 Monaten aber nur dann erkannt werden, wenn er im MStGB, wie in den Fällen der §§ 134, 138 (1) ausdrücklich angedroht ist, oder wenn im Falle des Versuchs die Gefängnisstrafe gemäß § 17 (2) bei kürzerer als einjähriger Dauer an die Stelle des Zuchthauses tritt (RGSt. 59, 237/239). Wegen vor dem Diensteintritt begangener Straftaten sind militärische Ehrenstrafen nicht statthaft (PE. 8, 25), hingegen wird ihre Zulässigkeit durch die Auflösung des militärischen Dienstverhältnisses nicht berührt (16, 177; RGSt. 62, 72). Kriegsgefangene unterliegen den militärischen Ehrenstrafen nicht. Gegen Jugendliche darf auf Verlust der Wehrwürdigkeit nicht erkannt werden, wenn ihre Verurteilung wegen Zuwiderhandlungen gegen die allgemeinen Strafgesetze erfolgt, unter Umständen jedoch auf Dienstentlassung (s. Anm. 16 zu § 50). Ist die Zulässigkeit der Verhängung von Ehrenstrafen abhängig von der Dauer der als Hauptstrafe verwirkten Freiheitsstrafe, so ist entscheidend die Dauer der betreffenden Einzelstrafe, nicht die Dauer der Gesamtstrafe (5, 19). Es darf jedoch bei Verurteilung zu einer Gesamtstrafe nur neben dieser, nicht neben einer Einzelstrafe auf eine Ehrenstrafe erkannt werden, falls letztere neben einer der verwirkten Einzelstrafen zulässig oder geboten ist (4, 248). Immerhin kann eine neben einer oder mehreren Einzelstrafen zulässige Ehrenstrafe auch dann ausgesprochen werden, wenn sie neben keiner dieser Einzelstrafen für sich allein, sondern lediglich auf Grund der Mehrheit der Verfehlungen neben der Gesamtstrafe als verwirkt erachtet wurde (14, 238).

3. Anm. 3 zu § 4. Gegen Angehörige der auf deutscher Seite kämpfenden ausländischen Freiwilligenverbände ist grundsätzlich auf die gleichen Ehrenstrafen zu erkennen, wie gegen deutsche Soldaten. Es dürfte daher nicht nur die Zulässigkeit von Rangverlust, sondern auch des Verlustes der Wehrwürdigkeit in Urteilen gegen solche Freiwillige — in Übereinstimmung mit Schober, Strafgewalt gegen fremde Militärpersonen, ZWehrR. VII S. 452/455 — zu bejahen sein.

4. Anm. 1 zu § 4. — **5.** §§ 31, 32. — **6.** §§ 33, 34. — **7.** §§ 9, 10.

8. Auf die Angehörigen der ᛋᛋ finden die Vorschriften des MStGB über die besonderen Ehrenstrafen nur Anwendung, soweit sie der Kriegsgerichtsbarkeit als solcher, also nicht besonderen ᛋᛋ-Gerichten bzw. ᛋᛋ- und Polizeifeldgerichten unterstellt sind (s. Anm. 5 zu § 4). Abgesehen von dieser Ausnahme gelten für sie die Vorschriften der VO. v. 1. 11. 39 (RGBl. I S. 2293) über die Ehrenstrafen der Ausstoßung und der Entlassung aus der ᛋᛋ (§ 6 der VO.

v. 17. 10. 39, RGBl. I S. 2107). Bezüglich der Ehrenstrafen gegen Angehörige der Polizeiverbände bewendet es bei den Vorschriften des StGB (Art. I § 1 der VO. v. 1. 11. 39). Gegen Angehörige des Reichsarbeitsdienstes dürfen Ehrenstrafen des MStGB nicht verhängt werden (s. S. 72).

§ 31

Verhängung des Verlustes der Wehrwürdigkeit

Auf Verlust der Wehrwürdigkeit muß[1] erkannt werden neben:

1. Verurteilung zum Tode oder zu Zuchthaus[2],

2. Anordnung der Sicherungsverwahrung gegen einen gefährlichen Gewohnheitsverbrecher[3],

3. Anordnung der Entmannung gegen einen gefährlichen Sittlichkeitsverbrecher[4].

1. § 31 betrifft nur Fälle, in denen auf Verlust der Wehrwürdigkeit erkannt werden muß.

Neben Verlust der Wehrwürdigkeit darf wegen der gleichen Tat nicht auf Dienstentlassung (Rangverlust) erkannt werden, da die Wehrunwürdigkeit die Dienstentlassung (Rangverlust) in sich schließt (§ 32). Eine gleichzeitige Verhängung von Verlust der Wehrwürdigkeit und Dienstentlassung (Rangverlust) ist nur dann möglich, wenn diese als Nebenstrafen zu verschiedenen Einzelstrafen bei Verurteilung wegen mehrerer Straftaten ausgesprochen werden (OKH. v. 14. 11. 38 — 12. Sammelerlaß — Nr. 56).

2. Gegen Offiziere, Unteroffiziere und Mannschaften im aktiven Wehrdienst ist, ebenso wie gegen Wehrmachtbeamte, um den Eindruck des Urteils zu erhöhen, trotz § 13 (1) a WG., wonach Bestrafung mit Zuchthaus Wehrunwürdigkeit zur Folge hat, auf Verlust der Wehrwürdigkeit stets besonders zu erkennen, während die Verurteilung zur Zuchthausstrafe nach § 31 StGB die dauernde Unfähigkeit zum Dienste in der Wehrmacht sowie die dauernde Unfähigkeit zur Bekleidung öffentlicher Ämter von Rechts wegen zur Folge hat. Hinsichtlich der Wehrpflichtigen des Beurlaubtenstandes s. § 35 (1).

3. § 42e StGB. — 4. § 42k StGB.

§ 32

Die Folgen des Verlustes der Wehrwürdigkeit

Der Verlust der Wehrwürdigkeit hat von Rechts wegen[1] zur Folge

1. das Ausscheiden aus jedem Wehrdienstverhältnis[2] und aus dem Wehrmachtbeamtenverhältnis[3],

2. den Verlust jedes militärischen Ranges[4],

3. den Verlust der Dienst- oder Amtsbezeichnung[5] und des Rechts, einen im Zusammenhang mit dem Amt verliehenen Titel zu führen,

4. den Verlust des Rechts zum Tragen einer Uniform der Wehrmacht[6],

5. den Verlust der Orden und Ehrenzeichen und der Fähigkeit, sie zu erwerben[7],

6. den Verlust der Ansprüche auf Dienstbezüge, Fürsorge und Versorgung[8],

7. die Unfähigkeit zum Wiedereintritt in die Wehrmacht[9].

1. D. h. automatisch auf Grund eines rechtskräftigen Urteils (RKG. 2, 164), dessen Wirkungen jedoch erst mit Ablauf des Tages eintreten, an dem das Urteil Rechtskraft erlangt hat (vgl. § 4 Abs. 1 der Bestimmungen für Entlassung von Unteroffizieren und Mannschaften des Heeres v. 1. 12. 37 D 8/5 bzw. der Kriegsmarine v. 28. 11. 36 (O. V. Heft 17); § 53 DBG. und Anm. VI dazu bei Fischbach, Deutsches Beamtengesetz, Berlin 1937).

2. Entsprechend § 23 (1) a und (2) WG.

3. Entsprechend der dauernden Unfähigkeit zur Bekleidung öffentlicher Ämter nach § 31 (1) StGB.

4. Vgl. VO. über Rang- und Vorgesetztenverhältnis der Soldaten des Heeres, Anhang 1 S. 247, unter B, ferner Gattungen und Rangklassen der Wehrmachtbeamten, Anhang 2 S. 253. Wird ein Wehrmachtbeamter als solcher zum Verlust der Wehrwürdigkeit verurteilt, so verliert er auch seinen soldatischen Rang, z. B. als Offizier des Beurlaubtenstandes (Begrdg. 40).

5. Die bisherige Dienst- oder Amtsbezeichnung darf auch nicht mit einem Zusatz (z. B. „a. D.") geführt werden, der die frühere Zugehörigkeit zur Wehrmacht in irgendeiner Form ausdrückt (§ 4 des G. über die Entziehung des Rechts zum Führen einer Dienstbezeichnung der Wehrmacht v. 26. 6. 35, RGBl. I S. 829); s. hierzu Schafheutle, ZWehrR. VIII S. 78.

6. Vgl. § 132 a (1) und (3) StGB.

7. Entsprechend dem dauernden Verlust der Orden und Ehrenzeichen und der Unfähigkeit, sie zu erlangen, infolge Aberkennung der bürgerlichen Ehrenrechte (§§ 33, 34 Nr. 3 StGB), nur mit dem Unterschied, daß der Verlust der Wehrwürdigkeit auch den dauernden Verlust der Fähigkeit, Orden und Ehrenzeichen zu erwerben, zur Folge hat, während die Aberkennung der bürgerlichen Ehrenrechte den Verlust dieser Fähigkeit nur für die im Urteil bestimmte Zeit bewirkt; vgl. hierzu G. über Titel, Orden und Ehrenzeichen v. 1. 7. 37 (RGBl. I S. 725) nebst AusführungsVO. v. 14. 11. 35 (RGBl. I S. 1341) in der Fassung v. 17. 3. 36 (RGBl. I S. 178).

8. Entsprechend § 127 (2) a WFVG.

9. § 13 (1) d WG.

§ 33

Verhängung der Dienstentlassung (des Rangverlustes)

(1) Auf Dienstentlassung (Rangverlust) muß erkannt werden:

1. neben Erkennung auf Verlust der bürgerlichen Ehrenrechte[1] und auf Unfähigkeit zur Bekleidung öffentlicher Ämter[2],

2. wenn neben einer Strafe Unterbringung in einer Trinkerheilanstalt oder einer Entziehungsanstalt[3] oder in einem Arbeitshaus[4] angeordnet wird,

3. neben Verurteilung zu Gefängnis von mindestens einem Jahr[5] wegen einer oder mehrerer vorsätzlicher[6] Taten[7].

(2) Gegen Offiziere, Unteroffiziere und Wehrmachtbeamte[8] kann[9] auf Dienstentlassung (Rangverlust) erkannt werden neben Verurteilung:

1. zu Gefängnis von mehr als sechs Wochen[10],

2. zu Freiheitsstrafe wegen einer entehrenden Tat[11].

1. Nach §§ 134 (2), 138 (1) oder § 32 StGB und den sonstigen hierauf bezüglichen Vorschriften des StGB und der strafrechtlichen Nebengesetze. Ein Soldat, gegen den neben der Aberkennung der bürgerlichen Ehrenrechte im Felde auf Rangverlust erkannt worden ist, muß gemäß § 24 (1) a WG. im Verwaltungswege aus dem aktiven Wehrdienst entlassen werden; Scherer, ZWehrR. VI S. 496.

2. Kommt als Nebenstrafe nur für Zuwiderhandlungen gegen die allgemeinen Strafgesetze in Frage (§§ 35, 128, 129, 140, 140 b, 142, 143, 331, 339—341, 352—355, 357, 358 StGB) und bewirkt Wehrunwürdigkeit während der im Urteil für diese Ehrenstrafe vorgesehenen Zeit (§ 13 Abs. 3 WG.).

3. § 42 c StGB. — **4.** § 42 d StGB.

5. Abweichend von der früheren Fassung des MStGB ist die Ehrenstrafe der Dienstentlassung nicht mehr zwingend vorgeschrieben, wenn wegen bestimmter Straftaten auf Gefängnis unter einem Jahr erkannt wird. Für diese Fälle genügt nach den Erfahrungen die Vorschrift des Abs. 2 über die Zulässigkeit der Ehrenstrafe. Selbst bei an sich schweren Straftaten, wie Widersetzung, tätlichem Angriff auf einen Vorgesetzten, Plünderung, Verwüstung, können die Verhältnisse so liegen, daß die Dienstentlassung als zwingende Strafe nicht angezeigt ist (Begrdg. 40).

6. Im Gegensatz zu „fahrlässig". Vorsätzlich handelt, wer den Tatbestand mit Wissen und Willen verwirklicht und sich bewußt ist, daß sein Verhalten unrecht ist, aber auch wer die Verwirklichung des Tatbestands zwar nur für möglich hält und damit rechnet, daß sein Verhalten unrecht sei, jedoch für den Fall des Zutreffens dieser Annahmen die Tat gleichwohl will (bedingter Vorsatz); s. Rietzsch, Deutsch. Justiz 1943 S. 313. Im Gegensatz zum früheren Recht ist durch die Androhung von Dienstentlassung (Rangverlust) neben Verurteilung zu Gefängnis auch „wegen mehrerer vorsätzlicher Taten" erreicht, daß auf diese Ehrenstrafe auch dann erkannt werden muß, wenn nicht eine Einzelstrafe, wohl aber die Gesamtstrafe die Dauer von einem Jahr Gefängnis übersteigt (vgl. zum früheren Recht Wagner, ZWehrR. I S. 229).

7. Die zur Dienstentlassung Verurteilten scheiden aus dem aktiven Wehrdienst aus. Ihr weiteres Wehrverhältnis wird durch die Ersatzdienststellen geregelt. Der Oberbefehlshaber des betreffenden Wehrmachtteils kann die Wehrpflichtigen nach Verbüßung der Strafe wieder zum aktiven Wehrdienst einberufen. Die vor der Verurteilung abgeleistete Dienstzeit ist anzurechnen, falls sie länger als 30 Tage gedauert hat (§ 23 WG.).

8. Bei Wehrmachtbeamten ist die Dienstentlassung (Rangverlust) anstelle des Amtsverlustes getreten, der in den gestrichenen §§ 43 und 43a angedroht war.

Für Mannschaften kommt Dienstentlassung als Folge von Verurteilung nur in Frage, wenn sie Strafen erlitten haben, die ihr Verbleiben im aktiven Wehrdienst ausschließen. § 33 (1) sieht deshalb nur bestimmte schwere Fälle vor, in denen gegen Mannschaften auf Dienstentlassung (Rangverlust) erkannt werden muß. In allen anderen Fällen, abgesehen von denen, die zum Verlust der Wehrwürdigkeit führen (§ 31), müssen die Verurteilten nach Strafverbüßung ihre aktive Dienstpflicht voll erfüllen und bei Freiheitsstrafen von mehr als 30 Tagen Dauer die entsprechende Zeit nachdienen (§ 8 Abs. 4 WG.). Anders liegt die Sache bei Unteroffizieren, für die die Dienstentlassung den Rücktritt in den niedrigsten Stand der Mannschaften und das Ausscheiden aus dem Berufssoldatenverhältnis nach sich zieht (§ 34 Abs. 1 Nr. 5).

9. Vgl. hierzu den unter Anm. 1 zu § 30 abgedruckten Erlaß des Ob. d. H. v. 1. 10. 41.

10. Auf Grund des MStGB oder anderer Strafgesetze auch wegen Fahrlässigkeitstaten (entsprechend den früheren §§ 37 Abs. 2 Nr. 1, 34 Abs. 2 Nr. 2). Die Verhängung einer Ehrenstrafe neben Festungshaft ist nicht zulässig. Nach den Richtlinien des Führers v. 14. 4. 40 für die Verhängung von Festungshaft (Fußnote zu § 21) darf diese Ehrenhaft nur dann verhängt werden, wenn die Ehre des Täters durch die Tat nicht berührt worden ist. Damit ist eine Ehrenstrafe nicht vereinbar. Eine etwa notwendige Entlassung muß in diesen Fällen im Verwaltungswege erfolgen (Begrdg. 40).

Ebenso wie im Falle des § 33 (1) Nr. 3 genügt jetzt für die Zulässigkeit von Dienstentlassung (Rangverlust) nach § 33 (2) Nr. 1, daß eine Gesamtstrafe die Dauer von sechs Wochen Gefängnis übersteigt (s. Anm. 6 oben).

11. Abs. 2 Nr. 2 ersetzt den früheren § 37 (2) Nr. 2 und erweitert ihn. Die Erweiterung war geboten, weil die Auswahl der im früheren § 37 (2) Nr. 2 aufgeführten Straftaten (Diebstahl, Besitz von Diebeswerkzeug, Unterschlagung, Untreue, Raub, Erpressung, Hehlerei, Betrug, Urkundenfälschung, also fast durchweg Eigentumsdelikte) auf überwundenen Vorstellungen beruhte und unzureichend war. Außer den dort aufgeführten Straftaten können auch entehrend sein z. B. Verstöße gegen das Heimtückegesetz, gegen § 134 a StGB

(öffentliche Beschimpfung der Wehrmacht), gegen § 134 b StGB (öffentliche Beschimpfung der NSDAP), gegen die Sittlichkeit (z. B. gegen §§ 175, 175 b, 183). Das gilt auch dann, wenn nach § 29 (1) statt Gefängnis Arrest verhängt wird (Begrdg. 40).

§ 34

Die Folgen der Dienstentlassung (des Rangverlustes)

(1) Die Dienstentlassung (der Rangverlust) hat von Rechts wegen[1] zur Folge:

1. den Verlust der Dienststelle[2], die Dienstentlassung auch das Ausscheiden aus dem aktiven Wehrdienst und aus dem Wehrmachtbeamtenverhältnis[3],

2. den Verlust jedes militärischen Ranges[4],

3. den Verlust der bisherigen Dienst- oder Amtsbezeichnung[5] und des Rechtes, einen im Zusammenhang mit dem Amt verliehenen Titel zu führen,

4. den Verlust des Rechtes zum Tragen der bisherigen Uniform[6],

5. den Rücktritt in den niedrigsten Stand der Mannschaften[7] und das Ausscheiden aus dem Berufssoldatenverhältnis[8],

6. den Verlust der Ansprüche auf die bisherigen Dienstbezüge, auf Fürsorge und Versorgung[9].

(2) Erkennt das Gericht nach § 33 Abs. 2 Nr. 1 auf Dienstentlassung, so kann es bestimmen, daß der Verlust der bisherigen Dienst- oder Amtsbezeichnung, des bisherigen militärischen Ranges und der Rücktritt in den niedrigsten Stand der Mannschaften nicht eintritt[10].

1. S. Anm. 1 zu § 32. — **2.** S. Anm. 7 zu § 34.

3. Insoweit besteht für Wehrmachtbeamte kein Unterschied zwischen den Folgen des Verlustes der Wehrwürdigkeit und denen der Dienstentlassung. Beide Ehrenstrafen haben die gleiche Wirkung wie die dauernde Aberkennung der Fähigkeit zur Bekleidung öffentlicher Ämter (§ 53 DBG).

4. S. Anm. 4 zu § 32. — **5.** S. Anm. 5 zu § 32.

6. Vgl. § 132a (1) und (3) StGB. Unbefugt i. S. des § 132a (1) StGB trägt derjenige Wehrmachtangehörige eine Uniform, dem diese Uniform nach der Art seiner Zugehörigkeit zur Wehrmacht i. S. von § 21 (1) WG., nach seiner Zugehörigkeit zu einem bestimmten Wehrmachtteil oder nach Rang oder Dienstgrad nicht zusteht (RKG. 1, 174/176).

7. S. Anhang 1 S. 249 unter B IV. — **8.** S. Anm. 8 zu § 33. Wird ein Wehrmachtbeamter mit Dienstentlassung bestraft, so tritt er, wenn er noch wehrpflichtig ist, mit dem niedrigsten Stand der Mannschaften in das soldatische Beurlaubtenverhältnis (Begrdg. 40).

9. Tritt ein Soldat durch die Ehrenstrafe des Rangverlustes in den niedrigsten Stand der Mannschaften zurück, so hat er Anspruch auf die dementsprechenden Dienstbezüge. Die Dienstentlassung hingegen bewirkt den Verlust jedes Anspruchs auf Dienstbezüge. Wird neben Verurteilung zu Gefängnis von einem Jahr oder längerer Dauer wegen einer oder mehrerer vorsätzlicher Taten auf Dienstentlassung erkannt (§ 33 Abs. 1 Nr. 3), so kann das OKW. beim Vorliegen eines dringenden Bedürfnisses Fürsorge und Versorgung in Grenzen des erloschenen Rechts ganz oder teilweise, auf Zeit oder Dauer widerruflich gewähren (§ 127 Abs. 3 WFVG).

10. Es sind Fälle denkbar, in denen zwar das Ausscheiden des Verurteilten aus der Wehrmacht den militärischen Belangen entspricht, in denen es aber nicht notwendig ist, ihn in den niedrigsten Stand der Mannschaften zu versetzen und ihm das Recht zum Führen seiner Dienst- oder Amtsbezeichnung zu nehmen (Begrdg. 40).

§ 35

Ehrenfolgen bei Wehrpflichtigen des Beurlaubtenstandes[1]

(1) Die Bestimmungen der §§ 30 bis 34 über die militärischen Ehrenstrafen gelten für die Wehrpflichtigen des Beurlaubtenstandes[2] mit folgender Maßgabe:

Die militärischen Ehrenstrafen, auf die nach §§ 31 und 33 erkannt werden muß, treten bei Wehrpflichtigen des Beurlaubtenstandes von Rechts wegen[3] ein, wenn gegen sie im Beurlaubtenverhältnis[4]

a) **verhängt worden ist[5]**
- **Todesstrafe,**
- **Zuchthaus,**
- **Gefängnis von mindestens einem Jahr wegen einer oder mehrerer vorsätzlicher[6] Taten,**
- **Verlust der bürgerlichen Ehrenrechte[7],**
- **Unfähigkeit zur Bekleidung öffentlicher Ämter[8],**

b) **angeordnet worden ist[9]**
- **Sicherungsverwahrung[10],**
- **Entmannung[11],**
- **neben einer Strafe Unterbringung in einer Trinkerheilanstalt[12] oder einer Entziehungsanstalt[12] oder in einem Arbeitshaus[13].**

(2) Ist ein Offizier, Unteroffizier oder Wehrmachtbeamter des Beurlaubtenstandes im Beurlaubtenverhältnis[14] wegen einer entehrenden Tat[15] zu Freiheitsstrafe verurteilt worden, so kann ein besonderes wehrmachtgerichtliches Verfahren[16] zur Entscheidung darüber

angeordnet werden, ob auf Dienstentlassung (Rangverlust)[17] zu erkennen ist.

1. § 35 gibt den gestrichenen § 6 d wieder mit den sich aus der Neufassung der §§ 30—34 ergebenden Änderungen (Begrdg. 40).

2. Anm. 1 zu § 6. § 35 gilt aber auch für Wehrmachtbeamte des Beurlaubtenstandes (Begrdg. 40).

3. Ohne Ausspruch in der Urteilsformel. In der 2. Aufl. war in Anm. 2 zu § 6d, übereinstimmend mit Rissom, Hdwbch. S. 182, Schwinge (1. Aufl.) Anm. I zu § 6 d und Lohner, Die bes. Ehrenstrafen der §§ 30 bis 39 des MStGB gegen Wehrpflichtige d. B. (Diss. Bonn 1937), die Auffassung vertreten worden, daß Aburteilung durch ein bürgerliches Gericht vorausgesetzt wird. Das OKW. hat sich jedoch (nach Nr. 4 des Erlasses OKH. Az. B 13 n 30 HR III Nr. 1963/40 v. 22. 7. 40) auf den auch vom RKG. — Urteile v. 8. 2. 39 StPL. (HLS) 3/39 und v. 10. 2. 39 StPL. (HLS) 5/39 — eingenommenen Standpunkt gestellt, daß die im § 35 (1) vorgesehenen Ehrenfolgen gegen Wehrpflichtige des Beurlaubtenstandes auch dann wirksam werden, wenn ein Wehrmachtgericht gegen sie im Beurlaubtenverhältnis auf eine Strafe nach Abs. 1 a erkennt oder eine Maßregel der Sicherung und Besserung nach Abs. 1 b anordnet, ohne gleichzeitig auf eine militärische Ehrenstrafe zu erkennen, und daß unter den gleichen Voraussetzungen in den Fällen des § 35 (2) auch nachträglich das besondere wehrmachtgerichtliche Verfahren zur Entscheidung darüber angeordnet werden kann, ob auf Dienstentlassung (Rangverlust) zu erkennen ist.

4. Die aus dem Beurlaubtenverhältnis zu Übungen oder sonstigem aktiven Wehrdienst (z. B. zum Kriegsdienst) Einberufenen stehen im aktiven Wehrdienst, so daß gegen sie auf Ehrenstrafen nach §§ 30—34 ausdrücklich erkannt werden muß (Anm. 2 zu § 30), ebenso gegen die im § 6 (1) Nr. 2 und 3 bezeichneten Wehrpflichtigen des Beurlaubtenstandes. Ist die Tat vor dem Eintritt in den Wehrdienst begangen, so bleibt § 35 außer Anwendung (PE. 1, 116; 7, 25). Indessen ist nach § 13 WG. wehrunwürdig und damit von der Erfüllung der Wehrpflicht ausgeschlossen, wer a) mit Zuchthaus bestraft, b) nicht im Besitz der bürgerlichen Ehrenrechte, c) den Maßregeln der Sicherung und Besserung nach § 42 a StGB. unterworfen ist, d) die Fähigkeit zum Bekleiden öffentlicher Ämter durch gerichtliche Aberkennung verloren hat während der dafür im Urteil vorgesehenen Zeit; zu c) können die Oberbefehlshaber der Wehrmachtteile Ausnahmen zulassen.

5. Durch Urteil eines bürgerlichen oder eines Wehrmacht-Gerichts (Anm. 3).

6. Anm. 6 zu § 33. — **7.** Anm. 2 zu § 30. — **8.** Anm. 2 zu § 33. — **9.** Anm. 3 (oben). — **10.** §§ 42 e u. f StGB. — **11.** § 42 k. — **12.** §§ 42 c u. f StGB. — **13.** § 42 d StGB. — **14.** Anm. 4 (oben). Auch hier kommt es auf die Zeit der Begehung an, nicht die der Aburteilung. — **15.** Anm. 11 zu § 37. — **16.** Es ist in der MStGO. geordnet (§ 299). — **17.** §§ 33, 34.

§§ 36 bis 42

(weggefallen)

Zweiter Abschnitt

Strafen gegen Wehrmachtbeamte

§§ 43 bis 45

(weggefallen)

Dritter Abschnitt

Versuch

§ 46

(weggefallen)

Vierter Abschnitt

Teilnahme[1]

§ 47

(1) Wird durch die Ausführung eines Befehls in Dienstsachen[2] ein Strafgesetz verletzt, so ist dafür der befehlende Vorgesetzte[3] allein verantwortlich[4]. Es trifft jedoch den gehorchenden Untergebenen[5] die Strafe des Teilnehmers[6]:

1. **wenn er den erteilten Befehl überschritten hat[7], oder**
2. **wenn ihm bekannt gewesen ist, daß der Befehl des Vorgesetzten eine Handlung betraf, welche ein allgemeines oder militärisches Verbrechen oder Vergehen bezweckte[8].**

(2) Ist die Schuld des Untergebenen gering, so kann von seiner Bestrafung abgesehen werden[9].

1. Die von Teilnahme (Mittäterschaft, Anstiftung, Beihilfe) handelnden §§ 47—50 StGB finden in der Fassung, die sie durch die StrafrechtsangleichungsVO. v. 29. 5. 43 (RGBl. I S. 339) und die DurchführungsVO. v. 29. 5. 43 (RGBl. I S. 341) erhalten haben, auch auf militärische Verbrechen und Vergehen (Anm. 2 zu § 1) Anwendung (s. § 2). Ergänzungen dazu enthalten die §§ 47, 17 (2), 115 und 116. Anstiftung und Beihilfe setzen nach der nunmehr geltenden Fassung der §§ 48, 49 StGB zwar eine objektiv rechtswidrige Haupttat voraus, auf die sie sich beziehen, die Haupttat braucht aber nicht subjektiv

schuldhaft zu sein. Nach § 50 StGB ist, wenn mehrere an einer Tat beteiligt sind, jeder ohne Rücksicht auf die Schuld des anderen nach seiner Schuld strafbar. Bestimmt das Gesetz, daß besondere persönliche Eigenschaften oder Verhältnisse die Strafe schärfen, mildern oder ausschließen, so gilt dies nur für den Täter oder Teilnehmer, bei dem sie vorliegen. Aus diesem Bekenntnis des Gesetzes zum Willensstrafrecht folgt: a) Bei einer Beteiligung mehrerer an der Tat ist jeder nach dem Maß seiner Schuld strafbar, ganz gleich, wie der andere Beteiligte zu beurteilen ist; b) neben dem unmittelbaren Täter ist auch der mittelbare Täter als Täter anzusehen und mit der Täterstrafe zu belegen, wenn er mit Tätervorsatz handelt, die Tat also als eigene will, sonst als Anstifter oder Gehilfe; c) wer die Ausführungshandlung mit Täterwillen, d. h. indem er die Tat als eigene will, unternimmt, ist Täter; wer nur eine fremde Tat als fremde unterstützen will, ist Gehilfe (subjektive Teilnahmelehre); d) Täter ist nicht nur, wer die Tat ausführt, sondern auch, wer sie (mit Täterwillen) durch einen anderen (Werkzeug) ausführen läßt, ohne an der Ausführung selbst teilzunehmen.

Wer einen anderen zur Begehung eines Verbrechens auffordert, wird wie ein Anstifter auch dann bestraft, wenn derjenige, dem die Begehung angesonnen wird, das Verbrechen gar nicht begeht oder wenn er es auch ohne die Aufforderung begangen hätte; die Strafe kann nach dem für den Versuch geltenden Grundsatz (§ 44 StGB) gemildert werden (§ 49a Abs. 1 StGB). Unberührt hiervon bleibt die Sonderregelung im § 116 (s. die dortige Anm. 9). Die Strafe des Anstifters, die aber wie beim Versuch gemildert werden kann, trifft auch denjenigen, der sich einem anderen zu einem Verbrechen erbietet, der ein solches Anerbieten annimmt, der die Begehung eines Verbrechens verabredet oder in ernsthafte Verhandlungen darüber eintritt (§ 49a Abs. 2 StGB). Nach § 49a (3) StGB wird die Beihilfe zu einem Verbrechen auch dann als vollendete Beihilfe bestraft, wenn das Verbrechen überhaupt nicht begangen wird oder wenn die Beihilfehandlung das Verbrechen oder auch nur den Versuch dazu objektiv nicht gefördert hat; der Richter kann die Strafe nach pflichtgemäßem Ermessen mildern oder von Strafe absehen. Freiwilliger Rücktritt von den im § 49a Abs. 1—3 StGB behandelten Straftaten sichert dem Anstifter oder Gehilfen Straflosigkeit, wenn er freiwillig und endgültig davon absieht, die Straftat zu begehen, und ihre Begehung und den Erfolg verhindert; dies gilt auch für den, der sich freiwillig und ernstlich bemüht, die Begehung oder den Erfolg zu verhindern, wenn nicht sein Bemühen, sondern ein anderer Umstand dies erreicht (§ 49a Abs. 4 StGB). Vgl. Rietzsch, Willensstrafrecht, Versuch und Teilnahme, D. J. 43 S. 309; Mezger, Die Teilnahmelehre in der Strafrechtsangleichungsverordnung vom 29. Mai 1943, DStr. 43 S. 116; Scherer, Zur Strafrechtsangleichungsverordnung, ZWehrR. VIII S. 207; Schönke, Die Änderungen des Strafrechts usw., D. R. 1943 S. 722.

Teilnahme von Zivilpersonen an militärischen Straftaten ist möglich (16, 136; RGSt. 6, 414; 25, 234; 27, 157; 38, 418; 50, 135; 56, 151).

2. Jeder Befehl eines militärischen Vorgesetzten (Anm. 3) an den Untergebenen (Anm. 5), der die Ausführung oder Unterlassung einer bestimmten Diensthandlung bezweckt (RGSt. 66, 187).

a) Befehl ist eine Willensäußerung, und zwar die Forderung eines bestimmten Verhaltens auf Grund eines persönlichen rechtlichen Gewaltverhältnisses. Der Befehl setzt also begrifflich einen Vorgesetzten voraus (Schwinge III 1 a) und dieser muß den Willen haben, zu befehlen. Die äußere Form allein genügt nicht (15, 211). Es bedarf aber auch die gewollte Befehlserteilung keiner besonderen Form, sie kann sich in Frageform (12, 12; 14, 199), in die Formen einer Bitte (13, 133) oder eines Ersuchens (8, 84) kleiden oder in schlüssigen Handlungen zum Ausdruck kommen (RGSt. 57, 401). In subjektiver Hinsicht ist aber immer erforderlich, daß derjenige, dem Befehle erteilt werden, sie auch als solche erkennt (6, 18). Der militärische Befehl beruht auf der Kommandogewalt, deren Inhaber der Führer ist (§ 3 Abs. 1 WG.). Zur Ausübung dieser Befehlsgewalt sind nach unten hin in erster Reihe die Oberbefehlshaber der Wehrmachtteile, ferner Personen bevollmächtigt, denen ein bestimmter Wirkungskreis, etwa das Kommando eines größeren oder kleineren Truppenteils, anvertraut ist, sog. Vorgesetzte auf Grund besonderer Dienststellung. Daneben gibt es ein dem Range nach abgestuftes Vorgesetztenverhältnis. Näheres hierüber s. die folgende Anm. 3 und Anhang 1 S. 249. Zu vergleichen auch die Verordnung „Befehlsbefugnisse im Heer" (H. Dv. 3/4) v. 21. 4. 36.

b) Dienstsache ist der Inbegriff alles dessen, was der militärische Dienst nach seinem inneren Wesen erfordert (RGSt. 58, 110), mit anderen Worten die Gesamtheit der Verrichtungen, denen sich die Wehrmachtangehörigen in ihrer Eigenschaft als Soldaten zu unterziehen haben, um die Erfüllung der zu den Angelegenheiten der Wehrmacht gehörenden Aufgaben zu ermöglichen. Außer dem Truppendienst im engeren Sinne fällt hierunter jedes Geschäft der Wehrmachtverwaltung, das einem Soldaten als solchem befugterweise als Dienstverrichtung übertragen wird (RGSt. 64, 67). Ein Befehl in Dienstsachen liegt daher dann vor, wenn ein zur Befehlsgebung Berechtigter in gebietender Weise von einem seiner Befehlsgewalt Unterworfenen ein Handeln oder Unterlassen fordert, dessen Vornehmen oder dessen Unterlassen das Wesen des militärischen Dienstes erheischt (5, 150; RGSt. 58, 110 und 64, 293).

Unter einem „Befehl in Dienstsachen" ist nicht nur ein von dem Vorgesetzten dem einzelnen Untergebenen speziell erteilter Dienstbefehl zu verstehen (sogenannte echte Befehle oder Kommandos, „die auf einen Einzelvorgang nach Ort und Zeit abzielen", — Dietz, HDStO, 2. Aufl. (1935) S. 31); es kann vielmehr ein Befehl in Dienstsachen auch in allgemeinen dienstlichen Anordnungen (Reglements, Instruktionen) enthalten sein, sofern sie bestimmte Gebote oder Verbote in sich schließen (5, 3; 8, 227; 10, 41; 12, 114; RGSt. 64, 66/69). Solche aus Dienstvorschriften unzweifelhaft zu entnehmende Weisungen, die „für eine gleichmäßig wiederkehrende Lage ein genau umgrenztes typisches Verhalten fordern" (Dietz a. a. O.), verpflichten aber die

Untergebenen zum Gehorsam nur dann, wenn sie ihnen als Befehle gehörig bekannt gegeben worden sind. „Die Belehrung über Dienstvorschriften in der Unterrichtsstunde ist an sich noch kein Befehl" (Dietz, WDStO. S. 46). Die „Pflichten des deutschen Soldaten" (s. Anhang 3 S. 255) stellen sich nicht als Befehle in Dienstsachen dar, wohl aber bestimmte Gebote oder Verbote, die auf Grund dieser „Pflichten" oder des WG. von Vorgesetzten erlassen worden sind (RGSt. 58, 197; OLG. Dresden in JW. 1932, 1771).

c) Auch der nicht rechtmäßige Befehl in Dienstsachen ist verbindlich, soweit nicht das Gesetz klar und deutlich etwas anderes bestimmt (Schmidt S. 58, Schwinge II, Heckel S. 368ff.; Beckmann, Vorgesetzter und Untergebener nach dem Militärstrafrecht, Diss. Breslau 1937, S. 29). Die Frage der Rechtmäßigkeit kann aus § 47 nicht beantwortet werden (RGSt. 59, 335). Zutreffend weist Schmidt darauf hin, daß die Grenzen zwischen Rechtmäßigkeit und Rechtswidrigkeit nicht immer leicht zu erkennen sind, mithin die Frage, ob Verbindlichkeit des Befehls gegeben ist, mit anderen Worten ob gehorcht werden muß, oft nur nach subtiler Untersuchung und langwieriger Überlegung beantwortet werden könnte, wenn die Verbindlichkeit durch die Rechtmäßigkeit bedingt wäre, daß aber das militärische Leben absolute Promptheit der Befehlsausführung verlangt. Das frühere Reichsmilitärgericht hat in zahlreichen Entscheidungen (1, 105; 7, 84 und 179; 8, 288; 10, 193 und 228; 11, 134; 13, 19 und 133, besonders 22, 78) objektiv rechtswidrige Befehle in Dienstsachen für unverbindlich erklärt. Dem hat sich das Reichsgericht angeschlossen (RGSt. 59, 335) und hat den sachlich ungerechtfertigten Befehl nur dann als rechtmäßig und verbindlich gelten lassen wollen, wenn der Irrtum des Vorgesetzten über die tatsächlichen Voraussetzungen oder über die Notwendigkeit und Zweckmäßigkeit des Befehls entschuldbar war. Also die Gehorsamspflicht des Untergebenen abgestellt auf einen inneren Vorgang in der Person des befehlenden Vorgesetzten! In anderen Entscheidungen hat das frühere Reichsmilitärgericht auch nicht rechtmäßigen Befehlen in Dienstsachen Verbindlichkeit zuerkannt. RMG. 7, 256 stellt fest, daß ein Vorgesetzter bei der Erteilung eines Befehls von ausdrücklichen Dienstvorschriften abgewichen sei, erklärt aber den Befehl gleichwohl für verbindlich, da der Vorgesetzte ihn „im Bereich seines Dienstverhältnisses" erteilt habe. Auf diese Entscheidung stützt sich RMG. 14, 281 mit dem Bemerken: Ein Befehl kann sehr wohl rechtmäßig (verbindlich) sein, gleichwohl aber gegen militärische Dienstvorschriften oder Grundsätze verstoßen. Auch die Entscheidung RMG. 8, 140 läßt genügen, daß der Befehl eine dienstliche Angelegenheit betrifft und daß der Vorgesetzte zur Befehlserteilung in Rücksicht auf die „allgemeinen Dienstverhältnisse" berechtigt war. Diesen Entscheidungen des Reichsmilitärgerichts, „die ein tiefes Verständnis für militärische Belange zeigen", ist das Reichskriegsgericht gefolgt und hat dazu im Rechtsgutachten vom 1. 6. 43 (A. L. 18/43) ausgeführt: „Es kann kein Zweifel darüber bestehen, daß es in der deutschen Wehrmacht jederzeit eine Fülle von einer Prüfung der Rechtmäßigkeit nicht standhaltenden,

d. h. nicht im Rahmen der Befehlsgewalt erteilten und nicht den gegebenen Vorschriften und militärischen Grundsätzen entsprechenden, Befehlen gegeben hat, die gleichwohl von einem gesunden soldatischen Empfinden als verbindlich angesehen wurden. Es gibt Befehle, die militärischen Grundsätzen widersprechen, und solche, die nicht durch pflichtmäßiges Ermessen gedeckt sind, die sich aber doch im Rahmen des allgemeinen Militärischen halten und erkennbar als Befehle in Dienstsachen gemeint sind. Greifen solche Befehle in Rechtsgüter der Untergebenen oder Dritter ein, so ist nicht in jedem Fall eine Unverbindlichkeit des Befehls gegeben. Vielfach wird man zu der Meinung kommen müssen, daß im Einzelfall die oft unbedeutenden privaten Interessen zurücktreten müssen gegenüber den militärischen, die die Respektierung der Autorität des Vorgesetzten durch die Befolgung des von ihm gegebenen Befehls verlangen. Aus doktrinären Erwägungen dem privaten ‚Recht' in solchen Fällen gegenüber der Heiligkeit des Befehls zum Sieg zu verhelfen, würde eine den militärischen Interessen nicht entsprechende Rechtsprechung bedeuten.

Mit Recht hat daher das Reichskriegsgericht in seiner Entscheidung Bd. 1 S. 177 an die frühere (oben zuletzt angeführte) Rechtsprechung des Reichsmilitärgerichts angeknüpft. In diesem Urteil wird ein Befehl behandelt, der von einem Offizier im Rahmen seiner allgemeinen Zuständigkeit, aber entgegen bestimmter, den konkreten Fall regelnder militärischer Dienstvorschrift gegeben wurde. Das Reichskriegsgericht erklärt hierzu: ‚Der Untergebene hat weder das Recht noch die Pflicht zu prüfen, ob der Vorgesetzte im Einzelfall zu dem Befehl berechtigt oder ob der Befehl seiner Art nach rechtmäßig oder zweckmäßig ist. Er muß die ihm von einem befehlsberechtigten Vorgesetzten erteilten Befehle in Dienstsachen unverzüglich, sinngemäß und nach besten Kräften ausführen. Eine Verbindlichkeit des Befehls entfällt nur dann, wenn der Befehl ohne sich aus dem Dienstverhältnis ergebenden Grund so tief in das Rechtsgebiet des Untergebenen, in seine Ehre, sein Ansehen, seine militärische Stellung, seine Gesundheit, sein Leben, sein wirtschaftliches Dasein usw. eingreift, daß dem Untergebenen bei Abwägung aller Gesichtspunkte nicht zugemutet werden kann, den Befehl zu befolgen'.

Durch diese Fassung wird klargestellt, daß die Nichtzumutbarkeit nicht aus der Auffassung des Untergebenen, sondern nach objektiven Maßstäben zu beurteilen ist. Es ist selbstverständlich, daß dabei die militärischen Interessen im Vordergrund stehen. Auf der anderen Seite sind es nicht nur Rechte Untergebener, die für die Verbindlichkeit eines Befehls von Bedeutung sind, es können auch Rechte Dritter oder öffentliche Interessen in Frage kommen (z. B. bei Befehlen im Munitionstransport, durch deren Befolgung größte Gefahren für zahlreiche Personen oder erhebliche Vermögenswerte entstehen würden). Auch können Eingriffe in das Rechtsgut einzelner so offensichtlich außerhalb jeder militärischen Notwendigkeit liegen, daß ihre Verbindlichkeit zu einer Zersetzung der militärischen Disziplin führen müßte. Es ist zwar zutreffend, daß dem Untergebenen kein Prüfrecht zusteht, es muß jedoch berücksichtigt werden, daß er den Befehl als denkender Mensch und militärisch geschulter Wehrmachtangehöriger empfängt und daß er seinen Sinn erfassen muß, um ihn richtig ausführen zu können. Dies bedingt, daß er auch einen offensichtlichen Widersinn erkennt und nicht nach Art einer Maschine auch Widersinniges auszuführen gezwungen ist. Allerdings trägt der Untergebene in jedem Fall das Risiko seines Entschlusses. Er kann sich nicht darauf berufen, daß er von falschen Voraussetzungen ausgegangen ist.

Die Entscheidung RKG. 1, 177 ist danach nicht abgelöst von der früheren Rechtsprechung, sondern unter Verwendung und Erweiterung der von ihr entwickelten militärischen Grundsätze dahin zu verstehen, daß ein im Rahmen der allgemeinen militärischen Zuständigkeit eines Vorgesetzten erteilter Befehl auch dann verbindlich sein kann, wenn er bestimmten Vorschriften oder pflichtgemäßem Ermessen widerspricht, also unrechtmäßig ist.

Die Frage der Verbindlichkeit eines solchen unrechtmäßigen Befehls entscheidet sich nach der Abwägung aller im konkreten Fall vorliegenden militärischen und der berührten öffentlichen und privaten Interessen. Ein Irrtum des Befehlenden oder des Untergebenen über das Vorliegen oder die Bedeutung solcher Interessen ist unbeachtlich, die Feststellung ist eine objektive".

Auch Befehlen, die der Soldat für unnötig hält, muß er gehorchen (RKG. 1, 122). Für die Gültigkeit eines Befehls und für die Pflicht des Untergebenen, sich diesem Befehl in dem Augenblick unterzuordnen, in dem er erteilt wird, spielt es keine Rolle, ob das mit ihm geforderte Tun sofort oder erst zu einem späteren Zeitpunkt vorzunehmen ist und ob die Pflicht zur Ausführung von einer Bedingung abhängig gemacht wird. Der erforderlichen Bestimmtheit des Befehls tut das keinen Abbruch. Der Befehl bindet den Untergebenen sofort (RKG. 1, 215).

3. Vorgesetzter ist jeder, der auf Grund allgemeiner oder besonderer dienstlicher Anordnung einem anderen Befehle zu erteilen befugt ist. Der Begriff „Vorgesetzter" ist an sich kein strafrechtlicher. Zu einem solchen ist er erst durch die Aufnahme in eine Reihe von Bestimmungen des Militärstrafrechts geworden. Soweit dies geschehen, ist die Eigenschaft der Person als Vorgesetzter zu einem gesetzlichen Tatbestandsmerkmal der in Frage kommenden Straftat erhoben. Immer aber ist dadurch nur der Begriff „Vorgesetzter" ein strafrechtlicher geworden. Wer Vorgesetzter eines anderen ist, ist nicht im Strafrecht, insbesondere auch nicht im MStGB, bestimmt. Diese Frage wird lediglich durch außerhalb des Strafrechts liegende Vorschriften des Militärverwaltungsrechts geregelt (20, 183/192 und 230). Im einzelnen ist die Frage, wer Vorgesetzter eines anderen ist, Sache der tatsächlichen Feststellung nach Maßgabe der Dienstordnung (PE. 2, 161). Eine äußerlich fehlerhafte Beförderung ist nicht ohne weiteres nichtig, sondern bleibt solange in Kraft, bis sie durch „Befehl" wieder „aufgehoben" wird. Das muß auch für Beförderungen, Einstufungen und Ernennungen gelten, die erschlichen und

daher innerlich fehlerhaft sind. Wer in der vorgeschriebenen Form nach außen hin als Vorgesetzter anerkannt ist, bleibt so lange Vorgesetzter, bis die Vorgesetzteneigenschaft widerrufen ist. Eine andere Auffassung würde zu militärisch nicht erträglichen Folgen führen und den militärischen Belangen nicht gerecht werden; RKG. v. 11. 2. 43 StPL. (HLS) III 118/42 und v. 30. 3. 43 StPL. (HLS) III 121/42. Oberster Befehlshaber der Wehrmacht ist der Führer. Unter ihm üben die Oberbefehlshaber der Wehrmachtteile über diese die Befehlsbefugnis aus. Wegen der sonstigen Vorgesetzten s. Anhang 1 S. 249, ferner die VO. über Rang- und Vorgesetztenverhältnis in der Kriegsmarine v. 18. 6. 35 (O. B. Heft 6 mit Änderungen v. 23. 6. 43, MVBl. S. 554 Nr. 421), in der Luftwaffe (L. Dv. 3/11) v. 18. 5. 35 (mit Änderungen 1938, LVBl. C S. 118 Nr. 331).

Die vorübergehende Befehlsbefugnis kann durch schlüssige Handlungen und in diesem Sinne stillschweigend übertragen werden. Der Auftrag des Vorgesetzten, den Dienst zu beaufsichtigen, offenbart notwendig zugleich den Willen, den Aufsichthabenden zum Vorgesetzten der zu beaufsichtigenden Mannschaften zu machen (RKG. 1, 112). Immer aber gilt die vorübergehend übertragene Befehlsbefugnis nur für den Umfang der damit verbundenen Diensthandlungen, also dann, wenn der Soldat, dem die Vorgesetzteneigenschaft übertragen worden ist, den ihm unterstellten Mannschaften bei einer dieser Diensthandlungen als Leiter oder Ausbilder gegenübertritt (RG. v. 18. 10. 35 — 4 D 905/35 — ZWehrR. I S. 54).

Ein Irrtum des Täters über die Vorgesetzteneigenschaft schützt ihn dann nicht, wenn er seinen Grund in irrtümlicher Auslegung der strafrechtlichen Norm selbst oder eines einzelnen Begriffsmerkmals, hier also des Begriffs „Vorgesetzter" hat. Bezieht sich dagegen der Irrtum auf diejenigen Tatsachen, die im gegebenen Falle das Vorgesetztenverhältnis begründen, irrt also der Täter darüber, daß er selbst oder ein Dritter zu den Personen gehört, die Befehle erteilen können, so ist ihm der Irrtum über die Vorgesetzteneigenschaft als Tatirrtum zuzurechnen. Dies muß auch dann gelten, wenn der Irrtum des Täters auf Unkenntnis oder irriger Auslegung einer militärischen Dienstvorschrift oder einer anderen auf öffentlich-rechtlichem Gebiete liegenden Norm beruht. Denn zu den Tatsachen im Sinne des § 59 StGB zählen auch die auf anderem als strafrechtlichen Gebiete liegenden Rechtssätze (20, 183/191).

4. Wenn der gehorchende Untergebene (Anm. 5) durch den Befehl vollständig gedeckt wird, ist der befehlende Vorgesetzte ausschließlich als Täter anzusehen (5, 33).

5. Untergebener ist ein relativer, d. h. von den jeweiligen besonderen Umständen abhäniger Begriff. Jeder Soldat kann, je nachdem, grundsätzlich sowohl Vorgesetzter als Untergebener einzelner Soldaten sein. Es hängt das nicht nur vom Rangverhältnis und der dauernden Stellung, sondern daneben auch von der jeweiligen dienstlichen Funktion nach Maßgabe der Wehrverfassung, der Dienstvorschriften und besonderer Anordnungen zuständiger Stellen

ab. Und derselbe, der gegenüber einer Person Vorgesetzter ist, ist anderen gegenüber wieder Untergebener, vgl. auch Anm. 1 zu § 89.

6. S. Anm. 1. — **7.** Keine eigentliche Ausnahme von dem Grundsatz der Alleinverantwortlichkeit des befehlenden Vorgesetzten, da „Überschreitung" keine Ausführung des Befehls mehr ist (13, 183).

8. Einzige Ausnahme von dem Grundsatz, daß eine Prüfung des Befehls des Vorgesetzten auf seine Zulässigkeit durch den Untergebenen ausgeschlossen ist (8, 140). Diese Ausnahmebestimmung verlangt aber

a) Kenntnis der Voraussetzungen des Befehls auf seiten des Untergebenen, d. h. der Untergebene muß tatsächlich die Gewißheit gewonnen haben, daß der Befehl die Begehung eines Verbrechens oder Vergehens bezweckte. Bloße Zweifel hinsichtlich des vom Vorgesetzten verfolgten Zweckes berechtigen oder verpflichten den Untergebenen nicht schon, einen ihm erteilten Befehl in Dienstsachen unbefolgt zu lassen. Das bloße „Sichsagenmüssen", daß das Befohlene etwas Verbotenes sei, reicht zur Anwendung des § 47 Nr. 2 ebensowenig aus, wie überhaupt irgendeine Fahrlässigkeit des Untergebenen, durch die er in Unkenntnis über die Voraussetzungen der fraglichen Ausnahmebestimmungen geblieben ist. Hat der Untergebene aus tatsächlichem Irrtum den Erlaß eines im Abs. 1 des § 47 vorausgesetzten Befehls angenommen, so fällt für die Anwendbarkeit der Nr. 2 selbstverständlich das Erfordernis fort, daß der Befehl objektiv und tatsächlich ein Verbrechen oder Vergehen bezweckte, es genügt dann die subjektive Annahme des Untergebenen, daß dies der Fall sei;

b) Kenntnis des Untergebenen, daß durch den Befehl in Dienstsachen die Begehung eines Verbrechens oder Vergehens bezweckt werde. Die Kenntnis, daß die Ausführung des Befehls tatsächlich die Begehung eines Verbrechens oder Vergehens zur Folge habe, genügt also nicht. Zu dem für die Begehung eines jeden vorsätzlichen Delikts erforderlichen allgemeinen strafrechtlichen Vorsatz des Vorgesetzten und dessen Kenntnis auf seiten des Untergebenen muß vielmehr eine gewisse Absicht hinzukommen, durch das Mittel der Begehung eines Verbrechens oder Vergehens einen rechtswidrigen Zweck zu erreichen.

Hiernach darf jeder Untergebene einem ihm erteilten Befehl in Dienstsachen, durch dessen Ausführung ein Strafgesetz verletzt wird, unbedenklich ohne weiteres Folge leisten, ohne befürchten zu müssen, seinerseits eine strafbare Handlung zu begehen und dieserhalb zur Verantwortung gezogen zu werden, sofern er tatsächlich nur nicht die Gewißheit erlangt hat, daß der Befehl eine Handlung betraf, die ein Verbrechen oder Vergehen bezweckte (13, 180).

9. Der durch die VO. über die Neufassung des MStGB v. 10. 10. 40 (RGBl. I S. 1347) hinzugefügte Abs. 2 gewährt die Möglichkeit, von einer Bestrafung des Untergebenen abzusehen, wenn seine Schuld gering ist. Es entspricht soldatischem Denken, den Untergebenen, der durch Verschulden des Vorgesetzten in einen solchen Zwiespalt geraten ist, nur dann strafrechtlich zur Verantwortung zu ziehen, wenn ihm ein ernsthafter Vorwurf zu machen ist (Begrdg. 40).

Fünfter Abschnitt

Gründe, die die Strafe ausschließen, mildern oder erhöhen[1]

§ 48

Die Strafbarkeit einer Handlung oder Unterlassung ist dadurch nicht ausgeschlossen, daß der Täter nach seinem Gewissen oder den Vorschriften seiner Religion sein Verhalten für geboten erachtet hat.

1. Die diesem Abschnitt entsprechenden §§ 51—54 und 58 StGB gelten auch für militärische Verbrechen und Vergehen (§ 2), jedoch mit den in den §§ 48—54 vorgesehenen Abweichungen, ebenso gilt § 60 StGB (Anrechnung der Untersuchungshaft).

§ 49

(1) Die Verletzung einer Dienstpflicht[1] aus Furcht vor persönlicher Gefahr[2] ist ebenso zu bestrafen wie die Verletzung der Dienstpflicht aus Vorsatz[3].

(2) Bei strafbaren Handlungen gegen die Pflichten der militärischen Unterordnung[4] sowie bei allen in Ausübung des Dienstes[5] begangenen strafbaren Handlungen[6] bildet die selbstverschuldete Trunkenheit[7] des Täters keinen Strafmilderungsgrund[8].

1. Anm. 5 zu § 29. — 2. § 84.

3. Durch Abs. 1 wird die Anwendbarkeit der Bestimmungen des StGB über Zwang (§ 52), Notstand (§ 54) — s. Anm. 6 I und II zu § 124 — und Notwehrüberschreitung aus Furcht vor persönlicher Gefahr (§ 53 Abs. 3) für die Fälle einer Dienstpflichtverletzung aus Feigheit ausgeschlossen. § 53 Abs. 3 StGB bleibt aber anwendbar, wenn der Täter die Grenzen der Verteidigung aus Bestürzung oder Schrecken überschritten hat und diese Gemütserregungen nicht ihre Ursache in Furcht vor persönlicher Gefahr hatten (RG. v. 9. 7. 35 — 4 D 618/35).

4. §§ 89—112.

5. Dieser Begriff (Ausübung des Dienstes) ist insofern enger als der Begriff „Dienst" (Anm. 2 zu § 89), als darunter eine *spezielle Dienstverrichtung* des Täters, auch wenn sie nicht unter Aufsicht eines Vorgesetzten erfolgt, zu verstehen ist (2, 193; 7, 294); er umfaßt aber auch Handlungen, die *bei Gelegenheit* derartiger Dienstverrichtungen begangen werden (2, 193). Ein

Unterschied zwischen den Ausdrücken „in" und „bei" der Ausübung des Dienstes (vgl. § 138) besteht demnach nicht (10, 198).

6. Auch solchen, die nur Verstöße gegen die allgemeinen Strafgesetze darstellen.

7. „Selbstverschuldet ist die Trunkenheit nur dann nicht, wenn sie durch Umstände verursacht wurde, die nicht auf dem freien Willen des Täters beruhen oder deren Folgen für ihn nicht voraussehbar waren" (Schlayer 187).

8. Die selbstverschuldete Trunkenheit des Täters soll in den Fällen, auf die sich Abs. 2 bezieht, keineswegs überhaupt ohne rechtliche Bedeutung sein, sondern es soll durch diese Bestimmung lediglich die Zulässigkeit eines minder schweren Falles (Anm. 14 zu § 64) oder mildernder Umstände, nicht aber die sonstige rechtliche Wirkung der Trunkenheit hinsichtlich der Schuldfrage wie bezüglich der Strafzumessung ausgeschlossen werden (4, 53). Selbstverständlich wird durch § 49 Abs. 2 die Anwendbarkeit des § 51 Abs. 1 StGB (gemäß § 2) nicht ausgeschlossen oder beschränkt; auch ein militärisches Verbrechen oder Vergehen ist dann nicht vorhanden, wenn der Täter zur Zeit der Tat wegen Bewußtseinsstörung, wegen krankhafter Störung der Geistestätigkeit oder wegen Geistesschwäche infolge von Trunkenheit unfähig war, das Unerlaubte der Tat einzusehen oder nach dieser Einsicht zu handeln (2, 92), vgl. jedoch § 330 a StGB. Die „verminderte Zurechnungsfähigkeit" (§ 51 Abs. 2 StGB.) ist im Gegensatz zur Zurechnungsunfähigkeit (§ 51 Abs. 1 StGB) lediglich ein Strafmilderungsgrund. Die Anwendbarkeit des § 51 Abs. 2 StGB wird daher, falls die verminderte Zurechnungsfähigkeit des Täters auf selbstverschuldete Trunkenheit zurückzuführen ist, durch § 49 Abs. 2 ausgeschlossen (Erlaß d. RkrM. v. 6. 2. 35 — 13 n 12 R III; vgl. auch RGSt. 68, 167). Zum Begriff der „verminderten Zurechnungsfähigkeit" s. RKG. 2, 144.

Der Anwendung des § 330 a StGB steht nicht entgegen, daß die Volltrunkenheit auf eine besondere Empfänglichkeit für Alkohol zurückzuführen ist. Ein Soldat, der so viel trinkt, daß er in einen Rausch gerät, handelt regelmäßig bewußt oder unbewußt fahrlässig i. S. des § 330 a StGB (RKG. 1, 131).

§ 50

Bei Bestrafung militärischer Verbrechen oder Vergehen ist die Erkennung der angedrohten Strafe unabhängig vom Alter des Täters.

VO. zur Anwendung des Reichsjugendgerichtsgesetzes in der Wehrmachtgerichtsbarkeit und der SS- und Polizeigerichtsbarkeit

(2. DurchführungsVO. z. ReichsjugendgerichtsG.) v. 28.12. 43 (RGBl. I S.687).

Auf Grund des § 79 des ReichsjugendgerichtsG. in der Fassung der VO. über die Vereinfachung und Vereinheitlichung des deutschen Jugendstrafrechts v. 6.11.1943 (RGBl. I S. 635) wird im Einvernehmen mit dem Reichsminister der Justiz bestimmt:

Erster Abschnitt Wehrmachtgerichtsbarkeit

Reichsjugendgerichtsgesetz v. 6. 11. 43 (RGBl. I S. 637)

Art. I

Bei Bestrafung militärischer Verbrechen oder Vergehen[1] ist der Ausspruch der angedrohten Strafe unabhängig von Alter des Täters (§ 50 MStGB)[2].

Art. II

Die Wehrmachtgerichte wenden folgende Vorschriften des ReichsjugendgerichtsG. an[3]:

§ 1 (Anwendungsbereich):

(1) Dieses Gesetz gilt, wenn ein Jugendlicher eine Verfehlung begeht, die strafrechtlicher Ahndung unterliegt. Jugendlicher ist, wer zur Zeit der Tat vierzehn, aber noch nicht achtzehn Jahre alt ist.

(2) Das Gesetz gilt für Deutsche. Auf Angehörige anderen Volkstums wird es sinngemäß angewendet, soweit nicht etwas anderes bestimmt ist.

§ 2 (Die Folgen der Straftat): Es wird jedoch nur Jugendgefängnis verhängt[4]; die Zuchtmittel und Erziehungsmaßregeln werden nicht angewendet. Erscheint keine Jugendgefängnisstrafe geboten, so wird das Verfahren eingestellt[5]; der Gerichtsherr kann die Tat selbst disziplinar bestrafen oder die disziplinare Ahndung dem Disziplinarvorgesetzten überlassen[6]. Sieht das Kriegsgericht nach Abs. 3 von Strafe ab, so ist es an die Zustimmung des Anklagevertreters nicht gebunden[7].

(1) Die Straftat eines Jugendlichen wird mit Strafe oder mit Zuchtmitteln geahndet.

(2) Aus Anlaß der Straftat können Erziehungsmaßregeln angeordnet werden.

(3) Von Strafe und Zuchtmitteln wird abgesehen, wenn Erziehungsmaßregeln oder die Unterbringung in einer Heil- oder Pflegeanstalt die Ahndung durch den Richter entbehrlich machen.

§ 3 (Verantwortlichkeit): mit Ausnahme des Abs. 1 Satz 2[8].

(1) Ein Jugendlicher ist strafrechtlich verantwortlich, wenn er zur Zeit der Tat nach seiner sittlichen und

geistigen Entwicklung reif genug ist, das Unrecht der Tat einzusehen und nach dieser Einsicht zu handeln. Zur Erziehung eines Jugendlichen, der mangels Reife strafrechtlich nicht verantwortlich ist, kann der Richter dieselben Maßnahmen anordnen wie der Vormundschaftsrichter.

(2) Wer unter vierzehn Jahren eine Verfehlung begeht, ist strafrechtlich nicht verantwortlich. Ist der Täter zur Zeit der Tat wenigstens zwölf Jahre alt, so wird er wie ein Jugendlicher zur Verantwortung gezogen, wenn der Schutz des Volkes wegen der Schwere der Verfehlung eine strafrechtliche Ahndung fordert; die Vorschriften über jugendliche Schwerverbrecher werden nicht angewendet.

§ 4 (Jugendgefängnis):

Auf Jugendgefängnis kann auch erkannt werden, wenn die Tat einen erheblichen Nachteil[9] zur Folge gehabt hat.

(1) Die Strafe für Jugendliche ist Jugendgefängnis.

(2) Der Richter verhängt Jugendgefängnis, wenn das Bedürfnis der Volksgemeinschaft nach Schutz und Sühne wegen der Größe der Schuld oder wegen der schädlichen Neigungen des Jugendlichen, die in der Tat hervorgetreten sind, eine Strafe fordert.

§ 5 (Dauer des Jugendgefängnisses):

(1) Das Mindestmaß der Jugendgefängnisstrafe beträgt drei Monate, das Höchstmaß zehn Jahre; die Strafrahmen des allgemeinen Strafrechts gelten nicht.

(2) Bei der Strafbemessung muß der Richter berücksichtigen, daß die Strafe eine nachhaltige erziehliche Wirkung gewährleisten soll.

§ 6 (Jugendgefängnis von unbestimmter Dauer):

Auf Jugendgefängnis von unbestimmter Dauer wird gegen Wehr-

(1) Der Richter verhängt Jugendgefängnis von unbestimmter Dauer, wenn eine Jugendgefängnisstrafe von

machtangehörige[10] im Felde[11] nicht erkannt. Wird außerhalb des Feldverhältnisses Jugendgefängnis von unbestimmter Dauer verhängt, so wird daneben auf Dienstentlassung erkannt[12].

mindestens neun Monaten, höchstens jedoch vier Jahren geboten ist und sich wegen der schädlichen Neigungen des Jugendlichen, die in der Tat hervorgetreten sind, nicht voraussehen läßt, welche Strafdauer erforderlich ist, um ihn durch die Erziehung im Strafvollzug wieder in die Volksgemeinschaft einzuordnen.

(2) Der Richter setzt im Urteil das Mindestmaß der Strafe fest; es beträgt mindestens neun Monate. Das Höchstmaß beträgt vier Jahre; der Richter kann ein geringeres Höchstmaß bestimmen, doch soll dann der Unterschied zwischen dem Mindest- und dem Höchstmaß nicht weniger als zwei Jahre betragen.

§§ 14 und 15 (Mehrere Strafen):

Trifft jedoch eine Freiheitsstrafe wegen eines militärischen Verbrechens oder Vergehens mit Jugendgefängnis oder mit Jugendarrest zusammen, so wird auf eine Gesamtstrafe[13] erkannt.

Bei Zusammentreffen von Gefängnis und Jugendgefängnis ist die Gesamtstrafe durch Erhöhung der Gefängnisstrafe zu bilden[14]. An Stelle von Jugendarrest wird eine Arreststrafe eingesetzt[15].

§ 14

(1) Auch wenn ein Jugendlicher mehrere Straftaten begangen hat, setzt der Richter nur eine Strafe, ein Zuchtmittel oder eine Erziehungsmaßregel derselben Art fest. Die gesetzlichen Höchstgrenzen der Jugendgefängnisstrafe und des Jugendarrestes dürfen nicht überschritten werden. Soweit es dieses Gesetz zuläßt (§ 18), können Maßnahmen mit der Strafe verbunden oder ungleichartige Zuchtmittel und Erziehungsmaßregeln nebeneinander angeordnet werden.

(2) Ist gegen einen Jugendlichen wegen eines Teils der Straftaten bereits rechtskräftig eine Strafe, ein Zuchtmittel oder eine Erziehungsmaßregel festgesetzt worden, aber noch nicht vollständig verbüßt, ausgeführt oder sonstwie erledigt, so wird unter Einbeziehung des Urteils in gleicher Weise nur auf eine Strafe oder Maß-

nahme erkannt. Eine Strafe, für die eine Probezeit läuft, darf nur einbezogen werden, wenn die Entlassung oder die Strafaussetzung widerrufen wird. Aus besonderen Gründen kann der Richter davon absehen, schon abgeurteilte Straftaten in die neue Entscheidung einzubeziehen; dabei kann er Zuchtmittel und Erziehungsmaßregeln für erledigt erklären, wenn er auf Strafe erkennt. Wird auf Jugendgefängnis erkannt, so steht eine Anrechnung bereits verbüßten Jugendarrests im Ermessen des Richters.

§ 15

Auf mehrere Straftaten, die teils vor, teils nach Vollendung des achtzehnten Lebensjahres begangen sind, wird ausschließlich das Jugendstrafrecht angewendet, wenn das Schwergewicht bei der im jugendlichen Alter begangenen Straftat liegt; anderenfalls wird ausschließlich das allgemeine Strafrecht angewendet, jedoch eine Einheitsstrafe nach den Grundsätzen des § 14 gebildet.

§ 16 (Nebenstrafen und Nebenfolgen)[16]:

(1) Auf Verlust der bürgerlichen Ehrenrechte, Unfähigkeit zur Bekleidung öffentlicher Ämter oder Zulässigkeit von Polizeiaufsicht darf nicht erkannt werden.

(2) Der Gewinn, den der Jugendliche aus der Tat erlangt, und das Entgelt, das er für sie erhalten hat, können für verfallen erklärt werden; ist an die Stelle des ursprünglich erlangten Gegenstandes ein anderer getreten, so kann dieser für verfallen erklärt werden.

§ 17 (Unterbringung in einer Heil- und Pflegeanstalt)[17]:

Als Maßregel der Sicherung und Besserung im Sinne des allgemeinen Strafrechts kann nur die Unterbringung in einer Heil- oder Pflegeanstalt angeordnet werden.

§ 20 (Jugendliche Schwerverbrecher)[18]:

(1) War der Jugendliche zur Zeit der Tat sittlich und geistig so entwickelt, daß er einem über achtzehn Jahre alten Täter gleichgestellt werden kann, so wendet der Richter das allgemeine Strafrecht an, wenn das gesunde Volksempfinden es wegen der besonders verwerflichen Gesinnung des Täters und wegen der Schwere der Tat fordert.

(2) Dasselbe gilt, wenn der Jugendliche zur Zeit der Tat nach seiner sittlichen und geistigen Entwicklung zwar einem Erwachsenen nicht gleichgestellt werden kann, aber die Gesamtwürdigung seiner Persönlichkeit und seiner Tat ergibt, daß er ein charakterlich abartiger Schwerverbrecher ist und der Schutz des Volkes diese Behandlung fordert.

Art. III

Jugendgefängnis wird wie Gefängnis vollzogen, soweit nicht der Vollzug den allgemeinen Behörden obliegt[19].

Art. IV

(1) Jugendarrest, auf den die allgemeinen Gerichte erkannt haben, vollstreckt der Gerichtsherr nach den Vorschriften über den militärischen Arrest[20].

(2) Jugendarrest, auf den vor der Einberufung zur Wehrmacht erkannt worden ist, wird nur vollstreckt, wenn der Gerichtsherr in Übereinstimmung mit dem Vollstreckungsleiter[21] die Vollstreckung für erforderlich hält.

1. § 1. — **2.** Jugendliche Soldaten werden bei m i l i t ä r i s c h e n Straftaten wie Erwachsene behandelt. Das gilt aber nicht

a) für den inneren Tatbestand. Entsprechend dem Wesen des Willensstrafrechts (s. Anm. 1 zu § 47) ist ein Jugendlicher auch für m i l i t ä r i s c h e Straftaten nur verantwortlich zu machen, wenn er z. Zt. der Tat nach seiner sittlichen und geistigen Entwicklung reif genug war, das Unrecht der Tat einzusehen und nach dieser Einsicht zu handeln (§ 3 RJGG.); Dörken, Zu § 50 MStGB, ZWehrR. VIII S. 341; Hülle, Das neue Jugendstrafrecht in der Wehrmachtgerichtsbarkeit, ZWehrR. VIII S. 437;

b) für die beschränkte Auskunft aus dem Strafregister und die Tilgung von Vermerken im Strafregister. Die hierüber für Jugendgefängnisstrafen gegebenen Vorschriften (§ 70 RJGG.) werden auch auf Gefängnis- und Festungshaftstrafen angewendet, die von Wehrmachtgerichten gegen Jugendliche nach Inkrafttreten des RJGG. verhängt werden. Das gleiche gilt für die Vorschriften über die beschränkte Auskunft aus dem Strafregister bei Freiheitsstrafen bis zu drei Monaten (§ 82 Abs. 2 und 3 RJGG.).

3. Diese Vorschriften gelten auch für den Volksgerichtshof, wenn er infolge einer Vereinbarung nach § 3 (4) MStGO militärische Straftaten abzuurteilen hat, und für andere allgemeine Gerichte, denen die Aburteilung solcher Straftaten nach §§ 3 (2) Satz 2, 3a KStVO oder versehentlich, jedoch rechtsgültig überlassen worden ist; Sommer, Das neue Reichsjugendgerichtsgesetz (IV), D. J. 1944 S. 51/54.

4. Jugendgefängnis ist die einzige Strafart des RJGG., die von den Wehrmachtgerichten zur Ahndung von Zuwiderhandlungen gegen die allgemeinen Strafgesetze angewendet werden darf. Es wird nach Art. III dieser VO. in der Wehrmacht wie Gefängnis vollzogen. „Von der Strafe bleibt daher nur der Name" (Hülle). Dieser kann aber für die spätere Beurteilung des Bestraften und für sein Fortkommen von Bedeutung sein.

5. Es ist also auch nicht zulässig, auf dem Wege über § 29 (1) MStGB auf Arrest zu erkennen. Ist Jugendgefängnis wegen einer Zuwiderhandlung gegen die allgemeinen Strafgesetze nicht geboten (s. § 4 RJGG. und dazu die Ergänzungsvorschrift dieser VO.), so dürfen gegen Jugendliche nur disziplinare Strafen oder Maßnahmen angewendet werden.

6. Für Fälle, in denen Jugendliche der Wehrmachtgerichtsbarkeit, aber nicht der Disziplinarstrafgewalt unterstehen (z. B. § 3, § 2 Nr. 4 KStVO), ist wegen ihrer Seltenheit keine gesetzliche Regelung getroffen; s. Hülle a. a. O.

7. Abweichend von § 63 (3) KStVO. — **8.** s. Anm. 2a oben.

9. Anm. 6 zu § 92. Solche Nachteile können auch durch fahrlässige Taten mit schweren Folgen herbeigeführt werden, „wenn z. B. ein jugendlicher Kraftfahrer in eine marschierende Truppe fährt und dabei mehrere Kameraden tötet oder schwer verletzt" (Hülle).

10. Anders beim Gefolge (§ 155). — **11.** §§ 9, 10. — **12.** Ergänzung zu § 33 (1) Nr. 3 MStGB. — **13.** Nach §§ 74, 79 StGB.

14. Auch wenn die Gefängnisstrafe niedriger ist als die daneben verwirkte Jugendgefängnisstrafe.

15. Dabei ist § 22 (1) MStGB zu beachten.

16. Von den militärischen Ehrenstrafen (§ 30 MStGB) ist der Verlust der Wehrwürdigkeit auf Jugendliche, die wegen Zuwiderhandlungen gegen die allgemeinen Strafgesetze verurteilt werden, nicht anwendbar, da § 4 RJGG. die Todes- und Zuchthausstrafe und § 17 RJGG. die im § 31 Nr. 2 und 3 MStGB bezeichneten Maßregeln der Sicherung und Besserung ausschließen. Auch auf die im § 33 (1) Nr. 2 und 3 MStGB angeführten Ehrenstrafen und Maßregeln der Sicherung und Besserung darf gegen Jugendliche wegen Zuwiderhandlungen gegen die allgemeinen Strafgesetze nicht erkannt werden (§§ 16, 17 RJGG.). Es bleibt daher als militärische Ehrenstrafe für Zuwiderhandlungen gegen die allgemeinen Strafgesetze nur Dienstentlassung neben Jugendgefängnis von mindestens einjähriger Dauer (§ 33 Abs. 1 Nr. 3 MStGB) oder — außerhalb des Feldverhältnisses — von unbestimmter Dauer (Zusatzbestimmung dieser VO. zu § 6 RJGG.) übrig.

Da die VO. v. 28. 12. 43 keine Zusatzbestimmungen bezüglich der allgemeinen und militärischen Ehrenstrafen für militärische Straftaten enthält, bestehen für Jugendliche, die wegen solcher Straftaten abzuurteilen sind, keine Ausnahmen vom Erwachsenenstrafrecht. Das gleiche gilt für jugendliche Schwerverbrecher (§ 20 RJGG.); Hülle a. a. O.

17. § 42b StGB. — **18.** Auf sie findet das Erwachsenenstrafrecht, das bei militärischen Straftaten stets gilt, auch bei Zuwiderhandlungen gegen die allgemeinen Strafgesetze Anwendung. — **19.** s. Anm. 4 oben.

20. Unter Beachtung des § 22 (1) MStGB. — **21.** Dieser kann nach § 62 (4) RJGG., wenn der Verurteilte zur Wehrmacht einberufen wird, von der Vollstreckung des Jugendarrestes, der vor der Einberufung verhängt worden ist, absehen. Die Vollstreckung des Jugendarrestes ist unzulässig, wenn seit Eintritt der Rechtskraft ein Jahr verstrichen ist (§ 62 Abs. 5 RJGG.).

§ 51

Die Verfolgung eines militärischen Verbrechens oder Vergehens[1] ist unabhängig von dem Antrag des Verletzten oder einer anderen zum Antrag berechtigten Person[2].

1. Anm. 2 zu § 1.

2. Der Verfolgungszwang ohne Strafantrag gilt ausnahmslos, so u. a. für Zuwiderhandlungen gegen §§ 91, 121, 122, 137.

§ 52

Bei Berechnung der Verjährungsfrist[1] einer Strafvollstreckung ist der Arrest der Haft gleichzuachten[2].

1. Diese Vorschrift und § 76 bilden eine Ergänzung der im übrigen (gemäß § 2) unverändert anwendbaren §§ 66—72 StGB.

2. Die Strafvollstreckung von Arreststrafen verjährt also in 2 Jahren (§ 70 Abs. 1 Ziff. 6 StGB).

§ 53

(weggefallen)

§ 54

(1) Wenn mehrere zeitige Freiheitsstrafen[1] zusammentreffen, so ist auf eine Gesamtstrafe nach den Vorschriften des Deutschen Strafgesetzbuchs zu erkennen[2]. Sie darf in keinem Falle[3] den gesetzlich zulässigen Höchstbetrag der zu verhängenden Strafart übersteigen[4]. Ist die Gesamtstrafe wegen Zusammentreffens militärischer Verbrechen und Vergehen[5] mit allgemeinen Verbrechen und Vergehen zu erkennen, so ist der Höchstbetrag der Strafe wegen letzterer durch die Vorschriften des Deutschen Strafgesetzbuchs bestimmt[6].

(2) Treffen mehrere Arreststrafen im Gesamtbetrag von mehr als dreiundvierzig Tagen zusammen und ist eine Gesamtstrafe von mehr als sechs Wochen angezeigt, so ist sie als Gefängnis zu erkennen; sie kann als Festungshaft erkannt werden, wenn diese wegen aller abgeurteilten Straftaten zugelassen ist. Entsprechendes gilt, wenn eine oder mehrere Arreststrafen mit Gefängnis- oder Festungshaftstrafen zusammentreffen, die niedriger sind als die Arreststrafen[7].

(3) Die Verurteilung zu einer Gesamtstrafe schließt die Verurteilung zu einer Ehrenstrafe nicht aus, wenn diese auch nur neben einer der verwirkten Einzelstrafen zulässig oder geboten ist[8].

1. Hier Zuchthaus einbegriffen (s. Anm. 1 zu § 16).

2. Bezüglich der Tateinheit (Idealkonkurrenz) bewendet es ohne weiteres bei den Grundsätzen des StGB (§ 73). Das Gesetz, das die schwerste Strafe androht, ist in „konkreter" Betrachtungsweise zu ermitteln (RGSt. 75, 14 u. 19). Die Grundsätze des § 73 StGB gelten auch für den Begriff der „fortgesetzten Handlung". Die Annahme eines fortgesetzten Delikts setzt außer der Gleichartigkeit und dem äußeren Zusammenhang der einzelnen Tätigkeitsakte sowie der Einheit des Rechtsguts insbesondere auch die Einheit des Vorsatzes voraus. Dieser muß als Gesamtvorsatz von vornherein den Gesamterfolg umfassen (RGSt. 58, 183), um ihn stoßweise zu verwirklichen (RGSt. 58, 183; 70, 52). Hiergegen Schwarz, D. J. 43 S. 497, der den „Gesamtvorsatz" durch den „Fortsetzungsvorsatz" ersetzen will. Der allgemeine Entschluß, bei sich bietender Gelegenheit, in gegebener Veranlassung oder zur Erreichung eines vorgesetzten Ziels eine Mehrheit von Straftaten zu begehen, reicht zur Annahme eines fortgesetzten Delikts nicht aus (6, 216; RGSt. 58, 183 und 70, 52). Ob eine fortgesetzte Handlung vorliegt, ist wesentlich Tatfrage (6, 125). Werden Rechtsgüter verschiedener Personen auf anders geartetem Gebiet als den Straftaten des Diebstahls und Betrugs verletzt, so ist die Annahme eines Fortsetzungszusammenhangs ausgeschlossen (RKG. 1, 54 in Übereinstimmung mit RGSt. 70, 243 und 282; anders RGSt. 73, 18). Völlig unbestimmte Einzelfälle dürfen in den Fortsetzungszusammenhang nicht einbezogen werden. Auf Fälle, hinsichtlich derer weder der Zeitpunkt noch die Umstände der Ausführung noch auch die Personen der Geschädigten festgestellt werden können, kann eine Verurteilung nicht gestützt werden (RGSt. 70, 150; RKG. v. 16. 9. 37 Rev.L. 107/37 I). Die Gehorsamsverweigerung gegenüber verschiedenen Vorgesetzten, die sich in der äußeren und inneren Tatseite gegen denselben Befehl in Dienstsachen richtet, ist als eine Tat anzusehen (RKG. 1, 77). Das wiederholte Anwenden eines auf Täuschung berechneten Mittels der gleichen Art stellt sich, auch wenn es verschiedenen Stellen gegenüber erfolgt, als ein einheitlicher Dauerverstoß i. S. des § 83 dar (RKG. 1, 76/77). Die Bezeichnung einer fortgesetzten Tat als teils versucht, teils vollendet ist begrifflich ausgeschlossen (RG. in JW. 1936 S. 2232; RKG. v. 16. 9. 37 Rev.L. 120/37 I).

Bezüglich der Handlungsmehrheit (Realkonkurrenz) sollen im allgemeinen die gleichen Grundsätze wie im StGB gelten. Eine Ausnahme hiervon bildet Abs. 1 Satz 2 insofern, als im Gegensatz zu § 74 (3) StGB beim Zusammentreffen von nur militärischen Verbrechen oder Vergehen über den gesetzlich zulässigen Höchstbetrag der zu verhängenden Strafart bei der Bildung der Gesamtstrafe nicht hinausgegangen werden darf. Eine Ausnahme hiervon macht wiederum Abs. 2 bezüglich der Arreststrafen (s. Anm. 7).

3. Beim Zusammentreffen von nur militärischen Verbrechen oder Vergehen.

4. Abweichend von § 74 (3) StGB (s. Anm. 2 oben). — **5.** Anm. 2 zu § 1.

6. § 74 (3) StGB. Ist z. B. wegen dreier allgemeiner Verbrechen oder Vergehen auf 5 Jahre Gefängnis und wegen einer militärischen Straftat auf ein Jahr Gefängnis erkannt, so darf, weil für die allgemeinen Zuwiderhandlungen 10 Jahre Gefängnis oder Festungshaft der höchste zulässige Betrag ist, die Gesamtstrafe 11 Jahre Gefängnis nicht übersteigen (Schlayer 205).

7. Abs. 2 ist durch die VO. v. 10. 10. 40 (RGBl. I S. 1347) neu gefaßt worden. Satz 2 regelt den Fall, daß eine Arreststrafe mit einer niedrigeren Gefängnis- oder Festungshaftstrafe zusammentrifft und eine Gesamtstrafe von mehr als 6 Wochen angezeigt ist. Solche Sonderfälle können nur noch vorkommen (vgl. § 29 Abs. 1), wenn das Urteil gegen jemand ergeht, der nicht der Wehrmacht angehört, z. B. gegen einen aus der Wehrmacht Ausgeschiedenen oder einen Angehörigen des Gefolges. Auch in diesen Fällen ist die Gesamtstrafe als Gefängnis zu erkennen, z. B. wenn gegen einen Angehörigen des Gefolges aus § 138 fünf Wochen Arrest und aus § 183 StGB vier Wochen Gefängnis verhängt werden. Eine Gesamtstrafe darf als Festungshaft erkannt werden, wenn diese Strafe wegen aller abgeurteilten Taten zugelassen ist, z. B. wenn gegen einen früheren Wehrmachtangehörigen aus § 92 auf 5 Wochen Arrest und aus § 201 StGB auf 4 Wochen Festungshaft erkannt worden ist. Darüber, ob überhaupt auf Festungshaft erkannt werden darf, ist nach den Richtlinien des Führers v. 14. 4. 40 (Fußnote zu § 21) zu entscheiden. Trifft eine Arreststrafe mit einer höheren Gefängnisstrafe zusammen, so ist die Gefängnisstrafe nach § 74 StGB zu erhöhen, z. B. wenn gegen einen früheren Wehrmachtangehörigen aus § 242 StGB auf 5 Wochen Gefängnis und aus § 92 auf 4 Wochen Arrest erkannt worden ist. § 75 StGB bleibt unberührt (Begrdg. 40). Die Vorschrift, daß auf Gefängnis, unter Umständen auf Festungshaft zu erkennen ist, wenn beim Zusammentreffen von Arreststrafen im Gesamtbetrage von mehr als 43 Tagen eine Gesamtstrafe von mehr als 6 Wochen zu bilden ist, gilt auch dann, wenn Arreststrafen zugrunde liegen, die an Stelle von Haftstrafen getreten sind. Es darf jedoch in diesem Falle — insoweit findet § 77 (2) StGB Anwendung — die Grenze von 3 Monaten Gefängnis oder Festungshaft nicht überschritten werden; OKH. (Ch H Rüst u. BdE) Az. B 13 n 30 HR III a Nr. 2101/41 (7. Mob. S. Erl.) v. 22. 9. 41 Nr. 9. Ist beim Zusammentreffen von Arrest mit Gefängnis oder Festungshaft eine kürzere Gesamtstrafe als eine solche von 6 Wochen angezeigt, so ist der Grundsatz der Gleichwertigkeit aller drei Straftaten (s. Anm. 1 zu § 19) von Bedeutung; „die Gesamtstrafe wird dann durch Erhöhung der verwirkten längsten Strafe gebildet" (Grau, Das Militärstrafgesetzbuch in neuer Fassung, D. J. 1940 S. 1209/1211).

8. Anm. 2 zu § 30.

§ 55

(weggefallen)

Zweiter Teil

Von den einzelnen Verbrechen und Vergehen und ihrer Bestrafung

Erster Titel

Militärische Verbrechen und Vergehen der Soldaten

Erster Abschnitt

Kriegsverrat

§ 56

(weggefallen)

§ 57

Wer[1] im Felde[2] einen Landesverrat nach § 91 b des Strafgesetzbuchs[3] begeht, wird wegen Kriegsverrats[4] mit dem Tode bestraft.

1. Täter können außer Soldaten und Wehrmachtbeamten (§ 153) Personen des Gefolges (§§ 155, 157) sein. Auf Kriegsgefangene ist § 57 nicht anwendbar (s. Anm. 4 zu § 158).

2. §§ 9, 10. — **3.** § 91 b StGB, eingefügt durch Art. I G. v. 24. 4. 34 (RGBl. I S. 341), lautet:

Wer im Inland oder als Deutscher im Ausland es unternimmt, während eines Krieges gegen das Reich oder in Beziehung auf einen drohenden Krieg der feindlichen Macht Vorschub zu leisten oder der Kriegsmacht des Reichs oder seiner Bundesgenossen einen Nachteil zuzufügen, wird mit dem Tode oder mit lebenslänglichem Zuchthaus bestraft.

Wenn die Tat nur einen unbedeutenden Nachteil für das Reich und seine Bundesgenossen und nur einen unbedeutenden Vorteil für die feindliche Macht herbeigeführt hat, schwerere Folgen auch nicht herbeiführen konnte, so kann auf Zuchthaus nicht unter zwei Jahren erkannt werden.

Die Anwendung dieses Abs. 2 wird im Felde durch § 57 MStGB für dessen Täterkreis ausgeschlossen.

Eine Begünstigung des Feindes i. S. des § 91b StGB ist immer dann und da gegeben, wo jemand es bewußt auch nur unternimmt, die feindliche Macht in irgendeiner Weise und auf irgendeinem Gebiet, sei es auch nur mittelbar, günstiger zu stellen oder der Kriegsmacht des Reichs in irgendeiner Weise einen Nachteil zuzufügen. Das „Unternehmen" der Feindbegünstigung umfaßt nach § 87 StGB die vollendete Tat und den Versuch. Ein Versuch nach dieser Richtung ist, über etwaige bloß vorbereitende Handlungen und über bloße allgemeine und unbestimmte Abreden und Aufforderungen hinaus, schon dann gegeben, wenn das Verhalten des Täters die Stellung des Reichs gegenüber dem Feind bereits unmittelbar und ernstlich gefährdet (RKG. 2, 155/157).

a) Inland i. S. des § 91b (1) StGB ist jedes Gebiet, in dem das Deutsche Reich Träger der staatlichen Hoheit ist oder in dem es völkerrechtlich oder aus irgendeinem anderen Rechtsgrund Herrschaftsgewalt ausübt (RKG. 2, 95). Es haben daher als Inland auch die besetzten Gebiete zu gelten; RKG. v. 3. 5. 43 StPL. (HLS) III 8/43. Das Protektorat Böhmen und Mähren ist ein Bestandteil des Großdeutschen Reichs, also „Inland" i. S. des § 91b (1) StGB. Es wäre als Inland nach dem Sinn und Zweck der genannten Vorschrift auch dann anzusehen, wenn es lediglich als von deutschen Truppen besetztes Gebiet in Frage käme. Denn der Schutz des § 91b StGB muß sich nach dessen Sinn auf alle Gebiete erstrecken, die der deutschen Herrschaft und Befehlsgewalt während des Krieges unterliegen; RKG. v. 28. 8. 43 StPL (HLS) III 60/43. Ein Irrtum über den Begriff des Inlands wäre nur als unbeachtlicher Strafrechtsirrtum zu werten; RKG. v. 3. 5. 43 StPL. (HLS) III 8/43. Im „Inland" ist die Tat schon dann begangen, wenn sich auch nur ein Einzelteil der Handlung im Inland abgespielt hat. Da nach § 87 StGB das „Unternehmen" auch den Versuch umfaßt, genügt es daher, daß der Versuch, den Feind zu begünstigen, im Inland begonnen ist (RKG. 2, 82).

b) § 91b StGB fordert den Vorsatz des Täters, der feindlichen Macht zu nützen. Vorsatz ist i. S. des deutschen Strafrechts ist nicht gleichbedeutend mit Absicht. Der Tatbestand des § 91b StGB setzt vielmehr nur das Bewußtsein voraus, daß man dem Feind nützt. Es genügt ferner, daß der Täter auch nur mit der Möglichkeit rechnet, sein Tun könne dem Feind Vorteile bringen. Da § 91b StGB das „Unternehmen" der Feindbegünstigung bestraft, dieses aber auch den Versuch umfaßt (§ 87 StGB), gibt es keinen strafbefreienden Rücktritt i. S. des § 46 StGB. Wer später, gleichgültig aus welchem Grund, die Feindbegünstigung aufgibt, kann dadurch sein früheres Verhalten nicht ungeschehen machen (RKG. 2, 83).

4. Militärisches Verbrechen (s. Anm. 2 zu § 1). Zum Unternehmen der Begünstigung des Feindes gehört eine Tätigkeit, die unmittelbar darauf gerichtet ist, dem Feinde Vorschub zu leisten oder das Reich zu benachteiligen (RKG. 2, 45). Beispiel: Ein mit der Zustellung von Gestellungsbefehlen beauftragter Briefträger unterläßt die Zustellung und wirft einen Teil der Gestellungsbefehle weg (RKG. 2, 34). In einem alles umfassenden Krieg wie dem gegenwärtigen bedeutet das Hinzutreten auch nur eines waffenfähigen und dienstpflichtigen Mannes, vor allem eines bereits ausgebildeten Soldaten oder eines Fachmannes mit besonderen technischen Kenntnissen, einen Nachteil für das eigene und einen Vorteil für das feindliche Land. Tritt dieser Mann noch dazu aus eigenem oder besetztem Gebiet zu dem Feind über, so wird er überdies in mehr oder minder großem Umfang zum Nachrichtenträger. Jeder solcher Übertritt ist daher eine Begünstigung des Feindes i. S. des § 91b StGB (RKG. 2, 83 und 162). Zur feindlichen Kriegsmacht zählen auch die französische Fremdenlegion (Volksgerichtshof vom 12. 8. 40 — 1 L 11/40 — D. R. 1940 S. 1769) und eine in England oder Amerika befindliche Emigrantenregierung. Denn diese setzt von dort aus nach wie vor den Kampf gegen Deutschland fort (RKG. 2, 83). Nachdem der Kommunismus aus dem politischen Gegenpol und Gegenspieler, den er bis dahin darstellte, seit dem 22. 6. 41 der offene militärische Feind des Reichs geworden ist, unterstützt jeder, der in Deutschland jetzt noch die Ziele des Kommunismus tätig unterstützt, und wer sogar zugunsten des Bolschewismus in militärische Dinge einzugreifen versucht, den Feind und schädigt die Kriegsmacht des Reichs und seiner Bundesgenossen (RKG. 2, 155/157). Der Eintritt in eine Aufständigenbande bedeutet nicht die Übernahme des Dienstes in einer feindlichen Kriegsmacht (§ 91a StGB), sondern Feindbegünstigung (§ 91b StGB); RKG. v. 17. 9. 43 StPL. (HLS) I 64/43.

Wehrmittelbeschädigung nach § 143a StGB (s. Anm. 1 zu § 137) kann in Tateinheit mit Feindbegünstigung nach § 91 b StGB begangen werden; es ist nicht so, daß § 143a StGB als Sondergesetz die Anwendung des § 91b StGB verdrängt. Anders als bei der Beschädigung eines Wehrmittels i. S. des § 143a StGB reicht bei der Begünstigung des Feindes nach § 91b StGB eine bloße Gefährdung allerdings nicht aus. Es ist vielmehr notwendig, daß der Täter es unternimmt, dem Feind einen Vorteil zuzufügen oder dem Reich einen Nachteil zu bereiten; RKG. v. 7. 7. 43 StPL. (HLS) III 43/43.

Über Spionage und verwandte Straftaten s. § 2 KSSVO und die dortige Anm. 8.

§ 58

(weggefallen)

§ 59

Verabredung eines Kriegsverrats

Haben mehrere[1] einen Kriegsverrat[2] verabredet[3], ohne daß es zum Unternehmen[4] eines solchen gekommen ist, so tritt Zuchthaus nicht unter fünf Jahren ein.

1. Zwei genügen (3, 128). — **2.** § 57. — **3.** Verabredung ist durch Schrift, Worte oder Zeichen hervorgerufenes gegenseitiges Einverständnis. Es kann (entgegen 14, 221) auch durch stillschweigende oder konkludente Handlungen erzielt werden, so daß „jedes Zustandekommen einer ernstlichen Willensübereinkunft" genügt (Schmidt S. 68 Anm. 7).

4. Bedeutet hier soviel wie Versuch. Ist es auch nur zu einem solchen gekommen, so hat Bestrafung der Verabredeten nicht nach § 59, sondern nach § 57 zu erfolgen. § 59 hat also „im Verhältnis zu § 57 subsidiäre Bedeutung" (Schmidt S. 69).

§ 60

Nichtanzeige eines Kriegsverrats

(1) Wer[1] von dem Vorhaben[2] eines Kriegsverrats (§§ 57 und 59) zu einer Zeit, in der die Verhütung des Verbrechens möglich ist, glaubhafte Kenntnis[3] erhält und es unterläßt[4], hiervon rechtzeitig[5] Anzeige zu machen, ist mit der Strafe des Täters zu belegen[6].

(2) Ist es zu einem Kriegsverrat (§ 57) nicht gekommen[7], so kann auf zeitiges Zuchthaus[8] oder Gefängnis[9] erkannt werden. Es kann auch von Strafe abgesehen werden[10].

1. Jede dem MStGB in vollem oder in beschränktem Umfange unterworfene Person (s. Anm. 1 zu § 4) mit Ausnahme der Ausländer oder Deutschen auf dem Kriegsschauplatz (Romen-Rissom 2; Schmidt S. 69 Anm. 3). — Auch nahe Angehörige des Täters sind zur Anzeige verpflichtet (RKG. 2, 67). Die Anzeigepflicht erstreckt sich aber nicht auf Straftaten, an denen der zur

Anzeige Verpflichtete selbst in irgendeiner strafrechtlich erheblichen Form teil hat; RKG. v. 15. 3. 39 StPL. (HLS) 17/39.

2. Erfordert nicht, daß mit der Vorbereitung des Verbrechens schon begonnen ist oder daß es unter gewissen Bedingungen stattfinden soll (RGSt. 60, 254). Von einem „Vorhaben" kann aber nur die Rede sein, solange das Verbrechen nicht abgeschlossen und dessen Verhinderung noch möglich ist; RKG. v. 15. 3. 39 StPL. (HLS) 17/39.

3. Kenntnis von einer Verabredung i. S. des § 59 genügt (Schmidt S. 69). Glaubhafte Kenntnis hat der Täter dann nicht erhalten, wenn er den Nachrichten, die an ihn gelangt sind, keinen Glauben schenkt, und es trifft ihn dann auch keine Anzeigepflicht (GArch. 42, 394). Diese entfällt aber auch dann nicht, wenn der den Kriegsverrat Planende, z. B. infolge Unzurechnungsfähigkeit oder jugendlichen Alters, schuldunfähig ist; die gegenteilige Auffassung wäre mit dem Grundgedanken des § 60 unvereinbar (Schmidt S. 69).

4. Vorsätzlich. Die Frage, ob fahrlässige Nichtanzeige zur Strafbarkeit genügt, muß in Übereinstimmung mit Schmidt (S. 69) und Schwinge (II) verneint werden, „da sonst die für die Nichtanzeige angedrohte Strafe des Täters (sc. am Kriegsverrat!) nicht erklärbar wäre" (Schmidt).

5. D. h. zur rechten Zeit, so daß die Verhinderung des Verbrechens noch möglich ist. Verzögert der Täter die Anzeige in der irrigen Meinung, sie werde auch später noch zur rechten Zeit kommen, so ist er trotzdem strafbar (JW. 34, 88). Die Anzeigepflicht besteht nach der Auffassung des RKG. auch dann noch, wenn bereits ein strafbarer Versuch oder eine strafbare Handlung vorliegt. „Denn der Sinn der Anzeigepflicht ist, wie sich aus der weiten Fassung der Bestimmung (des § 139 StGB) ergibt, die Verhinderung der in ihr genannten Verbrechen. Sie besteht daher solange, als diese Verhinderung noch denkbar ist"; RKG. v. 8. 3. 39 StPL. (HLS) 10/39. Die Anzeige ist an den nächsten Disziplinarvorgesetzten des Verpflichteten, an die Polizei, an ein Wehrmachtgericht oder an eine andere Behörde zu richten, wobei es weniger auf die Einhaltung des Dienstwegs als auf schnellste Auslösung eines Zugriffs ankommt. Die Anzeige ist so zu machen, daß sich das geplante Verbrechen verhüten läßt; die Angabe von Namen wird nicht immer nötig sein (RGSt. 60, 256).

6. Die Bestrafung ist, entgegen der früheren Fassung des § 60, nicht mehr dadurch bedingt, daß das Verbrechen oder ein strafbarer Versuch begangen worden ist. Die Neufassung durch VO. v. 10. 10. 40 (RGBl. I S. 1347) hat den § 60 dem § 139 StGB angepaßt (Begrdg. 40).

7. Durch diese Fassung des Abs. 2, der durch die VO. v. 10. 10. 40 (RGBl. I S. 1347) hinzugefügt worden ist, wird klargestellt, daß eine Anzeige des Vorhabens einer Verabredung zum Kriegsverrat so lange rechtzeitig ist, als der verabredete Kriegsverrat nach § 57 noch nicht unternommen worden ist (Begrdg. 40).

8. Von einem Jahr bis zu fünfzehn Jahren (§ 14 Abs. 2 StGB).
9. Von 43 Tagen bis zu fünfzehn Jahren (§§ 16 Abs. 2, 17 Abs. 1).
10. Vgl. § 47 (1) und (2) KStVO.

§ 61

Straflosigkeit bei Kriegsverrat

Straflosigkeit tritt für den an dem Vorhaben eines Kriegsverrats Beteiligten[1] ein, wenn er von ihm zu einer Zeit und in einer Weise Anzeige macht, daß die Verhütung des Verbrechens möglich ist[2].

1. Als Täter oder Teilnehmer.
2. Rechtzeitig (s. Anm. 5 zu § 60). Hinter „Zeit" sind die Worte „wo die Dienstbehörde nicht schon anderweit davon unterrichtet ist" durch die VO. v. 10. 10. 40 (RGBl. I S. 1347) gestrichen worden, so daß § 61 nunmehr auch für den Täter gilt, der seine Tat ehrlich bereut und dementsprechend handelt, der aber das Unglück hat, aus unvorhergesehenen Gründen zu spät zu kommen (Begrdg. 40).

Zweiter Abschnitt

Gefährdung der Kriegsmacht im Felde

§ 62

Dienstpflichtverletzung im Felde

Wer im Felde[1] eine Dienstpflicht vorsätzlich verletzt[2] und dadurch fahrlässig[3] bewirkt, daß die Unternehmungen des Feindes gefördert werden oder den deutschen oder verbündeten Truppen Gefahr[4] oder Nachteil[5] bereitet wird, ist mit Zuchthaus bis zu zehn Jahren oder mit Gefängnis[6] oder Festungshaft[6] bis zu zehn Jahren zu bestrafen. In minder schweren Fällen[7] oder wenn die Verletzung der Dienstpflicht fahrlässig[3] geschehen ist, tritt Freiheitsstrafe[8] bis zu drei Jahren ein.

1. §§ 9, 10. — 2. Anm. 5 zu § 29. — 3. Anm. 4 zu § 92. Das Wort „fahrlässig" ist durch VO. v. 10. 10. 40 (RGBl. I S. 1347) eingefügt und es sind im Satz 2 die Worte „nicht vorsätzlich" durch „fahrlässig" ersetzt worden. Die Neufassung stellt den Gegensatz zu § 57 MStGB, § 91 b StGB klar: In den Fällen des § 62 Satz 1 muß die Dienstpflicht vorsätzlich verletzt sein, die Förderung der Unternehmungen des Feindes oder die Gefährdung und Benachteiligung der eigenen Truppen darf nur auf Fahrlässigkeit beruhen (Begrdg. 40). Jedoch ist die „fahrlässige Feindbegünstigung" i. S. des § 62 nicht in allen Punkten das volle Gegenstück zu der vorsätzlichen Feindbegünstigung nach § 57 MStGB,

§ 91b StGB. Nach § 62 müssen die „Unternehmungen“ des Feindes befördert werden oder es muß den „kriegführenden Truppen“ Gefahr oder Nachteil bereitet werden. § 62 ist also enger als § 91b StGB, § 57 MStGB auszulegen. Denn für diese genügt es, wenn ganz allgemein der „feindlichen Macht“ Vorschub geleistet oder der „Kriegsmacht des Reichs“ ein Nachteil zugefügt wird. Unter „Kriegsmacht“ i. S. des § 91b sind aber alle für die Führung des Krieges eingesetzten oder in Betracht kommenden äußeren und inneren Kräfte des gesamten Volkes — also auch solche außerhalb der Wehrmacht — zu verstehen. § 62 ist gegenüber § 57 auf den Schutz der Wehrmacht, vor allem der kämpfenden („kriegführenden“) Truppe eingeengt; RKG. v. 4. 2. 43 StPL. (HLS) III 107/42. Arkenau, ZWehrR. VII S. 203, vertritt die Ansicht, daß die Dienstpflichtverletzung im Felde nach § 62 nur zu bestrafen sei, wenn sie Operationen des Feindes fördert oder die eigenen Operationen gefährdet oder schädigt (zustimmend Steigertahl, ZWehrR. VIII S. 7), während Dörken und Scherer (1) im § 62 ein Mittel sehen, „alle Dienstpflichtverletzungen zu ahnden, bei denen unter den Feldverhältnissen wegen ihrer schweren Folgen ein Sühnebedürfnis besteht, dem anders nicht abgeholfen werden kann“. Die für diese Auffassung gegebene Begründung, daß „die Entwicklung des Strafrechts dahin geht, die Möglichkeit einer Bestrafung für jeden strafwürdigen Fall zu schaffen“, berücksichtigt nicht den Vorrang der Disziplinarbestrafung in der Wehrmacht (s. S. 58). Keineswegs darf § 62 dazu benutzt werden, unter Außerachtlassung dieses Vorrangs eine vermeintliche Gesetzeslücke auszufüllen, wenn Dienstpflichtverletzung aus Furcht (§ 84) nicht feststellbar ist.

4. Anm. 7 zu § 92. — **5.** Anm. 6 zu § 92. — **6.** von mindestens 43 Tagen (§ 17 Abs. 1). — **7.** Anm. 14 zu § 64. — **8.** §§ 16, 17, 21. Über die Zulässigkeit von Festungshaft s. Fußnote zu § 21.

§ 63

Übergabe an den Feind

(1) Mit dem Tode wird bestraft:

1. der Kommandant[1] eines festen Platzes[2], der ihn dem Feinde übergibt[3], ohne zuvor alle Mittel zur Verteidigung des Platzes[4] erschöpft zu haben;

2. der Befehlshaber[1], der im Felde[5] mit Vernachlässigung der ihm zu Gebote stehenden Verteidigungsmittel den ihm anvertrauten Posten[6] verläßt oder dem Feinde übergibt[3];

3. der Befehlshaber[1], der auf freiem Felde[7] kapituliert, wenn dies das Strecken der Waffen[8] für die ihm untergebenen Truppen zur Folge gehabt und er nicht zuvor alles getan hat[9], was die Pflicht von ihm erfordert;

4. der Befehlshaber eines Schiffes[10] der Kriegsmarine, der dieses oder seine Bemannung dem Feinde übergibt, ohne zuvor zur Vermeidung dieser Übergabe alles getan zu haben[9], was die Pflicht von ihm erfordert.

(2) In minder schweren Fällen[11] des Abs. 1 Nrn. 2 und 3 tritt Zuchthaus[12], Gefängnis[12] oder Festungshaft[13] nicht unter fünf Jahren ein[14].

1. § 63 ist grundsätzlich auf den Kommandanten oder Befehlshaber eines größeren Verbandes abgestellt, also auf einen höheren Führer. Das schließt aber seine Anwendung für besonders gelagerte Fälle nicht aus, in denen auch ein kleinerer Verband ausnahmsweise eine auf sich gestellte Kampfkraft mit bedeutsamen Aufgaben darstellen kann, z. B. Verteidigung einer befestigten Stellung an einem strategisch wichtigen Punkt wie Schlucht, Bergpaß, Flußübergang (Begrdg. 36 zu § 45), Besetzung einer Ortschaft, einer Brücke usw. in Feindesland durch ein Fallschirmjäger-Kommando oder durch Luftlandetruppen.

2. Weiterer Begriff als Festung. Platz ist jeder örtlich abgegrenzte Gebietsteil, gleichviel ob bebaut oder nicht, ob eingefriedet oder nicht, ob Stadt oder Dorf. Unter Umständen kann, je nach der strategischen Lage, auch ein einzelnes Gehöft oder Haus einen Platz i. S. des § 63 (1) Nr. 1 darstellen (Begrdg. 36 zu § 45). Befestigt ist ein Platz, wenn er für längere Zeit künstlich verstärkt ist (Jordan im Hdwbch. S. 311).

3. Die Übergabe muß, um den Tatbestand zu erfüllen, vollzogen sein. Übergabeverhandlungen stellen sich unter Umständen als Versuch dar (Jordan a. a. O.).

4. Das sind „solche, die zweckdienlich sind, aber nicht solche, deren Erfolglosigkeit von vornherein erkennbar ist“ (Jordan a. a. O.).

5. §§ 9, 10.

6 „Jede auf Befehl eingenommene und zu haltende, nicht eine selbstgewählte Stellung“ (Rehmeyer im Hdwbch. S. 332).

7. Soviel wie außerhalb eines festen Platzes (s. Anm. 3 oben).

8. Es kann für die dem kapitulierenden Befehlshaber untergebenen Truppen und für ihn selbst Gefangenschaft zur Folge haben, braucht es aber nicht (Rehmeyer a. a. O.).

9. Vorsätzlich oder fahrlässig (Rehmeyer a. a. O., Schmidt S. 70).

10. § 163.

11. Anm. 14 zu § 64.

12. Zuchthaus und Gefängnis sind durch die VO. v. 10. 10. 40 (RGBl. I S. 1347) im Abs. 2 als wahlweise Strafarten neben Festungshaft eingesetzt worden. Die Übergabe an den Feind richtet sich, von ganz besonderen Ausnahmefällen abgesehen, gegen das Wohl des Volkes; aber auch in minder schweren Fällen ist es nicht vertretbar, ausschließlich Festungshaft anzudrohen (Begrdg. 40).

13. Über ihre Zulässigkeit s. Fußnote zu § 21.

14. Die pflichtwidrige Übergabe von Kampfmitteln, z. B. Flugzeugen, Fallschirmen, Kampfwagen, schweren Geschützen, an den Feind ist, wenn sie nicht durch einen „Befehlshaber" (Anm. 1 oben) erfolgt, als Kriegsverrat (§ 57), Feigheit (§§ 84ff.), Preisgabe von Dienstgegenständen (§ 137), Ungehorsam (§ 92) usw. zu beurteilen (Begrdg. 36 zu § 45).

Dritter Abschnitt

Unerlaubte Entfernung und Fahnenflucht

Unerlaubte Entfernung

§ 64

Wer[1] unbefugt[2] seine Truppe[3] oder Dienststelle[4] verläßt[5] oder ihnen fernbleibt[6] und vorsätzlich[7] oder fahrlässig[8] länger als drei Tage[9], im Felde[10] länger als einen Tag[9], abwesend[11] ist, wird mit Gefängnis[12] oder Festungshaft[13] bis zu zehn Jahren bestraft. In minder schweren Fällen[14] kann die Strafe bis auf vierzehn Tage geschärften Arrests[15] ermäßigt werden.

1. Täter können sein Soldaten, Wehrmachtbeamte im Felde (§ 153 Abs. 3), Wehrpflichtige d. B. während der Dauer einer Wehrversammlung, zu der sie einberufen sind, und während der Zeit, in der sie sich in militärischem Gewahrsam in Untersuchungshaft, Strafhaft oder Disziplinarstrafhaft befinden (§ 6), vorläufig in die Heimat beurlaubte ausgehobene oder zum freiwilligen Eintritt angenommene Wehrpflichtige (§ 6a), Schiffsangestellte der Kriegsmarine (§ 166) und Personen des Gefolges (§ 155), nicht hingegen ausländische Offiziere und ihr Gefolge (§ 157) und Kriegsgefangene (20, 110).

2. Der Ersatz des Wortes „eigenmächtig" (a. F.) durch „unbefugt" (n. F.) hat am Sinn der Vorschrift nichts geändert. Das eine wie das andere Wort bedeutet willkürliches Sichtrennen von der Machtsphäre des dem Täter militärisch Übergeordneten (2, 3; 3, 166). Der Begriff „unbefugt" („eigenmächtig") ist weit auszulegen und umgekehrt ein scharfer und enger Maßstab für die Prüfung der Frage anzulegen, ob die Abwesenheit eines Soldaten nicht unbefugt ist. Der Soldat hat alles in seinen Kräften Stehende zu tun, um rechtzeitig oder, falls das nicht möglich ist, wenigstens so rasch wieder bei seiner Truppe zu sein, wie sich das nach den Umständen des Falls bewerkstelligen läßt. Ein Soldat, der im Urlaub erkrankt, bleibt nach Ablauf dieses Urlaubs seiner Truppe nur dann nicht eigenmächtig fern, wenn er wegen seines körperlichen Befindens entweder unfähig ist, zu ihr zurückzukehren, oder wenn die Reise trotz Berücksichtigung der militärischen Gesichtspunkte vom ärztlichen Standpunkt aus wenigstens nicht ratsam erscheint. Ein nur unerheblich erkrankter Soldat muß u. U. auch eine unter anderen Verhältnissen vertretbare oder angezeigte Rücksicht auf sich selbst zurückstellen, um rechtzeitig wieder zur Verfügung seiner Truppe zu sein. Wird ein eigenmächtig abwesender Soldat vorläufig festgenommen oder verhaftet, so endet die Abwesenheit i. S. des § 64 erst an dem Tag, an dem er wieder bei seiner Truppe eingeliefert wird oder nach dem gewöhnlichen Gang der Dinge hätte eingeliefert werden können. Es genügt nicht, daß er mittelbar oder unmittelbar der Verfügungsgewalt irgendeiner militärischen Dienststelle wieder unterworfen wird (8, 24; RKG. 2, 26).

3. Die Truppe (bei der Kriegsmarine: Schiff), bei welcher die subjektive Dienstpflicht des Täters durch Einstellung oder Zuweisung begründet ist (Kompanie, Schwadron, Batterie usw.); er macht sich demnach der unerlaubten Entfernung schon dann schuldig, wenn er sich eigenmächtig bei einem anderen Teil derselben Truppe (Bataillon, Abteilung, Regiment usw.) aufhält (4, 195; 21, 161; RKG. 1, 35).

4. Die durch den Dienst bedingte Stellung einer zwar nicht aus ihrer Truppe ausgeschiedenen, aber infolge dienstlicher Anordnungen oder Befehle dem Machtbereich ihrer Truppe entrückten und der Befehlsbefugnis anderer Vorgesetzter (z. B. bei Behörden, Schulen und sonstigen Einrichtungen der Wehrmacht) unterstellten Militärperson bei diesen Vorgesetzten (20, 17). Ein im Felde von seiner Truppe abgekommener Soldat hat seine Dienststelle bei der Truppe, der er sich wieder angeschlossen hat.

Wehrpflichtige d. B. haben ihre Dienststelle bei dem Wehrbezirkskommando, dem sie unterstehen (2, 112; 4, 130; 5, 76 und 140; PE. 16, 25). Dies ist dasjenige Wehrbezirkskommando, das infolge Überweisung von der bisherigen Kommandostelle die Überwachung des Wehrpflichtigen d. B. auszuüben hat, wobei es allein auf die Tatsache der Überweisung ankommt, nicht etwa darauf, ob die Überweisung aus zutreffenden Gründen erfolgte (17, 54) oder ob sich der Wehrpflichtige d. B. bei dem Wehrbezirkskommando gemeldet hat (Dietz, WDStO. S. 308). Für vorläufig in die Heimat beurlaubte ausgehobene oder zum freiwilligen Eintritt angenommene Wehrpflichtige (§ 6a) ist — vorbehaltlich einer abweichenden Regelung — nicht das WBezKdo. (WMA) ihres Aufenthaltsorts, sondern das, in dessen Bezirk sie ausgehoben oder zum freiwilligen Eintritt angenommen worden sind, ihre zuständige Dienststelle (Dietz a. a. O.).

5. Willkürliches Sichtrennen des zum militärischen Dienst Verpflichteten von der Machtsphäre des ihm militärisch Übergeordneten (2, 3; 3, 166). Verlassen des Standorts ist nicht erforderlich (18, 20). „Wer seine Truppe erlaubt verläßt oder ihr erlaubt fernbleibt, die Erlaubnis aber erschlichen hat, kann nicht nach dieser Bestimmung bestraft werden. In Betracht kommt vielmehr § 83" (Dörken-Scherer 7) und während der Geltung der **KSSVO** deren **§ 5** (1) Nr. 3 (s. dortige Anm. 11 c).

6. Nach vorher begangener berechtigter Entfernung, Überschreitung der erteilten Erlaubnis zur Trennung, gleichgültig, ob der Täter durch seine Abwesenheit den Dienst versäumt, sich ihm entzieht oder nicht (3, 267). Jeder Beurlaubte hat durch Angabe seiner genauen Urlaubsanschrift oder durch ständiges Benachrichtigen seiner Dienststelle dafür zu sorgen, daß ihn während des Urlaubs Befehle usw. erreichen können (UrlO. Ziff. 2, 2). Tut er das nicht, so kann unter Umständen schon durch das Weggehen vom Urlaubsort die Trennung aus dem Machtbereich des Vorgesetzten sich vollziehen und damit, die erforderliche Willensrichtung vorausgesetzt, der Begriff der unerlaubten Entfernung erfüllt sein (21, 124).

Wehrpflichtige d. B. gehören mit Beginn des Tages, zu dem sie zu Übungen oder anderem aktiven Wehrdienst einberufen sind, zur Wehrmacht (§ 7 Abs.1a Ziff. 4 und § 21 Abs. 3a WG.). Sie bleiben ihrer Dienststelle fern, wenn sie an dem Tage, zu welchem sie einberufen sind, nicht erscheinen (1, 19; 5, 167 und 220; 17, 54; PE. 10, 32). Einberufen ist immer derjenige und nur der, dem der Gestellungsbefehl gilt, nicht der, der ihn — irrtümlich oder bewußt — empfing oder der ihm — irrtümlich oder in Täuschungsabsicht — an Stelle des Gemeinten Folge leistete (19, 110). Wissentliche Ablehnung der Empfangnahme des Gestellungsbefehls steht der Behändigung gleich. Das aktive Dienstverhältnis endigt mit Ablauf des Entlassungstages (§ 21 Abs. 3a WG.). Infolgedessen hört mit diesem Zeitpunkt die Weiterbegehung der unerlaubten Entfernung als Dauertat auf. Über Fernbleiben von Wehrversammlungen s. Anm. 5 zu § 6.

7. D. h. mit dem Bewußtsein, durch die Tat der Gewalt und Befehlsbefugnis der vorgesetzten Behörde entrückt zu werden (4, 130). Der Vorsatz muß das Bewußtsein der Rechtswidrigkeit umfassen, was durch das Wort „unbefugt" zum Ausdruck gebracht ist. Bedingter Vorsatz genügt (5, 240; 14, 35). Ob das vorsätzliche (oder fahrlässige) Verschulden des Täters auf einem Entschluß oder auf mehreren Entschlüssen beruht, ist bedeutungslos (RKG. v. 17. 8. 39 Rev. L. 115/39 I).

8. Fahrlässig handelt z. B., wer von dem Vorhandensein objektiv zu Gebote stehender Mittel zur Ermöglichung der rechtzeitigen Rückkehr aus mangelnder Sorgfalt keine Kenntnis erhält oder von diesen Mitteln, falls er von ihnen Kenntnis erhält, aus Unachtsamkeit keinen Gebrauch macht (14, 35).

9. Diese Fristen sind so zu berechnen, daß der Tag, an dem die Abwesenheit beginnt, in die Frist nicht einbezogen wird, mithin der Tag von Mitternacht zu Mitternacht (voller Kalendertag) zählt (3, 263). Hieran ist festzuhalten, wenn es auch in einem Einzelfall erwünscht sein mag, einen Täter nach § 64 gerichtlich zu bestrafen, der sich am 1. Oktober um 8 Uhr unerlaubt entfernt hat und erst am 2. Oktober um 23 Uhr zurückkehrt. Dafür genügt aber Disziplinarbestrafung, bei der die gesetzliche Mindeststrafe von 14 Tagen geschärften Arrestes (§ 64 Satz 2) noch überschritten werden kann. Gerade in der Kriegszeit wird die disziplinare Erledigung, die der Tat auf dem Fuße folgen kann, in

aller Regel ausreichend und angemessen sein. Es darf auch nicht übersehen werden, daß die Berechnung der Frist von Mitternacht zu Mitternacht sowohl die Rechtsprechung wie auch die disziplinare Erledigung erleichtert. Andererseits würde die Feststellung der unbefugten Abwesenheit nach Stunden und Minuten oft auf Schwierigkeiten stoßen, die außer Verhältnis zur Tat stehen (OKW. v. 10. 11. 39 — 14 g/n 16 WR I).

10. §§ 9, 10.

11. Die Abwesenheit dauert solange fort, als der rechtswidrige Zustand besteht (Dauerdelikt). Mit dem Aufhören dieses Zustandes beginnt erst der Lauf der Verjährung (5, 220). Der Versuch der unerlaubten Entfernung ist, obwohl es sich um ein Verbrechen handelt, nicht gerichtlich strafbar; Dörken, ZWehrR. VI S. 109.

12. § 17 (1). — **13.** Fußnote zu § 21.

14. Die Frage, ob sie vorliegen, ist im Bereich des MStGB gleichbedeutend mit der Frage im Bereich des StGB, ob mildernde Umstände vorhanden sind (1, 35; 3, 108/112; 5, 110/128; 7, 173/175), so daß die Gesamtheit aller bei der jeweiligen Straftat obwaltenden Verhältnisse und Umstände — sowohl objektiver als subjektiver — ins Auge zu fassen ist. Diese Begriffsbestimmung des früheren Reichsmilitärgerichts kann nach RKG. 2, 154 sinngemäß auf die minder schweren Fälle des § 5 KSSVO übernommen werden; allerdings ist bei der besonderen Gefahr, die durch die Zersetzung der Wehrkraft droht, bei der Abgrenzung der minder schweren Fälle auch ein entsprechend strenger Maßstab anzulegen (s. Anm. 13 zu § 5 KSSVO). Im StGB, wo sich der Strafermäßigungsgrund des minder schweren Falls nur im Abschnitt über Hochverrat findet, ist dessen Begriff grundsätzlich anders abzugrenzen, als im MStGB. Das ergibt sich schon aus der Tatsache, daß das StGB sowohl den Begriff des minder schweren Falls wie neben ihm auch den Begriff der mildernden Umstände verwendet. Es sollen bei der Strafbemessung wegen Hochverrats die Tat als solche und ihre Folgen für die Volksgemeinschaft sowie die äußere Gefährlichkeit des verbrecherischen Willens des Täters ausschlaggebend sein; ihnen gegenüber müssen — anders als bei der Beurteilung nach dem MStGB, ob ein minder schwerer Fall vorliegt, — etwaige andere, in der Person des Täters liegende Milderungsgründe an zweite Stelle treten (RKG. 2, 163; a. A. Kern, ZWehrR. VIII S. 358: „Die völlige Ausschaltung der Persönlichkeit widerspricht dem Gedanken des Täterstrafrechts"). „Minder schwere Fälle" erzeugen nicht die gleichen Rechtswirkungen wie „mildernde Umstände", so daß z. B. bei Annahme eines minder schweren Falles neben einer an Stelle von Zuchthausstrafe ausgesprochenen Gefängnisstrafe nicht ohne weiteres gemäß § 32 StGB auf Verlust der bürgerlichen Ehrenrechte erkannt werden darf, sondern nur bei ausdrücklicher Androhung dieser Nebenstrafe im MStGB, wie im § 134 Abs. 2 (RGSt. 59, 237).

15. §§ 17 (1), 19, 22 (2).

§ 65

(1) Ebenso (§ 64) wird bestraft, wer im Felde[1] es vorsätzlich oder fahrlässig unterläßt, binnen drei Tagen[2]

1. sich der Truppe[3], von der er abgekommen ist, oder einer anderen Truppe wieder anzuschließen, oder

2. sich nach beendeter Kriegsgefangenschaft bei einem Truppenteil zu melden.

(2) Dasselbe gilt für den, der außerhalb der deutschen Hoheitsgrenzen[4] von seiner Dienststelle[5] abgekommen ist und es vorsätzlich oder fahrlässig unterläßt, sich bei ihr, bei einer anderen Dienststelle[5] oder bei einer deutschen Behörde[6] binnen drei Tagen zu melden.

1. §§ 9, 10. — **2.** Anm. 9 zu § 64. — **3.** Anm. 3 zu § 64.

4. Gleichbedeutend mit der geographischen Grenze des Deutschen Reichsgebiets, die, soweit sie durch Flüsse gebildet wird, in der Regel in der Mitte des Flußbetts, bei schiffbaren Flüssen im Talweg, für überführende Brücken in deren Mitte liegt (RGSt. 9, 370; 10, 420). Die Grenze der am Bodensee liegenden Länder bildet die Mittellinie zwischen ihnen (RGSt. 57, 308). Nach See zu liegt die Hoheitsgrenze 6 Seemeilen vom niedrigsten Stand der tiefsten Ebbe entfernt und in der Luft dort, wo die Zugänglichkeit der Luftsäule über dem Reichsgebiet für die dauernde Herrschaft von unten endet (L. K. Anm. 2 zu § 3).

5. Gleichviel ob Schiff oder Seetransport des Heeres oder der Luftwaffe.

6. Jede deutsche Amtsstelle mit selbständiger, rechtlich dauernd geregelter Organisation, so daß ihr Bestand unabhängig ist vom Vorhandensein, dem Wegfall oder dem Wechsel des Beamten oder der Person, welcher die Besorgung der in den Kreis des Amtes fallenden Geschäfte anvertraut ist (RGSt. 18, 250).

§§ 66 bis 68

(weggefallen)

Fahnenflucht

§ 69

(1) Wer in der Absicht, sich der Verpflichtung zum Dienste in der Wehrmacht dauernd zu entziehen oder die Auflösung des Dienstverhältnisses zu erreichen[1], seine Truppe[2] oder Dienststelle[3] verläßt[4] oder ihnen fernbleibt[5], wird wegen Fahnenflucht[6] bestraft[7].

(2) Der Fahnenflucht steht es gleich, wenn der Täter in der Absicht seine Truppe oder Dienststelle verläßt oder ihnen fernbleibt, sich für die Dauer eines Krieges, kriegerischer Unternehmungen oder innerer Unruhen der Verpflichtung zum Dienste in der Wehrmacht überhaupt oder in den mobilen Teilen der Wehrmacht zu entziehen[8].

1. Diese Absicht kann vom Täter in irgendeinem Zeitpunkt, auch erst nach Vollendung der unerlaubten Entfernung, gefaßt werden (5, 76) und begründet den Unterschied der Fahnenflucht von der bloßen unerlaubten Entfernung. Auf die Dauer des Fernseins von der Truppe oder Dienststelle kommt es also bei der Fahnenflucht, die eine Treupflichtverletzung ist (RKG. 2, 164/166), nicht an. Ein weiterer Unterschied der beiden Straftaten liegt darin, daß die Fahnenflucht die Absicht des Täters erfordert, sich dem Dienst in der Wehrmacht überhaupt, nicht nur der konkreten (subjektiven) Dienstpflicht bei seiner Truppe oder Dienststelle zu entziehen. Absichtlich handelt der Täter, wenn es ihm darauf ankommt, den im Gesetz bezeichneten Erfolg herbeizuführen. Absicht ist also eine Unterform des Vorsatzes „im Sinne der Zweckhandlung um des Erfolges willen" (E. Schäfer bei Gürtner I S. 60). Die dauernde Dienstpflichtentziehung muß demnach erstrebt sein. Ohne dies Bestreben genügt das Bewußtsein der Möglichkeit des Erfolgseintritts unter Inkaufnehmen für den Fall, daß der Täter den Erfolg herbeiführt und damit Unrecht tut oder gegen ein Gesetz verstößt, der bedingte Vorsatz im technischen Sinne, nicht (22, 67). Die von § 69 erforderte Absicht bezieht sich jedoch nur auf das Merkmal der dauernden Entziehung von der — sei es bestimmt angenommenen oder als möglich vorgestellten — Dienstpflicht. Rechnet daher der Täter mit der Möglichkeit, daß ihm eine gesetzliche Verpflichtung zum Dienst obliege, und hat er die unerlaubte Entfernung in der Absicht begangen, sich für alle Fälle dieser seiner Dienstpflicht dauernd zu entziehen, so ist für die Bestrafung aus § 69 Vorsatz ausreichend, der den bedingten Vorsatz einschließt (21, 23/28). Hinter der Absicht der dauernden Dienstentziehung kann noch ein weiterer Endzweck, z. B. einer Strafe zu entgehen, liegen (22, 19).

Es ist nicht zu verkennen, daß der Nachweis der Absicht, dauernd fernzubleiben, als einer inneren Tatsache nicht immer leicht zu führen ist (Begrdg. 36 zu § 52). Diese Tatsache muß, wenn der Täter nicht geständig ist, aus äußeren Umständen gefolgert werden, z. B. Preisgabe der Uniform, Dauer der Abwesenheit, Verhalten bei der Festnahme, Überschreiten der Grenze, Eintritt in eine Fremdenlegion. Dabei ist zu berücksichtigen, daß namentlich bei geistiger Minderwertigkeit und sittlicher Haltlosigkeit oft eine große Neigung zu planlosem Herumtreiben besteht. Auch Zustände längerer Trübung des Bewußtseins auf epileptischer Grundlage sind in Betracht zu ziehen. Selbstmordversuch ist kein Sichentfernen. Fortgehen in selbstmörderischer Absicht kann zwar unerlaubte Entfernung sein, nicht aber Fahnenflucht, weil hier nicht durch das Mittel der Entfernung eine dauernde Dienstentziehung angestrebt, sondern lediglich eine die Dienstpflicht beendigende Handlung vorbereitet wird (Romen-Rissom 5, Schwinge IV 2). Über Selbstmordversuch als Wehrdienstentziehung s. Anm. 8 zu § 5 KSSVO.

Das Wesen einer in der Absicht, „die Auflösung des Dienstverhältnisses zu erreichen", begangenen Fahnenflucht wird durch den Wunsch des Täters bestimmt, nach seiner Rückkehr zum Truppenteil wegen Unwürdigkeit entlassen zu werden. Entscheidend ist die innere Einstellung des Täters. Ob er das Ziel seines Handelns erreicht oder objektiv überhaupt erreichen kann, ist nicht von maßgeblicher Bedeutung. Deshalb schließt § 9 (1) der „Bestimmungen für Entlassung von Unteroffizieren und Mannschaften des Heeres" v. 1. 12. 37 (D 8/5), wonach Soldaten, die ihre aktive Dienstpflicht erfüllen, aus Anlaß unehrenhafter Handlungen oder anderer schwerer Verfehlungen nicht zu entlassen sind, die Bestrafung wegen Fahnenflucht i. S. der zweiten Alternative des § 69 nicht aus (RKG. 1, 101). Der Bestrafung wegen Fahnenflucht steht auch nicht entgegen, daß der Täter nach § 9 Nr. 9 der vorgenannten Bestimmungen oder nach § 9 Nr. 9a 1 der „Bestimmungen für Entlassung von Unteroffizieren und Mannschaften der Luftwaffe" vom 2. 3. 39 (L. Dv. 47/5) mit dem Ablauf des Tages, an dem er seine aktive Dienstpflicht erfüllt hätte, als entlassen gilt (RKG. 2,78).

2. Anm. 3 zu § 64. — **3.** Anm. 4 zu § 64. — **4.** Anm. 5 zu § 64. — **5.** Anm. 6 zu § 64.

6. Dauerdelikt (Anm. 10 zu § 64), das erst beendet ist, wenn der Täter derart der Gewalt der militärischen Oberen, sei es mittelbar oder unmittelbar, wieder unterworfen ist, daß das Sichentfernen bzw. Fernbleiben in körperlicher und geistiger Beziehung aufgehört hat (3, 166/171). Verjährung § 76.

7. Voraussetzung der Bestrafung ist nicht, ebensowenig wie für die Entstehung der Soldateneigenschaft, die Ablegung des von den Soldaten nach dem G. v. 20. 8. 1934/20. 7. 1935 (RGBl. I S. 785/1035) zu leistenden Eides (2, 222; 8, 235; 19, 132/137). Ein irrtümlich oder ohne die nach § 18 Abs. 4 WG. erforderliche Genehmigung in die Wehrmacht eingestellter Ausländer kann Fahnenflucht nicht begehen (2, 53); s. Anm. 3 zu § 4. Auch ein rechtskräftig für wehrunwürdig erklärter Soldat kann bis zur durchgeführten Entlassung keine Fahnenflucht, wohl aber, wenn er dem MStGB als „Gefolge" unterworfen bleibt, unerlaubte Entfernung begehen (RKG. 2, 164/167).

8. Grobe Verletzungen der Treupflicht, denen gleichfalls die Absicht des Täters zugrunde liegt, sich zwar nicht für immer, wohl aber für die Dauer eines Krieges usw. der Verpflichtung zum Dienst in der Wehrmacht überhaupt oder in den mobilen Teilen der Wehrmacht zu entziehen. *Kriegerische Unternehmungen* sind Schlachten, Gefechte, Stellungskämpfe, Belagerungen, Unternehmungen zum Angriff, zur Abwehr und zur Erkundung gegen feindliche Luftstreitkräfte und zur Abwehr eines feindlichen Luftangriffs, Kampfhandlungen zur See sowie auf Flugzeugen. Auch größere oder kleinere Kriegsabschnitte *während eines Krieges*, wie der Polenfeldzug, die Unternehmungen in Norwegen und Dänemark, sind kriegerische Unternehmungen i. S. des § 69 (2). Es würde dem Willen des Gesetzgebers nicht entsprechen, wenn ein Soldat, der sich während des Krieges entfernt, um sich seiner Verwendung bei einer kriegerischen Unternehmung wie der in Norwegen zu entziehen, nicht aus § 69 (2) verantwortlich gemacht würde (Begrdg. 40); a. A. RKG. 2, 51, das den Begriff „kriegerisches Unternehmen" nur da als erfüllt gelten lassen will,

„wo sich der Einsatz der Wehrmacht in einem kriegerischen Unternehmen erschöpft".

9. Tateinheit ist möglich mit Unternehmen des Geheimnisverrats (§ 89 StGB), wenn sich der Täter mit einem geheim zu haltenden Gegenstand auf den Weg begibt, um ihn zu verraten, und gleichzeitig in der Absicht, sich der Verpflichtung zum Dienste in der Wehrmacht dauernd zu entziehen (18, 246; RKG. 2, 41), ebenso Tateinheit mit Kriegsverrat durch Begünstigung des Feindes (§ 57 MStGB, § 91b StGB), wenn der Täter in der Absicht, sich der Dienstpflicht dauernd zu entziehen, nach Ausbruch eines Krieges zum Feinde überläuft und dadurch das Kräfteverhältnis zugunsten der Feindmacht verschiebt (s. Anm. 4 zu S. 57).

§ 70

Strafe für Fahnenflucht

(1) Die Strafe für Fahnenflucht[1] ist Gefängnis nicht unter sechs Monaten[2].

(2) Wird die Tat im Felde[3] begangen oder liegt ein besonders schwerer Fall vor[4], so ist auf Todesstrafe oder auf lebenslanges oder zeitiges Zuchthaus[5] zu erkennen*).

---

*) Richtlinien des Führers und Obersten Befehlshabers der Wehrmacht für die Strafzumessung bei Fahnenflucht vom 14. April 1940:

I.

Die Todesstrafe ist geboten, wenn der Täter aus Furcht vor persönlicher Gefahr gehandelt hat oder wenn sie nach der besonderen Lage des Einzelfalles unerläßlich ist, um die Mannszucht aufrechtzuerhalten.

Die Todesstrafe ist im allgemeinen angebracht bei wiederholter oder gemeinschaftlicher Fahnenflucht und bei Flucht oder versuchter Flucht ins Ausland. Das gleiche gilt, wenn der Täter erheblich vorbestraft ist oder sich während der Fahnenflucht verbrecherisch betätigt hat.

II.

In allen anderen Fällen der Fahnenflucht muß unter Berücksichtigung der gesamten Umstände geprüft werden, ob Todesstrafe oder Zuchthausstrafe angemessen ist.

Eine Zuchthausstrafe wird in diesen Fällen im allgemeinen als ausreichende Sühne anzusehen sein, wenn jugendliche Unüberlegtheit, falsche dienstliche Behandlung, schwierige häusliche Verhältnisse oder andere nicht unehrenhafte Beweggründe für den Täter hauptsächlich bestimmend waren.

III.

Diese Grundsätze gelten auch für die Fälle, in denen das Ausbrechen aus einer Strafanstalt als Fahnenflucht anzusehen ist. (Amtl. Fußnote).

Auslegung der Richtlinien (OKH. — Ch H Rüst u. BdE — Az. B 13 n 30 HR III a Nr. 85/42 — 8. Mob. S. Erl. — Nr. 3).

a) Eine „wiederholte Fahnenflucht" setzt im Gegensatz zu der früheren „Fahnenflucht im Rückfall" weder eine bereits erfolgte Bestrafung noch auch nur eine Verurteilung wegen Fahnenflucht voraus. Es genügt, daß der Täter nach einer Fahnenflucht erneut in der Absicht, sich dauernd der Verpflichtung zum Dienste in der Wehrmacht zu entziehen, flüchtig wird.

Eine einheitliche Handlung wird in der Regel nur angenommen werden können, wenn die zweite Fahnenflucht kurz nach Ablauf der ersten beginnt, so daß beide noch als eine natürliche Handlungsweise erscheinen.

b) Unter „Ausland" ist jedes Land zu verstehen, das unter eigener Souveränität steht, auch wenn sich dort deutsche Truppen befinden, nicht jedoch die von deutschen Truppen beset-

(3) Stellt sich der Täter[6], um den Wehrdienst fortzusetzen, binnen vier Wochen[7] — im Felde[8] binnen einer Woche[7] — nach der Tat, so kann in den Fällen des Abs. 1 auf Gefängnis[9], in den Fällen des Abs. 2 auf Gefängnis nicht unter sechs Monaten[10] erkannt werden[11].

1. § 69. — **2.** Bis zu 15 Jahren (§ 16 Abs. 2). — **3.** §§ 9, 10.

4. Ein besonders schwerer Fall liegt nach §§ 263 (4), 266 (2) StGB insbesondere dann vor, wenn die Tat das Wohl des Volkes geschädigt oder einen anderen besonders großen Schaden zur Folge gehabt oder der Täter besonders arglistig gehandelt hat. Die amtliche Strafrechtskommission hatte in erster Lesung des Entwurfs eines Deutschen Strafgesetzbuchs als weiteres Kennzeichen eines „besonders schweren Falles" in Aussicht genommen, „daß sich ein besonders verwerflicher verbrecherischer Wille des Täters in der Art der Begehung der Tat gezeigt hat" (L. Schäfer bei Gürtner I S. 169). Außerdem sind noch die besonderen militärischen Verhältnisse zu berücksichtigen, unter denen die Tat begangen worden ist, ferner die vom Täter verschuldeten Folgen der Tat für die Mannszucht, das Ansehen der Wehrmacht, die militärische Schlagfertigkeit oder die Sicherheit der Truppe (Begrdg. 36 zu § 38). Ein besonders schwerer Fall der Fahnenflucht kann in Friedenszeiten z. B. vorliegen, wenn der Täter wegen Fahnenflucht vorbestraft ist, wenn er einen höheren Dienstgrad bekleidet, wenn er ins Ausland geflüchtet ist, wenn es sich um gemeinschaftliche Fahnenflucht handelt. In diesen Fällen wird im Felde nach den für den Krieg erlassenen Richtlinien des Führers regelmäßig Todesstrafe angezeigt sein, ebenso dann, wenn die Fahnenflucht vom Posten vor dem Feinde oder aus einer belagerten

---

ten Gebiete der Feindstaaten. Ausland ist daher Bulgarien, Dänemark, Finnland, Italien, Kroatien, Rumänien, Slowakei und Ungarn, nicht Belgien, Griechenland, Luxemburg, Niederlande, Norwegen, Serbien und die besetzten Teile von Frankreich und Rußland.

c) „Versuchte Flucht ins Ausland" liegt vor, wenn der Täter während der Dauer der Fahnenflucht die ernstliche Absicht, sich ins Ausland zu begeben, gehabt und zu verwirklichen versucht hat. Der Versuch eines Grenzübertritts ist nicht nötig.

d) Die Richtlinien sehen davon ab, den Begriff „erheblich vorbestraft" durch genauere Angabe der Zahl, Höhe oder Art der Vorstrafen zu umgrenzen. Es ist daher bei der Prüfung der Frage, ob die Vorstrafen des Täters als „erheblich" anzusehen sind, dem pflichtmäßigen Ermessen des Gerichts ein weiter Spielraum gelassen. Immerhin wird man annehmen müssen, daß Vorstrafen, die in ihrer Gesamthöhe ein Jahr nicht übersteigen, nicht als erheblich anzusehen sind

Eine ausschlaggebende Bedeutung besitzt die Frage, ob Vorstrafen als erheblich anzusehen sind, nicht. Denn nach den Richtlinien des Führers ist die Todesstrafe bei erheblichen Vorstrafen des Täters nur „im allgemeinen" angebracht. Das Gericht wird daher, auch wenn es die Vorstrafen des Täters als erheblich bezeichnet, unter Berücksichtigung aller Umstände des Einzelfalls zu prüfen haben, ob die Todesstrafe angebracht ist. Es wird von der Todesstrafe abzusehen sein, wenn die Vorstrafen — wenigstens zum größten Teil — längere Zeit zurückliegen oder wegen fahrlässiger Straftaten verhängt sind oder den Persönlichkeitswert des Täters nicht wesentlich beeinträchtigen. Die Todesstrafe wegen „erheblicher Vorstrafen" soll nur solche Täter treffen, die durch eine kriminelle Veranlagung belastet sind und sich als Typ einer asozialen Persönlichkeit darstellen.

e) „Verbrecherische Betätigung" ist dann gegeben, wenn der Täter einen starken verbrecherischen Willen gezeigt hat. Daß ein Verbrechen i. S. des **§ 1 MStGB** oder StGB vorliegt, ist weder erforderlich noch ausreichend. Hat der Täter sich durch die Taten nur die notwendigsten Mittel zum Lebensunterhalt oder für die weitere Flucht verschaffen wollen, so wird eine verbrecherische Betätigung nur anzunehmen sein, wenn es zu schweren Rechtsbrüchen gekommen ist.

Festung begangen wird, oder wenn der Täter zum Feinde übergeht (Begrdg. 40). Über besonders schwere Fälle der Feigheit s. § 85 (2).

5. Von einem bis zu 15 Jahren (§ 14 Abs. 2 StGB).

6. Die bloße Absicht der Selbstgestellung genügt nicht, sie muß dadurch tatsächlich ausgeführt werden, daß sich der Fahnenflüchtige in den Machtbereich des Truppenteils oder einer anderen zuständigen Behörde begibt und dort unter Angabe des Sachverhalts für die Fortsetzung des Wehrdienstes zur Verfügung stellt (13, 238). Fiedler (Gehört Sachverhaltsmeldung zur Selbstgestellung? ZWehrR. VIII S. 72) hält die Anwendung des § 70 (3) für unbedenklich, auch wenn der Fahnenflüchtige, der sich in der Absicht, den Wehrdienst fortzusetzen, in den Machtbereich seiner Truppe oder einer sonst zuständigen Behörde begeben hat, nicht oder nicht sofort den Sachverhalt meldet; übereinstimmend Schätzel, ZWehrR. VIII S. 260. Eine ausländische Behörde ist nur zuständig, wenn sie auf Grund besonderer Staatsverträge zur Zurückführung des Fahnenflüchtigen verpflichtet ist (2, 255; 13, 238/242). Die Möglichkeit zur Ausführung der „Stellung" hört auf mit der Verhaftung (vorläufigen Festnahme) des Fahnenflüchtigen, es sei denn, daß er unvermutet und überraschend verhaftet wird, nachdem er sich schon freiwillig in den Machtbereich einer zuständigen Behörde begeben hat (13, 238).

7. Anm. 9 zu § 64. — **8.** §§ 9, 10.

9. Von mindestens 43 Tagen (§ 17 Abs. 1). — **10.** Bis zu 15 Jahren (§ 16 Abs. 2).

11. Abs. 3 ist an Stelle des gestrichenen § 75 getreten.

§§ 71 bis 75

(weggefallen)

§ 76

Verjährung der Strafverfolgung

Die Verjährung der Strafverfolgung wegen Fahnenflucht beginnt[1] mit dem Tage, an dem der Fahnenflüchtige, wenn er die Handlung nicht begangen hätte, die Verpflichtung zum Dienst erfüllt haben würde[2].

1. Nur der Anfangstermin der Verjährung ist unter Ausschaltung des § 67 Abs. 4 StGB derart einheitlich geregelt, daß die Verjährung zu dem im § 76 angegebenen Zeitpunkte beginnt ohne Unterschied, ob und wann der Fahnenflüchtige zur Truppe oder seiner Dienststellung zurückgekehrt ist, oder ob und wann die Fahnenflucht sonst ihr Ende erreicht (20, 41).

2. Also mit dem Tage, der dem Tage, an dem die Dienstpflicht abgelaufen wäre, folgt (12, 176).

§ 77

Nichtanzeige einer Fahnenflucht

Wer von dem Vorhaben einer Fahnenflucht[1] zu einer Zeit, in der ihre Verhütung möglich ist, glaubhafte Kenntnis erhält[2] und es unterläßt, hiervon seinem Vorgesetzten[3] rechtzeitig Anzeige zu machen, ist, wenn die Fahnenflucht begangen worden ist, mit Freiheitsstrafe[4] zu bestrafen.

1. § 69. — **2.** S. Anm. 3 zu § 60.

3. Irgendeinem, nicht gerade dem unmittelbaren Vorgesetzten des Anzeigepflichtigen.

4. §§ 16, 17, 21.

§ 78*)

Verleitung zur Fahnenflucht

(1) Wer es unternimmt[1], vorsätzlich[2] einen anderen zur Fahnenflucht zu verleiten[3], oder wer die Fahnenflucht eines anderen vorsätzlich fördert[4], wird mit Gefängnis nicht unter sechs Monaten[5] bestraft. In minder schweren Fällen[6] kann auf Gefängnis nicht unter drei Monaten[5] erkannt werden.

(2) Wird die Tat im Felde[7] begangen oder liegt ein besonders schwerer Fall[8] vor, so kann auf Todesstrafe oder auf lebenslanges oder zeitiges Zuchthaus[9] erkannt werden.

1. Unternehmen bedeutet hier, wie im § 87 StGB, Vollendung und Versuch.

2. Anm. 6 zu § 33. — **3.** anzustiften. — **4.** Beihilfe leistet. Beides (3 und 4) hier wie im § 141 StGB (Zivilpersonen) gleichgestellt und zu einer selbständigen Straftat erhoben.

5. Bis zu 15 Jahren (§ 16 Abs. 2).

6. Anm. 14 zu § 64. — **7.** §§ 9, 10. — **8.** Anm. 4 zu § 70.

9. Von einem bis zu 15 Jahren (§ 14 Abs. 2 StGB).

10. Durch die Nichtanwendbarkeit des § 78 (und des § 141 StGB) während der Geltungsdauer des § 5 (1) Nr. 3 KSSVO ist nach Graf Gleispach (I S. 32) „eine erhebliche Lücke entstanden". Um sie zu schließen, gibt es, da Straflosigkeit des Erleichterns der Fahnenflucht im Kriege nicht in Frage kommen kann, drei Möglichkeiten: „1. Man erfaßt die dem Fahnenflüchtigen geleistete Hilfe mittels der Generalklausel, sieht also in ihr ein Unternehmen, in anderer, als in der im § 5 (KSSVO) besonders angeführten Art, die Mannszucht zu untergraben; 2. man zieht § 2 StGB heran; 3. man straft nach § 49 StGB (§ 2

*) Die Vorschrift ist während der Geltungsdauer des § 5 Abs. 1 Nr. 2 der Kriegssonderstrafrechtsverordnung unanwendbar, vgl. § 6 a. a. O. (Amtl. Fußnote).

MStGB) wegen Beihilfe, wobei die dort vorgeschriebene Strafminderung nach neuestem Recht unterbleiben kann". Graf Gleispach entscheidet sich für die erste dieser drei Lösungen; denn „nicht nur der Verführer, sondern auch wer einem Soldaten zur Fahnenflucht hilft, greift die Mannszucht an. Dasselbe gilt auch für die bei unerlaubter Entfernung geleistete Hilfe, zumal die KSSVO die Verleitung hierzu, über § 141 StGB hinausgehend, auch in die Zersetzung der Wehrkraft aufgenommen hat". Die Amtl. Erl. sehen hingegen Beihilfe als vorliegend an (s. Anm. 5 zu § 5 KSSVO), ebenso RG. v. 26. 10. 42 D. J. 42 S. 825. Solange der § 141 StGB nicht angewendet werden kann, ist die Erleichterung der Fahnenflucht als Beihilfe zum militärischen Delikt der Fahnenflucht nach §§ 69ff. MStGB, § 49 StGB auch dann zu bestrafen, wenn der Gehilfe eine dem militärischen Recht nicht unterstehende Zivilperson ist (RG. a. a. O.).

§ 79

(weggefallen)

§ 80

Stubenarrestbruch

Wer[1] während des Vollzugs von Stubenarrest[2] unbefugt[3] seine Wohnung[4] verläßt oder ihr fernbleibt[5] oder unbefugt Besuch annimmt[6], wird mit Freiheitsstrafe[7] bis zu zwei Jahren bestraft.

1. Die Vorschrift gilt für alle Soldaten, gegen die Stubenarrest verhängt werden kann (§ 20), auch für Wehrpflichtige d. B., die im Beurlaubtenverhältnis Stubenarrest verbüßen (§ 6b Abs. 2), und für Wehrmachtbeamte, und zwar auch außerhalb des Feldverhältnisses (§ 153 Abs. 1). Sie ist auch auf Kriegsgefangene anwendbar (21, 243).

2. § 23. — **3.** Anm. 2 zu § 64. — **4.** Anm. 1 zu § 23.

5. Die Worte „oder ihr fernbleibt" sind durch VO. v. 10. 10. 40 (RGBl. I S. 1347) eingefügt. Durch sie wird klargestellt: Es sollen auch die Fälle getroffen werden, in denen ein Verurteilter, der die Erlaubnis erhalten hat, für eine bestimmte Zeit die Wohnung zu verlassen, nach Ablauf der Zeit unbefugt fernbleibt (Begrdg. 40).

6. Mit den Wohnungsangehörigen darf der Bestrafte den Verkehr fortsetzen. Den Arzt darf er jederzeit empfangen. Der — mindestens mit der Disziplinarstrafgewalt des Kommandeurs eines nicht selbständigen Bataillons ausgestattete — Vorgesetzte kann in dringenden Fällen auch einzelnen anderen Personen Zutritt gestatten (WStVzV. Nr. 179).

7. §§ 16, 17, 21. Über Dienstentlassung (Rangverlust) ist nach § 33 zu befinden.

Vierter Abschnitt

Selbstverstümmelung und Dienstentziehung durch Täuschung

§ 81*)

Selbstverstümmelung

(1) Wer sich durch Selbstverstümmelung[1] oder sonst zum Dienst[2] untauglich macht, wird mit Gefängnis nicht unter sechs Monaten[3] bestraft. In minder schweren Fällen[4] kann auf Gefängnis[5] oder auf Arrest nicht unter vierzehn Tagen erkannt werden.

(2) Wird die Tat im Felde[6] begangen oder liegt ein besonders schwerer Fall[7] vor, so kann auf Todesstrafe oder auf lebenslanges oder zeitiges Zuchthaus[8] erkannt werden.

(3) Ebenso wird bestraft, wer einen anderen zum Dienst untauglich macht[9].

1. Jede äußerliche oder innerliche Beschädigung des Körpers, die Dienstuntauglichkeit zur Folge hat oder haben kann (Schlayer 307). Sie ist vollendet, wenn sie den Erfolg gehabt hat, daß der Täter nicht mehr dem Dienste genügen kann, dem er vorher gewachsen war. Erreicht der Täter diesen Erfolg nicht, so liegt nur Versuch vor (10, 110), der jedoch ebenfalls Strafe nach sich zieht, weil es sich um ein militärisches Verbrechen handelt (§ 43 Abs. 1 StGB). Vorsatz ist erforderlich. Er muß darauf gerichtet sein, sich durch die Handlung „zum Dienst" (s. Anm. 2) untauglich zu machen (20, 97; RGSt. 33, 399).

2. Durch den Ersatz der Worte „zur Erfüllung seiner Verpflichtung zum Dienste" (a. F.) durch „zum Dienst" (n. F.) sollen auch die Fälle mit Sicherheit erfaßt werden, in denen dem Täter nicht der Vorsatz nachgewiesen werden kann, daß er sich für den Wehrdienst als solchen ganz, teilweise oder zeitweise untauglich machen wollte, sondern nur der Vorsatz, sich für eine einzelne Dienstverrichtung untauglich zu machen. Dabei handelt es sich z. B. um Fälle, in denen sich der Täter durch Einnehmen eines Mittels für eine Marschübung oder einen Dienstflug untauglich macht (Begrdg. 40).

3. Bis zu 15 Jahren (§ 16 Abs. 2). — **4.** Anm. 14 zu § 64. — **5.** Von mindestens 43 Tagen (§ 17 Abs. 1). — **6.** §§ 9, 10. — **7.** Anm. 4 zu § 70. — **8.** Von einem bis zu 15 Jahren (§ 14 Abs. 2 StGB).

9. Auch hier Vorsatz erforderlich, wenigstens bedingter.

§ 82

(weggefallen)

---

*) Die Vorschrift ist während der Geltungsdauer des § 5 Abs. 1 Nr. 3 der Kriegssonderstrafrechtsverordnung unanwendbar, vgl. § 6 a. a. O. (Amtl. Fußnote).

§ 83*)

Dienstentziehung durch Täuschung

(1) Wer sich oder einen anderen dem Dienst[1] entzieht und dabei ein auf Täuschung berechnetes Mittel anwendet[2] oder sonst arglistig handelt[3], wird mit Gefängnis[4] bestraft. In minder schweren Fällen[5] kann auf Arrest[6] erkannt werden.

(2) Wird die Tat im Felde[7] begangen oder liegt ein besonders schwerer Fall[8] vor, so kann auf Todesstrafe oder auf lebenslanges oder zeitiges Zuchthaus[9] erkannt werden.

1. Die Worte „der Erfüllung seiner Verpflichtung zum Dienste ganz oder teilweise" (a. F.) sind, entsprechend dem § 81, durch die Worte „dem Dienst" ersetzt worden. Es soll dadurch mit der gebotenen Schärfe zum Ausdruck gebracht werden, daß es nicht darauf ankommt, ob der Täter sich dem Dienst für längere oder kürzere Zeit entziehen will. Der Soldat, der seine Vorgesetzten arglistig täuscht, um Befreiung auch nur von einem kürzeren Einzeldienst zu erlangen, muß auch strafrechtlich, nicht nur disziplinar, zur Verantwortung gezogen werden können. Es ist das Mittel der arglistigen Täuschung, das der Handlung den Charakter des kriminellen Unrechts verleiht (Begrdg. 40).

2. Anm. 10 zu § 5 KSSVO.

3. Die Erweiterung des Tatbestandes durch das Merkmal „oder sonst arglistig handelt" ist erfolgt, um der zu engen Auslegung des Tatbestandsmerkmals „Anwendung eines auf Täuschung berechneten Mittels" (s. Anm. 9b zu § 5 KSSVO) einen Riegel vorzuschieben. Arglistig handelt z. B. der Täter, der, wie es vorgekommen ist, einen Vorgesetzten zum Zweck der Dienstentziehung durch ein ganzes System von Lügen täuscht. Es ist nicht notwendig, daß er dabei ein besonderes Täuschungsmittel, z. B. Urkunden, anwendet. Die Fälle der einfachen Drückebergerei unter falschem Vorwand, selbst unter Belügen des Vorgesetzten, die nicht arglistig, also nicht in gemeiner, raffinierter Weise vorgenommen wird, fallen auch nach der Neufassung des § 83 nicht unter dessen Strafbestimmung, sondern bleiben disziplinar zu ahndendes Unrecht (Begrdg. 40).

4. Von 43 Tagen bis zu 15 Jahren (§§ 16 Abs. 2, 17 Abs. 1).

5. Anm. 14 zu § 64. — 6. §§ 16, 17, 22. — 7. §§ 9, 10. — 8. Anm. 4 zu § 70. — 9. Von einem bis zu 15 Jahren.

---

*) Die Vorschrift ist während der Geltungsdauer des § 5 Abs. 1 Nr. 3 der Kriegssonderstrafrechtsordnung unanwendbar, vgl. § 6 a. a. O. (Amtl. Fußnote).

Fünfter Abschnitt

Dienstpflichtverletzung aus Furcht, Feigheit

§ 84

Dienstpflichtverletzung aus Furcht[1]

Wer aus Furcht vor persönlicher Gefahr[2] eine militärische Dienstpflicht verletzt[3], wird mit Arrest[4] oder mit Gefängnis[5] bestraft[6].

1. § 84 entspricht inhaltlich dem früheren § 87. Den Begriff der Feigheit behält das Gesetz besonderen Fällen vor, die nach ihrem Unrechtsgehalt eine schwere und entehrende Strafe nach sich ziehen müssen (§ 85). Es erscheint daher nicht angemessen, für die unter den § 84 fallenden Straftaten den Täter als Feigling zu brandmarken, z. B. wenn er aus Furcht eine militärische Dienstpflicht beim Turnen, Schwimmen oder Reiten oder bei einem ärztlichen Eingriff verletzt (Begrdg. 40).

2. „Die Tapferkeit des Soldaten ist gewiß vom Zustand der Nerven abhängig. Ist dieser im konkreten Einzelfall nicht so, wie er sein soll, so ist es seine Aufgabe, das Gefühl der Schwäche oder Furcht durch Einsatz aller Willenskräfte niederzukämpfen und zu überwinden" (Schwinge, Der Schuldbegriff des Militärstrafrechts, ZWehrR. II S. 443/448). „Das soldatische Pflichtgebot muß unerbittlich sein. Maßstäbe, die auf den einzelnen als Individuum und seine individuelle Not abgestellt sind, haben hier keinen Platz. In den Fällen nachweisbarer nervöser Überbeanspruchung muß die Gnadeninstanz helfen" (Schwinge, I zu § 49).

3. Sie mag auf bestimmten, schriftlich oder mündlich gegebenen Befehlen oder Anordnungen oder auf militärdienstlichen Grundsätzen (z. B. Pflichten des deutschen Soldaten) beruhen (2, 101; 9, 241; 14, 185; 21, 211). Im übrigen s. Anm. 5 zu § 29. Bedingter Vorsatz genügt.

4. §§ 16, 17, 22. — **5.** Von 43 Tagen bis zu 15 Jahren (§§ 16 Abs. 2, 17 Abs. 1).

6. Straffreiheit und Strafmilderung infolge von Mutbeweisen: § 86.

§ 85

Feigheit[1]

(1) In besonders schweren Fällen[2] der Dienstpflichtverletzung aus Furcht (§ 84) ist wegen Feigheit auf Todesstrafe oder auf lebenslanges oder zeitiges Zuchthaus[3] zu erkennen.

(2) Ein besonders schwerer Fall kann namentlich dann vorliegen, wenn die Tat während einer Kampfhandlung oder zu einer Zeit, in der

eine Kampfhandlung zu erwarten ist[4], oder in besonders schimpflicher Weise begangen worden ist oder wenn sie einen erheblichen Nachteil[5] herbeigeführt[6] hat[7].

1. S. Anm. 1 zu § 84.

2. Ein solcher kann auch in Friedenszeiten vorliegen, z. B. wenn ein Schwimmlehrer sich überhaupt nicht für einen Rettungsversuch einsetzt und einen der seiner Obhut anvertrauten Soldaten ertrinken läßt (Begrdg. 40). Im übrigen s. Abs. 2 und Anm. 4 zu § 70.

3. Von einem bis zu 15 Jahren (§ 14 Abs. 2 StGB).

4. Der Täter braucht nicht zu den Kämpfenden zu gehören, auch braucht die Truppe, der er angehört, nicht unmittelbar an der Kampfhandlung teilzunehmen; erforderlich ist dagegen, daß die Kampfhandlung in Wirklichkeit zur Zeit der Tat bereits eingeleitet ist oder Vorbereitungen dafür getroffen sind, und daß die Truppe in irgendeiner Weise zur Kampfhandlung in Beziehung steht. Eingeleitet ist die Kampfhandlung regelmäßig schon dann, wenn die Gegner, sich gegenseitig beobachtend, einander im Feuerbereich gegenübergerückt sind, jeden Augenblick zum Angriff oder zur Abwehr bereit (19, 152).

5. Anm. 6 zu § 92. — 6. Anm. 13 zu § 92.

7. Die beispielhafte Aufzählung der Merkmale im Abs. 2 will darauf hinweisen, daß, wo diese Merkmale zutreffen, die Prüfung der Frage, ob ein besonders schwerer Fall vorliegt, unerläßlich ist. Das Gesetz spricht aber nicht aus, daß ein besonders schwerer Fall angenommen werden muß, wenn eine dieser Voraussetzungen gegeben ist. Das wird bei der für das Feldverhältnis bedeutungsvollen Begehung der Tat während oder in Erwartung einer Kampfhandlung deutlich. Die bloße zeitliche Verknüpfung mit der Kampfhandlung braucht der Tat, wie schon aus Anm. 4 erhellt, für sich allein noch nicht den Charakter der Feigheit zu geben (Begrdg. 40).

§ 86

Milderung bei Mutbeweisen

Hat der Täter nach der Tat[1] hervorragenden Mut bewiesen, so kann in den Fällen des § 84 von Strafe abgesehen[2] und in den Fällen des § 85 auf Gefängnis[3] erkannt werden[4].

1. Zwischen Tat und Urteil.

2. Kein Freispruch, sondern Erklärung für schuldig, aber straffrei (Romen-Rissom 3, Sohl im Hdwbch. 304).

3. Von 43 Tagen bis zu 15 Jahren (§§ 16 Abs. 2, 17 Abs. 1).

4. Auch dann, wenn mit den Straftaten nach §§ 84, 85 Verletzungen anderer Strafgesetze, z. B. § 83 (Dienstentziehung durch Täuschung), § 92 (Ungehorsam) in Tateinheit zusammentreffen (Begrdg. 40).

§§ 87, 88

(weggefallen)

Sechster Abschnitt

Strafbare Handlungen gegen die Pflichten der militärischen Unterordnung

§ 89

Drohung gegen einen Vorgesetzten

(1) Wer[1] im Dienste[2] oder in Beziehung auf eine Diensthandlung[3] einen Vorgesetzten[4] mit der Begehung[5] eines Verbrechens oder Vergehens bedroht[6], wird mit geschärftem Arrest nicht unter vierzehn Tagen oder mit Gefängnis oder Festungshaft[7] bestraft.

(2) Wird die Tat im Felde[8] begangen oder liegt ein besonders schwerer Fall[9] vor, so kann auf Todesstrafe oder auf lebenslanges oder zeitiges Zuchthaus[10] erkannt werden.

1. Die den §§ 89—97 zugrunde liegenden Normen, die unter den Voraussetzungen des § 6b Abs. 1 auch auf Wehrpflichtige des Beurlaubtenstandes Anwendung finden, richten sich nur an Untergebene, d. h. an solche, die im einzelnen Falle unter bestimmten Voraussetzungen einer bestimmten anderen Person (Vorgesetzter) gegenüber tatsächlich „untergeben" sind; es könnten also überall in den angeführten Paragraphen an die Stelle des „wer" die Worte „ein Untergebener, der" gesetzt werden, ohne daß am Sinn des Tatbestandes irgend etwas geändert würde. Das ergibt sich im übrigen auch ausdrücklich aus § 98, wonach in den vorhergehenden Paragraphen dieses Abschnitts als Täter stets ein „Untergebener" gemeint ist. Dem „Untergebenen" entspricht auf der anderen Seite der in den einzelnen Tatbeständen wiederkehrende Begriff „Vorgesetzter", gegen den die Straftat sich richtet. Vorgesetzter und Untergebener sind korrespondierende Begriffe, die aufeinander angewiesen sind, die sich gegenseitig bedingen und voraussetzen (16, 136).

2. Dienst ist jede Verrichtung eines Wehrmachtangehörigen (§ 4) innerhalb seiner Berufspflichten auf Grund militärischer Vorschrift oder militärdienstlichen Grundsatzes (1, 30; 2, 101; 7, 188) oder eines besonderen auf solcher Vorschrift oder solchem Grundsatz beruhenden Befehls. Beaufsichtigung durch einen Vorgesetzten ist zwar grundsätzlich notwendig, wenigstens für Verrichtungen, die nicht ohne weiteres als militärische erkennbar sind (7, 88 und 188; 15, 190; PE. 3, 112), nicht aber für die Anwendung des § 89. Daß eine Verrichtung von einem Vorgesetzten als Dienst erklärt ist, genügt nicht ohne weiteres, um sie zu einer Dienstleistung zu machen (PE. 11, 19). Weiteres über den Begriff „Dienst" bei §§ 47 (Anm. 2b), 49 (Anm. 5) und 111 (Anm. 13).

3. Jede Art von Tätigkeit, die aus dienstlichen Gründen, dienstlicher Veranlassung recht- oder pflichtmäßig erfolgt, auch jede Handlung, die in irgendeiner Beziehung zum militärischen Dienste steht, zu dem Kreise der dem Vorgesetzten obliegenden militärischen Pflichten gehört (7, 88), oder mit der der Vorgesetzte einen dienstlichen Zweck zu erreichen strebt, vorausgesetzt, daß die vorgenommene Handlung an sich innerhalb der Zuständigkeit des Vorgesetzten liegt (10, 193; 16, 58). Ob die Diensthandlung bereits geschehen ist oder erst künftig geschehen soll, ob sie der Art und der Zeit nach oder sonstwie schon bestimmt ist oder nicht, ist unerheblich (1, 185).

4. Anm. 3 zu § 47.

5. Es wird nicht erfordert, daß der Drohende das Übel als unmittelbar durch eigene Tätigkeit zu bewirkendes ankündigt; immer aber wird zur Drohung vorausgesetzt, daß der Drohende ein von ihm, sei es auch nur mittelbar zu veranlassendes Übel in Aussicht stellt (RGSt. 3, 756; 24, 151; 27, 307).

6. Die Bedrohung mit einem objektiv und subjektiv strafbaren, militärischen oder bürgerlichen Verbrechen oder Vergehen (§ 1 MStGB, § 1 StGB) muß geeignet sein, einen Zwang auf den Willen des Bedrohten auszuüben (RMG. 2, 196), gleichgültig ob der Drohende ernstlich gewillt ist, die Drohung auszuführen, diese also ernstlich gemeint ist oder nicht. Es genügt der Wille des Täters, daß sein Tun nach außen wahrnehmbar ist und von Dritten als Inaussichtstellen eines Übels aufgefaßt werden kann (18, 116). Daß der bedrohte Vorgesetzte von der Bedrohung Kenntnis erlangt, ist nicht notwendig (ZWehrR. II S. 518 Nr. 231). Vorsatz ist erforderlich (14, 74), es genügt aber, daß sich der Täter des achtungverletzenden Charakters seiner Handlung bewußt ist (20, 302/305). Wer die Hand gegen einen Vorgesetzten erhebt ohne die Absicht, zuzuschlagen, macht sich der Drohung schuldig, während tätlicher Angriff (§ 97) vorliegt, wenn der Täter schlagen will, aber daran gehindert wird; Dörken-Scherer 6.

7. Von 43 Tagen bis zu 15 Jahren (§§ 16 Abs. 2, 17 Abs. 1). Über die Zulässigkeit von Festungshaft s. Fußnote zu § 21. Strafmilderung § 98.

8. §§ 9, 10. — 9. Anm. 4 zu § 70. Ein besonders schwerer Fall wäre z. B. die vor Kameraden oder Zivilpersonen getane Äußerung: „Wenn wir vorn eingesetzt werden, gilt meine erste Kugel nicht einem Engländer, sondern dem Oberleutnant X" (Kompanieführer).

10. Von einem bis zu 15 Jahren (§ 14 Abs. 2 StGB).

§ 90

(weggefallen)

§ 91

Beleidigung eines Vorgesetzten oder im Dienstrang Höheren

(1) Wer[1] einen Vorgesetzten[2] oder im Dienstrang Höheren[3] durch üble Nachrede (§ 186 des Strafgesetzbuchs) beleidigt[4], wird mit Freiheits-

strafe[5] bis zu zwei Jahren und, wenn die Beleidigung im Dienste[6] oder in Beziehung auf eine Diensthandlung[7] begangen wird, mit Freiheitsstrafe bis zu drei Jahren bestraft.

(2) Ist die Beleidigung durch Verbreitung[8] von Schriften, Darstellungen oder Abbildungen begangen, so ist auf Gefängnis oder Festungshaft bis zu fünf Jahren zu erkennen.

(3) Ist die Beleidigung eine verleumderische (§ 187 des Strafgesetzbuchs)[9], so tritt Gefängnis bis zu fünf Jahren ein[10].

1. Anm. 1 zu § 89. — **2.** Anm. 3 zu § 47.

3. Soldaten oder Wehrmachtbeamten, z. B. Leutnant einen Heeresjustizamtmann; auch Unteroffiziere der Rangklassen B III 1 und 2 sind gegenüber den Unteroffizieren der Rangklasse B III 3 (s. Anhang 1 S. 248) „im Dienstrang Höhere".

4. Formell kommt für das MStGB weder § 186 noch § 187 StGB in Anwendung; beide Vergehen sind vielmehr im § 91 zusammengefaßt. Trotz der formellen Unanwendbarkeit der §§ 186, 187 StGB ist aber ihr sachlicher Unterschied für die Abgrenzung des Begriffs „Beleidigung" im Abs. 1 und Abs. 3 des § 91 bedeutsam (3, 36). Einfache Beleidigungen Vorgesetzter (§ 185 StGB) sind nur disziplinarisch strafbar, falls nicht der Beleidigte oder seine Vorgesetzten gemäß §§ 194, 196 StGB Strafantrag stellen. Wird die deutsche Wehrmacht als solche — als die Gemeinschaft aller waffentragenden Männer — in ihrer Ehre verletzt, so ist zwar der Chef des Oberkommandos der Wehrmacht in erster Linie zur Stellung des Strafantrags berufen; es genügt aber, wenn der höhere örtliche Befehlshaber — z. B. der Befehlshaber im Wehrkreis — den Strafantrag gestellt hat, in dessen Befehlsbereich die Tat begangen wurde (RKG. 2, 100).

Wer die Ehre einer Frau antastet, verletzt zugleich die des Ehemanns. Diese Auffassung wurzelt in der deutschen Auffassung der Familie. Der Schimpf, den ein Mitglied erleidet, trifft die Gemeinschaft. In der Ehefrau wird daher der Ehemann selbst beleidigt (RGSt. 70, 97), es sei denn, daß er seine eigene Ehe mißachtet, verletzt und in den Schmutz zieht (L. G. Limburg v. 14. 1. 43 D. R. 43 S. 576). Ist der Ehemann Vorgesetzter des Täters, so ist dieser nach § 91 zu bestrafen, wenn er sich bewußt war, durch die Beleidigung der Ehefrau deren Ehemann als Vorgesetzten zu treffen; ähnlich Schwinge III, Schomerus, ZWehrR. I S. 539, Zacherl, ZWehrR. I S. 237, Brandstetter, ZWehrR. I S. 421, ablehnend Sack, ZWehrR. I S. 237.

Üble Nachrede ist die Behauptung oder Verbreitung einer nicht erweislich wahren, objektiv beleidigenden Tatsache (16, 58/60). Behaupten und Verbreiten sind gleichwertig nebeneinandergestellt. Unter Behauptung von Tatsachen sind Kundgebungen zu verstehen, wodurch diese Tatsachen vom Täter einem anderen gegenüber als Gegenstand eigenen Wissens oder Überzeugtseins hingestellt werden (8, 5), während Verbreitung nicht nur eine Mitteilung an weitere Kreise, sondern überhaupt eine Mitteilung an einen anderen, mithin sogar eine streng vertrauliche Mitteilung bedeutet (7, 72). Beim Mangel des Beweises der Wahrheit wird die Bestrafung weder durch das mangelnde Bewußtsein der Unwahrheit noch durch den Glauben an die Wahrheit ausgeschlossen (3, 36).

5. §§ 16, 17, 21. — **6.** Anm. 2 zu § 89. — **7.** Anm. 3 zu § 89.

8. Hier — anders als im Abs. 1 — Zugänglichmachung an einen größeren Kreis, von dem mindestens eine Person Kenntnis der Schrift usw. erlangt haben muß (11, 304). Schriften sind nicht nur Presseerzeugnisse, sondern auch Handschriften, Darstellungen, auch Zeichnungen usw.

9. Behauptung oder Verbreitung einer objektiv unwahren ehrenkränkenden Tatsache wider besseres Wissen.

10. Die §§ 190—192 StGB sind auch auf Beleidigungen nach § 91 anwendbar (16, 6 und 115; 6, 69; 17, 65 und 204), hingegen nicht unmittelbar § 193 StGB. Das RMG. hat in ständiger Rechtsprechung (3, 36; 4, 188; 18, 84), ebenso das RG. (59, 330) ausgesprochen, daß § 193 StGB weder der Form noch dem Inhalt nach auf § 91 MStGB angewendet werden könne. An die Stelle des § 193 StGB träten militärische Grundsätze und Vorschriften. Die Richtigkeit dieser Auffassung ist schon früher und auch im neueren wehrstrafrechtlichen Schrifttum angegriffen worden, so von Schwinge (V). Aber auch das RKG. hat sich auf den — allein mit der Aufrechterhaltung der Mannszucht vereinbaren — Standpunkt gestellt, „daß § 193 StGB auf Beleidigungen eines Vorgesetzten durch einen Untergebenen nicht unmittelbar angewendet werden kann, sondern daß für die Beantwortung der Frage, ob eine Beleidigung eines Vorgesetzten durch einen Untergebenen, sei es im Sinne von § 185 StGB, sei es im Sinne einer üblen Nachrede nach §§ 186 StGB, 91 MStGB, vorliegt, die dem § 193 StGB zugrundeliegenden, auf die bürgerlichen Verhältnisse abgestellten Gedanken nach § 2 MStGB entscheidend von den Gesichtspunkten und Notwendigkeiten des soldatischen Lebens beherrscht werden müssen. An erster Stelle steht hier die Wahrung der Mannszucht. Um ihretwillen muß der Vorgesetzte schon in seiner Eigenschaft als solcher gegen unwahre, ehrenkränkende Äußerungen eines Untergebenen geschützt werden. Gleichwohl kann eine Behauptung dieser Art unter bestimmten Umständen nicht rechtswidrig sein und damit nach oder im Sinn des § 193 StGB straflos bleiben. Das ist u. a. dann der Fall, wenn der Untergebene die nicht als wahr zu erweisende Behauptung zu seiner Verteidigung aufgestellt hat, wenn er (nach dem Wortlaut der Äußerung und den Umständen des Falls) nicht die Absicht hatte, den Vorgesetzten zu beleidigen, und wenn er schließlich in gutem, nicht leichtfertigem Glauben an die Richtigkeit seiner Behauptung gehandelt hat" (RGK. v. 24. 8. 39 Rev. L. 110/39 I). Leichtfertig behauptet eine Tatsache, wer sie grobfahrlässig behauptet. Das gilt auch von Anzeigen strafbarer Handlungen, die von Vorgesetzten gegen Untergebene erstattet werden (4, 260/268). Bei Beantwortung der Frage, ob der Täter leichtfertig gehandelt hat, ist die innere

Tatseite besonders sorgfältig zu prüfen, und zwar vom Standpunkt des Täters z. Zt. der Tat aus und nicht mit den Beweismitteln und Erkenntnisquellen, die dem Richter nachträglich zur Verfügung stehen (RKG. 1, 106). Durch Nichteinhaltung des vorgeschriebenen Dienstwegs bei Beschwerden dienstlicher Art wird die Anwendung des § 193 StGB ausgeschlossen; Hülle, ZWehrR. I S. 190. Zum Beweis der Wahrheit nach § 186 StGB reicht aus, wenn die Behauptung im großen und ganzen, in ihren wesentlichen Punkten, richtig ist (RKG. 1, 105).

Die §§ 194 und 196 StGB sind auf § 91 im Hinblick auf § 51 nicht anwendbar. Unbedingt ausgeschlossen ist auch die Heranziehung der §§ 188 (Zuerkennung einer Buße), 199 (Straffreierklärung bei einer auf der Stelle erwiderten Beleidigung) und 200 StGB (Veröffentlichungsbefugnis; 1, 134/141). Auch bei Beleidigungen Vorgesetzter im Sinne des § 185 StGB hat § 199 StGB gemäß § 2 außer Betracht zu bleiben (a. A. RG. v. 5. 9. 30 — 4 D 91/30).

Strafmilderung § 98.

§ 92

Ungehorsam

(1) Wer[1] einen Befehl in Dienstsachen[2] nicht befolgt[3] und dadurch vorsätzlich[4] oder fahrlässig[5] einen erheblichen Nachteil[6], eine Gefahr[7] für Menschenleben[8] oder in bedeutendem Umfang für fremdes Eigentum[9] oder eine Gefahr für die Sicherheit des Reichs[10] oder für die Schlagfertigkeit[11] oder Ausbildung[12] der Truppe herbeiführt[13], wird mit geschärftem Arrest nicht unter einer Woche oder mit Gefängnis oder Festungshaft[14] bis zu zehn Jahren bestraft.

(2) Wird die Tat im Felde[15] begangen oder liegt ein besonders schwerer Fall[16] vor, so kann auf Todesstrafe oder auf lebenslanges oder zeitiges Zuchthaus[17] erkannt werden.

(3) Ist die Tat fahrlässig[5] begangen, so tritt Freiheitsstrafe[18] bis zu fünf Jahren ein.

1. Anm. 1 zu § 89. — **2.** Anm. 2 zu § 47. Dienstsache sind auch die allgemeinen Dienstverhältnisse des Soldaten, z. B. die Straßendisziplin (1, 105; 6, 104). Zu den Befehlen in Dienstsachen gehören demnach auch die Befehle, die sich zwar auf das außerdienstliche Verhalten beziehen, aber in unmittelbarer Beziehung zur allgemeinen militärischen Mannszucht stehen und zu deren Aufrechterhaltung erlassen sind (RG. v. 10. 11. 27 — 3 D 724/27 — Jurist. Rundschau 1928 Nr. 100).

Beispiele aus der Rechtsprechung für Befehle in Dienstsachen: a) Verbote des Rauchens im Stalle (5, 3), b) Befehle die Grußpflicht betreffend (PE. 5, 107), c) Befehle, zwecks Aufrechterhaltung der militärischen Autorität den Mund zu halten (1, 105), d) Befehle eines Sanitätsoffiziers an kranke

Unterge ene, sich behandeln zu lassen. Die Pflicht, sich einem Eingriff in den Körp , der die Wiederherstellung der Dienstbrauchbarkeit bezweckt, zu unterwerfen, beruht auf der Wehrpflicht (16, 203; 22, 45). Für die Dauer des Krieges hat sich nach dem Erlaß des OKW. v. 7. 10. 40 (HVBl. B S. 491 Nr. 749) jeder Wehrmachtangehörige zur Erhaltung, Wiederherstellung, Hebung und Beurteilung der Dienstfähigkeit denjenigen ärztlichen Maßnahmen zu unterziehen, durch die nach wehrmachtärztlichem Urteil mit Wahrscheinlichkeit der beabsichtigte Zweck erreicht wird. Die Entscheidung hierüber trifft der für die Behandlung zuständige Sanitätsoffizier (Truppenarzt, lt. Sanitätsoffizier der Krankenabteilung, behandelnder Sanitätsoffizier) in pflichtmäßigem Ermessen nach den hierfür ergehenden Weisungen des OKW. Bei Ranghöheren entscheidet bei Einspruch derjenige Fachvorgesetzte des behandelnden Sanitätsoffiziers, der ranghöher ist als der Einsprucherhebende. Diesbezügliche Anordnungen eines Sanitätsoffiziers gelten als Befehl in Dienstsachen i. S. der Vorschriften der §§ 92ff. Dem vorgenannten Erlaß sind „Sanitätstechnische Weisungen zur Operationspflicht" beigefügt, um eine einheitliche Handhabung der den Sanitätsoffizieren übertragenen Vollmacht zu gewährleisten, und es sind darin folgende Anordnungen getroffen, deren genaueste Befolgung jedem Sanitätsoffizier zur Pflicht gemacht ist:

1. Der zur Erhaltung, Wiederherstellung, Hebung oder Beurteilung der Dienstfähigkeit angeordnete Eingriff muß nach pflichtmäßigem Ermessen des anordnenden Sanitätsoffiziers unbedingt erforderlich sein und durch den Eingriff der beabsichtigte Zweck mit dem Grade der Wahrscheinlichkeit erreicht werden.

2. Eingriffe zur Hebung einer bereits bei der Einstellung als herabgesetzt festgestellten Kriegsbrauchbarkeit (g.v. oder a.v.) dürfen nur angeordnet werden, wenn der betreffende Wehrmachtangehörige dadurch mit an Sicherheit grenzender Wahrscheinlichkeit k.v. wird.

3. Die Entscheidung, ob ein Eingriff anzuordnen ist, kann in Zweifelsfällen von den Armee- und Wehrkreisärzten, den Chefs der Sanitätsämter, den Luftflotten-, Luftgau- und Flakkorpsärzten, Fliegerkorpsärzten und den ihnen dienststellenmäßig gleichgestellten Sanitätsoffizieren eingeholt werden. Dasselbe gilt auch für diejenigen Fälle, bei denen es sich um erhebliche Eingriffe handelt und eine Befehlsverweigerung des Patienten zu erwarten ist.

Weitestgehende Beteiligung von anerkannten Fachärzten, einschließlich der Beratenden Ärzte, zur Entscheidung und Durchführung der Eingriffe wird den für die Anordnung verantwortlichen Sanitätsoffizieren zur Pflicht gemacht.

4. Eingriffe, nach deren Gelingen die Kriegsbrauchbarkeit voraussichtlich lediglich als a.v. zu beurteilen wäre, sowie alle Amputationen ganzer oder halber Gliedmaßen sind grundsätzlich nur mit dem Einverständnis des Patienten auszuführen.

5. Der Erlaß des OKW. vom 7. 10. 1940 (HVBl. B S. 491 Nr. 749) ermächtigt nicht zur Anordnung von Eingriffen, die sich nicht auf die Dienstfähigkeit beziehen, aber aus sonstigen Gründen erforderlich erscheinen (z. B. Eingriffe zur Verbesserung der späteren Arbeitsfähigkeit u. ä. m.).

6. Jeder Sanitätsoffizier, der gegen diese Anordnung verstößt, kann zur Verantwortung gezogen und nach den geltenden Bestimmungen, gegebenenfalls sogar wegen Mißbrauch der Dienstgewalt, bestraft werden (s. hierzu Müller, Operationspflicht, ZWehrR. V S. 538).

Weitere Beispiele für Befehle in Dienstsachen: e) Der auf Nr. 5 (Vorzeigepflicht) der H.Dv. 76 / M. Dv. Nr. 15/18 / L.Dv. 38 (Bestimmungen über Personalausweise für die Wehrmacht) gestützte Befehl des OKH. v. 20. 5. 41 (HVBl. B S. 203 Nr. 331), daß der Truppenausweis (Soldbuch) Vorgesetzten und im Dienstrang Höheren, ferner Streifen, Zugkontrollen und Posten der Wehrmacht sowie Polizei- und Gendarmeriebeamten auf Verlangen so vorzuzeigen ist, daß einwandfreie Feststellung der Person und Überprüfung der ordnungsmäßigen Beschaffenheit des Ausweises möglich ist (HVBl. 1942 B S. 97 Nr. 147; lediglich die Kontrollorgane der Wehrmacht dürfen den Personalnachweis sich auch kurz aushändigen lassen, haben ihn jedoch sofort nach Einsichtnahme an Ort und Stelle dem Inhaber wieder zurückzugeben), f) der einem Rüstungs-Urlauber der Wehrmacht erteilte Befehl zur Arbeitsaufnahme an bestimmter Stelle. Leistet er diesem Befehl keine Folge, legt er die Arbeit grundlos nieder oder bleibt er ihr unentschuldigt fern, so liegt nach Auffassung des OKH. (übereinstimmend Steigertahl, ZWehrR VII S. 121) nur Ungehorsam vor, unerlaubte Entfernung (§ 64) höchstens dann, wenn sich der Rüstungs-Urlauber mit dem Verlassen seines Arbeitsplatzes auch der Überwachung durch das für ihn zuständige Wehrmeldeamt entzieht (die VO. betr. Sicherstellung des Kräftebedarfs für Aufgaben von besonderer staatspolitischer Bedeutung v. 13. 2. 39 — RGBl. I S. 206 — ist für Rüstungs-Urlauber ohne Bedeutung, weil Soldaten nicht dienstverpflichtet werden; unter Umständen liegt Tateinheit von Ungehorsam und einem Verstoß gegen die VO. über Lohngestaltung v. 25. 6. 38 — RGBl. I S. 691 i. V. mit den auf sie gestützten für einzelne Wirtschaftsgebiete ergangenen Anordnungen der Reichstreuhänder der Arbeit oder gegen die VO. über die Beschränkung des Arbeitsplatzwechsels v. 1. 9. 39 — RGBl. I S. 1685 vor; diese Verstöße sind aber nur auf Antrag des Reichstreuhänders usw. verfolgbar), g) Befehle zur Aufrechterhaltung der Straßendisziplin (2, 205; RGSt. 58, 110), h) Befehle anläßlich der Überwachung des außerdienstlichen Verhaltens Untergebener (2, 283), i) Befehl des Batterieführers, daß ein betrunkener Geschützführer an einem Schauexerzieren nicht teilnehmen soll (RGSt. 66, 187), k) Befehle betr. die Führung des Nachweises, daß die Führung des Haushalts geldlich gesichert ist, als Voraussetzung für die Heiratserlaubnis gemäß Ziff. 3d der Heiratsordnung v. 1. 4. 36 (3, 125) und Befehle hinsichtlich der Angabe vorhandener Schulden (13, 229), l) Befehle in Angelegenheiten der Mannschaften, denen sich der Vorgesetzte in dienstlicher Eigenschaft aus Fürsorge für die Mannschaften unterzieht (6, 104), m) Befehle an die zur Teilnahme als Schüler an einem Unterricht befehligten Unteroffiziere seitens des Lehrers hinsichtlich dieses Unterrichts, n) die Bestimmungen der WStVzV. betr. Überwachung des Briefverkehrs Verhafteter (14, 90), o) der Befehl zur Leistung des Fahneneides, dessen Verweigerung in dem vorgeschriebenen Wortlaut unzulässig ist (R. K. M. v. 14. 10. 36 Nr. 405/36 WR V; vgl. Dietz, Einst.- u. EntlBest. S. 79), p) die Bestimmungen der Urlaubsordnung v. 28. 8. 35 über die Zuständigkeit der Vorgesetzten zum Erteilen von Urlaub, soweit sie die Grenzen der Befugnis zur Beurlaubung für die einzelnen Befehlshaber festsetzen, da hierin für die Befehlshaber das Verbot enthalten ist, jene Grenzen zu überschreiten (16, 19), q) die von den Kommandostellen gemäß § 26 WG. für Soldaten allgemein oder im Einzelfalle erlassenen Verbote des Erwerbs der Mitgliedschaft in Vereinigungen, die als politische anzusehen sind, und des Besuchs von Versammlungen derartiger Vereinigungen. An Versammlungen und Veranstaltungen der NSDAP und ihrer Gliederungen darf der einzelne Soldat teilnehmen (Dietz, WG. S. 181), r) der auf Grund des § 25 WG. erteilte Befehl, über alle während der Zugehörigkeit zur Wehrmacht, insbesondere während einer Übung, in Erfahrung gebrachten militärischen Dinge gegenüber Außenstehenden Stillschweigen zu bewahren. Ein solcher Befehl geht seinem Inhalt nach über den Rahmen der Strafbestimmungen über Landesverrat wesentlich hinaus. Es kann aber Tateinheit (§ 73 StGB) des Ungehorsams mit dem Verbrechen des Landesverrats bestehen; RKG. v. 7. 10. 38 StPL. (HLS) 46/38, s) Anweisungen der Vorgesetzten nach Abschnitt II Nr. 1 der — als Anhang 4 S. 256 abgedruckten — Richtlinien „Polizei und Wehrmacht" (RKG. 1, 225), t) der die Benutzung eines wehrmachteigenen Kraftfahrzeugs regelnde Fahrbefehl. Wer entgegen diesem Befehl einen ihm überlassenen Kraftwagen zu Privatfahrten benutzt, macht sich nur des Ungehorsams schuldig, nicht eines Vergehens gegen die VO. v. 20. 12. 32 (RGBl. I S. 496), u) der Befehl, wonach Angehörige der Wehrmacht, sofern sie nicht eine unaufschiebbare dienstliche Angelegenheit zu erledigen haben, bei Flakbeschuß sofort die Straße zu räumen und bei Fliegeralarm die öffentlichen oder sonstigen Luftschutzräume aufzusuchen sowie den Anordnungen der Polizeiorgane Folge zu leisten haben (HVBl. 1942 B S. 97 Nr. 148), v) die Anordnung eines Sanitätsoffiziers betr. die Heranziehung eines hierfür nach wehrmachtärztlichem Urteil als geeignet anzusehenden Wehrmachtangehörigen als Blutspender (HVBl. 1942 B S. 325 Nr. 519). Über schweren fliegerischen Ungehorsam s. Anm. 6.

Unbeachtlich, weil keine Befehle „in Dienstsachen", sondern nur „Scheinbefehle" (Dietz, WDStO. S. 48), wären ein der Aufwartung erteilter Befehl zur Verauslagung eigener Mittel für Besorgungen (PE. 3, 128 a) und ein Befehl, aus Privatmitteln eine Schürze zur Schonung der Uniform anzuschaffen (21, 121). Den Befehl, unter die Betten zu kriechen und Tierstimmen nachzuahmen, selbst wenn er Rekruten erteilt wird, um ihnen überlautes Lachen und Sprechen oder eine körperliche Vernachlässigung abzugewöhnen (RKG. v. 4. 11. 37 Rev.L. 130/37 I), und den einem völlig gesunden Chefarzt eines Standortlazaretts erteilten Befehl, sich auf seinen Geisteszustand untersuchen zu lassen (RGSt. 59, 336), sieht Dietz (a. a. O. S. 49) mit Recht als „unsinnige, unhaltbare, wehrdienstlich nicht vertretbare Befehle" und deswegen als unverbindlich an. Das gleiche würde von dem Befehl gelten, einen Festgenommenen mit dem Gewehrkolben in die Kniekehlen zu stoßen, obwohl dies nach Lage des Falles zur Durchführung des Transportes nicht erforderlich ist (10, 193). Hingegen würde ein dem Untergebenen erteilter Befehl, im ordentlichen gerichtlichen Verfahren als Beschuldigter oder Angeklagter auszusagen oder die Wahrheit zu sagen, zwar im Gegensatz zu den allgemeinen Rechtsgrundsätzen stehen, nach denen kein Beschuldigter verpflichtet ist, sich zur Sache auszulassen, trotzdem aber, wenn er vom zuständigen Vorgesetzten nach pflichtmäßigem Ermessen erteilt wird, „die Meldepflicht des Untergebenen auch wegen der eigenen strafbaren Handlung" begründen (Dietz, a. a. O. S. 336). Im übrigen ist ein Befehl zur Auskunft auch dann verbindlich, wenn der Untergebene sich durch Ausführung der Gefahr einer strafrechtlichen Verfolgung aussetzt (14, 199). Unverbindlich sind auch sogenannte „gewaltlose Befehle", die von einem Nichtvorgesetzten oder an einen Nicht-Untergebenen erteilt werden. Hierzu gehört auch der aus formalen Gründen der Zuständigkeit gewaltlose Befehl (RKG. im Rechtsgutachten v. 1. 6. 43 A. L. 18/43 unter Bezugnahme auf Kalberlah, Der bindende rechtswidrige Befehl, ZWehrR. VII S. 297/305; Dietz, WDStO S. 48). Hingegen können rechtsfremde („rechtswidrige") Befehle verbindlich sein (s. Anm. 2c zu § 47).

3. Eine gesetzlich verbotene und mit Strafe bedrohte Handlung kann grundsätzlich nicht noch unter die besondere Strafbestimmung des § 92 gestellt werden, es sei denn, daß sich die verschiedenen Normen nach Inhalt und Zweckbestimmung nicht decken; RG. v. 21. 7. 36 — 4 D 472/36 — ZWehrR. I S. 317, RKG. 1, 86 und 149, a. A. Schwinge VII, Meier-Branecke, ZWehrR. II S. 377, Fiedler, ZWehrR. II S. 383, nicht unbedingt zustimmend Hodes, ZWehrR. II S. 485. Jedoch ist der Rechtsprechung des RG. und des RKG. schon aus folgender Überlegung heraus zuzustimmen: Im nationalsozialistischen Staat ist das Gesetz kein Akt der Volksvertretung (Parlamentsgesetz), sondern Führerbefehl (Hildebrandt, Rechtsquellen, H. d. R. VIII S. 560). Gesetzgeber und Oberster Befehlshaber der Wehrmacht sind demnach personengleich. Daher bindet der im Gesetz niedergelegte Wille des Führers ohne weiteres auch die seiner Kommandogewalt unterworfenen Wehrmachtangehörigen, so daß es nicht nur überflüssig, sondern sogar mit dem Grundsatz der militärischen Unterordnung unvereinbar wäre, eine gesetzliche Norm zum Gegenstand eines inhaltlich und seiner Zweckbestimmung nach gleichlautenden Befehls zu machen*). Das

---

*) In der Tat ist jede nach 1933 erlassene Gesetzesbestimmung, sofern sie Dienstsachen (Anm. 2) betrifft und klar und unzweideutig auf ein bestimmtes Tun oder Unterlassen abzielt,

könnte höchstens in der Weise geschehen, daß durch Befehl ein besonders scharfer Hinweis auf ein gesetzliches Verbot erfolgt. Ein solcher Befehl würde sich als Grundlage für den Beweis der Schuld des Täters und für die Strafzumessung verwerten lassen (RG. v. 21. 7. 36 — 4 D 472/36 — ZWehrR. I S. 317). Strafbar wäre aber nicht der Ungehorsam gegen den Befehl, sondern die Verwirklichung des im Gesetz unter Strafe gestellten Tatbestandes, falls das Gesetz eine Strafdrohung enthält.

I. Bloße Pflichtwidrigkeit ist noch kein Ungehorsam, auch dann nicht, wenn der Untergebene im Unterricht über seine Pflichten belehrt war. Denn Belehrung in der Unterrichtsstunde ist an sich noch kein Befehl (Dietz, WDStO. S. 46; RGSt. 64, 71). Es ist also in derartigen Fällen stets festzustellen, ob, wann und durch wen wirklich ein Befehl, z. B. im Stall nicht zu rauchen, erteilt, insbesondere dem Täter bekanntgemacht war. Trunkenheit außer Dienst und Schuldenmachen sind regelmäßig nur auf Grund eines besonderen Verbots, das zur Aufrechterhaltung der Mannszucht zulässig ist, Ungehorsam (PE. 2, 157a). Nichtgrüßen eines Vorgesetzten ist Ungehorsam (PE. 5, 107). Auch hier müssen die betreffenden Vorschriften und ihre Bekanntgabe im Urteil festgestellt werden, falls es zu einem gerichtlichen Verfahren kommt. Fahrlässiges Ausbleiben über Zapfenstreich ist Ungehorsam (5, 267; PE. 6, 110). Auch hier ist der Befehl, durch den die Rückkehr bis zu bestimmter Zeit vorgeschrieben wurde, und dessen Bekanntgabe an den Täter festzustellen.

II. Unmöglichkeit der Ausführung rechtfertigt die Nichtbefolgung des Befehls nur, wenn der Untergebene die Ausführung mindestens versucht hat. Ist dieser Versuch trotz Anspannung aller Kräfte erfolglos geblieben, so hat der Untergebene dem Vorgesetzten zu melden, daß er den Befehl nicht ausführen könne. Die bloße Annahme des Untergebenen, daß seine Körperkräfte zur Ausführung eines erhaltenen Befehls nicht ausreichen, berechtigt ihn nicht, den Befehl unbefolgt zu lassen (14, 156; 18, 250).

III. Nachträglicher Wegfall der Gehorsamspflicht ist möglich

a) durch Zurücknahme des Befehls (12, 306),

b) durch pflichtgemäße Abweichung vom Befehl aus eigener Entschließung. „Hierbei ist es jedoch unerläßlich, daß das Hinweggehen über den Befehl einziges Mittel sein muß, die Lage zu meistern. Nur wenn die Umstände den militärischen Führer tatsächlich zu dieser Maßnahme gezwungen haben, kann er sich mit Erfolg auf diesen Rechtfertigungsgrund berufen" (Schwinge, Gehorsam und Verantwortung, Deutsche Rechtswissenschaft 4. Bd. (1939) S. 128). Auch eine veränderte Befolgung des Befehls kann Recht und Pflicht sein. Derartige Abweichungen können z. B. durch die wechselnden Lagen eines Gefechts geboten sein. Der Befehl ist dann so auszuführen, daß sein besonderer

---

für einen Soldaten auch Befehl in Dienstsachen, was auch das RKG. für § 26 WG. im Urteil v. 23. 7. 37 StPL. (HLS) 15/37 bejaht, hingegen für § 25 WG. aus Erwägungen, die meines Dafürhaltens nicht zutreffen, im Urteil v. 28. 1. 38 StPL. (HLS) 2/38 verneint hat; a. A. Heckel S. 284 (Fußnote), im wesentlichen übereinstimmend mit Hodes, ZWehrR. II S. 483.

Zweck unter Anpassung an die veränderten Verhältnisse so weit als möglich erreicht wird (10, 61 und 158). Verantwortungsfreudigkeit des Führers darf jedoch nicht darin gesucht werden, eigenmächtige Entschlüsse ohne Rücksicht auf das Ganze zu fassen oder Befehle nicht peinlich zu befolgen und ein Besserwissen an Stelle des Gehorsams treten zu lassen. Selbständigkeit darf nicht zur Willkür werden. Selbsttätigkeit, die sich in richtigen Grenzen geltend macht, ist dagegen die Grundlage großer Erfolge (T. F. I Ziff. 9).

Widersprechende Befehle verschiedener Vorgesetzter auszuführen, ist tatsächlich unmöglich. Nach wehrdienstlichen Grundsätzen ist der Untergebene verpflichtet, soweit ausführbar, dem einen befehlenden Vorgesetzten und, wenn der den letzten Befehl erteilende Vorgesetzte anwesend ist, diesem bei Vermeidung der Haftung für den Ungehorsam von dem widersprechenden Befehl Kenntnis zu geben und, wenn dieser Vorgesetzte auf seinem Befehl besteht, letzteren auszuführen (6, 98; 7, 84 und 253; 8, 143; 14, 85; 12, 18). Der den letzten Befehl ohne Aufklärung des Vorgesetzten ausführende Untergebene haftet wegen Ungehorsams gegen den ersten Befehl (12, 18). Eine Verzögerung der Ausführung infolge der nötigen Überlegung ist dem Untergebenen zugute zu halten (4, 277). Durch Übungen mit zwei einander gegenüberstehenden feindlichen Parteien wird an den allgemeinen Dienstverhältnissen sowie an den darauf beruhenden Vorgesetztenverhältnissen an sich nichts geändert (8, 140; 14, 85). Ob der von einem Vorgesetzten einem ihm nach den allgemeinen Dienstverhältnissen Untergebenen der Gegenpartei erteilte Befehl, der mit den von dieser verfolgten Zielen und dem zu deren Erreichung dem Untergebenen von seiner Partei erteilten Befehl in Widerspruch steht, zu befolgen ist, hängt von der Zuständigkeit des befehlenden Vorgesetzten und den Umständen des Falles ab. So ist z. B., wenn eine Lage vorliegt, die eine sofortige dienstliche Entwirrung erfordert, in Ermangelung von Schiedsrichtern der älteste der anwesenden Führer zum Eingreifen berechtigt und verpflichtet (14, 85). Nach Nr. 38 der Bestimmungen für Truppenübungen v. 1. 10. 34 (H. Dv. 270) hat jede Truppenabteilung den schiedsrichterlichen Anordnungen der ihr zugeteilten Unterschiedsrichter Folge zu leisten. Diese Bestimmung stellt sich als ein von dem Ob. d. H. erteilter Befehl in Dienstsachen dar, der alle Soldaten des Heeres ohne Unterschied der Rangklasse zum Gehorsam verpflichtet. Nichtbeachtung ist also zuletzt Ungehorsam gegen einen Befehl des Ob. d. H. (RKG. 1, 220).

IV. Dem Untergebenen kann gestattet werden, unter besonderen Umständen und unter Wahrung der militärischen Formen einem Befehle gegenüber Bitten und Bedenken vorzubringen. Ein allgemeines Recht aber, sich durch Gegenvorstellungen der unbedingten Gehorsamspflicht zu entziehen, besteht nicht. Jede Gegenvorstellung muß vor allem von dem Willen getragen sein, sich dem Befehl unterzuordnen für den Fall, daß sie erfolglos bleibt. Tritt in ihr der Wille zutage, dem Befehl des Vorgesetzten die Anerkennung zu versagen, auch wenn der Befehl trotz Gegenvorstellung aufrechterhalten wird, und ist hiernach die Gegenvorstellung nichts anderes als eine Begründung der Durchsetzung des eigenen Willens gegenüber dem des Vorgesetzten, so liegt darin der Ausdruck des Ungehorsams (20, 267).

4. Mit Kenntnis von der ergangenen Anordnung und ihrem Zweck sowie dem Bewußtsein, daß die Handlung oder Unterlassung der Anordnung zuwiderläuft (10, 158).

5. Ohne die Sorgfalt, zu der der Täter nach den Umständen und seinen persönlichen Verhältnissen verpflichtet und imstande ist, so daß er pflichtwidrig nicht erkennt, daß sein Verhalten unrecht ist (Rietzsch, D. J. 1943 S. 313), und nicht voraussieht, daß sich der Tatbestand der strafbaren Handlung verwirklichen könne, oder, obwohl er dies für möglich hält, darauf vertraut, daß es nicht geschehen werde (22, 32). Einen fahrlässigen Ungehorsam begeht nicht nur, wer einen Befehl in Dienstsachen an sich kennt, ihn aber im Augenblick, weil er es an der notwendigen Sorgfalt fehlen läßt, nicht befolgt, oder wer sich seinen Inhalt, seine Tragweite u. dgl. nicht entsprechend klarmacht. Fahrlässig ungehorsam kann vielmehr u. U. auch ein Soldat handeln, der als Vorgesetzter einen Dienst verantwortlich zu leiten hat, es aber pflichtmäßig unterläßt, sich über die Vorschriften zu vergewissern, die für diesen Dienst gelten (RKG. 1, 41).

Der eingetretene Erfolg des Ungehorsams (erheblicher Nachteil oder Gefahr), der ihn erst zu einer gerichtlich strafbaren Handlung macht, ist dem Täter nur dann zuzurechnen, wenn auch dieser Erfolg wiederum durch Vorsatz oder Fahrlässigkeit verursacht worden ist. Für den inneren Tatbestand kommt es aber nicht darauf an, ob der Täter die Gefährdung gerade unter einem bestimmten Gesichtspunkt vorausgesehen hat oder hätte voraussehen können. Es bedarf vielmehr nur der Prüfung, ob der Täter die Gefährlichkeit der Nichtbefolgung des Befehls im allgemeinen kannte oder auch nur mit ihr rechnete bzw. sie bei pflichtgemäßer Überlegung zu erkennen vermochte (RG. v. 25. 4. 32, DJZ. 1932, 1553). Die Wirkung des Ungehorsams muß der Täter, wenn auch nicht in der im Einzelfall dann tatsächlich eingetretenen Art, als möglich in den Kreis seiner Berechnung einbeziehen haben können, wenn er nur die Überlegung und Aufmerksamkeit anwendete, die im Einzelfall nach seiner Persönlichkeit, Stellung, Erfahrung usw. von ihm gefordert werden konnte und mußte (RKG. 1, 40; zustimmend Schmidt, ZWehrR. III S. 225).

6. Jede Beeinträchtigung irgendeines Rechtsguts, nicht nur eine vermögensrechtliche oder „für den Dienst" entstandene (8, 247); ob sich der Nachteil als erheblicher darstellt, ist Tatfrage (6, 94; 10, 144). Die in § 92 angeführten Nachteile sind durchweg solche von schwerem Gewicht und Inhalt. Zu ihnen kann nicht die Tatsache gerechnet werden, daß unter den Verhältnissen des gewöhnlichen Dienstes ein Kraftfahrzeug für etwa 3 Stunden nicht verfügungsbereit ist (RKG. 1, 87). Die Gefahr eines Nachteils ist noch kein Nachteil (s. Anm. 7 zu § 5a KSSVO).

Als schwerer fliegerischer Ungehorsam sind nach dem Erlaß des R. d. L. und Ob. d. L. v. 3. 1. 44 (LVBl. S. 226 Nr. 356) anzusehen und gerichtlich zu verfolgen:

a) eigenmächtiges Abweichen vom Flugbefehl zum Zwecke des Bekannten- oder Verwandtenbesuches unter Verlassen der befohlenen Flughöhe, b) eigenmächtiger Tiefangriff, c) eigenmächtiger Tiefflug, d) eigenmächtiger Kunstflug in Höhen unter 1000 ü. Gr., e) Kavalierstarts, f) eigenmächtiges Fliegen eines Flugzeuges, g) Einsatz eines Flugzeuges zu einem nicht kriegswichtigen Zweck, h) Einsatz eines Flugzeuges zu einem Zweck, der auch durch Benutzung anderer Verkehrsmittel erreicht werden kann, i) eigenmächtiges Mitfliegen ohne Wissen des Flugzeugführers oder Kommandanten (blinder Passagier), k) eigenmächtige Mitnahme von Fluggästen aus dienstlich nicht vertretbaren Gründen.

7. Größere oder geringere Wahrscheinlichkeit eines in naher oder entfernter Zukunft nach menschlicher Erfahrung und den Gesetzen des ursächlichen Zusammenhangs zu erwartenden schädlichen Ereignisses; wie nahe die danach zu befürchtende Eventualität sein muß, um von vorhandener Gefahr zu sprechen, läßt sich nur für den Einzelfall entscheiden (8, 247/256). Der Begriff der Gefahr muß für jeden Einzelfall eines Verbots besonders ermittelt und unter besonderer Berücksichtigung des Zweckes festgestellt werden, den das Verbot verfolgt. Der Begriff der Gefahr darf im Einzelfall nicht zu eng ausgelegt werden, da das Verbot sonst praktisch unwirksam wird (RKG. 1, 121/123). Eine Gefährdung im Sinne des § 92 liegt nur dann vor, wenn wenigstens eine gewisse Wahrscheinlichkeit dafür gegeben ist, daß das betreffende schädigende Ereignis eintritt. Eine bloße entfernte Möglichkeit genügt nicht (RKG. 1, 86).

8. Wenn auch nur für ein einziges Leben oder das eigene des Täters. Ob dieser Auffassung in dieser Form und in dieser Verallgemeinerung zugestimmt werden kann, kann nach RKG. 1, 84 dahingestellt bleiben. Jedenfalls gefährdet ein als Flugzeugführer ausgebildeter Soldat, der durch Nichtbeachtung eines Befehls in Dienstsachen eine Gefahr für sein Leben herbeiführt, nicht nur sich selbst, sondern setzt auch seine Einsatzfähigkeit als Flugzeugführer und seine Verwendungsfähigkeit und Verwendungsmöglichkeit für die ihm übertragenen besonderen soldatischen Aufgaben und Pflichten aufs Spiel. Eine solche Gefährdung stellt sich aber über die Person des einzelnen ausgebildeten Flugzeugführers hinaus und unabhängig von ihr zugleich als eine Gefährdung der Schlagfertigkeit der Truppe dar.

Eine Gefahr für Menschenleben bedeutet nichts anderes als die Gefahr, daß der Tod eines Menschen herbeigeführt wird. Wenn ein Flugzeug während eines Fluges in Gefahr gerät, ist nach menschlichem Ermessen mit dem Tod der Insassen zu rechnen (RKG. 1, 98).

9. Gefahr für fremdes Eigentum besteht auch, wenn die gefährdete Sache im Miteigentum des Täters und eines anderen steht. Gefährdung fremden

Aneignungsrechts (z. B. des Jagdberechtigten) genügt nicht. Ob es sich um eine Gefahr von *bedeutendem Umfange* handelt, ist Tatfrage.

10. Von außen, durch Erleichterung eines Angriffs gegen das Deutsche Reich als solches oder eine zur Verteidigung des Reichs geschaffene Anlage oder Einrichtung, oder im Innern, z. B. durch verbotswidrige Betätigung marxistischer Gesinnung.

11. Endergebnis einer einheitlichen, den Kriegserfahrungen Rechnung tragenden Ausbildung, zu der auch die Kenntnis des Wesens aller Waffen sowie die sorgfältige Behandlung von Waffen und Gerät in allen Lagen gehören. Es bedeutet bereits eine Gefahr für die *Schlagfertigkeit der Truppe* und für die *Sicherheit des Reichs*, wenn nur die Möglichkeit besteht, daß ein Wehrpflichtiger sich seiner Pflicht, die er für die Verteidigung des Landes an der ihm zugewiesenen Stelle zu erfüllen hat, entzieht (RKG. 1, 127). Zu einer Gefährdung der Schlagfertigkeit reicht aus, wenn eine nicht nur ganz unbestimmte Möglichkeit dafür geschaffen wird, daß die volle und sofortige Einsatzbereitschaft und Verwendbarkeit der Truppe auch nur an einer Stelle gestört oder beeinträchtigt wird; RKG. v. 13. 8. 43 StPL. (HLS) III 17/43.

12. Als wichtigster Teil der Schlagfertigkeit vom Gesetz besonders hervorgehoben (Fuhse 9e). Um anzunehmen, daß durch den Ungehorsam die *Ausbildung oder die Schlagfertigkeit der Truppe* gefährdet wurde, müssen Tatsachen vorliegen und im Urteil nachgewiesen werden, die über die in *jedem* Ungehorsam liegende Gefahr hinausgehen (RKG. 1, 182).

13. Gleichbedeutend mit „verursacht". Die Handlung des Täters muß sich demnach unter den ursächlichen Bedingungen befunden haben, auf die der Erfolg zurückzuführen ist (20, 236), und der Täter muß *durch* seinen Ungehorsam eine der im § 92 (1) aufgezählten Folgen herbeigeführt haben. Der Ungehorsam als solcher, nicht ein von ihm abhängiger äußerer Umstand muß die Ursache für den Schaden gewesen sein (RKG. 1, 86). *Ursache* im strafrechtlichen Sinn ist, was nicht hinweggedacht werden kann, ohne daß damit in der menschlichen Vorstellung nicht gleichzeitig auch die Wirkung wegfiele (RKG. 1, 40). Über ursächlichen Zusammenhang s. RGSt. 75, 49.

14. §§ 16, 17, 21. Über die Zulässigkeit von Festungshaft s. Fußnote zu § 21 (Richtlinien des Führers).

15. §§ 9, 10. — **16.** Anm. 4 zu § 70. — **17.** Von einem bis zu 15 Jahren (§ 14 Abs. 2 StGB). — **18.** §§ 16, 17, 21.

§ 98

(weggefallen)

§ 94

Gehorsamsverweigerung

(1) Wer[1] den Gehorsam durch Wort oder Tat verweigert[2] oder auf wiederholt erhaltenen Befehl in Dienstsachen[3] im Ungehorsam beharrt[4], wird mit geschärftem Arrest[5] nicht unter vierzehn Tagen oder mit Gefängnis oder Festungshaft[6] bestraft.

(2) Wird die Tat im Felde[7] begangen, oder liegt ein besonders schwerer Fall[8] vor, so kann auf Todesstrafe oder auf lebenslanges oder zeitiges Zuchthaus[9] erkannt werden.

1. Anm. 1 zu § 89.

2. Der Täter muß durch sein Verhalten zum Ausdruck bringen, daß er den Befehl nicht befolgen will (13, 265), das Kundgeben des Ungehorsams muß also objektiv und nach dem Willen des Täters einen demonstrativen Charakter tragen (18, 268). Daß der Täter die Absicht hatte, den Ungehorsam durch Wort oder Tat zu erkennen zu geben, bedarf der ausdrücklichen Feststellung im Urteil (6, 18 und 90; 13, 265). Nachträgliche Befolgung des Befehls kann nur strafmildernd berücksichtigt werden (7, 84). Über „Gegenvorstellungen" s. Anm. 2 IV zu § 92. Zur Erfüllung des Tatbestands der Gehorsamsverweigerung genügt, wenn der Täter den Willen, einen erst später auszuführenden Befehl nicht zu befolgen, ausdrücklich kundgibt. Ob der Befehl später doch ausgeführt wird oder nicht, ist für die Strafbarkeit an sich gleichgültig. Der nach § 94 erforderliche Vorsatz ist gegeben, wenn der Täter sich bewußt ist, daß er jetzt die spätere Ausführung des Befehls verweigert und daß diese Weigerung als ernst gemeint zu erkennen ist (RKG. 1, 123/128).

Lässige Ausführung eines Befehls in Dienstsachen kann sich als Gehorsamsverweigerung durch Tat darstellen, wenn der Untergebene durch sein Gesamtverhalten erkennbar seinen Willen zum Ausdruck bringt, die Befehle nicht so auszuführen, wie es einer ordnungsmäßigen Ausführung entspricht und wie er sie auszuführen in der Lage wäre (RKG. 1, 145).

3. Anm. 2 zu § 47. Die Wiederholung des Befehls darf erst erfolgt sein, wenn feststeht, daß der vorhergehende Befehl unbefolgt geblieben ist (2, 15). Öfter als zweimal braucht der Befehl nicht erteilt zu sein. Jedoch muß zur Zeit der Wiederholung des Befehls der erteilte erste Befehl noch in Kraft sein; wurde er inzwischen durch einen Gegenbefehl aufgehoben, so ist der zweite Befehl trotz inhaltlicher Gleichheit nicht ein wiederholt gegebener, sondern ein neuer selbständiger Befehl (10, 175).

4. Außer der Kenntnis des Täters von dem ihm wiederholt erteilten Befehl ist der Vorsatz erforderlich, auf wiederholt erhaltenen Befehl im Ungehorsam zu beharren. Fahrlässigkeit genügt hier also nicht. Der Tatbestand des Beharrens im Ungehorsam ist auch dann gegeben, wenn ein wiederholt erteilter, auf Unterlassung eines bestimmten Tuns gerichteter Befehl vom

Untergebenen jeweils zwar für den Augenblick befolgt, kurz nachher aber, solange das jeweilige Verbot noch in Wirkung ist, ihm wiederholt zuwidergehandelt wird (10, 171).

5. S. § 22 (2). — **6.** §§ 16, 17, 21. Über die Zulässigkeit von Festungshaft s. Fußnote zu § 21 (Richtlinien des Führers). Strafmilderung § 98. — **7.** §§ 9, 10. — **8.** Anm. 4 zu § 70. Die Kasuistik des gestrichenen § 95 hat die Neufassung des § 94 durch VO. v. 10. 10. 40 (RGBl. I S. 1347) aufgelöst und durch die Einführung besonders schwerer Fälle ersetzt. Durch die Neufassung sind ferner die Voraussetzungen, unter denen früher Gehorsamsverweigerung und Beharren im Ungehorsam gerichtlich strafbar waren (Herbeiführung der im § 92 Abs. 1 bezeichneten Folgen, Begehen vor versammelter Mannschaft usw.), beseitigt worden (Begrdg. 40).

9. Von einem bis zu 15 Jahren (§ 14 Abs. 2 StGB).

§ 95

(weggefallen)

§ 96

Widersetzung

(1) Wer[1] es unternimmt[2], einen Vorgesetzten[3] mit Gewalt[4] oder Drohung[5] an der Ausführung eines Dienstbefehls[6] zu hindern[7] oder zur Vornahme oder Unterlassung einer Diensthandlung zu nötigen[8], wird mit Gefängnis oder Festungshaft[9] von sechs Monaten bis zu zehn Jahren, in minder schweren Fällen[10] mit Gefängnis oder Festungshaft nicht unter drei Monaten bestraft.

(2) Dieselbe Strafe tritt ein, wenn die Handlung gegen die zur Unterstützung des Vorgesetzten befehligten oder zugezogenen Mannschaften[11] begangen wird.

(3) Wird die Tat im Felde[12] begangen oder liegt ein besonders schwerer Fall[13] vor, so kann auf Todesstrafe oder auf lebenslanges oder zeitiges Zuchthaus[14] erkannt werden.

1. Anm. 1 zu § 89. — **2.** Soviel wie Versuch (RGSt. 42, 266, 268/269) und Vollendung (§ 87 StGB). Vorsatz ist erforderlich, insbesondere Kenntnis der Vorgesetzteneigenschaft desjenigen, gegen den die Tat sich richtet (14, 82; 7, 8/10; 3, 96). Die bezüglich eines Tatbestandsmerkmals getroffene Feststellung, daß der Angeklagte von ihm Kenntnis hätte haben müssen, reicht zur Verurteilung nicht aus (14, 82). Bedingter Vorsatz genügt aber (9, 213).

3. Anm. 3 zu § 47.

4. „Gewalt" i. S. des § 96 bedeutet die Anwendung einer gewissen körperlichen Kraft, der die Auslösung mechanischer Einrichtungen gleichzustellen ist, in Richtung auf den Vorgesetzten. Jedoch muß diese Kraft nicht unmittelbar gegen die Person des Vorgesetzten gerichtet sein. Es genügt vielmehr, wenn sie den Vorgesetzten nur mittelbar berührt, indem sie diesen zwingt, zu ihrer Beseitigung seinerseits eine erhöhte Körperkraft anzuwenden. Daher ist auch das Einschließen eines Vorgesetzten als Gewalt i. S. des § 96 anzusehen (RKG. 2, 164/168).

5. Anm. 6 zu § 89. Für Fälle der mit dem Mittel der Drohung begangenen Widersetzung besteht Gesetzeseinheit zwischen §96 und § 89 in der Weise, daß § 96 die Sondervorschrift bildet (RKG. 1, 73). — 6. Anm. 2 zu § 47.

7. Bedeutet nicht nur Verhindern, sondern Erschweren.

8. In eine Notlage zu versetzen, die den Vorgesetzten zur Vornahme oder Unterlassung einer Diensthandlung veranlaßt oder im Falle des vom Unternehmen umfaßten Versuchs veranlassen soll. Es kommt lediglich darauf an, ob der Untergebene die Absicht hatte, den Vorgesetzten im Sinne des § 96 zu beeinflussen (6, 145). Nach dem im § 240 StGB (Neufassung durch Art. 10 der StrafrechtsangleichungsVO. v. 29. 5. 43 RGBl. I S. 339) aufgestellten, auf den Tatbestand der Widersetzung des § 96 nach § 2 entsprechend anwendbaren Grundsatz ist die Nötigung rechtswidrig, wenn die Anwendung der Gewalt oder die Zufügung des angedrohten Übels zu dem angestrebten Zweck dem gesunden Volksempfinden und damit dem gesunden militärischen Empfinden (s. Anm. 4 zu § 5a KSSVO) widerspricht. Das wird auch dann der Fall sein, wenn mit einem an sich erlaubten Mittel, z. B. Beschwerde, gedroht wird und in dieser Drohung eine Achtungsverletzung liegt (Scherer, ZWehrR. VIII S. 212). Die ärztliche Behandlung der Soldaten durch den zuständigen Sanitätsoffizier ist Diensthandlung im Sinne des § 96 (RKG. 1, 101); im übrigen s. über diesen Begriff Anm. 3 zu § 89.

9. §§ 16, 17, 21. Über die Zulässigkeit von Festungshaft s. Fußnote zu § 21 (Richtlinien des Führers).

10. Anm. 14 zu § 64.

11. Hier auch Offiziere und Unteroffiziere in sich begreifend. Der Täter braucht nicht gegen den Vorgesetzten selbst vorzugehen, falls dieser nicht etwa die Ausführung des den Mannschaften erteilten Auftrags diesen allein unter selbständiger Verantwortung überläßt. Daß der Vorgesetzte der Unterstützung durch die Mannschaften bedarf, wird nicht vorausgesetzt (13, 62). Im Felde erstreckt sich der durch Abs. 2 gewährte Schutz auch auf die zur Unterstützung eines Ranghöheren (§ 107) befehligten oder zugezogenen Mannschaften; Dörken-Scherer 6.

12. §§ 9, 10. — 13. Anm. 4 zu § 70. Beispiel: Ein Soldat unternimmt es, seinen Regimentskommandeur unter Bedrohen mit schußfertiger Waffe daran zu hindern, die Kriegsgesetze in Kraft zu setzen (Begrdg. 36 zu § 62).

14. Von einem bis zu 15 Jahren (§ 14 Abs. 2 StGB).

§ 97

Tätlicher Angriff gegen einen Vorgesetzten

(1) Wer[1] es unternimmt[2], gegen einen Vorgesetzten[3] tätlich[4] zu werden, wird mit Gefängnis oder Festungshaft[5] nicht unter sechs Monaten bestraft[6].

(2) Wird die Tat im Felde[7] begangen oder liegt ein besonders schwerer Fall[8] vor, so kann auf Todesstrafe oder auf lebenslanges oder zeitiges Zuchthaus[9] erkannt werden.

1. Anm. 1 zu § 89. — **2.** Anm. 2 zu § 96. — **3.** Anm. 3 zu § 47. Geschützt wird durch § 97 auch, solange nicht die Vorgesetzteneigenschaft widerrufen ist, wer seine Beförderung zum Vorgesetzten (Einstufung, Ernennung) erschlichen hat oder dessen Beförderung aus anderen Gründen fehlerhaft ist (s. Anm. 3 zu § 47). Wesentlich ist in solchen Fällen nur, ob der Täter den Angegriffenen für seinen Vorgesetzten gehalten hat; RGK. v. 30. 3. 43 StPL (HLS) III 120/43.

4. Jede vorsätzliche, unberechtigte, in aggressiver Absicht erfolgte Einwirkung auf den Körper eines Vorgesetzten oder einer ihm gleichgestellten Person (s. §§ 107, 111) durch Handlungen, die mindestens den Anfang der Ausführung eines Angriffs enthalten, also die feindliche Richtung bereits erkennen lassen (8, 131), ohne Rücksicht darauf, ob dadurch eine Verletzung, ein Schmerz oder ein Mißbehagen verursacht wird (3, 106 und 229). Mit „aggressiver Absicht" („Angriffsabsicht") ist aber nicht Absicht in dem Sinne gemeint, wie der Ausdruck „Absicht" oft im Strafgesetz gebraucht wird, nämlich als das auf den strafbaren Erfolg gerichtete Ziel unter Ausschluß des bedingten Vorsatzes. Der Nachdruck liegt vielmehr auf „aggressiv" („Angriff") und es hat der Gegensatz zu einem bloß äußerlichen, harmlosen, z. B. vertraulichen Berühren betont werden sollen. Tätlichkeiten gegen Vorgesetzte verlieren nicht dadurch die Eigenschaft von Verbrechen gegen § 97, daß sie in Widersetzungsabsicht begangen sind (RG. v. 17. 3. 36 — 4 D 168/36 — ZWehrR. I S. 96). Beweggrund und Zweck des Angreifenden spielen für die Frage der Angriffsabsicht keine Rolle (RG. v. 31. 1. 36 — 4 D 46/36 — ZWehrR. I S. 90). Sie sind, ebenso wie die Gesinnung des Täters, für die Schuldfrage bedeutungslos. Es genügt, wenn das dienstliche Ansehen des Vorgesetzten, seine persönliche Ehre oder die in ihm verkörperte Dienstgewalt angetastet wird. Unter diesen Voraussetzungen ist ein solches Antasten auch in der Form des „Anulkens" möglich (11, 176; 19, 156), vor allem natürlich dann, wenn sich dieser Scherz als „grob" darstellt. Was im allgemeinen Strafrecht als tätliche Beleidigung zu bewerten ist, wird, von einem Untergebenen gegenüber einem Vorgesetzten begangen, dann zur Tätlichkeit im Sinne des § 97, wenn der Untergebene das Bewußtsein der Ehrenkränkung hat (wofür auch die äußeren Umstände der Tat Beweiszeichen sein können) und wenn er gleichwohl dem Vorgesetzten die

Kränkung „absichtlich" zufügt (9, 233; RKG. 2, 1/4 und Rev. L. 91/39 I v. 20. 7. 39). Ein bestimmtes Maß der Einwirkung ist nicht notwendig (RKG. 2, 1), ebensowenig eine unmittelbare Berührung des Körpers des Vorgesetzten (RGSt. 56, 353). Auch ein Losreißen kann u. U. eine Tätlichkeit im Sinne des § 97 sein (RKG. 2, 1). Bedingter Vorsatz genügt (4, 14). Wesentlich verschieden von dem Unternehmen einer Tätlichkeit und lediglich Drohungen im Sinne des § 89 sind die bloßen, wenn auch tätlichen Bedrohungen, die noch keine augenblickliche Gefahr für die Person des Vorgesetzten bedeuten und eine Tätlichkeit gegen ihn nur in nähere oder fernere Aussicht stellen (RGSt. 58, 110); vgl. Anm. 6 zu § 89, letzter Satz.

5. §§ 16, 17, 21; über die Zulässigkeit von Festungshaft s. Fußnote zu § 21. — **6.** Strafmilderung § 98.

7. §§ 9, 10. — **8.** Anm. 4 zu § 70. Beispiele: Tätlichkeit mittels einer Waffe oder mit der Folge des Todes oder einer schweren Körperverletzung des Vorgesetzten, Sichvergreifen an einem höheren Vorgesetzten (Begrdg. 36 zu § 63).

9. Von einem bis zu 15 Jahren (§ 14 Abs. 2 StGB).

§ 98

Strafmilderung bei Reizung durch den Vorgesetzten

Ist ein Untergebener[1] dadurch, daß der Vorgesetzte[2] ihn vorschriftswidrig behandelt[3] oder die Grenzen seiner Dienstgewalt überschritten hat[4], gereizt[5] und auf der Stelle[6] zu einer der strafbaren Handlungen der §§ 89 bis 97 hingerissen[7] worden, so kann[8] die Strafe bis auf das gesetzliche Mindestmaß der angedrohten Strafart ermäßigt werden[9].

1. Anm. 1 zu § 89. — **2.** Anm. 3 zu § 47. Die Anwendung des § 98 ist dann ausgeschlossen, wenn die vorschriftswidrige Behandlung usw. von einem anderen Vorgesetzten ausgeht, als dem gegenüber die Straftat verübt worden ist (10, 294).

3. Das Bestehen dienstlicher Vorschriften wird nicht vorausgesetzt. Es ist in vielen, vielleicht den meisten Fällen überhaupt nicht möglich, die Behandlung des Untergebenen seitens des Vorgesetzten durch positive (mündliche oder schriftliche) Vorschriften zu regeln. In Ermangelung einer besonderen Vorschrift muß daher die Frage nach dem Vorliegen einer vorschriftswidrigen Behandlung im einzelnen Falle aus der Stellung und den Aufgaben des Vorgesetzten, den Zwecken des Dienstes in der Wehrmacht im allgemeinen und des im einzelnen Falle in Frage kommenden Dienstes im besonderen, den zur Erreichung dieser Zwecke zulässigen Mitteln, den an die Untergebenen in berechtigter Weise zu stellenden Anforderungen, deren Leistungsfähigkeit und ähnlichen, der Natur des soldatischen Berufs zu entnehmenden Gesichtspunkten beantwortet werden (1, 169 und 178; 3, 243; 6, 56; 7, 255; 14, 99; 16, 64). In Ermangelung etwa bestehender besonderer Vorschriften bilden in letzter Reihe die Bestimmungen der Strafgesetze die Grenze, innerhalb welcher der Vorgesetzte zur Erreichung des vorgeschriebenen Zweckes dem Untergebenen gegenüber vorgehen darf (2, 90). Es genügt jedoch, daß die vorschriftswidrige Behandlung objektiv vorlag; Verschulden des Vorgesetzten wird nicht erfordert (1, 178; 4, 54; PE. 8, 41). Der Untergebene kann sich nicht bei jeder Zuwiderhandlung eines Vorgesetzten gegen Vorschriften, die lediglich im allgemeinen dienstlichen Interesse und nicht im Interesse des Schutzes des Untergebenen getroffen sind, auf eine vorschriftswidrige Behandlung berufen, sondern nur, wenn seinen Gerechtsamen dabei in irgendeiner Weise zu nahe getreten worden ist (8, 158; 18, 279; 22, 237). Ein an sich berechtigtermaßen und sachgemäß erteilter Befehl kann auch einem betrunkenen Untergebenen gegenüber niemals eine vorschriftswidrige Behandlung im Sinne des § 98 in sich schließen. Aus den im Erlaß des Ob. d. H. Nr. 2460/40 PA (2) I/Ia v. 6. 4. 40*) niedergelegten Richtlinien für das Verhalten gegenüber betrunkenen Soldaten kann ein Untergebener einen Anspruch auf ein bestimmtes Verhalten des Vorgesetzten ihm gegenüber niemals herleiten (6, 260; 4, 53), zumal im Kriege nicht, in dem die unbedingte Durchsetzung der Befehlsgewalt des Vorgesetzten meist wichtiger ist als die Rücksichtnahme auf den Zustand der Trunkenheit des Untergebenen.

4. Nicht nur in den Fällen der §§ 114—120, sondern auch wenn sich der Vorgesetzte über schriftlich oder mündlich gegebene allgemeine oder besondere Dienstvorschriften hinwegsetzt oder gegen einen militärischen Grundsatz verstößt (Fuhse 4). War die Handlung geboten, um den Untergebenen zur vorschriftsmäßigen Ausübung des Dienstes zu veranlassen, so liegt eine Überschreitung der Grenzen der Dienstgewalt nicht vor (5, 218). Jeder Vorgesetzte hat das Recht und die Pflicht, zur Aufrechterhaltung der Mannszucht mitzu wirken, wo seine Mitwirkung erforderlich ist (10, 175).

5. Durch Hervorrufung einer nicht unerheblichen Gemütsbewegung zorniger Art, die geeignet ist, die ruhige Überlegung des Untergebenen zu trüben, und in der er sich zur Tat hinreißen läßt. Der Vorgesetzte braucht seinerseits nicht die Absicht oder das Bewußtsein gehabt zu haben, den Untergebenen zu reizen (14, 278). Die Reizung muß vor dem gesamten unbotmäßigen Benehmen des Untergebenen liegen (RGSt. 64, 293).

6. Unter dem Drucke des durch die vorschriftswidrige Behandlung usw. hervorgerufenen Erregungszustandes. „Auf der Stelle" deckt sich nicht mit dem Begriffe „sofort", der nur zeitliche Bedeutung hat (10, 53). Der erforderliche Zusammenhang ist auch dann gegeben, wenn nur der Täter noch unter

*) Nr. 2 dieses Erlasses (HVBl. 1940 B S. 200 Nr. 328) lautet:
Die Pflicht der Vorgesetzten, sich Gehorsam zu verschaffen und diesen nötigenfalls mit allen Mitteln zu erzwingen, besteht auch gegenüber betrunkenen Soldaten. Es sind jedoch in der Behandlung betrunkener Untergebener folgende Richtlinien zu beachten:
a) der Vorgesetzte hat möglichst eine unmittelbare Einwirkung auf den Untergebenen zu vermeiden. Sie hat durch Kameraden zu erfolgen;
b) ist unmittelbares persönliches Einwirken des Vorgesetzten nicht zu umgehen, so hat das ruhig und weitmöglichst in kameradschaftlicher Art zu erfolgen.

dem psychischen Eindrucke der vorangegangenen vorschriftswidrigen oder herabwürdigenden Behandlung seitens des Vorgesetzten gestanden hat (13, 189/192).

7. Dazu genügt, daß der psychische Zusammenhang zwischen Reizung und Tat vorhanden war, auch wenn er nach außen gar nicht in Erscheinung getreten ist; es handelt sich also um einen rein inneren psychischen Vorgang (16, 113). Nach der inneren Tatseite wird aber gefordert, daß der Untergebene in dem Gefühl erlittenen Unrechts und aus diesem Gefühl gerade sich vergessen hat. Die Strafmilderung des § 98 kommt also einem Untergebenen nicht zugute, der nur aus Verärgerung über eine nicht als Unrecht im Sinne des § 98 empfundene Maßnahme des Vorgesetzten gehandelt hat (RKG. 1, 205). Irrt sich der Täter und nimmt infolgedessen zu Unrecht an, vom Vorgesetzten vorschriftswidrig behandelt worden zu sein, so soll ihm nach mehreren Entscheidungen des RMG. (4, 97; 9, 171; 21, 82) und des RKG. (1, 70 und 76) § 98 ohne Rücksicht darauf zugute kommen, ob der Irrtum entschuldbar oder unentschuldbar, vermeidbar oder unvermeidbar war. In der Entscheidung 14, 278 hat das RMG. ausgeführt, die irrtümliche Annahme des Täters, der erhaltene Befehl enthalte eine vorschriftswidrige Behandlung im Sinne des § 98, schließe zwar die Strafbarkeit des Ungehorsams als solche ebensowenig aus wie ein Irrtum über die Rechtmäßigkeit des Befehls, sie begründe aber nach § 59 StGB die Anwendbarkeit des § 98 zugunsten des Angeklagten, sofern der Irrtum ein tatsächlicher ist; ein strafrechtlicher Irrtum liege nur dann vor, wenn sich der Irrtum auf den Rechtsbegriff der vorschriftswidrigen Behandlung im Sinne des § 98 bezieht. Diese Unterscheidung von strafrechtlichem und außerstrafrechtlichem Irrtum ist hier vom Standpunkt des Truppenoffiziers ebenso abzulehnen wie die noch weitergehende Bedeutung des Irrtums, die ihm in den oben angeführten Entscheidungen des RMG. und des RKG. für die Anwendung des § 98 beigemessen wird. Auf die irrtümliche Annahme einer vorschriftswidrigen Behandlung darf sich mit Erfolg nur der Untergebene berufen, dessen Irrtum entschuldbar war. Ob es „für diese Annahme an jedem Anhalt im Gesetz fehlt", mag für die Auslegung des § 213 StGB von Bedeutung sein (RGSt. 69, 314/316). „Jedes Gesetz kann vollständig nur aus den Zweckzusammenhängen verstanden werden, in denen es steht. Dazu gehört nicht nur der Zweck der einzelnen Gesetzesbestimmung, sondern auch der Leitgedanke, von dem das Gesetz als Ganzes beherrscht ist" (Schwinge S. 23). Der Leitgedanke des Wehrmachtstrafrechts aber, „den besonderen militärischen Erfordernissen und der als oberstes Gesetz geltenden Rücksicht auf die Erhaltung und Festigung der Disziplin zu dienen" (RKG. 1, 96), verbietet, einen Untergebenen, der einen Vorgesetzten bedroht, ihm den Gehorsam verweigert, sich ihm widersetzt oder ihn gar tätlich angreift, auch dann milder zu bestrafen, wenn er infolge schuldhaften oder vermeidbaren Irrtums zu Unrecht annahm, von dem Vorgesetzten vorschriftswidrig behandelt worden zu sein (zustimmend Schwinge III 2).

8. Die Vorschrift ist im Gegensatz zum § 98 alter Fassung durch die VO. v. 10. 10. 40 (RGBl. I S. 1347) allgemein als Kannvorschrift gestaltet. § 98 ist ein selbständiger Strafmilderungsgrund und darf nicht zur Annahme eines „minder schweren Falles" (Anm. 14 zu § 64) verwertet werden (10, 53). Die Strafe ist unmittelbar aus § 98 zu finden. Wird von dem Angeklagten behauptet, daß die Strafmilderungsgründe des § 98 vorliegen, so müssen die Urteilsgründe sich darüber aussprechen (2, 82).

9. Sind die Voraussetzungen für eine Strafmilderung gegeben, so kann in den Fällen der §§ 89 bis 97 die Strafe bis auf das Mindestmaß der angedrohten Strafart ermäßigt werden (§ 91 sieht dieses Mindestmaß schon vor). Es ist daher beispielsweise nicht ausgeschlossen, bei im Felde begangenen Verbrechen gegen § 97 auf Gefängnis von 43 Tagen an zu erkennen. Andererseits ist es möglich, auch beim Vorliegen der Voraussetzungen des § 98 auf die schwersten Strafen des § 97 (2) zu erkennen, wenn diese Sühne auch bei Berücksichtigung der vorherigen Reizung durch den Vorgesetzten nach den Umständen des Falles unerläßlich ist (Begrdg. 40).

§ 99*)

Aufwiegelung

(1) Wer[1] einen Wehrmachtangehörigen[2], einen Wehrpflichtigen des Beurlaubtenstandes[3], einen Schiffsangestellten[4], einen Angehörigen des Gefolges[5] oder einen Kriegsgefangenen[6] zum Ungehorsam (§ 92), zur Gehorsamsverweigerung (§ 94), zur Widersetzung (§ 96) oder zu einem tätlichen Angriff gegen einen Vorgesetzten (§ 97)[7] auffordert oder anreizt[8], ist gleich dem Anstifter zu bestrafen, wenn die Aufforderung oder Anreizung die strafbare Handlung oder einen Versuch von ihr zur Folge gehabt hat[9].

(2) Ist die Aufforderung oder Anreizung ohne Erfolg geblieben, so ist auf Freiheitsstrafe[10] zu erkennen. Ist die Schuld des Täters gering, so kann von Strafe abgesehen werden[11].

(3) Erstreckt sich die Aufforderung oder Anreizung auf mehrere[12], so kann ohne Rücksicht darauf, ob ein Erfolg eingetreten oder ob die Tat im Felde[13] begangen worden ist, auf Todesstrafe oder auf lebenslanges oder zeitiges Zuchthaus[14] erkannt werden[15].

1. Anm. 1 zu § 89 (RGSt. 56, 151). — 2. § 4. — 3. Anm. 1 zu § 6. — 4. § 166. — 5. § 155. — 6. § 158.

7. Die Taten, zu denen in strafbarer Weise aufgewiegelt werden kann, sind gegenüber § 99 alter Fassung durch Einbeziehung der Aufwiegelung zum

*) Die Vorschrift ist während der Geltungsdauer des § 5 Abs 1 Nr. 2 der Kriegssonderstrafrechtsverordnung unanwendbar vgl. § 6 a. a. O. (Amtl. Fußnote).

Ungehorsam nach § 92 in den Tatbestand vermehrt (VO. v. 10. 10. 40, RGBl. I S. 1347). In den Bereich des § 92 können Handlungen fallen, die sehr viel schwerer wiegen als Verstöße gegen die §§ 94—97; wer zu solchen Handlungen, wenn auch erfolglos auffordert, kann nicht straflos bleiben. Daß es andererseits auch sehr leichte Verstöße gegen § 99 in Verbindung mit § 92 geben kann, ist gleichfalls unbestreitbar; den erforderlichen Ausgleich schafft § 99 (2) Satz 2 (Begrdg. 40).

8. S. Anm. 3 zu § 5 KSSVO. Vorsatz ist notwendig, doch genügt bedingter Vorsatz (20, 31/35). Die Aufforderung oder Anreizung ist vollendet, wenn sie mit dem Willen des Täters in ein derartiges Verhältnis zum Empfänger der Kundgebung gelangt, daß dieser die Möglichkeit der Kenntnisnahme hat (9, 9). Sie muß sich immer auf ein bestimmtes Tun oder Unterlassen beziehen, eine allgemeine, nicht auf ein bestimmtes Tun gerichtete Aufforderung kann den Tatbestand des § 99 nicht erfüllen (PE. 14, 24), möglicherweise aber den der §§ 102 oder 102a (14, 10).

9. Unmittelbarer oder mittelbarer Zusammenhang zwischen der Aufforderung und der erfolgten Tat muß bestehen.

10. §§ 16, 17, 21; über die Zulässigkeit von Festungshaft s. Fußnote zu § 21.

11. Derartig milde zu behandelnde Fälle werden insbesondere bei der erfolglosen Aufwiegelung zum Ungehorsam nach § 92 vorkommen können (Begrdg. 40).

12. Mindestens zwei. — 13. §§ 9, 10. — 14. Von einem bis zu 15 Jahren (§ 14 Abs. 2 StGB).

15. Abs. 3, der durch VO. v. 10. 10. 40 (RGBl. I S. 1347) hinzugefügt worden ist, ersetzt den gestrichenen § 100 unter Änderung der Strafdrohungen.

§ 100

(weggefallen)

§ 101

Unerlaubte Versammlung. Gemeinsame Beschwerde

(1) Wer unbefugt[1] eine Versammlung[2] zur Beratung über militärische Angelegenheiten oder Einrichtungen veranstaltet[3] oder zu einer gemeinsamen Vorstellung oder Beschwerde[4] über solche Angelegenheiten oder Einrichtungen Unterschriften sammelt[5], wird mit Freiheitsstrafe[6] bis zu drei Jahren bestraft[7].

(2) Die an einer solchen Versammlung, Vorstellung oder Beschwerde Beteiligten[8] werden mit Freiheitsstrafe bis zu sechs Monaten bestraft.

1. Ohne Erlaubnis des zuständigen Vorgesetzten oder entgegen einem in Gesetzen oder Dienstvorschriften enthaltenen allgemeinen Verbot.

2. Zusammentreten von mindestens drei Soldaten (Nomen-Rissom 4). Unbedingt verboten ist jede politische Betätigung der Soldaten (§ 26 Abs. 1 WG.) und mithin die Veranstaltung politischer Versammlungen und die Teilnahme an solchen. An Versammlungen und Veranstaltungen der NSDAP und ihrer Gliederungen darf der einzelne Soldat teilnehmen (Dietz, WG. S. 181).

3. 1. Tatbestand. Veranstalten = unternehmen, zustande bringen.

4. Gemeinsame Beschwerden mehrerer Personen sind nach Nr. 3 der Beschwerdeordnung für die Angehörigen der Wehrmacht v. 8. 4. 36 (H. Dv. 3/10, M. Dv. 15/19, L. Dv. 3/10) verboten. Auch die Sammlung von Unterschriften für eine an die zuständige Behörde oder an den Reichstag usw. gerichtete gemeinsame Vorstellung oder Beschwerde über militärische Angelegenheiten ist den Soldaten verboten und von der Strafbarkeit nach § 101 nicht ausgenommen (RGSt. 58, 274). Das Verbot, sich in dienstlichen Angelegenheiten, insbesondere mit Beschwerden und Klagen über tatsächliche oder vermeintliche Mißstände in der Truppe, an Dienststellen und Personen außerhalb des Heeres, seien es auch Hoheitsträger der NSDAP, zu wenden, gilt nach dem Erlaß des OKH. Heerwes.Abt. b. Gen z b V b. OKH. Nr. 2500/42 v. 22. 5. 42 für jeden Soldaten. Die Parteikanzlei hat ihre Dienststellen angewiesen, Berichte der gekennzeichneten Art nur mit Angabe der Quelle oder des Namens des Berichterstatters oder Erzählers weiterzugeben. Ein Soldat, der seine Vorgesetzten böswillig übergeht oder gar beschuldigt, verdient strenge Bestrafung.

5. 2. Tatbestand. — 6. §§ 16, 17, 21. — 7. Auch Wehrpflichtige des Beurlaubtenstandes nach § 6b Abs. 1.

8. 3. Tatbestand. Wegen Anwendbarkeit auf Wehrpflichtige des Beurlaubtenstandes s. § 6b Abs. 1.

§ 102

Erregen von Mißvergnügen

(1) Wer[1] es unternimmt[2], Mißvergnügen[3] in Beziehung auf den Dienst[4] unter seinen Kameraden[5] zu erregen[6], wird mit Freiheitsstrafe[7] bis zu drei Jahren bestraft.

(2) Ist die Handlung durch Verbreitung[8] von Schriften, Darstellungen oder Abbildungen oder ist sie im Felde[9] begangen worden, so ist auf geschärften Arrest nicht unter vierzehn Tagen oder auf Gefängnis oder Festungshaft bis zu fünf Jahren zu erkennen.

1. Anm. 1 zu § 89; RGSt. 56, 151. — 2. Anm. 2 zu § 96. — 3. Unzufriedenheit. „Es soll der kleinliche Nörgler und Meckerer getroffen werden, aber nicht der Soldat, der seinem Herzen gelegentlich durch Schimpfen Luft macht"; Dörken-Scherer 1.

4. Hier im weitesten Sinne zu verstehen (s. Anm. 2 zu § 89).

5. Anm. 13 zu § 138.

6. Objektiv genügt die Einwirkung nur auf einen Kameraden. In subjektiver Hinsicht muß dagegen immer der Wille des Täters vorhanden sein, auf eine Mehrheit von Kameraden einzuwirken, mag auch der Täter von einem Kameraden zum anderen gehen, um auf diese Weise auf mehrere einzuwirken. Bedingter Vorsatz reicht aus (14, 10).

7. §§ 16, 17, 21. — 8. Anm. 8 zu § 91. Auch das Beschreiben der Arrestzellenwände kommt in Betracht; Dörken-Scherer 3. — 9. §§ 9, 10.

§ 102a*)

Untergraben der Mannszucht

Wer es unternimmt, die Mannszucht in der Wehrmacht durch hetzerische Reden oder in ähnlicher Weise zu untergraben, wird mit lebenslangem oder zeitigem Zuchthaus bestraft. In besonders schweren Fällen kann auf Todesstrafe erkannt werden.

Während § 102 die verhältnismäßig leichten Fälle behandelt, in denen jemand es unternimmt, Mißvergnügen unter seinen Kameraden zu erregen, will der durch VO. v. 10. 10. 40 (RGBl. I S. 1347) neu eingefügte § 102a die schweren Fälle treffen, in denen der Vorsatz des Täters darauf gerichtet ist, durch hetzerische Reden oder in ähnlicher Weise die Mannszucht in der Wehrmacht zu untergraben. Es ist dies der in § 5 (1) Nr. 2 KSSVO an letzter Stelle enthaltene Tatbestand Zersetzung der Wehrkraft durch Untergraben der Mannszucht. Die Strafdrohung läßt erkennen, daß diese Tat in ihrer Gefährlichkeit weit über die des § 102 hinausgeht. Nicht nötig ist, daß die hetzerische Tätigkeit öffentlich geschieht oder sich gleichzeitig an mehrere Wehrmachtangehörige richtet. Es genügt, daß sie sich an einzelne Wehrmachtangehörige wendet. Der Tatbestand des § 102a ist somit zugleich eine Ergänzung des Strafschutzes, den § 83 (3) Nr. 2 StGB gegen Zersetzungshochverrat bietet (Begrdg. 40).

§ 103

Meuterei

Verabreden[1] mehrere[2] eine gemeinschaftliche[3] Gehorsamsverweigerung (§ 94) oder eine gemeinschaftliche[3] Widersetzung (§ 96) oder einen tätlichen Angriff gegen einen Vorgesetzten (§ 97) oder einen militärischen Aufruhr (§ 106), so werden sie wegen Meuterei bestraft. Die Strafe ist nach dem Gesetz festzusetzen, das auf die Handlung Anwendung findet, deren Begehung verabredet worden ist[4].

*) Die Vorschrift ist während der Geltungsdauer des § 5 Abs. 1 Nr. 2 der Kriegssonderstrafrechtsverordnung unanwendbar, vgl. § 6 a. a. O. (Amtl. Fußnote.)

1. Voraussetzung ist ein gegenseitiges Einverständnis, das durch ausdrückliche Kundgebung, sei es durch Schrift, Worte oder Zeichen hervorgerufen ist; stillschweigende oder schlüssige Handlungen genügen (s. Anm. 3 zu § 59). Auf Grund der Besprechungen muß ein gemeinsamer, auf Ausführung der Tat ernstlich gerichteter Wille zustande gekommen sein, mag auch die Art der Ausführung in ihren Einzelheiten noch nicht festgelegt sein (RGSt. 58, 392).

2. Auch schon zwei (10, 22). Wird ein Mittäter nicht ermittelt, so wird dadurch die Anwendung des Strafgesetzes auf die anderen — ermittelten — nicht ausgeschlossen (2, 152/162).

3. In bewußtem oder gewolltem Zusammenwirken; ein komplottmäßiges Vorgehen wird nicht verlangt (20, 31/36).

4. Sie ist also einem der im Satz 1 angeführten Paragraphen zu entnehmen. Straflosigkeit § 105.

§ 104

Nichtanzeige einer Meuterei

Wer[1] von einer Meuterei[2] zu einer Zeit, in der die Verhütung der verabredeten strafbaren Handlung möglich ist, glaubhafte Kenntnis[3] erhält und es unterläßt, hiervon rechtzeitig[4] Anzeige zu machen[5], wird, wenn die verabredete strafbare Handlung begangen worden ist, mit Freiheitsstrafe[6] bestraft[7].

1. Anm. 1 zu § 89; RGSt. 56, 151. — 2. § 103. — 3. Anm. 3 zu § 60. — 4. Anm. 5 zu § 60.

5. Anm. 5 zu § 60.

6. §§ 16, 17, 21. Über die Zulässigkeit von Festungshaft s. Fußnote zu § 21.

7. Auf die an der Meuterei Beteiligten selbst ist § 104 nicht anwendbar; s. hingegen § 105.

§ 105

Straflosigkeit bei Meuterei

Straflosigkeit[1] tritt für den an der Meuterei[2] Beteiligten ein, der von der Meuterei zu einer Zeit und in einer Weise Anzeige macht, daß die Verhütung der verabredeten Handlung möglich ist.

1. S. Anm. 2 zu § 86. — 2. § 103.

§ 106

Militärischer Aufruhr[1]

(1) Wenn sich mehr als drei[2] Soldaten[3] zusammenrotten[4] und es mit vereinten Kräften[5] unternehmen[6], eine Gehorsamsverweigerung (§ 94), eine Widersetzung (§ 96) oder einen tätlichen Angriff gegen einen

Vorgesetzten (§ 97) zu begehen, werden sie mit Gefängnis nicht unter einem Jahr[7] bestraft.

(2) Wird die Tat im Felde[8] begangen oder liegt ein besonders schwerer Fall[9] vor, so kann auf Todesstrafe oder auf lebenslanges oder zeitiges Zuchthaus[10] erkannt werden.

(3) Gegen den Täter, der nach Beginn des Aufruhrs[11] zur Ordnung zurückgekehrt ist, kann[12] auf Gefängnis[13] erkannt werden.

1. Der durch die VO. v. 10. 10. 40 (RGBl. I S. 1347) eingefügte neue § 106 hat unter Beibehaltung des Straftatbestandes des früheren § 106 die früheren §§ 106—110a in einer einzigen Vorschrift zusammengefaßt (Begrdg. 40).

2. Daß der Tatbestand das Zusammenrotten von mehr als drei Soldaten voraussetzt, ist sachlich neu. Das Wesen des Aufruhrs besteht gerade darin, daß eine immerhin größere Zahl von Soldaten mit vereinten Kräften gegen den Vorgesetzten vorgeht. Begehen weniger Soldaten eine gemeinschaftliche Gehorsamsverweigerung, Widersetzung oder Tätlichkeit, so lassen schon die sehr schweren Strafdrohungen der §§ 94, 96, 97 eine für jeden Fall angemessene Sühne zu (Begrdg. 40).

3. § 4 (Anm. 3). Täter können aber auch sein Schiffsangestellte (§ 166), Personen des Gefolges (§ 155), Kriegsgefangene (§ 158) und Wehrpflichtige d. B., wenn sie eine Uniform der Wehrmacht tragen oder mit einem Vorgesetzten dienstlich verkehren (§ 6b Abs. 1 Satz 1), im Felde auch Wehrmachtbeamte (§ 153 Abs. 3), und zwar alle Vorgenannten im gegenseitigen Zusammenwirken oder in Gemeinschaft mit Soldaten.

4. Zusammentreten (räumlich) zu einem gemeinschaftlichen, bedrohlichen bzw. gewalttätigen und in seiner Rechtswidrigkeit äußerlich erkennbaren, sich in der Richtung des § 106 bewegenden Handeln (4, 101; 5, 57). Daß die Verbindung die Folge einer vorausgegangenen oder gleichzeitigen Verabredung (s. § 103) ist, ist nicht erforderlich (3, 128).

5. Beseelt von dem gemeinschaftlichen Bewußtsein des Zusammenhalts zur Erreichung des Unternehmens einer der drei im § 106 bezeichneten strafbaren Handlungen (4, 101/105). Es genügt aber, wenn die Tat nur von einem einzelnen Teilnehmer vorgenommen wird, sofern nur die anderen Zusammengerotteten im übrigen billigend dahinter stehen, bereit, den Täter physisch oder intellektuell bei der Ausführung der Tat zu unterstützen; Mittäterschaft im Sinne des § 47 StGB ist hier also nicht erforderlich (9, 117/120).

6. Anm. 2 zu § 96. — 7. Bis zu 15 Jahren (§ 16 Abs. 2). — 8. §§ 9, 10. — 9. Anm. 4 zu § 70. — 10. Von einem bis zu 15 Jahren (§ 14 Abs. 2 StGB).

11. Ist es zu einer Aufruhrhandlung im Sinne des § 106 (1) überhaupt nicht gekommen, sondern bei einer Verabredung (Anm. 1 zu § 103) geblieben, so liegt nur Meuterei (§ 103) vor (RGSt. 56, 19).

12. § 106 (3) schreibt die Strafmilderung nicht, wie der durch VO. v. 10. 10. 40 (RGBl. I S. 1347) gestrichene § 109, zwingend vor; deshalb ist die allgemeine Fassung der Vorschrift unbedenklich (Begrdg. 40).

13. Von 43 Tagen bis zu 15 Jahren (§§ 16, 17, 21).

§ 107

Im Felde[1] gelten die §§ 89, 96, 97, 98, 103 und 106 entsprechend, wenn die nach diesen Bestimmungen strafbaren Handlungen gegen einen im Dienstrang Höheren[2] im Dienst[3] oder in Beziehung auf eine Diensthandlung[4] begangen werden.

1. §§ 9, 10. — 2. Anm. 3 zu § 91. Der durch VO. v. 10. 10. 40 (RGBl. I S. 1347) eingefügte § 107 gilt dem Schutz des im Dienstrang Höheren. Früher war dieser nur gegen Beleidigung und Herausforderung zum Zweikampf durch einen Rangniederen besonders geschützt (§§ 91, 112). Nach den Erfahrungen besteht ein Bedürfnis nach Ausweitung auf die §§ 89, 96, 97, 103, 106 wenigstens für das Feldverhältnis. Von Bedeutung ist die Regelung vor allem für das Verhältnis von Soldaten zu ranghöheren Wehrmachtbeamten, aber auch für das Verhältnis der Unteroffiziere ohne Portepee zu denen mit Portepee, soweit diese nicht Vorgesetzte sind (Begrdg. 40). „§ 107 greift aber auch dann ein, wenn unter seinen Voraussetzungen ein rangniederer Wehrmachtbeamter einen ranghöheren Soldaten, der nicht sein Vorgesetzter ist, angreifen sollte und auch, wenn sich der Angriff gegen einen ranghöheren Wehrmachtbeamten richtet"; Scherer, JW. 1940 S. 2092.

3. Anm. 2 zu § 89. — 4. Anm. 3 zu § 89.

§§ 108 bis 110a

(weggefallen)

§ 111

Straftat gegen eine Wache

(1) Wer eine militärische Wache[1] im Dienste[2] oder in Beziehung auf eine Diensthandlung[3] mit der Begehung eines Verbrechens oder Vergehens bedroht[4] oder sich ihr gegenüber einer Beleidigung[5], eines Ungehorsams[6], einer Widersetzung[7] oder eines tätlichen Angriffs[8] schuldig macht, wird ebenso bestraft, als wenn er die Handlung gegen einen Vorgesetzten[9] begangen hätte.

(2) Als militärische Wache[10] im Sinne dieses Gesetzes sind anzusehen alle zum Wach- oder militärischen Sicherheitsdienste[11] befehligten[12] Soldaten, die in Ausübung dieses Dienstes[13] begriffen und als solche äußerlich erkennbar[14] sind.

1. An Land Standortwachen, die allgemeinen Standortzwecken dienen, Fliegerhorstwachen zum Bewachen aller im Bereich des Fliegerhorstes liegenden Kasernen, Flugzeughallen usw. und Kasernenwachen zum Bewachen des gesamten Bereichs einer Kaserne (St. O. D. V. 53—62); an Bord Schiffswachen und Bereitschaftswachen.

Die Schiffswache steht im Hafen und in See dem Wachhabenden Offizier zur Bedienung und Sicherung des Schiffes, zur Durchführung der allgemeinen und besonderen Tagesdienstpläne und zur Handhabung der Schiffsordnung zur Verfügung. Die zur Schiffswache gehörenden Soldaten gelten als „im Dienst" befindlich (s. Anm. 2 zu § 89). Von ihnen haben die Eigenschaft einer militärischen Wache im Sinne des § 111 (2): a) Der Wachhabende Offizier, der Leutnant der Wache, der Fähnrich der Wache, der Bootsmannsmaat der Wache, die Wachhabenden unter Deck, der Fallreepsgefreite, b) diejenigen Posten der Schiffswache, die nach ihrer Dienstanweisung als Posten im Sinne des § 111 anzusehen sind, c) die zur Bereitschaftswache gehörenden Soldaten in Ausübung des ihnen obliegenden Dienstes (s. nachstehend). Folgende Schiffsposten sind stets als Posten im Sinne des § 111 anzusehen: Posten Kajüte, Posten Back, Posten vor dem Schiff, Posten Arrest (D. a. B. III, 76, 79, 142). Die nicht auf Posten, Wache usw. befindlichen Angehörigen der seemännischen und technischen Wachdivisionen stehen im Bedarfsfalle dem Wachhabenden Offizier und dessen Vorgesetzten als Bereitschaftswache für den sofortigen Einsatz zur Verfügung. Die der Bereitschaftswache anhaftende Eigenschaft einer militärischen Wache im Sinne des § 111 beginnt mit dem Zeitpunkt, wo den Soldaten der Bereitschaftswache der Befehl zum Zusammentritt als Bereitschaftswache bekanntgegeben ist, und endigt mit dem Befehl zu ihrer Auflösung. Die Bereitschaftswache besitzt in Ausübung ihres Dienstes auch die Eigenschaften einer Truppenwache i. S. der St. O. D. V. (D. a. B. III, 147).

Stallwachen sind nicht militärische Wachen i. S. des § 111, ebensowenig die Ehren-, Funk-, Signal- und Maschinenwachen (D. a. B. III, 152, 156, 157, 159—163, 204); die zu diesen Wachen gehörenden Soldaten gelten nur als „im Dienst" befindlich. Hingegen gelten Soldaten, denen durch besonderen Befehl der Schutz von Personen oder Sachen nach außen erkennbar übertragen ist, ohne daß sie zu einer Truppenwache gehören (z. B. Begleitkommandos zu Waffen-, Munitions- oder Gefangenentransporten, Kommandos zur Sicherung des Wehrdienstes bei großen Übungen) als militärische Wache gemäß § 111 (St. O. D. V. 49). Militärische Wachen sind auch, jedoch nur im Felde (nicht bei Übungen — Fuhse 6c), die Feldwachen (T. F. 219) sowie (bei Ortsunterkunft und Biwak) die zur Sicherung der Unterkünfte bestimmten Außenwachen, die erforderlichenfalls in Ortsunterkünften den Verkehr der Bewohner nach außen überwachen und Biwaks nach außen absperren, gegebenenfalls auch den Luftspähdienst übernehmen (T.F. 667), und die in jeder Unterkunft (Ortsunterkunft oder Biwak) für den inneren Dienst eingerich teten Innenwachen, denen auch der Warndienst übertragen werden kann (T. F. 678). Der Unteroffizier vom Dienst gehört nicht zur Wache.

Die Wachen stellen Posten (Posten vor Gewehr, Schließer- und Absperrposten), Innen-, Außen- und Straßenstreifen (St. O. D. V. 45). Als Posten sind Soldaten anzusehen, denen die Bewachung und der Schutz von Personen oder Sachen durch Postenanweisung (St. O. D. V. 140) übertragen ist, und die mit der Pflicht, die Waffe nicht aus der Hand zu legen, auf einen bestimmten Postenbereich angewiesen sind sowie Wachanzug tragen. Die am Koppel getragene Pistole gilt als Waffe in der Hand (St. O. D. V. 72).

2. Anm. 2 zu § 89.

3. Anm. 3 zu § 89. — **4.** § 89. — **5.** § 91. — **6.** §§ 92—94 (98), 103—106. — **7.** § 96. — **8.** § 97. Vorsatz durchweg erforderlich (5, 157; 14, 82). Bedingter Vorsatz genügt.

9. Anm. 3 zu § 47. Die militärische Wache wird, während sie sich in Ausübung des Wachdienstes befindet, nicht wirklicher Vorgesetzter der übrigen, zum Gehorsam ihr gegenüber verpflichteten Soldaten. Es werden vielmehr nur die gegen eine Wache begangenen Vergehen gegen die militärische Unterordnung vermöge der Rechtsfiktion des § 111 ebenso bestraft, als wenn sie gegen einen Vorgesetzten begangen wären. Das allgemeine Vorgesetztenverhältnis des Offiziers, der nicht zu den Wachvorgesetzten gehört, bleibt daher auch der in Ausübung des Dienstes befindlichen Wache gegenüber grundsätzlich bestehen; es ruht nur hinsichtlich derjenigen Befugnisse, die mit der Gehorsamspflicht gegenüber der Wache unvereinbar sind, also insbesondere hinsichtlich des Rechtes, der Wache Befehle zu erteilen (20, 183/194; RGSt. 60, 337). Denn den Wachen gegenüber haben nur die Wachvorgesetzten Befehlsbefugnis (St. O. D. V. 92). Alle anderen Vorgesetzten machen sich nach § 120 strafbar, wenn sie einem Mitglied einer Wache einen Befehl, gleichviel welcher Art, erteilen, vorausgesetzt, daß ihnen bekannt ist, daß die Person zu einer Wache gehört (5, 129, 139; 7, 175). Nimmt ein Vorgesetzter infolge irriger Auffassung der bestehenden Dienstvorschriften an, er sei seinerseits Vorgesetzter einer militärischen Wache, so befindet er sich in einem tatsächlichen Irrtum im Sinne des § 59 StGB (20, 183).

Wachvorgesetzte sind der Führer und Oberste Befehlshaber der Wehrmacht, die Oberbefehlshaber der betr. Wehrmachtteile, ferner: von Standortwachen a) beim Heer der Oberbefehlshaber der Heeresgruppe, der Befehlshaber im Wehrkreis; bei der Kriegsmarine der Flottenchef (wenn die Wachen usw. aus seinem Bereich gestellt sind) und der Kommandierende Admiral der Marinestation; bei der Luftwaffe (in alleinigen Luftwaffenstandorten) der Chef der Luftflotte bzw. der Kommandierende General der Luftwaffe, der Kommandeur des Luftgaues; b) der Standortälteste, c) der (die) Offizier(e) vom Ortsdienst, d) der Wachhabende; von Fliegerhorst- bzw. Kasernenwachen a) die Vorgesetzten des Fliegerhorstkommandanten bzw. Kommandeurs (d. h. des Truppenkommandeurs), der die Wachgestellung angeordnet hat, b) der Fliegerhorstkommandant bzw. Kommandeur (vgl. a), c) der Offizier vom Dienst des betreffenden Fliegerhorstes bzw. Truppenteils, d) der Wachhabende (St. O. D. V. 92). Wachvorgesetzte an Bord sind der Kommandant und dessen unmittelbare Vorgesetzte, der Erste Offizier, der Wachhabende Offizier, der Leutnant der Wache, der Fähnrich und der Bootsmannsmaat der Wache (D. a. B. III, 81). Außerdem sind alle mit Disziplinarstrafgewalt beliehenen Offiziere des wachhabenden Truppenteils zum Mitwirken an der vorschriftsmäßigen Ausübung und Prüfung des Wachdienstes der Soldaten ihrer Kompanie usw. befugt. Während der Dauer dieser Prüfung sind sie ihre Wachvorgesetzten (St. O. D. V. 92). Bei Standortwachen dürfen der Befehlshaber im Wehrkreis bzw. der Kommandierende Admiral der Marinestation oder der Kommandeur des Luftgaues (in alleinigen Luftwaffenstandorten), bei Fliegerhorstwachen der Kommandeur des Luftgaues, der Divisionskommandeur bzw. der mit entsprechender Befehlsbefugnis ausgestattete Vorgesetzte und ihre übergeordneten Wachvorgesetzten einzelnen Offizieren die Rechte eines Sonderwachvorgesetzten über bestimmte Wachen geben (St. O. D. V. 94).

10. Für das Vorhandensein der Eigenschaft als militärische Wache ist allein der Umstand maßgebend, daß objektiv die Voraussetzungen des § 111 (2) vorliegen (7, 294). Das Blasen (Schlagen) oder die Ankündigung der „Vergatterung" ist keine wesentliche Voraussetzung für den Eintritt der Eigenschaft der zum Wachdienst Befohlenen als militärische Wache im Sinne des § 111 (20, 183). Straßenstreifen gehören zu den Standortwachen (St. O. D. V. 81).

11. Er steht im Sinne des § 111 (2) und der Verordnung über den Waffengebrauch (HDv. 3d; M. D. E. 95) dem Truppenwachdienst gleich (s. Anm. 1 oben).

12. Der Hauptfeldwebel (Hauptwachmeister) und in dringenden Fällen auch der Unteroffizier vom Dienst sind im Auftrag des Kompanie- usw. Chefs berechtigt, Soldaten zum Wehrsicherheits- und Wachdienst zu kommandieren. Werden von einem Wachhabenden Wachmannschaften zum Abholen eines im Gewahrsam befindlichen Soldaten kommandiert, so genießt diese Wachmannschaft in jedem Fall des Schutzes des § 111.

13. Es genügt nicht, daß die zum Wach- usw. Dienste befehligte Person „im Dienste" ist (s. Anm. 2 zu § 89), sondern es ist erforderlich, daß sie sich „in Ausübung einer konkreten Dienstverrichtung" befindet (7, 285), so der Wachhabende während der ganzen Wachzeit, auch wenn er die Wache vorübergehend verlassen hat (15, 236), und die Posten. Diese sind solange und insoweit „in Ausübung des Dienstes" begriffen, als sie sich im Rahmen der Obliegenheiten halten, mit denen sie von der zuständigen Stelle dienstlich beauftragt sind (18, 37). Geschützt wird aber durch § 111 auch jeder andere zur Wache gehörende Soldat, der zur Sicherung der Wachaufgaben von sich aus selbständig tätig wird, wenn er sich beim Einschreiten im Rahmen der Wachaufgabe hält (18, 37; RKG. 2, 1). Auch dann, wenn der Posten durch einen körperlichen oder geistigen Umstand (Trunkenheit, Schlaf) unfähig wird, seinen Postendienst ordnungsmäßig zu versehen, oder wenn er sich vorübergehend nicht in vollständigem Wachanzuge befindet, verliert er nicht ohne weiteres seine Posteneigenschaft. Ob durch die angegebenen Umstände die Posteneigenschaft verlorengeht, ist in jedem Falle nach den tatsächlichen Verhältnissen zu entscheiden (5, 192). Wegen der Schiffs- und Funkwachen s. oben unter 2.

Die Feldgendarmen sind jetzt auch Soldaten (s. Anm. 1 Nr. 7 zu § 4).

14. Hierzu dient lediglich der in der St. O. D. V. (63—71) vorgeschriebene Wachanzug mit Ausrüstung bzw. der Anzug der Bereitschaftswache an Bord (D. a. B. III, 150). Änderungen im Einzelfalle dürfen die Standortältesten (Kommandeure) anordnen, jedoch muß sich der Anzug der den Wachdienst ausübenden Soldaten deutlich von dem Anzug anderer Soldaten unterscheiden (12, 30; St. O. D. V. 71). Sofern z. B. die Nichtausrüstung eines Postens mit Gewehr auf einer von der zuständigen Stelle getroffenen Anordnung beruht, wird ihm durch das Fehlen des Gewehrs die äußere Erkennbarkeit als militärische Wache im Sinne des § 111 nicht genommen (10, 296; 18, 94; 20, 260); zu Diensthandlungen des Wachhabenden wie der Wachmannschaften auf der Wache selbst ist das Gewehr nicht erforderlich (12, 260/263).

§ 112

Herausforderung zum Zweikampf

(1) Wer einen Vorgesetzten[1] oder einen im Dienstrang Höheren[2] aus dienstlicher Veranlassung[3] zum Zweikampf[4] herausfordert[5], wird mit Freiheitsstrafe[7] nicht unter einem Jahre und, wenn der Zweikampf vollzogen[6] wird, mit Freiheitsstrafe[7] nicht unter drei Jahren bestraft[8].

(2) Ebenso wird der Vorgesetzte bestraft, der die Herausforderung annimmt oder den Zweikampf vollzieht[9].

1. Anm. 3 zu § 47.

2. Anm. 3 zu § 91.

3. Begründet durch das eine Dienstangelegenheit (= Dienstsache — s. Anm. 2 zu § 47) betreffende Verhalten des geforderten Vorgesetzten, mag auch der Untergebene ein solches Verhalten irrtümlich unterstellt haben (21, 50).

4. Ein zwischen zwei Personen verabredeter Kampf mit tödlichen Waffen nach vereinbarten oder hergebrachten Regeln (13, 165). Tödliche Waffen sind alle Waffen im technischen Sinne (Schuß-, Hieb-, Stich- oder Stoßwaffen), die bei bestimmungsgemäßem Gebrauch ihrer Gattung nach geeignet sind, tödliche Verletzungen herbeizuführen (RGSt. 8, 87).

5. Die Herausforderung verliert den Charakter der Ernstlichkeit, den sie haben muß, nicht schon dadurch, daß der Herausfordernde die Absicht hat, einem wirklichen Zweikampf auszuweichen, z. B. den Gegner durch die Forderung nur schrecken will. Die Waffen, mit denen gekämpft werden soll, brauchen im

Wortlaut der Herausforderung nicht erwähnt zu werden; es genügt, wenn sich aus den die Tat begleitenden Umständen ergibt, daß tödliche Waffen gemeint sind (RGSt. 22, 139).

6. Das Verbrechen ist vollendet, wenn sich beide Teile zum Kampf gestellt haben und auch nur von einem der Kampf begonnen worden ist (13, 165).

7. §§ 16, 17, 21. Über die Zulässigkeit von Festungshaft s. Fußnote zu § 21.

8. Kartellträger wegen Beihilfe zum Verbrechen gegen § 112, nicht etwa nach § 203 StGB (18, 210), ebenso Zeugen, Sekundanten, Ärzte und Wundärzte. Freiwilliger Rücktritt eines oder beider Teile vor Beginn des Zweikampfes macht im Gegensatz zu §§ 204, 209 StGB den Herausfordernden oder Annehmenden sowie die Kartellträger und alle sonstigen Beteiligten nicht straflos. Die §§ 207 und 210 StGB finden entsprechend § 2 Anwendung, auch wenn die Beteiligten dem MStGB unterstehen.

9. Die Annahme ist dann nicht strafbar, wenn die Herausforderung nicht ernstlich gemeint war (RGSt. 57, 243/245). Annahme unter Bedingungen ist Ablehnung, verbunden mit einer neuen Herausforderung.

§§ 112a bis f, 113

(weggefallen)

Siebenter Abschnitt

Mißbrauch der Dienstgewalt[1]

§ 114

Mißbrauch zu nicht dienstlichen Zwecken

Wer[2] seine Dienstgewalt[3] oder dienstliche Stellung[4] gegen Untergebene[5] zu Befehlen[6], Forderungen[7] oder Zumutungen[8] mißbraucht[9], die in keiner Beziehung zum Dienste stehen[10], wird mit Gefängnis oder Festungshaft[11] bis zu zwei Jahren, in minder schweren Fällen[12] mit Arrest[13] bestraft.

1. Diese Überschrift kennzeichnet nur den Kernpunkt des 7. Abschnitts. Sie besagt lediglich, daß der Gesetzgeber jeden der in diesem Abschnitt zusammengefaßten Tatbestände als „Mißbrauch der Dienstgewalt" ansieht. Dagegen hat die Abschnittsüberschrift nicht die Bedeutung, daß zu den in diesen Vorschriften enthaltenen Tatbestandsmerkmalen etwa noch das Merkmal „unter Mißbrauch der Dienstgewalt" hinzutreten müßte. Eine solche einengende Auslegung würde den militärischen Erfordernissen nicht gerecht werden und auch nicht dem Sinn des Gesetzes entsprechen, das das Tatbestandsmerkmal „unter

Mißbrauch der Dienstgewalt" zwar in die §§ 114, 115, 116, aber nicht in die übrigen Vorschriften dieses Abschnitts aufgenommen hat (RKG. v. 7. 7. 38 Rev. L. 72/38 II).

2. Bedeutet hier, wie im ganzen 7. Abschnitt (ausgenommen § 120) Vorgesetzte (Anm. 3 zu § 47) einschließlich der Wachen (§ 111). Täter können nicht nur Soldaten sein, sondern auch Wehrmachtbeamte, die zu Vorgesetzten über Soldaten ihres Bereichs bestellt worden sind, wenn sie gegen diese eine der in den §§ 114ff. mit Strafe bedrohten Handlungen begehen (§ 153 Abs. 2), ferner Kriegsgefangene, die von der zuständigen Kommandobehörde als Vorgesetzte anderer Kriegsgefangener bestellt sind (19, 138), nicht hingegen Personen des Gefolges. Beim Stubenältesten und beim Exerziergefreiten kommt es nicht darauf an, ob er im Augenblick der Tat Vorgesetzter des Soldaten ist, an den sich sein Befehl oder seine Forderung richtet. Sie haben eine „dienstliche Stellung" (Anm. 3) auch über die Zeit der Vorgesetzteneigenschaft hinaus. Die Rekruten und die Stubenkameraden vor einem Mißbrauch dieser dienstlichen Stellung auch über die Zeit des Dienstes hinaus zu schützen, ist der Sinn der Vorschrift des § 114 gegen den Mißbrauch der Dienstgewalt (RKG. v. 4. 11. 37 Rev. L. 130/37 I).

3. Das aus der Stellung eines Vorgesetzten herrührende Recht, an Untergebene Dienstbefehle zu erteilen (9, 144 und 302; 11, 134). Mißbrauch der Dienstgewalt liegt immer vor, wenn der Täter sein Vorgesetztenverhältnis auf Grund besonderer Dienststellung (VO. über Rang- und Vorgesetztenverhältnis — Anhang 1 S. 250 — unter C II) vorschriftswidrig ausnutzt (RG. v. 31. 7. 36 — 4 D 541/36).

4. „Summe der Machtbefugnisse und des Einflusses, welche das Vorgesetztenverhältnis mit sich bringt" (Rotermund 3 zu §§ 115, 116). Mißbrauch der dienstlichen Stellung ist gegeben, wenn der Täter sein allgemeines Vorgesetztenverhältnis als Offizier oder Unteroffizier (VO. über Rang- und Vorgesetztenverhältnis — Anhang 1 S. 249 — unter C I) mißbraucht (RG. v. 31. 7. 36 — 4 D 541/36).

5. Anm. 1 zu § 89, 5 zu § 47.

6. Forderungen eines Tuns oder Unterlassens, die ein zur Befehlsgebung Berechtigter in gebietender Weise an einen seiner Befehlsgewalt Unterworfenen stellt.

7. Ernstlich gemeinte, auch nicht in Befehlsform gekleidete Einwirkungen auf den Untergebenen, wodurch dieser zu einem auch nicht mittelbar zum militärischen Dienst in Beziehung stehenden Tun oder Unterlassen bestimmt werden soll (9, 169).

8. An den Untergebenen zum gleichen Zweck, wie zu 7, gerichtete Ansinnen unter mißbräuchlicher Geltendmachung der dienstlichen Autorität (5, 103/107).

9. Objektiv durch ein Handeln des Vorgesetzten, das erkennen läßt, daß er in rechtswidriger Weise auf den Untergebenen einen Druck ausübt, um bestimmend auf dessen Willen einzuwirken, wobei nicht erforderlich ist, daß das

Vorgesetztenverhältnis äußerlich zum Ausdruck kommt, subjektiv mit dem Bewußtsein, daß der Befehl usw. in keiner Beziehung zum Dienste steht, und daß durch ihn ein Druck zu einem unerlaubten Zweck auf den Untergebenen ausgeübt wird (9, 302; 13, 167). Während das vorübergehende Borgen kleinerer Geldbeträge in der Regel keinen Mißbrauch darstellen wird, wird das langfristige Schuldigbleiben einer größeren Geldsumme im allgemeinen den Tatbestand des Mißbrauchs in objektiver Beziehung erfüllen; in solchem Falle kommt es entscheidend auf die innere Tatseite an; RKG. v. 27. 7. 43 StPL. (HLS) I 48/43. Geschützt werden soll durch § 114 das Unterordnungsverhältnis und damit die Mannszucht, während durch § 266 StGB (Untreue) das Vermögen eines anderen geschützt werden soll. Das ist ein besonderer Tatbestand, der im § 114 nicht unter Strafe gestellt und nicht als engerer von diesem mit umschlossen ist. Tateinheitliches Zusammentreffen von § 114 mit § 266 StGB ist daher möglich (RKG. 1, 30/33). Die Begriffe „Unterordnungs- und Abhängigkeitsverhältnis" im § 175a Nr. 2 StGB und „Vorgesetztenverhältnis" im § 114 sind nicht unbedingt dieselben (RG. v. 11. 9. 36 — 4 D 659/36 — ZWehrR. I S. 382).

10. Weder mittelbar, noch unmittelbar in irgendeiner Beziehung zum Dienste. Die Entscheidung ist davon abhängig, ob in den einzelnen Fällen die Handlungsweise des Täters auch der Art und dem Umfang nach durch dienstliche Interessen gerechtfertigt war oder nicht, sowie ob der Täter dies erkannte und andere Zwecke verfolgte (RKG. 2, 111). Daß die Befehle usw. private Angelegenheiten des Untergebenen betreffen, reicht an sich nicht hin, um sie aus dem Bereiche der Diensthandlungen auszuscheiden (3, 219/221), da auch private Angelegenheiten einen dienstlichen Charakter annehmen können, wenn sich der Vorgesetzte ihrer Besorgung in seiner dienstlichen Eigenschaft aus Fürsorge für die Mannschaften unterzieht (6, 103).

11. Von mindestens 43 Tagen (§ 17 Abs. 1). Über die Zulässigkeit von Festungshaft s. Fußnote zu § 21.

12. Anm. 14 zu § 64. — **13.** §§ 19, 20, 22.

§ 115

Anstiftung eines Untergebenen zu einer Straftat

Wer[1] durch Mißbrauch[2] seiner Dienstgewalt[3] oder seiner dienstlichen Stellung[4] einen Untergebenen[5] zu einer von diesem begangenen[6], mit Strafe bedrohten Handlung[7] vorsätzlich[8] bestimmt[9] hat, wird als Täter oder Anstifter[10] bestraft. Die Strafe kann bis zur Höchstgrenze der zu verhängenden Strafart erhöht werden[11].

1. Anm. 1 zu § 114. — **2.** Anm. 9 zu § 114. — **3.** Anm. 2 zu § 114. — **4.** Anm. 3 zu § 114. — **5.** Anm. 1 zu § 89.

6. Die objektiven wie die subjektiven Tatbestandsmerkmale müssen in der Person des Täters erfüllt sein. Handelte der Täter ohne den zur Anwendung des Strafgesetzes erforderlichen rechtswidrigen Vorsatz, so nahm er zwar den äußeren Tatbestand einer strafbaren Handlung (s. Anm. 7) vor, aber ohne die betreffende Handlung zu begehen (1, 146/150). Es braucht aber nur der Versuch einer strafbaren Handlung begangen worden zu sein, wenn auch der Versuch mit Strafe bedroht ist (RGSt. 14, 19; 38, 348).

7. Nur Verbrechen und Vergehen (auch bürgerliche) kommen in Betracht, nicht Übertretungen; für diese gelten, falls sich die Strafbarkeit nicht aus § 114 ergibt (Dörken-Scherer, Anm. 6 zu § 114), die allgemeinen Bestimmungen über mittelbare Täterschaft und Anstiftung, jedoch ist bezüglich des Vorgesetzten nach § 29 (2) Geldstrafe ausgeschlossen (Rotermund 10, Romen-Rissom 4c, Fuhse 3).

8. Der Vorsatz des anstiftenden Vorgesetzten muß sich zwar auf die Tat des Untergebenen in ihrem ganzen Umfang erstrecken, es genügt aber, soweit die Person des Untergebenen in Frage kommt, daß die objektiven Voraussetzungen der Strafbarkeit der Handlung vorliegen und der Vorsatz des Vorgesetzten diese objektiven Voraussetzungen umfaßt (7, 11). Der Vorgesetzte muß sich des unbefugten Gebrauchs der Gewalt oder Stellung bewußt gewesen sein; die Anwendung des § 115 scheidet also aus, wenn der Vorgesetzte sich zur Erteilung des Befehls für berechtigt gehalten hat (5, 33/41).

9. Indem der Vorsatz zur Verwirklichung der äußeren und inneren Tatbestandsmerkmale einer bestimmten, konkreten, strafbaren Handlung, einschließlich der zum inneren Tatbestand etwa gehörigen besonderen Absicht, in dem Untergebenen hervorgerufen wird (5, 229; RGSt. 56, 171); es muß also die von dem Täter begangene strafbare Handlung in einem von dem Vorsatze des Anstifters umfaßten ursächlichen Zusammenhange mit der Tätigkeit des Letzteren stehen (9, 144/149 und 293; 11, 200). Die Erteilung eines Befehls in Dienstsachen, durch dessen Ausführung ein Strafgesetz verletzt ist, begründet nicht ohne weiteres die Anwendbarkeit des § 115, da sehr wohl Fälle denkbar sind, in denen die Erteilung eines solchen Befehls auch ohne Mißbrauch der Dienstgewalt oder der dienstlichen Stellung des Vorgesetzten erfolgt ist (5, 33/40).

10. In den Fällen, in denen der Vorgesetzte als Anstifter nicht anzusehen ist, soll er die strafrechtliche Verantwortung so tragen, als ob er selbst der (mittelbare) Täter sei, und zwar auch dann, wenn er selbst als unmittelbarer Täter die strafbare Handlung nicht hätte begehen können.

11. Obwohl durch § 115 die Anstiftung eines Untergebenen durch Mißbrauch der Dienstgewalt oder der dienstlichen Stellung seitens eines Vorgesetzten aus dem Rahmen der im § 48 StGB gegebenen Mittel der Anstiftung herausgehoben und zu einem selbständigen militärischen Delikt gestaltet ist (2, 212/216), ist der Begriff Anstifter im Sinne des § 48 StGB zu verstehen, so daß von dem Angestifteten eine mit Strafe bedrohte Handlung oder doch ein strafbarer Versuch derselben (s. Anm. 6) begangen worden sein muß (1,

146/149; 20, 140). Über „Aufforderung" zu einem Verbrechen, das nicht begangen wird oder auch ohne Anstiftung begangen worden wäre (§ 49a Abs. 1 StGB), s. Anm. 1 zu § 47.

12. Satz 2 ist durch VO. v. 10. 10. 40 (RGBl. I S. 1347) hinzugefügt worden.

§ 116

Erfolglose Anstiftung eines Untergebenen zu einer Straftat

Wer[1] es unternimmt[2], durch Mißbrauch[3] seiner Dienstgewalt[4] oder seiner dienstlichen Stellung[5] einen Untergebenen[6] zur Begehung[7] einer mit Strafe bedrohten Handlung[8] zu bestimmen[9], wird mit Freiheitsstrafe[10] bestraft[11].

1. Anm. 1 zu § 114. — **2.** Anm. 2 zu § 96. — **3.** Anm. 9 zu § 114. — **4.** Anm. 3 zu § 114. — **5.** Anm. 4 zu § 114. — **6.** Anm. 1 zu § 89, 5 zu § 47. — **7.** Anm. 7 zu § 115. — **8.** Zu einem bestimmten Verbrechen oder Vergehen (RGSt. 64, 91/93); s. Anm. 7 zu § 115.

9. Anm. 9 zu § 115. § 116 bedroht, anders als § 49a StGB (s. Anm. 1 zu § 47), auch die erfolglose Anstiftung zu einem Vergehen mit Strafe und legt der „tätigen Reue" keine die Strafbarkeit beseitigende Wirkung bei. Ein Vorgesetzter, der einen Untergebenen unter Mißbrauch der Dienstgewalt zu einem Verbrechen auffordert, verstößt in Tateinheit (§ 73 StGB) gegen § 116 und gegen § 49a (1) StGB, wobei jedoch die Strafe lediglich dem § 49a (1) StGB als dem härteren Gesetz zu entnehmen ist. „Nur dort, wo der Täter wegen freiwilligen Rücktritts nicht nach § 49 a (1) StGB bestraft werden darf (vgl. § 49a Abs. 4 StGB), bleibt § 116 allein anwendbar"; Scherer, ZWehrR. VIII S. 209.

10. §§ 16, 17, 21. Über die Zulässigkeit von Festungshaft s. Fußnote zu § 21.

11. § 116 ist sowohl dann anwendbar, wenn die vom Vorgesetzten gewollte Tat nicht begangen ist, als auch dann, wenn sie zwar begangen ist, aber nicht infolge der mißbräuchlichen Einwirkung des Vorgesetzten (9, 293).

§ 117

Unterdrückung einer Beschwerde

(1) Wer[1] es unternimmt[2], einen Untergebenen[3] durch Versprechungen, Geschenke[4], Drohungen[5] oder ähnliche Mittel[6] abzuhalten[7], eine militärische Beschwerde[8] zu führen, bei einer militärischen Dienststelle eine Anzeige zu erstatten[9] oder von einem Rechtsbehelf[10] Gebrauch zu machen, wird mit Freiheitsstrafe[11] bis zu fünf Jahren bestraft.

(2) Ebenso wird ein Vorgesetzter[12] bestraft, der es unternimmt[2], eine ihm zugegangene oder vorgetragene Beschwerde[13] oder sonstige

Willenserklärung dieser Art[14] zu unterdrücken[15], die er weiterzugeben oder zu untersuchen hat.

1. Anm. 2 zu § 114. — **2.** Anm. 2 zu § 96. — **3.** Anm. 1 zu § 89. — **4.** Anm. 4 zu § 140. — **5.** Anm. 6 zu § 89. Der drohende Vorgesetzte muß gewillt sein, das in Aussicht gestellte Übel selbst zuzufügen (13, 293/298).

6. Darunter ist auch der Mißbrauch der dienstlichen Stellung zu verstehen, ferner autoritätswidriges Bitten und Sichanbieten, also alles, was militärisch unerlaubt ist (Begrdg. 40), z. B. Furchterregung (13, 293), Überredung (3, 245; 8, 132), Zusicherung von Vermögensvorteilen (6, 253).

7. Der Vorgesetzte braucht nur die Widerrechtlichkeit des angewandten Mittels zu kennen und mit der Möglichkeit zu rechnen, daß tatsächlich oder nach der Auffassung des Untergebenen möglicherweise ein Anlaß zu der Beschwerde, Anzeige usw. gegeben sei (8, 132/139/140).

8. Beschwerde i. S. der Beschwerdeordnung v. 8. 4. 36 (H. Dv. 3/10; M. Dv. 15/19; L. Dv. 3/10) und der Disziplinarstrafordnung.

9. § 94 MStGO, § 15 KStVO. — **10.** Das sind Rechtsmittel i. S. der MStGO, des WFVG. und anderer Verfahrensvorschriften, die Klage nach § 31 WG., Strafanträge nach § 61 StGB (vgl. hierzu RKG. 1, 197) usw.

11. §§ 16, 17, 21. Über die Zulässigkeit von Festungshaft s. Fußnote zu § 21. — **12.** Anm. 3 zu § 47. — **13.** Anm. 8 oben. — **14.** Anzeigen, Rechtsbehelfe.

15. Vorausgesetzt wird, daß der Vorgesetzte zum Weiterbefördern oder Untersuchen der ihm zugegangenen oder vorgetragenen Willenserklärung verpflichtet ist. Unter „Unterdrücken" ist nicht nur das Beseitigen einer schriftlichen Willenserklärung zu verstehen, sondern auch das Unterlassen dessen, was der Vorgesetzte aus Anlaß einer schriftlich oder mündlich vorgetragenen Willenserklärung zu veranlassen dienstlich verpflichtet ist (Begrdg. 40), also jede Entfaltung einer Tätigkeit, durch welche die Beschwerde usw. der dienstlichen Behandlung entzogen wird (RGSt. 15, 382), wobei Handeln und Unterlassen gleichzusetzen sind.

§ 118

Mißbrauch der Disziplinarstrafbefugnis

Wer[1] vorsätzlich[2] seine Strafbefugnisse[3] überschreitet[4], insbesondere wer wissentlich[5] unverdiente[6] oder unerlaubte[7] Strafen verhängt[8], wird mit Gefängnis[9] bis zu fünf Jahren bestraft.

1. Anm. 1 zu § 114. Täter können hier aber nur solche Vorgesetzte sein, denen Disziplinarstrafgewalt zusteht, in erster Reihe also Offiziere (§ 13 WDStO.), ferner Wehrmachtbeamte, denen Disziplinarstrafgewalt nach § 22 WDStO. übertragen ist, und Sonderführer (H. M. 1940 S. 91 Nr. 200 zu III 3b), nicht Wachen als solche trotz der Anführung des § 118 im § 125. Als Verletzte kommen nur Untergebene des eigenen Befehlsbereichs in Frage;

werden gegen Soldaten, die nicht unmittelbare Untergebene sind, Disziplinarstrafen verhängt, so liegt ein Vergehen gegen § 120 vor.

2. Anm. 6 zu § 33. — **3.** Grenzen der Strafgewalt.

4. Indem ein an sich zur Verhängung von Disziplinarstrafen zuständiger Vorgesetzter über den seiner Disziplinarstrafgewalt unterworfenen Untergebenen eine den ihm gesteckten Strafrahmen überschreitende Disziplinarstrafe, insbesondere eine unverdiente oder unerlaubte, verhängt.

5. Soviel wie vorsätzlich, bedingter Vorsatz genügt.

6. Strafen, die gegen einen unschuldigen oder in geringerem, als von dem Disziplinarvorgesetzten behaupteten Maße schuldigen Untergebenen verhängt werden (Rotermund 5).

7. Strafen, die nicht als Strafmittel in der WDStO. vorgesehen sind. Disziplinarmaßnahmen, die nur dem Zweck der Erziehung oder Ausbildung dienen, können durch einen Vergeltungszweck, den sie nicht haben dürfen, die Eigenschaft einer „unerlaubten Strafe" annehmen (Dietz, WDStO. S. 160/224).

8. Mit ihrer dienstlichen Bekanntgabe an den Untergebenen, nicht erst mit dem Beginn der Vollstreckung, ist die Disziplinarstrafe verhängt (§ 36 WDStO).

9. Von mindestens 43 Tagen (§ 17 Abs. 1).

§ 119

Gesetzwidriger Einfluß auf die Rechtspflege

(1) Wer[1] vorsätzlich[2] einen gesetzwidrigen Einfluß auf die Rechtspflege ausübt[3], wird mit Gefängnis[4] bis zu fünf Jahren bestraft.

(2) In minder schweren Fällen[5] kann auf Festungshaft[6] bis zu fünf Jahren erkannt werden.

1. Anm. 1 zu § 118. Täter können hier aber auch Unteroffiziere, Mannschaften und Wachen (§ 125) sein.

2. Mit dem Bewußtsein der Rechtswidrigkeit des ausgeübten Drucks, bedingter Vorsatz genügt.

3. Wenn auch durch den bloßen Versuch (Unternehmen, s. Anm. 2 zu § 96), durch Mißbrauch der Dienstgewalt oder dienstlichen Stellung (Anm. 3 u. 4 zu § 114) auf den zur Ausübung der Rechtspflege berufenen Untergebenen zugunsten oder zuungunsten des Beschuldigten usw. einzuwirken. Die Einflußnahme auf Zeugen oder Sachverständige wird durch § 119 nicht betroffen, weil sie keine Organe der Rechtspflege sind; Dörken-Scherer 3.

4. Von 43 Tagen Mindestdauer (§ 17 Abs. 1). — **5.** Anm. 14 zu § 64. — **6.** Von 43 Tagen Mindestdauer.

§ 120

Anmaßen einer Befehlsbefugnis oder Strafgewalt

Wer[1] sich unbefugt[2] eine Befehlsbefugnis[3] oder eine Strafgewalt[4] anmaßt[5], wird mit Freiheitsstrafe[6] bis zu fünf Jahren bestraft.

1. Hier ist es ohne Bedeutung, ob der Täter Vorgesetzter ist oder nicht (4, 50).

2. Vorsätzlich (16, 19/22). Ein Irrtum des Täters über seine Befugnisse schließt den erforderlichen strafrechtlichen Vorsatz aus (6, 103/107; 9, 240). Zutreffend weisen Schwinge (IV) und Gösser (S. 26) darauf hin, daß Vorsatz dann wird verneint werden müssen, wenn es sich um bloße Scherze handelt z. B. wenn ein Mann, den Irrtum eines Kameraden ausnutzend, er sei Unteroffizier, ihm befehlen würde: „Stehen Sie stramm!". Dem hat sich die Begrdg. 40 angeschlossen, indem sie bemerkt: „Bloßes Rennomieren, Vorgesetzteneigenschaft zu besitzen, fällt also nicht unter den Tatbestand". Die Feststellung der Grenze wird oft schwierig sein.

3. Solche besitzen nur der Führer und Oberste Befehlshaber der Wehrmacht, die Oberbefehlshaber der drei Wehrmachtteile und die sonstigen Vorgesetzten kraft allgemeinen Vorgesetztenverhältnisses oder eines solchen auf Grund besonderer Dienststellung (Anm. 3 zu § 47). Anmaßung einer Befehlsbefugnis kann mithin begangen werden von einer Person, die überhaupt nicht Vorgesetzter ist, also gar keine Befehlsbefugnis besitzt, aber auch von einer Person, die an sich Vorgesetzteneigenschaft besitzt, indes im gegebenen Falle (z. B. gegenüber einer militärischen Wache) zur Befehlserteilung nicht berechtigt ist. Hingegen kann jemand, der in der vorgeschriebenen Form nach außen hin als Vorgesetzter anerkannt ist, sich der Anmaßung einer Befehlsbefugnis, außer wenn er im Einzelfalle zur Befehlserteilung nicht berechtigt ist, selbst dann nicht schuldig machen, wenn die Beförderung oder Einstufung erschlichen oder aus anderen Gründen innerlich fehlerhaft ist (RKG. v. 11. 2. 43 StPL. (HLS) III 118/42); denn er bleibt so lange Vorgesetzter, bis die Vorgesetzteneigenschaft widerrufen ist (s. Anm. 3 zu § 47).

4. Anmaßung einer Strafgewalt kann sowohl durch eine Person erfolgen, die überhaupt keine Disziplinarstrafgewalt besitzt (z. B. Unteroffizier), als auch durch einen Offizier, Wehrmachtbeamten oder Sonderführer, der zwar Inhaber der Disziplinarstrafgewalt, aber zur Verhängung der Strafe im gegebenen Falle nicht zuständig ist, weil der Betreffende nicht seiner Disziplinarstrafgewalt untersteht (Rotermund 4). Anm. 1 zu § 118. Maßnahmen, die ohne das Merkmal der Vergeltung dem reinen Zweck der Erziehung oder Ausbildung dienen (Disziplinarmaßnahmen) darf jeder Vorgesetzte innerhalb seines Befehlsbereichs anwenden. Er ist befugt und verpflichtet, zur Aufrechterhaltung der Mannszucht jedes Mittel anzuwenden, das nach der Sachlage zur Erreichung dieses Zwecks erforderlich und nicht durch Gesetz oder

militärische Dienstvorschrift oder durch dienstlichen Befehl verboten ist oder militärischen Grundsätzen zuwiderläuft (18, 122; Dietz, WDStO. S. 160). Die Meinung, daß als Ermunterungsübungen nur solche Übungen zulässig seien, die in den Rahmen des gerade angesetzten Dienstes fallen, kann nicht gebilligt werden. Sie würde dazu führen, daß die Ermunterungsübungen für einen Teil des militärischen Dienstes wegfielen, wo sie, wie beim Unterricht, angebracht sein können. Eine solche Meinung läßt sich mit dem Wesen der Erziehungsmaßnahme und den militärischen Notwendigkeiten nicht in Einklang bringen (RKG. v. 8. 2. 38 Rev. L. 117/37 II).

5. Die Neufassung des § 120 durch die VO. v. 10. 10. 40 (RGBl. I S. 1347) stellt gegenüber der Lehre zum früheren § 120 klar, daß es beim Anmaßen einer Befehlsbefugnis oder Strafgewalt nicht darauf ankommt, ob die Handlung von einem Befugten hätte vorgenommen werden können. Nunmehr ist z. B. auch der Unteroffizier strafbar, der einem Untergebenen eine Geldstrafe auferlegt (Begrdg. 40) oder ihn schriftliche „Strafarbeiten" anfertigen läßt.

6. §§ 16, 17, 21. Über die Zulässigkeit von Festungshaft s. Fußnote zu § 21.

§ 121

Beleidigung eines Untergebenen

(1) Wer[1] einen Untergebenen[2] durch üble Nachrede (§ 186 des Strafgesetzbuchs) oder tätlich[3] beleidigt[4], wird mit Freiheitsstrafe[5] bis zu zwei Jahren bestraft.

(2) Ist die Beleidigung eine verleumderische (§ 187 des Strafgesetzbuchs), so tritt Gefängnis[6] bis zu fünf Jahren ein.

1. Anm. 1 zu § 114. — **2.** Anm. 1 zu § 89, 5 zu § 47.

3. Mittels einer Tätlichkeit, worunter jede vorsätzliche, rechtswidrige Einwirkung auf den Körper zu verstehen ist, auch ein fehlgegangener Schlag, Anspucken (19, 155), Anbinden auf einem Pferd (3, 241). Ob die Beteiligten die Tätlichkeit als Scherz auffaßten und sich nicht gekränkt fühlten, ist belanglos. Schon zum Wesen einer nach den allgemeinen Strafgesetzen zu beurteilenden Beleidigung ist es nicht erforderlich, daß der Beleidigte die ihm angetane Kränkung als solche versteht und (oder) empfindet. Noch mehr gilt dies für die tätliche Beleidigung eines Untergebenen nach § 121 MStGB. Denn durch die Strafvorschriften des Zweiten Teils, VII. Abschnitt des MStGB über den „Mißbrauch der Dienstgewalt" soll nicht nur der einzelne Untergebene gegen einen solchen Mißbrauch geschützt werden, sondern vor allem der Mißbrauch der Dienstgewalt als solcher aus allgemein-soldatischen Gründen verhindert werden. Daher wäre sogar ein Einverständnis eines tätlich beleidigten (oder mißhandelten) Untergebenen in diesem Sinne rechtlich bedeutungslos (RKG. v. 15. 6. 39 Rev. L. 58/39 I). Ehebrecherischer Verkehr mit der Ehefrau eines Untergebenen kann nach dem Erlaß des OKW. 14 f WR (I/2) Nr. 1193/43

v. 1. 9. 43 ohne vorherige Scheidung der Ehe nur unter besonderen Umständen als Beleidigung bestraft werden, wenn nämlich der ehebrecherische Verkehr durch die begleitenden Umstände die Ehre des Ehemanns noch über den gesetzlichen Tatbestand des Ehebruchs hinaus verletzt hat. Diese Umstände sind jedoch nicht nur dann gegeben, wenn eine bewußte öffentliche Bloßstellung des betrogenen Ehemanns festzustellen ist. Sie können auch angenommen werden, wenn der Dritte eine bisher in ungestörter Ehe lebende Frau eines Kriegsteilnehmers planmäßig verführt, z. B. wenn er ihren Widerstand durch leichtfertige Reden unter Hinweis auf die Abwesenheit des Ehemanns und die Unwahrscheinlichkeit einer Entdeckung oder durch Alkohol zum Erliegen bringt. Auch längeres Zusammenleben des Dritten mit der Ehefrau oder Ausnutzung der Stellung als Untermieter in der ehelichen Wohnung können als besondere Ehrenkränkung des Mannes aufgefaßt werden. Der Strafantrag wegen Ehebruchs (§ 172 Abs. 2 StGB) oder wegen Beleidigung, soweit ein solcher erforderlich ist (nicht im Falle des § 121), kann allein gegen den Ehebrecher gerichtet werden, nachdem durch die StrafrechtsangleichsVO. v. 29. 5. 43 (RGBl. I S. 339) die Unteilbarkeit des Strafantrags beseitigt worden ist.

4. Anm. 3 zu § 2. Äußerungen, die der Vorgesetzte vermöge seiner Aufsichts- und Erziehungsbefugnisse tut, können, auch wenn sie ehrverletzend sind, als Beleidigung nur bestraft werden, wenn er die zulässigen Grenzen jener Befugnisse überschritten hat (3, 84/88). Insbesondere kommt es für die Anwendung der dem § 193 StGB zugrunde liegenden Rechtsgrundsätze auf § 121 darauf an, ob der Vorgesetzte zum Zwecke der Ausübung eines Aufsichts- und Erziehungsrechts handeln wollte und dessen Voraussetzungen für vorliegend hielt (21, 184/187). Vorsatz ist erforderlich; der gute Glaube des Täters, seine Dienstgewalt nicht zu überschreiten, kann ihn nicht schützen (3, 84). Die Absicht der Beleidigung wird nicht vorausgesetzt.

5. §§ 16, 17, 21. Über die Zulässigkeit von Festungshaft s. Fußnote zu § 21. — **6.** Von 43 Tagen Mindestdauer (§ 17 Abs. 1).

§ 122

Mißhandlung eines Untergebenen[1]

(1) Wegen Mißhandlung eines Untergebenen[2] wird bestraft:

1. wer[3] ihn vorsätzlich[4] stößt oder schlägt[5] oder auf andere Weise körperlich mißhandelt[6] oder an der Gesundheit schädigt[7],

2. wer[3] ihm böswillig den Dienst erschwert oder ihn entwürdigend behandelt[8],

3. wer[3] solche Taten eines Untergebenen[2] duldet oder fördert[9].

(2) Die Strafe ist Gefängnis oder Festungshaft[10] oder Arrest[11] nicht unter vierzehn Tagen.

(3) In besonders schweren Fällen[12] kann auf Zuchthaus[13] erkannt werden.

1. § 122 schließt als Sondergesetz die §§ 223ff. StGB aus (RKG. 1, 42).

2. Anm. 1 zu § 89, 5 zu § 47.

3. Anm. 1 zu § 114. Täter können hier auch Wachen sein (§ 125).

4. Bedingter Vorsatz genügt (3, 119; 6, 113). Rechtswidrig ist jede Einwirkung auf den Körper des Untergebenen, die nicht durch das Gesetz (§ 124 MStGB, §§ 53, 54 StGB), Dienstvorschriften oder einen militärdienstlichen Grundsatz zugelassen ist (2, 179). Die Absicht des Vorgesetzten, eine sogenannte Korrektur vorzunehmen, schließt die Rechtswidrigkeit der Einwirkung nicht aus (20, 215). Ob der Untergebene mit dem Übergriffe des Vorgesetzten einverstanden war, ist ohne Belang (2, 239/243). Leichte Körperverletzungen, die bei Sportspielen vorkommen, sind nicht rechtswidrig, wenn sie einem Mitspieler unter Einhaltung der Spielregeln zugefügt werden. Ein Vorgesetzter, der beim Fußballspiel einem mitspielenden Untergebenen vorsätzlich einen Faustſtoß in die Magengegend versetzt, verstößt gröblich gegen die Spielregeln und macht sich nach § 122 strafbar (RKG. 1, 138).

5. Nicht jedes vorsätzliche Schlagen und Stoßen eines Untergebenen ist nach § 122 strafbar; Schlagen und Stoßen sind nur Beispiele der Mißhandlung (Anm. 6), unterliegen also der Strafbestimmung des § 122 nur dann, wenn sie im gegebenen Falle den Charakter der Mißhandlung an sich tragen (6, 243/249).

6. Vorsätzliche, nicht unerhebliche widerrechtliche Einwirkung des Täters auf den Körper eines Untergebenen durch üble unangemessene Behandlung, die keinen Schmerz auszulösen braucht. Insoweit kommen in erster Reihe in Betracht unmittelbare Einwirkungen auf den Körper eines Untergebenen, in zweiter Reihe mittelbare Einwirkungen, z. B. übermäßig langes Stehenlassen in der Kniebeuge bis zur Erschöpfung, Stillstehenlassen dicht am heißen Ofen (Begrdg. 36 zu 84) und andere Fälle, in denen der Untergebene durch rechtswidrige Einwirkung auf seinen Willen dazu gebracht wird, sich selbst eine Störung seines Wohlbefindens zuzufügen (3, 119). Die tatsächliche Störung des körperlichen Wohlbefindens oder das Erregen von Mißbehagen ist eine wichtige Beweistatsache für die Annahme der Erheblichkeit der Einwirkung. Denn der Regel nach wird jede nicht unerhebliche Einwirkung auf den Körper auch eine Schmerzempfindung, eine Störung des körperlichen Wohlbefindens oder Mißbehagen auslösen, und andererseits wird eine Berührung, die Schmerzempfindung oder Mißbehagen nicht veranlaßt, der Regel nach auch keine erhebliche sein. Schmerzempfindung und Mißbehagen sind aber nicht unbedingt Voraussetzung für die Annahme des Begriffs der Mißhandlung, und ihr Fehlen begründet nicht unbedingt ihre Ausschließung (17, 303). Für den Begriff der Erheblichkeit, der nicht lediglich tatsächlicher, sondern auch rechtlicher Natur ist, können nicht etwa An-

forderungen zugrunde gelegt werden, die an den Soldaten aus dienstlicher Veranlassung — Exerzierdienst, Turnen, Gefechtsdienst usw. — gestellt werden können und müssen, sondern die Erheblichkeit ist auch danach zu beurteilen, unter welchen besonderen Umständen und unter Anwendung welcher Mittel die Einwirkung erfolgt ist (RG. v. 8. 10. 35 — 4 D 836/35 — RMilRBl. S. 161). Hierbei ist nicht ohne Bedeutung, ob und inwieweit die angewendeten Mittel geeignet waren, das Ehrgefühl des Untergebenen zu verletzen (Schwinge III 1 b). Eine körperliche Mißhandlung kann zugleich eine Beleidigung enthalten. Ob das der Fall ist, hängt beim Vorliegen der objektiven Voraussetzungen beider Tatbestände von der inneren Willensrichtung des Täters ab (6, 244). Unerhebliche Einwirkungen können als vorschriftswidrige Behandlung disziplinarisch strafbar sein. Die Grenzlinie zwischen Mißhandlung und vorschriftswidriger Behandlung zu ziehen, ist häufig schwierig (Dietz, Einst.- u. EntlBest. S. 50). Ob eine Mißhandlung Untergebener vorliegt oder nicht, kann aber nicht von dem subjektiven Empfinden des einzelnen Verletzten, das sehr verschieden sein kann, abhängig gemacht werden. Im Aufhebenlassen von Patronen mit dem Munde vom Erdboden, gleichviel ob dieser trocken, feucht oder schmutzig ist, ist eine rechtswidrige, üble und unangemessene Behandlung von Untergebenen und eine nicht unerhebliche Einwirkung auf den Körper zu erblicken (RG. v. 7. 4. 36 — 4 D 211/36 — ZWehrR. I S. 243). Ein Fußtritt stellt, wenn nicht außergewöhnliche dienstliche Umstände ihn als Mittel, um die Aufmerksamkeit des Untergebenen zu erregen, rechtfertigen, immer eine erhebliche, herabwürdigende Einwirkung auf den Körper des Untergebenen dar (RKG. 1, 138). Daß schon wegen der bloßen Verletzungsmöglichkeit, wie sie mit dem verbotswidrig (entgegen Nr. 62 der „Sportvorschrift für die Wehrmacht" — HDv. 475) einem Untergebenen zugemuteten Sprung vom 3-m Brett ins Wasser verbunden ist, von einer „Mißhandlung" gesprochen wird (RKG. 1, 42), geht nach Schmidt (ZWehrR. III S. 226) „erheblich zu weit".

Vorsätzliches Handeln ist gegeben, wenn der Täter weiß, daß die Einwirkung auf den Körper des Untergebenen erheblich ist, und wenn er sie als solche will; er muß sich bewußt sein, daß er den Untergebenen übel und unangemessen behandelt (RKG. v. 4. 11. 37 Rev. L. 130/37 I), oder er muß wenigstens mit der Möglichkeit gerechnet haben, daß die Einwirkung erheblich ausfallen werde, und in Kauf genommen haben, daß er diesen Erfolg herbeiführen und damit Unrecht tun oder gegen das Gesetz verstoßen werde (Scherer, ZWehrR. I S. 214). Bedingter Vorsatz genügt also (3, 119; 6, 113). Der Vorsatz wird weder dadurch ausgeschlossen, daß der Täter geglaubt hat, seine Handlungsweise sei in irgendeiner Weise militärischen Belangen zu dienen geeignet (RKG. v. 4. 11. 37 Rev. L. 130/37 I), noch durch den Umstand, daß der Vorgesetzte z. Zt. der Tat an seine Vorgesetzteneigenschaft nicht gedacht hat (RKG. 1, 140).

7. Durch Hervorrufung oder Verschlimmerung eines krankhaften Zustandes (RGSt. 19, 226).

8. Die Vorschrift richtet sich, wie die Begrdg. betont und auch von Schwinge III 2 und Gösser S. 61 (im Gegensatz zu RKG. v. 9. 3. 39 Rev. L. 17/39 I) angenommen wird, gegen die seelische Mißhandlung, die in ihrer Wirkung auf den Untergebenen dessen Dienstfreudigkeit und damit die Mannszucht ebenso, ja oft schwerer, schädigen kann als eine körperliche Mißhandlung (Begrdg. 40).

Die Auslegung der Begriffsbestimmung „boshaft quälen" im früheren § 122 a schloß sich an die Rechtsprechung des Reichsgerichts zum Begriff „boshafte Behandlung" im früheren § 223 a StGB an. Vorbild war auch die Stellungnahme des Schrifttums zum Begriff „boshaftes Quälen von Tieren" im früheren § 360 (1) Nr. 13 StGB. So war in Anm. 5 zu § 122 a der 2. Aufl. dieses Erläuterungsbuchs ausgeführt: „Boshaft ist das Quälen, d. h. die Verursachung eines länger fortdauernden oder sich wiederholenden erheblichen körperlichen Unbehagens nur, wenn die Handlung ohne vernünftigen, berechtigten Zweck vorgenommen, der Täter vielmehr dazu nur durch die Lust am Quälen bestimmt wird"; ebenso Fuhse, Anm. 4 und Schwinge, 2. Aufl., Anm. II zu § 122a. Die dieser Auslegung folgende Rechtsprechung ließ erkennen, daß die Begriffsbestimmung „boshaft quälen" nicht ausreichte, um die Fälle vorschriftswidriger Behandlung im Sinne seelischer Mißhandlung zu treffen, die wegen ihrer Schwere und wegen der Gefährdung der Mannszucht nicht disziplinarer Ahndung überlassen werden dürfen (Begrdg. 40).

§ 122 (1) Nr. 2 hat deshalb absichtlich eine Fassung gewählt, die weiter gehen soll. Sie hat zwei Tatbestände:

a) böswilliges Erschweren des Dienstes,

b) entwürdigendes Behandeln.

Böswillig handelt, wer etwas von ihm als Unrecht Erkanntes begeht, um einem anderen zu schaden, „ihm etwas anzutun", z. B. aus Haß, Rache, Eigennutz. Zur Böswilligkeit gehört auch eine gewisse Genugtuung und Freude am schädigenden Erfolg der Handlung. Das StGB verwendet den Begriff in §§ 103 a, 134, 134 a, 134 b, 135, 223 b. Das böswillige Erschweren des Dienstes muß im Widerspruch stehen zu den Anforderungen des Dienstes, wie sie sich aus den Umständen des Falles ergeben (Begrdg. 40). Es kann daher ein böswilliges Erschweren des Dienstes niemals darin gefunden werden, daß der Vorgesetzte seine dienstliche Überlegenheit um ihrer selbst willen und in bewußter Gleichgültigkeit dagegen einsetzt, daß seine dienstlichen Anforderungen seinen Untergebenen fortdauernde seelische Leiden verursachen. Die vom RKG. (Urteil v. 9. 3. 39 Rev. L. 14/39 I) in Beziehung auf den früheren § 122 a vertretene gegenteilige Auffassung ist vom Standpunkt des Truppenoffiziers abzulehnen. Der Vorgesetzte muß zuweilen zur Erreichung des Ausbildungsziels, zur Gewährleistung steter Schlagfertigkeit der Truppe und zur Erzielung von Höchstleistungen, besonders im Kriege, seine dienstliche Überlegenheit um ihrer selbst willen einsetzen. „Die strengen Anforderungen des soldatischen Lebens müssen mit notwendiger Härte gegen jede Art menschlichen Versagens durchgesetzt werden. Rücksicht auf den einzelnen kennt das militärische Leben grundsätzlich nicht. Die Gesamtheit ist hier alles, der einzelne nichts" (Schmidt S. 2). Die „mimosenhafte" Seelenhaltung Einzelner kann und darf daher für den Vorgesetzten keine Rolle spielen, wenn es sich um die Durchsetzung dienstlicher Anforderungen handelt. Ihre Berücksichtigung wäre auch unvereinbar damit, daß „der Kaserne und dem Exerzierplatz eine gewisse Derbheit eigen ist" (Romen-Rissom, Anm. 2 a zu § 121) und bleiben muß.

Was entwürdigend ist, muß aus dem Sinn soldatischen Dienstes abgeleitet werden. Wehrdienst ist Ehrendienst am deutschen Volke. Entwürdigend ist daher die Behandlung, wenn sie in der bewußten Art ihrer Wirkung auf den seelischen Zustand des Untergebenen seine menschliche und soldatische Würde verletzt. Der Wehrdienst wird geleistet in einer Gemeinschaft harter Männer, in der keine Zimperlichkeit des Ausdrucks herrschen soll. Es ist daher nicht jedes grobe Wort und auch nicht jedes Schimpfwort „entwürdigend". Wenn aber der Vorgesetzte den Untergebenen fortgesetzt mit gemeinen Schimpfworten beleidigt und so erkennen läßt, daß er ihn in seinem soldatischen Ehrgefühl herabwürdigen will, greift § 122 (1) Nr. 2 ein (Begrdg. 40).

Die Grenzen zwischen „böswillig den Dienst erschweren" und „entwürdigend behandeln" sind flüssig. Die Tatbestände werden oft zusammentreffen oder ineinander übergehen. Böswilliges Erschweren des Dienstes kann gleichzeitig ein entwürdigendes Behandeln sein, braucht es aber nicht zu sein. Andererseits wird eine entwürdigende Behandlung nicht immer mit einer Erschwerung des Dienstes zusammentreffen oder überhaupt zu einem Dienst in Beziehung stehen.

Nach der Neufassung in Nr. 2 können als seelische Mißhandlungen aufgefaßt werden z. B. folgende Fälle, die das Reichsmilitärgericht als schwere vorschriftswidrige Behandlungen im Sinne des früheren § 121 anerkannt hatte:

a) Übertreiben des Exerzierens durch unnötiges, übermäßig wiederholtes Hinlegenlassen auf schmutzigem, aufgeweichtem Gelände (böswilliges Erschweren des Dienstes),

b) Festbinden eines Reiters auf dem Pferd mit zusammengebundenen Armen und Beinen (böswilliges Erschweren),

c) Aufnehmenlassen des Mistes mit den Händen statt mit den vorgeschriebenen Geräten (entwürdigende Behandlung),

d) Aufhebenlassen von Exerzierpatronen mit dem Munde (entwürdigende Behandlung).

Als entwürdigende Behandlung ist auch aufzufassen das Hin- und Herkriechenlassen unter den Betten, das Kletternlassen auf die Spinde, um dort Putz- oder sonstigen Dienst zu verrichten (Begrdg. 40).

9. Die VO. v. 10. 10. 40 (RGBl. I S. 1347) hat die Worte „durch andere Soldaten" im früheren § 122 a ersetzt durch die Worte „eines Untergebenen".

Es soll nur der Soldat zur Verantwortung gezogen werden, dem ein Einschreiten zugemutet werden kann; das ist dann der Fall, wenn ein Soldat eine Mißhandlung, die ein ihm untergebener Soldat begeht, duldet, d. h. dagegen trotz Möglichkeit nicht einschreitet (Schwinge III 3), oder gar fördert (Begrdg. 40), d. h. dazu Hilfe leistet (Schwinge a. a. O.). Läßt der Vorgesetzte die im § 122 (1) Nr. 1 und 2 unter Strafe gestellten Maßnahmen durch andere Soldaten, die er dazu angestiftet hat, ergreifen, so ist er aus § 115 in Verbindung mit § 122 zu bestrafen (8, 100). Schreitet er gegen eine in seiner Gegenwart verübte Mißhandlung oder entwürdigende Behandlung eines unter seiner Aufsicht stehenden Untergebenen aus Furcht vor persönlicher Gefahr nicht ein, so besteht Tateinheit mit § 84 (9, 241/245).

10. §§ 16, 17, 21. Über die Zulässigkeit von Festungshaft s. Fußnote zu § 21.

11. §§ 19, 20, 22. — **12.** Anm. 4 zu § 70. — **13.** D. h. auf zeitiges (§ 14 Abs. 3 StGB) von einem bis zu 15 Jahren (§ 14 Abs. 2 StGB). Daneben muß Verlust der Wehrwürdigkeit ausgesprochen werden (§ 31 Nr. 1). §§ 231, 233 StGB (Zuerkennung einer Buße, Aufrechnung) sind unanwendbar (1, 134/141; 6, 253/257).

§§ 122a, 123

(weggefallen)

§ 124

Befehlsnotrecht

(1) Die Handlungen, die der Vorgesetzte[1] begeht, um einen tätlichen Angriff[2] des Untergebenen[3] abzuwehren[4] oder um seinen Befehlen[5] im Falle der äußersten Not und dringendsten Gefahr[6] Gehorsam zu verschaffen, sind nicht als Mißbrauch der Dienstgewalt anzusehen[7].

(2) Dies gilt namentlich auch für den Fall, wenn sich ein Offizier[8] in Ermangelung anderer Mittel, den durchaus notwendigen Gehorsam zu erhalten, in der Lage befunden hat, gegen den tätlich sich ihm widersetzenden[9] Untergebenen von der Waffe Gebrauch zu machen.

1. Anm. 3 zu § 47.

2. § 97 und dortige Anm. 4. — **3.** Anm. 1 zu § 89, 5 zu § 47.

4. Das Abwehrrecht des Vorgesetzten (1. Fall des Abs. 1) deckt sich mit dem Notwehrrecht (§ 53 StGB), setzt mithin einen gegenwärtigen, d. h. bereits begonnenen und noch nicht beendigten Angriff (1, 69) voraus; s. Anm. 6 II. Es genügt ein Verhalten, das unmittelbar in eine Verletzung umschlagen kann, so daß durch Hinausschieben der Abwehrhandlung deren Erfolg gefährdet ist. Wollte der Täter in Ausübung des ihm zustehenden Notwehrrechts handeln, um den rechtswidrigen Angriff abzuwenden, so ist es rechtlich unerheblich, aus welchem Beweggrund er von seinem Notwehrrechte Gebrauch macht (9, 278).

Die **Verteidigung** darf sich nur gegen den Angreifer richten (RGSt 58, 27). Welches Maß von Verteidigung **erforderlich** ist, richtet sich danach, welche Gewalt und Gefährlichkeit dem Angriff tatsächlich (objektiv) innewohnt; die Ansicht des Angegriffenen ist ebenso unerheblich (RGSt. 54, 196), wie der Wert des in Gefahr befindlichen Rechtsguts (17, 58; RGSt. 55, 86).

5. Anm. 2 zu § 47.

6. Äußerste Not und dringendste Gefahr (2. Fall des Abs. 1) müssen beide **gleichzeitig** vorliegen („und" kopulativ; 1, 21; 4, 139; 21, 69). Beide Begriffe stehen in Wechselwirkung (21, 69).

a) „**Not**" bezieht sich in erster Reihe auf die Schwere des zu erwartenden Nachteils. Äußerste Not liegt vor, wenn ein ganz außerordentlich schwerer Verlust zu befürchten steht, etwa ungünstiger Einfluß auf den Verlauf einer Kampfhandlung, Tod eines Menschen, erheblicher Sachschaden, Ausbreitung aufrührerischen Geistes in der Truppe, und wenn es das Interesse der Aufrechterhaltung der Ordnung und der Beseitigung drohender Gefahr für die Mannszucht dem Vorgesetzten zur Pflicht macht, die Befolgung seines Befehls um jeden Preis durchzusetzen. Einfache Gehorsamsverweigerung ohne Anwesenheit anderer Soldaten und ohne die Möglichkeit der Wahrnehmung durch Außenstehende genügt regelmäßig nicht (1, 91; 4, 137). In zweiter Reihe wird für die Annahme der „äußersten Not" erfordert, daß alle anderen Mittel, um den drohenden Schaden abzuwenden, ausgeschlossen sind und nur die **Erzwingung** des Gehorsams übrig bleibt.

b) „**Gefahr**" bezieht sich auf den Eintritt eines Übels, das zu erwarten ist, wenn der Gehorsam nicht alsbald erzwungen wird. Diese Gefahr muß die „**dringendste**" sein; „drohende" Gefahr ist noch keine dringendste. Darunter ist vielmehr eine solche zu verstehen, durch welche, sei es die Mannszucht, sei es die Person des Vorgesetzten unmittelbar gefährdet erscheint (4, 138). Jedoch braucht ein solcher Nachteil nicht unmittelbar bevorzustehen, es genügt, daß er mit höchster Wahrscheinlichkeit zu erwarten ist (4, 139).

Wenn auch unter den vorstehend behandelten Voraussetzungen der Vorgesetzte berechtigt ist, selbst zu den schärfsten Mitteln zu greifen, um die Befolgung seines Befehls durchzusetzen, so darf er doch nicht „mit Kanonen auf Spatzen schießen", sondern hat grundsätzlich das **gelindeste Mittel** anzuwenden, das zur Erzwingung des Gehorsams verfügbar und den militärischen Vorschriften und Grundsätzen entsprechend zulässig ist (PE. 9, 40). Soweit hiernach erforderlich, ist natürlich auch Waffengebrauch gerechtfertigt, nötigenfalls auch der Gebrauch der **Schußwaffe**. Das Recht dazu ist nicht auf Offiziere beschränkt (s. Anm. 8).

Hat der militärische Vorgesetzte oder der den Wachdienst ausübende Soldat (§ 125 Abs. 2) **irrtümlich** angenommen, daß äußerste Not **und** dringendste Gefahr vorlägen und er daher nicht Unrecht tue, so ist dieser Irrtum nur beachtlich, wenn er sich auf die tatsächlichen **Vorbedingungen der Begriffe** „äußerste

Not" und „dringendste Gefahr" bezog. Der Glaube des Täters, daß andere **Tatsachen ihn zum Gebrauch der Waffe berechtigen, schützt ihn nicht** (18, 218).

I. Die Vorschrift über den Notstand (§ 54 StGB) bleibt durch § 124 unberührt.

> § 54 StGB lautet: „Eine strafbare Handlung ist nicht vorhanden, wenn die Handlung außer dem Falle der Notwehr in einem unverschuldeten, auf andere Weise nicht zu beseitigenden Notstande zur Rettung aus einer gegenwärtigen Gefahr für Leib oder Leben des Täters oder eines Angehörigen begangen worden ist".

Diese Vorschrift ist zwar enger als § 124, weil nur Leib oder Leben des Handelnden oder eines seiner Angehörigen notstandsfähig sind, hingegen weiter insofern, als Notstandshandlungen

1. von jedermann, nicht nur von Vorgesetzten oder den Wachdienst ausübenden Soldaten, vorgenommen werden können,
2. sich nicht nur gegen Untergebene oder andere Personen richten, sondern auch der Abwehr von Sach- oder Tierangriffen dienen können.

Nicht jeder Notstandstäter handelt recht oder schuldlos, besonders der nicht, „der vom sittlichen Standpunkt sich selbst hätte opfern sollen"; Klee bei Gürtner I S. 92.

II. Im Gegensatz zum Notstandstäter ist „der Notwehr Übende gewissermaßen der Rechtswahrer der Gesamtheit, nimmt also Funktionen wahr, an deren Wahrnehmung die Volksgemeinschaft aufs höchste interessiert ist"; Klee a. a. O.

> § 53 StGB bestimmt: „(1) Eine strafbare Handlung ist nicht vorhanden, wenn die Handlung durch Notwehr geboten war.
>
> (2) Notwehr ist diejenige Verteidigung, welche erforderlich ist, um einen gegenwärtigen, rechtswidrigen Angriff von sich oder einem anderen abzuwenden.
>
> (3) Die Überschreitung der Notwehr ist nicht strafbar, wenn der Täter in Bestürzung, Furcht oder Schrecken über die Grenzen der Verteidigung hinausgegangen ist".

Diese Vorschrift gilt ohne Einschränkung auch für Wehrmachtangehörige. Auch dem Untergebenen steht das Notwehrrecht grundsätzlich zu. Es erfährt jedoch Beschränkungen, die sich aus den Vorschriften und Grundsätzen der Wehrmacht und dem Wesen des militärischen Lebens ergeben (RGSt. 69, 265); Näheres hierüber nachstehend unter b.

Merkmale der Notwehr sind:

a) Ein menschlicher Angriff auf ein Rechtsgut, Leib und Leben, Ehre (6, 223; 14, 53; RGSt 69, 265), Vermögen. Jedes Rechtsgut ist wehrfähig, und es kommt nicht darauf an, in welchem Verhältnis der von der Verteidigung zu erwartende Schaden zu dem durch den Angriff drohenden Schaden steht. Als Maßstab dient für den Soldaten lediglich die von ihm nach gesundem militärischen Empfinden zu fordernde Selbstbeherrschung und Willensstärke

(s. nachstehend unter b). Es muß sich um einen gegenwärtigen, d. h. mindestens unmittelbar bevorstehenden und noch nicht völlig beendeten Angriff handeln (1, 69). Der Beginn des Angriffs liegt schon in einem Verhalten, das unmittelbar in eine Verletzung umschlagen kann, so daß durch Hinausschieben der Abwehrhandlung deren Erfolg gefährdet ist. Der Angriff muß ferner ein rechtswidriger sein. „Die Rechtswidrigkeit erschöpft sich nicht im formellen Verstoß gegen die gesetzliche Vorschrift, übergeordnet ist vielmehr die materielle Rechtswidrigkeit, das Handeln, das im Widerspruch mit den Lebensinteressen des Ganzen steht. Die einzelnen strafgesetzlichen Tatbestände bilden lediglich Indizien dafür, daß ein solches die Zwecke des Ganzen verneinendes Handeln vorliegt, Indizien, die jederzeit durch den Nachweis sozialgemäßen Handelns im einzelnen Fall ausgeschlossen werden können"; Klee bei Gürtner I S. 73. Die Natur des Wehrdienstes rechtfertigt manche Handlungen, die unter anderen Umständen rechtswidrig wären.

b) Verteidigung. Notwehr liegt nur vor, wenn die Verteidigung „ausgeübt wird, um einen gegenwärtigen rechtswidrigen Angriff von sich oder einem anderen abzuwenden", also in bewußter Abwehr eines solchen Angriffs; Klee a. a. O. S. 94. Handlungen, welche diesen Zweck nicht verfolgen, sind nicht gedeckt (9, 278; 12, 234). „Verteidigung" ist nicht nur Abwehr, sondern gerade in erster Linie Gegenwehr.

Die Erforderlichkeit der Verteidigung richtet sich nach der Art und dem Maß des Angriffs. Der Angegriffene ist nicht berechtigt, da, wo er ein der Art oder dem Maß nach geringeres Verteidigungsmittel anwenden kann, sofort das nach der einen oder anderen Richtung schwerere Mittel zu gebrauchen. Sich dem Angriff durch schimpfliche Flucht zu entziehen, ist er nicht verpflichtet, denn er braucht nicht durch eine solche Flucht seine Ehre zu gefährden. Daraus folgt aber nicht, daß er unter allen Umständen zu gewaltsamer Abwehr schreiten darf. Zwischen schimpflicher Flucht und gewaltsamer Abwehr gibt es unter Umständen auch noch andere Wege, auf denen der Angegriffene dem Angriff entgehen kann. Wo er einem gegenwärtigen, rechtswidrigen Angriff ohne Preisgabe oder Gefährdung eigener oder fremder berechtigter Interessen dadurch ausweichen kann, daß er aus der Richtung des Angriffs heraustritt, ist er nicht berechtigt, ein Rechtsgut des Angreifers zu verletzen, wenn das zur Abwehr des Angriffs nicht erforderlich ist. So ist z. B. dem, der mit einem tätlichen Angriff bedroht wird, unter Umständen zuzumuten, die Hilfe eines Dritten in Anspruch zu nehmen, der zur Abwehr fähig und bereit ist (RGSt. 66, 244). In Fällen, in denen der Angegriffene dem Angriff in anderer Weise als durch gewaltsame Abwehr entgehen kann, ohne sich dadurch etwas zu vergeben oder eigene oder fremde berechtigte Interessen zu gefährden, widerspricht die gewaltsame Abwehr besonders dann, wenn sie nur so möglich ist, daß dabei ein Mensch getötet wird, so sehr der gesunden Volksanschauung, daß sie nicht als zur Verteidigung notwendig anerkannt werden kann (RGSt. 71, 134). Einem Soldaten in Uniform, der auf öffentlicher Straße von einer Übermacht streitsüchtiger Gegner angegriffen wird, ist aber selbst dann nicht zuzumuten, auf den Gebrauch seiner Waffe zu verzichten, wenn er sich seiner Angreifer auch noch mit der Faust erwehren könnte (RGSt. 72, 383). Nicht notwendig ist die Anwendung des äußersten Mittels der Abwehr gegen einen Angriff, der „von einem Geisteskranken, einem Kinde, u. U. auch von einer Frau ausgeht, mag er auch noch so intensiv sein. Braucht auch im allgemeinen niemand vor dem Angreifer zu fliehen, so kann doch in den Fällen der erwähnten Art das Aus-dem-Wege-Gehen gefordert werden; denn von einem die Ehre des Angegriffenen berührenden Zurückweichen kann hier nicht die Rede sein. Solchen 'Gegnern' weicht man aus, wie man einer Naturkatastrophe ausweicht. Wer hier auf sein formales Notwehr-'Recht' pocht, fände bei dem Mann aus dem Volke kein Verständnis"; Klee bei Gürtner I S. 76.

Vom Soldaten verlangt „das gesunde, in militärischen Kreisen herrschende Volksempfinden so viel Selbstbeherrschung und Willensstärke, daß dadurch das Maß seiner Notwehrhandlung in angemessenen Grenzen bleibt" (Grau, Wehrstrafrecht S. 28). Das gilt in gleicher Weise vom Vorgesetzten, der gegen einen Untergebenen, wie vom Untergebenen, der gegen einen Vorgesetzten Notwehr übt. Jedoch richtet sich nach militärischem Empfinden die „Erforderlichkeit" der Abwehrhandlung eines Vorgesetzten auch nach dem Gesichtspunkt, „daß mit möglichster Sicherheit und Schnelligkeit die Disziplin wiederhergestellt wird" (Schmidt, Die militärische Straftat und ihre Täter. Berlin 1936, S. 17). Gegen die Ansicht von Grau (Wehrstrafrecht S. 19), daß ein Vorgesetzter, der einen rechtswidrigen Angriff gegen einen Untergebenen unternommen hat, hierdurch den Beweis seiner Unbrauchbarkeit als Führer erbracht hat, mithin in einem solchen Falle durch eine Notwehrhandlung des Untergebenen die Mannszucht nicht mehr leiden könne, mit Recht Schmidt, ZWehrR. I S. 348. „Die selbsttätige Reinigung der Wehrmacht von Unwürdigen dieser Art" (Grau) kann niemals Untergebenen anvertraut werden, ohne die Mannszucht aufs schwerste zu gefährden, sondern immer nur Sache der höheren Vorgesetzten, der Wehrmacht- und der Ehrengerichte sein. Vom Untergebenen, der dem Vorgesetzten Achtung und Ehrerbietung auch außer Dienst schuldet, muß gefordert werden, daß er den Vorgesetzten im Notfall nur dann angreift, wenn kein anderes Mittel mehr vorhanden ist, um zu seinem guten Recht zu kommen, oder wenn ihm die Anwendung eines anderen Mittels nach der ganzen Sachlage ohne Preisgabe berechtigter Interessen, namentlich auch mit Rücksicht auf seine soldatische Ehre, trotz der Achtung vor der Stellung des Vorgesetzten nicht zuzumuten ist. Nach dem Begriff der Zumutbarkeit bei der Feststellung der Erforderlichkeit der Verteidigung in Notwehrfällen kommt es für den Soldaten wesentlich auf folgendes an: 1. ob er sich im Dienst befindet oder nicht, oder ob der Vorgesetzte ihm dienstlich gegenübertritt oder nicht, da sich der Soldat, wenn er im Dienst ist oder der Vorgesetzte ihm dienstlich gegenübertritt, nach militärischer Auffassung in ganz anderer Weise in Zucht zu halten hat als im außerdienstlichen Verhältnis, und die Mannszucht verlangt, daß er dann nur in besonderen Fällen zum Mittel der Gegenwehr greift, da im allgemeinen sein Recht zur Beschwerde ausreichen wird, um seinen berechtigten Interessen zu genügen; 2. wie sich der Vorgesetzte ihm gegenüber verhält, namentlich wie stark der von ihm ausgehende Angriff ist und mit welcher Hartnäckigkeit er ihn durchführt; 3. welches Rechtsgut er verteidigt. Da unter den Rechtsgütern, die der Soldat zu verteidigen hat, seine Ehre am höchsten steht, darf bei ihrer Verteidigung gegen einen sie hartnäckig angreifenden Vorgesetzten ein anderer Maßstab angelegt, von dem Untergebenen ein geringerer Grad von Selbstbeherrschung verlangt werden, als bei einem Angriff auf geringwertigere Rechtsgüter (RGSt. 69, 265).

c) Notwehrexzeß kann nur in Frage kommen, wenn die Voraussetzungen der Notwehr selbst vorliegen (1, 69). Eine unter Verletzung einer militärischen Dienstpflicht begangene Notwehrüberschreitung aus Furcht vor persönlicher Gefahr ist strafbar (§ 49 Abs. 1).

7. Die Notwendigkeit, die Mannszucht aufrechtzuerhalten, kann im einzelnen Falle, auch abgesehen vom § 124, ein Handanlegen an den Untergebenen durchaus rechtfertigen, es zu einer im Interesse des Dienstes im allgemeinen notwendigen Handlung machen, indem es ihm den Charakter des Vorschriftswidrigen nimmt (6, 55).

8. Waffengebrauch steht nach Abs. 2 nicht nur dem Offizier zu, sondern jedem Vorgesetzten. Die Hervorhebung des Offiziers ist, wie sich aus dem Wort „namentlich" ergibt, nur beispielshalber erfolgt (Fuhse 5; Schwinge IV; Gösser S. 82). Die heutige Kriegführung, bei der die Kämpfer, oft in kleinste Gruppen aufgelöst, in der Frontlandschaft ein Eigenleben führen, schließt aus, daß ein Unteroffizier oder Gefreiter, „der als Gruppenführer heute ständig zu selbstverantwortlichem Handeln gezwungen ist" (Schwinge), geringere Rechte zur Durchsetzung seines Willens besitzt als ein Offizier.

9. Hier wird weder „äußerste Not und dringendste Gefahr" noch „tätlicher Angriff" (§ 97) gefordert, sondern nur Ungehorsam (§§ 92 ff.) und Widersetzung (§ 96).

§ 125

Mißbrauch der Wachdienstgewalt

(1) Eine militärische Wache[1], die eine der in den §§ 114 bis 116, 118 bis 122 bezeichneten Handlungen[2] begeht, wird ebenso bestraft, als wenn ein Vorgesetzter[3] diese Handlung begangen hätte.

(2) Die in dem § 124 enthaltene Vorschrift findet auch hier Anwendung[4].

1. § 111 Abs. 2.

2. § 117 nicht angeführt, weil ein Vergehen dagegen nur von wirklichen Vorgesetzten begangen werden kann (Rotermund 4).

3. Anm. 3 zu § 47. Bei den im § 125 aufgeführten Strafhandlungen wird der Täter ebenso bestraft, als wenn ein Vorgesetzter die Handlung begangen hätte; er wird nicht Vorgesetzter, sondern nur strafrechtlich wie ein solcher behandelt, also die gleiche Rechtsfiktion wie im § 111 (7, 175/184). Kein Unterschied, ob sich der Mißbrauch der Dienstgewalt gegen Untergebene oder gegen Zivilpersonen richtet (21, 256/258; RGSt. 60, 94).

4. S. Anm. 8 zu § 124.

§ 126

(weggefallen)

Achter Abschnitt

Widerrechtliche Handlungen im Felde gegen Personen oder gegen Eigentum

§ 127

(weggefallen)

§ 128

Eigenmächtiges Beutemachen

(1) Wer im Felde[1], um Beute zu machen[2], sich von der Truppe eigenmächtig entfernt[3] oder Sachen, die an sich dem Beuterecht unterworfen sind[4], eigenmächtig zur Beute macht[5], wird mit Freiheitsstrafe[6] bis zu drei Jahren bestraft.

(2) Gleiche Strafe trifft den, der sich rechtmäßig von ihm erbeutetes Gut, das er abzuliefern verpflichtet ist, rechtswidrig zueignet.

1. §§ 9, 10.

2. Träger des Beuterechts sind ausschließlich die den Krieg gegeneinander führenden Staaten oder sonstige als kriegführende Macht zur Anerkennung gelangte Parteien. Der einzelne Wehrmachtangehörige macht somit nicht kraft eigenen Rechts Beute, sondern darf diesen kriegsrechtlichen Eingriff in ein fremdes Rechtsgut nur für den Staat und in Ausübung staatlicher Kriegsbefugnisse vornehmen. Zur Ablieferung der Beutesachen an die zuständige staatliche Stelle ist er ohne weiteres verpflichtet. Hat sich der Täter das Gut gutgläubig — in der Meinung, solche „Beute" behalten zu dürfen — zugeeignet, so fehlt es an dem inneren Tatbestand der bewußt rechtswidrigen Zueignung, wie er für eine Bestrafung aus Abs. 2 erforderlich ist (RGSt. 58,

308). „Als stillschweigend Beauftragter darf jeder Soldat mangels entgegenstehender Anordnungen feindliches Beutegut für seinen Staat in Besitz nehmen, also zur Beute machen, wenn die Umstände es angezeigt erscheinen lassen. Nur da, wo offensichtlich mit einer Erlaubnis nicht gerechnet werden konnte, liegt eigenmächtiges Beutemachen vor. In der Regel wird sich dies auf die Fälle beschränken, in denen der Täter die erbeutete Sache von vornherein nicht an seine vorgesetzte oder die sonst bestimmte Dienststelle abliefern, sondern nach eigenem Gutdünken verwenden will (so auch Romen-Rissom 7)"; Dörken, Zu § 128 MStGB, ZWehrR. VIII S. 49/55.

3. Anm. 2 und 5 zu § 64. Die erste Begehungsform des Abs. 1 stellt nur eine Vorbereitungshandlung zum eigenmächtigen Beutemachen dar, die aber ebenso bestraft wird wie das vollendete Vergehen des eigenmächtigen Beutemachens (2. Begehungsform des Abs. 1). „Dauert die unbefugte Abwesenheit länger als 1 Tag, so ist die Strafe aus § 64 MStGB zu entnehmen (einheitliches Zusammentreffen mit § 128)"; Dörken, a. a. O. S. 57.

4. OKW.-Erlaß v. 9. 11. 39 Nr. 9517. 39 Ausl. VI:

B e s c h l a g n a h m t e s f e i n d l i c h e s S t a a t s - und P r i v a t e i g e n t u m ist entsprechend den darüber bestehenden völkerrechtlichen und staatsrechtlichen Vorschriften wie folgt zu behandeln:

I. E i g e n t u m d e s f e i n d l i c h e n S t a a t e s:

a) Das bewegliche Eigentum des feindlichen Staates verfällt als „K r i e g s b e u t e" o h n e E n t s c h ä d i g u n g dem Eroberer. Zu dem beweglichen Eigentum des besiegten Staates gehören: bares Geld und die Wertbestände des Staates, sowie die dem Staate zustehenden eintreibbaren Forderungen, die Waffenniederlagen, Beförderungsmittel, Vorratshäuser und Lebensmittelvorräte, sowie überhaupt alles bewegliche Eigentum des Staates, das geeignet ist, den Kriegsunternehmungen zu dienen.

Die B e s c h l a g n a h m e dieses beweglichen feindlichen Staatseigentums erfolgt auf B e f e h l d e s h ö h e r e n V o r g e s e t z t e n (Divisionen, Generalkommandos, A. O. Ks.).

b) O h n e b e s o n d e r e n B e f e h l dürfen als „Kriegsbeute" weggenommen werden:

Die den Kriegsgefangenen und Gefallenen des Feindes zugehörigen Waffen, Pferde, militärischen Ausrüstungs- und Schriftstücke militärischen Inhalts.

Alle unter I a und b genannten Gegenstände bilden die „Kriegsbeute", die dem e i g e n e n S t a a t, aber nicht dem Truppenteil oder dem Mann gehört, der sie in Besitz oder Verwahrung genommen hat. Auch eroberte Fahnen, Feldzeichen, Geschütze, MGs. oder Kraftwagen des Feindes werden Staatseigentum. Es ist ein Irrtum, anzunehmen, daß Beutebesitzer auch deren rechtmäßige Eigentümer seien. Zur Bergung jeder Art von Kriegsbeute sind Formationen und militärische oder zivile Behörden eingesetzt, an die die gemachte Kriegsbeute, d. h. das Eigentum des feindlichen Staates alsbald abzuliefern ist.

II. Das Privateigentum der feindlichen Staatsangehörigen ist grundsätzlich vor der Wegnahme geschützt, doch können alle Mittel, die zu Lande, zu Wasser und in der Luft zur Weitergabe von Nachrichten und zur Beförderung von Personen und Sachen dienen, mit Ausnahme der durch das Seerecht geregelten Fälle, sowie die Waffenniederlagen und überhaupt jede Art von Kriegsvorräten (dazu gehören z. B. auch Stoffe für Uniformen, Leder für Stiefel und Geschirre, Fahrzeuge, Landkarten usw.), selbst wenn sie Privatpersonen gehören, mit Beschlag belegt werden. Beim Friedensschluß müssen sie aber zurückgegeben und die Entschädigung geregelt werden. In der Praxis entscheidet der Ausgang des Krieges über die Entschädigungsfrage.

III. Erinnerungsstücke. In Besitz genommene Gegenstände geringeren Wertes, die eine Erinnerung an überstandene Gefahren oder besondere kriegerische Leistungen darstellen, dürfen mit Zustimmung des nächsten Disziplinarvorgesetzten behalten werden, wenn sie nicht Privateigentum eines feindlichen Staatsangehörigen sind.

Kunstgegenstände jeder Art gehören ebensowenig zu solchen Erinnerungsstücken wie Wertsachen, die anscheinend herrenlos sind oder der Vernichtung anheimzufallen drohen. Gegebenenfalls ist für ihre ordnungsmäßige Sicherstellung durch die dazu bestellten Beutesammelformationen zu sorgen.

5. Unerheblich ist, wie der Täter das Beutegut verwenden, ob er es z. B. sich selbst zueignen oder es seiner eigenen oder einer anderen Einheit zuwenden will. Bestraft wird die Verletzung des staatlichen Hoheitsrechts; Dörken, ZWehrR. VIII S. 171/174.

6. §§ 16, 17, 21. Über die Zulässigkeit von Festungshaft s. Fußnote zu § 21.

§ 129

Plünderung

(1) Wer[1] im Felde[2] unter Ausnutzung der Kriegsverhältnisse[3] oder der militärischen Überlegenheit[4]

1. eine Sache[5] eines Einwohners[6] an sich nimmt[7] oder jemandem abnötigt[8], um sie sich oder einem anderen rechtswidrig zuzueignen[9], oder

2. unbefugt Zwangsmaßnahmen oder Beitreibungen vornimmt[10], wird mit Gefängnis oder Festungshaft[11] bestraft[12].

(2) In besonders schweren Fällen[13] ist auf Todesstrafe oder auf lebenslanges oder zeitiges Zuchthaus[14] zu erkennen.

(3) Die Zueignung oder Beitreibung von Gegenständen des Kriegsbedarfs im Rahmen des dringenden Bedürfnisses, besonders von Be-

Kleidungs- oder Ausrüstungsgegenständen, von Heil-, Nahrungs-, Genuß-, Futter-, Feuerungs- oder Beförderungsmitteln oder von Treibstoffen ist keine Plünderung[15].

1. Täter können sein Soldaten, Wehrmachtbeamte (§ 153 Abs. 3), Personen des Gefolges (§ 155), zugelassene ausländische Offiziere und deren Gefolge (§ 157) sowie Kriegsgefangene (§ 158). Zweck der Strafdrohung gegen Plünderung ist in erster Reihe die Unterdrückung von Ausschreitungen gegen Personen oder Sachen im Felde zur Aufrechterhaltung der Manneszucht, in zweiter Reihe der Schutz des Privateigentums im Kriegsgebiet, daneben die Erfüllung der völkerrechtlichen Pflicht zur Schonung des Eigentums der Landeseinwohner. Diese Pflicht folgt aus Art. 47 LKO: „Die Plünderung (im besetzten Gebiet) ist ausdrücklich untersagt" und Art. 28 LKO: „Es ist untersagt, Städte oder Ansiedelungen, selbst wenn sie im Sturme genommen sind, der Plünderung preiszugeben". Vgl. auch Art. 46 (2) LKO: „Das Privateigentum (im besetzten Gebiet) darf nicht eingezogen werden" und Art. 23 g LKO. § 129 gilt aber auch im Heimatgebiet. Auch die Deutschen, die nicht im Operationsgebiet wohnen, müssen vor verbrecherischer Ausnutzung der Kriegsverhältnisse oder der militärischen Überlegenheit geschützt werden. Dies gilt vor allem für Gegenden, die öfter durch Fliegerangriffe heimgesucht werden und deren Bewohner dadurch nicht weniger als die des Operationsgebietes den „Kriegsschrecken" ausgesetzt sind (RKG. 2, 139).

2. §§ 9, 10.

3. Das Tatbestandsmerkmal „unter Ausnutzung der Kriegsverhältnisse" bedeutet gegenüber dem früheren Tatbestandsmerkmal „unter Benutzung des Kriegsschreckens" eine Erweiterung. Es soll auch der Fall getroffen werden, in dem Sachen aus Ortschaften oder Gebäuden weggenommen werden, die von den Einwohnern der Kriegsverhältnisse wegen geräumt worden sind (Amtl. Erl.). Eine „Ausnutzung" der Kriegsverhältnisse ist anzunehmen, wenn besondere in dem Kriegszustande begründete Umstände vorlagen, die die Begehung der Tat oder ihre Ausnutzung begünstigt oder erleichtert haben; daß die Tat durch die Kriegsverhältnisse überhaupt erst ermöglicht wurde, genügt nicht (RGSt. 74, 137 und 290; RKG. 2, 139).

4. Die in der alle Verhältnisse beherrschenden militärischen Macht beruhende Überlegenheit, deren Mißbrauch auch ohne bestimmte Beziehung zu den von der Tat betroffenen Personen erfolgen kann (20, 78).

5. Sie braucht sich zur Zeit der Wegnahme nicht in fremdem Gewahrsam zu befinden; auch Sachen, die in niemandes Gewahrsam stehen, können geplündert werden (21, 247).

6. Dieser Begriff ist weit auszulegen. Er umfaßt die Bewohner der gegen das Deutsche Reich Krieg führenden Staaten, aber auch Deutsche und Angehörige verbündeter Staaten sowie juristische Personen (staatliche Einrichtungen, Verkehrsunternehmungen, Aktiengesellschaften usw.); Amtl. Erl

7. Die frühere Begrenzung der Plünderung auf offen begangene Wegnahmen ist weggefallen. Die heimliche Plünderung ist oft verabscheuungswürdiger und gefährlicher als die offene Tat (Amtl. Erl.).

8. Androhung oder Ausübung von Gewalt nicht erforderlich, sogar ein höfliches Ersuchen kann bei Ausnutzung der Kriegsverhältnisse usw. Abnötigung sein.

9. Anm. 3 und 4 zu § 138. Die Wegnahme zum bloßen Zwecke der Vernichtung fällt unter § 132. Eine gewinnsüchtige Absicht ist nicht erforderlich (12, 119; 20, 9), ebensowenig eine Absicht der Vermögensbeschädigung des Eigentümers (20, 9).

10. Plünderung im Anforderungswege. Sie ist eine Wegnahme oder Abnötigung, welche die äußere Form einer Beitreibung wahrt, aber in Wirklichkeit nicht von der dazu berechtigten Befehlsgewalt ausgeht. Zwangsauflagen bezwecken Leistungen in Geld, Beitreibungen (Requisitionen) sind auf Naturalleistungen und Dienstleistungen der Bevölkerung für die Wehrmacht gerichtet (Vanselow, Völkerrecht S. 243—245). Beide müssen entweder ganz oder zum Teil — durch Überschreitung des Maßes — unbefugt d. h. rechtswidrig vorgenommen sein. Zwangsauflagen und Beitreibungen sind nicht rechtswidrig, wenn sie für die Truppe im Rahmen der dafür gegebenen Dienstvorschriften erfolgen oder sich in den Grenzen des Abs. 3 halten.

Zwangsauflagen können nach Art. 51 LKO. nur auf Grund eines schriftlichen Befehls und unter Verantwortlichkeit eines selbständig kommandierenden Generals erhoben werden, und zwar möglichst nach den Vorschriften über die Ansetzung und Verteilung der bestehenden Abgaben und gegen Empfangsbescheinigung. Regelmäßig werden die Armee- oder Heeresgruppen-Oberbefehlshaber sich die Bestimmung der Zwangsauflagen vorbehalten, die zur Deckung der Bedürfnisse der Wehrmacht (nicht nur des Besatzungsheeres) und der Verwaltungskosten, falls die ordentlichen Abgaben, Zölle und Gebühren nicht reichen, und als Strafauflagen (in Geld oder anderer Art) über eine ganze Bevölkerung wegen feindlichen Verhaltens, sei es aller, sei es einzelner, für die sie als mitverantwortlich anzusehen ist, notwendig sein können.

Beitreibungen erfolgen seitens der Truppe, um ihre ausreichende Verpflegung sicherzustellen (T. F. 1005), unter Leitung von Offizieren, ausnahmsweise (Spähtrupps usw.) ohne solche. Die Mitwirkung der Ortsbehörden oder angesehener Einwohner ist anzustreben. Das Beitreiben genehmigt in der Regel der Truppenführer, nur im Notfall kann es auf Anordnung eines Truppenbefehlshabers erfolgen, der sich mindestens in der Stellung eines Bataillons- usw. Führers befinden muß. In diesem Falle sind Ort und Zeit des Beitreibens, Art und Menge der beigetriebenen Verpflegung und die Art der Bezahlung dem Truppenführer schriftlich zu melden. Art und Menge der beizutreibenden Verpflegung sowie das Gebiet, in welchem die Beitreibung durchzuführen ist, sind in jedem Falle schriftlich festzulegen. Beitreibung seitens der

Verwaltung erfolgt zur Ansammlung von Vorräten unter einheitlicher Ausnutzung des Kriegsschauplatzes (T. F. 1005). Durch die Ausstellung von Empfangsbescheinigungen wird keine Pflicht übernommen, später Zahlung zu leisten. Der Einwohner hat sich deswegen lediglich an seinen Staat zu halten, der seinerseits die Vergütung für Kriegsschäden nach Ermessen regelt. Ankäufe der Truppen nach T. F. 1003.

11. Von 43 Tagen Mindestdauer (§ 17 Abs. 1). Über die Zulässigkeit von Festungshaft s. Fußnote zu § 21 (Richtlinien des Führers).

12. § 129 schließt für die Fälle, auf die er anzuwenden ist, die Vorschriften des StGB über Nötigung, Freiheitsberaubung, Bedrohung, Hausfriedensbruch, Raub, Diebstahl, Entwendung, Unterschlagung, Erpressung aus. Er ist auch gegenüber dem § 1 der VO. gegen Volksschädlinge v. 5. 9. 39 ein Gesetz, das die in Betracht kommenden strafbaren Handlungen abschließend erfaßt (RKG. 2, 139/141; vgl. Anm. 4 zu § 5a KSSVO). Die Ansicht von Dörken-Scherer (2), daß die Vorschriften des StGB über Diebstahl, schweren Diebstahl, Unterschlagung, Entwendung (§ 248a), Raub und Erpressung und über alle „in diesen Vorschriften enthaltenen strafbaren Handlungen", wie Hausfriedensbruch, Körperverletzung, Freiheitsberaubung, Nötigung, Bedrohung, Quartierdiebstahl (§ 138 MStGB), durch § 129 als „umfassenden Tatbestand einer Straftat gegen das Eigentum" überhaupt ausgeschlossen seien, geht erheblich zu weit. Zur Plünderung gehört immer die Ausnutzung der Kriegsverhältnisse oder der militärischen Überlegenheit (s. Anm. 3 und 4 oben) und nach gesundem militärischen Empfinden ist ein Soldat, der stiehlt, mag sich die Tat auch gegen seinen Quartierwirt oder eine zu dessen Hausstand gehörige Person richten, kein Plünderer, wenn nicht besondere Umstände im Sinne einer Begünstigung oder Erleichterung der Straftat durch die Kriegsverhältnisse oder durch die militärische Überlegenheit obgewaltet haben, vielmehr sieht der Soldat in einem solchen Täter einen gewöhnlichen Dieb. Der Plünderer ist, wie Freisler im „Deutschen Recht" 1939 S. 1451 zutreffend ausgeführt hat, ein ganz bestimmter, im Volksbewußtsein verankerter, dem Dieb, Räuber oder Erpresser nicht gleichzustellender Verbrechertyp; vgl. hierzu auch Dörken, ZWehrR. VI S. 111.

13. Ein besonders schwerer Fall liegt vor, wenn der verbrecherische Wille des Täters ungewöhnlich stark und verwerflich und die Tat wegen der besonderen Umstände ihrer Begehung und wegen ihrer verschuldeten Folgen besonders strafwürdig ist, namentlich wenn eine erhebliche Plünderung zum Nachteil deutscher Volksgenossen oder in freigemachten Gebieten begangen wird (Amtl. Erl.). Die Gegenüberstellung des § 129 mit der strengen Strafdrohung in § 1 der VO. gegen Volksschädlinge v. 5. 9. 39 für eine Plünderung durch Zivilpersonen führt zwangsläufig dazu, bei der Plünderung durch Soldaten im frei gemachten Gebiet oder in freiwillig geräumten Gebäuden oder Räumen (z. B. nach Fliegerangriffen) dann einen strengen Maßstab anzulegen, wenn keine besonderen Ausnahmegründe vorhanden sind (RKG. 2, 139/143); s. im übrigen Anm. 4 zu § 70.

14. Von einem bis zu 15 Jahren (§ 14 Abs. 2 StGB), daneben auf Verlust der Wehrwürdigkeit (§ 31 Nr. 1).

15. Abs. 3 bestimmt die Voraussetzungen, unter denen die Wegnahme von Sachen des Kriegsbedarfs im Rahmen des dringenden Bedürfnisses nicht als Plünderung anzusehen ist. In diesen Fällen liegt auch nicht Raub, Diebstahl usw. vor, da § 129 die Wegnahme von Sachen unter den gegebenen Verhältnissen erschöpfend regelt. Unabhängig hiervon ist zu beurteilen, ob nicht Bestrafung aus einem anderen rechtlichen Gesichtspunkt geboten ist, z. B. wegen Ungehorsams, wenn aus Gründen der Mannszucht die Wegnahme auch solcher Sachen ausdrücklich verboten war. Abs. 3 stellt durch seine Fassung klar, daß seine Beispiele, die gegenüber der Aufzählung im früheren, durch VO. v. 10. 10. 40 (RGBl. I S. 1347) gestrichenen § 130 um Ausrüstungsgegenstände, Genußmittel und Treibstoffe vermehrt worden sind, nicht erschöpfend sind, sondern den Begriff „Gegenstände des Kriegsbedarfs" erläutern sollen. Das Wegnehmen solcher Sachen ist nur dann keine Plünderung, wenn ein dringendes Bedürfnis vorlag (Amtl. Erl.).

§§ 130, 131

(weggefallen)

§ 132

Verwüstung

Wer[1] im Felde[2] boshaft[3] oder mutwillig[4] fremdes Gut[5] verwüstet[6], wird wie ein Plünderer[7] bestraft.

1. Anm. 1 zu § 129. — **2.** §§ 9, 10.

3. Aus Freude am Zerstören oder Schädigen (Begrdg. 40).

4. Unter Außerachtlassen natürlicher Hemmungen (Begrdg. 40).

5. Solches, das im Eigentum eines anderen als des Täters steht (2, 96).

6. D. h. gründlich zerstört oder unbrauchbar macht. Der Täter muß vorsätzlich gehandelt haben, und zwar in der Art, wie der Vorsatz durch die Begriffsbestimmungen „boshaft" (Anm. 3) und „mutwillig" (Anm. 4) gekennzeichnet ist. Diese Begriffsbestimmungen schließen die Rechtswidrigkeit ein. Es scheiden also aus die auf Grund einer rechtmäßigen Kommandogewalt vorgenommenen Handlungen (Begrdg. 40). Die Rechtswidrigkeit ist ausgeschlossen, wenn die Zerstörung durch die Erfordernisse des Krieges dringend erheischt wird (Art. 23 Abs. 1g LKO.). Vgl. Art. 72 bis 75 der Prisenordnung v. 28. 8. 39 (RGBl. I S. 1585).

7. Die Tat ist durch die Neufassung des § 132, die er durch die VO. v. 10. 10. 40 (RGBl. I S. 1347) erhalten hat, abweichend vom früheren Recht, allgemein der Plünderung (§ 129) gleichgestellt. Der Verwüster ist mindestens ebenso strafbar wie der Plünderer. Verwüstung ist aber keine Plünderung. § 129 (3) gilt daher nicht für den Verwüster (Begrdg. 40).

§ 133

(weggefallen)

§ 134

Fledderei

(1) Wer im Felde[1] in der Absicht rechtswidriger Zueignung[2] einem auf dem Kampfplatz Gebliebenen[3] eine Sache abnimmt[4] oder einem Kranken oder Verwundeten[5] auf dem Kampfplatz, auf dem Marsche, auf dem Transport oder im Lazarett oder einem seinem Schutze anvertrauten Kriegsgefangenen[6] eine Sache wegnimmt[7] oder abnötigt[8], wird mit Zuchthaus[9] bestraft. In besonders schweren Fällen[10] kann auf Todesstrafe, in minder schweren Fällen[11] auf Gefängnis[12] erkannt werden.

(2) Verlust der bürgerlichen Ehrenrechte[13] ist zulässig.

1. §§ 9, 10.

2. Es kommt nicht darauf an, ob der Täter die Sache dem Gewahrsamsinhaber oder dem Gefallenen dauernd entziehen oder sie dauernd für sich behalten wollte, sondern es genügt die Absicht des Täters, die Sache ihrem Substanzwerte nach seinem Vermögen zuzuführen und seinen Zwecken dienstbar zu machen (20, 197).

3. Die Neufassung des § 134 durch die VO. v. 10. 10. 40 (RGBl. I S. 1347) schützt, abweichend vom früheren Recht, auch die Gefallenen des Feindes. Sie findet auch auf die Beraubung von Leichen solcher Zivilpersonen Anwendung, die einem feindlichen Luftangriff erlegen sind; Dörken-Scherer 2.

4. Die Begehungsform des Abnehmens muß eine dem „Wegnehmen" entsprechende sein (vgl. Anm. 3 zu § 138).

5. Kranke und Verwundete sind ebenfalls, wie schon nach früherem Recht, auch dann geschützt, wenn sie einer feindlichen Wehrmacht angehören (Art. 1 des Genfer Abkommens v. 27. 7. 29, RGBl. 1934 II S. 208). Gegenüber im Luftkrieg verwundeten Zivilpersonen kann ebenfalls § 134 erfüllt werden, auch wenn die Verwundungen durch Kampfhandlungen der eigenen Wehrmacht verursacht worden sind (Wagner, ZWehrR. VIII S. 291). Allgemeines Erfordernis für die Bestrafung der Wegnahme von Sachen Kranker und Verwundeter nach § 134 ist jedoch die Ausnutzung einer hilflosen Lage der Geschädigten (Witaschek, ZWehrR. VIII S. 256; Dörken-Scherer 1).

6. § 158. Unter die Strafvorschrift des § 134 fallen nur die, deren Schutz die Kriegsgefangenen anvertraut sind.

7. Anm. 3 zu § 138. — 8. Anm. 8 zu § 129. — 9. D. h. auf zeitiges (§ 14 Abs. 3 StGB) von einem bis zu 15 Jahren (§ 14 Abs. 2 StGB). Daneben muß auf Verlust der Wehrwürdigkeit erkannt werden (§ 31 Nr. 1). — 10. Anm. 4 zu § 70. — 11. Anm. 14 zu § 64. — 12. Von 43 Tagen bis zu 15 Jahren (§§ 16 Abs. 2, 17 Abs. 1).

13. Im MStGB nur hier und im § 138 (1) neben Gefängnis ausdrücklich angedroht (s. Anm. 14 zu § 64). Über Dienstentlassung (Rangverlust) ist nach § 33 zu befinden.

§§ 135, 136

(weggefallen)

Neunter Abschnitt

Andere widerrechtliche Handlungen gegen das Eigentum

§ 137

Beschädigung eines Dienstgegenstandes

Wer[1] vorsätzlich[2] und rechtswidrig[3] einen Dienstgegenstand[4] beschädigt[5], zerstört[6] oder preisgibt[7] und dadurch vorsätzlich oder fahrlässig einen erheblichen Nachteil[8], eine Gefahr für Menschenleben oder in bedeutendem Umfang für fremdes Eigentum oder eine Gefahr für die Sicherheit des Reichs oder für die Schlagfertigkeit oder Ausbildung der Truppe[9] herbeiführt[10], wird mit Freiheitsstrafe[11] bis zu zwei Jahren bestraft[12].

1. Täter können sein Soldaten, Personen des Gefolges, zugelassene ausländische Offiziere und deren Gefolge, Kriegsgefangene und Schiffsangestellte (§ 166).

Die Ansicht von Rietzsch, § 137 werde durch § 1 der VO. zur Ergänzung der Strafvorschriften zum Schutz der Wehrkraft des Deutschen Volkes v. 25. 11. 39 (RGBl. I S. 2319) ausgeschlossen (Pfundtner-Neubert IIc 22 S. 3, ebenso Dörken-Scherer 3 und Schwinge I), trifft nicht zu. § 1 dieser VO., jetzt § 143a StGB in der Fassung des § 5 G. v. 4. 9. 41 (RGBl. I S. 549) lautet:

(1) Wer vorsätzlich ein Wehrmittel oder eine Einrichtung, die der deutschen Landesverteidigung dient, zerstört, unbrauchbar macht, beschädigt, preisgibt oder beiseiteschafft und dadurch vorsätzlich oder fahrlässig die Schlagfertigkeit der deutschen Wehrmacht gefährdet, wird mit Gefängnis nicht unter sechs Monaten bestraft. In schweren Fällen ist auf Todesstrafe oder lebenslanges oder zeitiges Zuchthaus zu erkennen.

(2) Ebenso wird bestraft, wer vorsätzlich ein Wehrmittel oder eine solche Einrichtung fehlerhaft herstellt oder liefert oder eine fehlerhafte Herstellung oder Lieferung wissentlich begünstigt und dadurch vorsätzlich oder fahrlässig die Schlagfertigkeit der deutschen Wehrmacht gefährdet.

(3) Der Versuch ist strafbar.

(4) Wer leichtfertig handelt und dadurch fahrlässig die Schlagfertigkeit der deutschen Wehrmacht gefährdet, wird mit Gefängnis bestraft.

Zunächst sind durch diese, die Strafbarkeit auf die Gefährdung der Schlagfertigkeit der deutschen Wehrmacht abstellende Vorschrift die Fälle überhaupt unberührt geblieben, in denen durch Beschädigung, Zerstörung oder Preisgabe eines Dienstgegenstandes, mag er „Wehrmittel" sein oder nicht, ein erheblicher Nachteil, eine Gefahr für Menschenleben oder eine andere der im § 137 bezeichneten Folgen, außer Gefahr für die Schlagfertigkeit der Truppe, herbeigeführt wird. Abgesehen hiervon aber kommt dem § 137 als einer Sonderbestimmung des MStGB kraft dessen vorherrschender Stellung gegenüber § 1 (1) der VO. v. 25. 11. 39 ausschließliche Geltung zu (s. Anm. 1 zu § 2; also gerade umgekehrt, wie Nagler, Fußnote 22, annimmt). „Wehrmittel" i. S. des § 143a StGB ist alles, was den Zwecken der Kriegführung bei Angriff oder Verteidigung dient, z. B. Waffen, Panzerwagen, Flugzeuge, Benzin, und zwar ohne Unterschied, ob diese Angriffs- oder Verteidigungsmittel im Fronteinsatz, für den Nachschub oder in der Heimat verwendet werden sollen; RKG. v. 31. 3. 43 StPL. (HLS) IV 19/43. Der Gesetzgeber hat dabei ausschließlich an industrielle Erzeugnisse gedacht, wie sich aus der Fassung des § 143a (2) StGB ergibt: „Wer Wehrmittel usw. fehlerhaft herstellt oder liefert ...". Diese Fassung verdeutlicht zugleich, daß § 143a StGB sich vornehmlich gegen Täter außerhalb der Wehrmacht richtet, von Rüstungsurlaubern abgesehen. Bei Verstößen gegen die Mannszucht oder das Gebot soldatischen Mutes und bei Straftaten, durch die ein besonders schwerer Nachteil für die Kriegführung oder die Sicherheit des Reichs verschuldet wird, ist durch § 5a KSSVO die Grundlage für eine den Bedürfnissen der Wehrmacht entsprechende Bestrafung nach § 137 geschaffen. Daß auch das OKW. den § 137 als fortgeltend ansieht, ergeben seine Erläuterungen zu Art. 2 der DurchführungsVO. zu der VO. über Fortführung des Reichsarbeitsdienstes v. 10. 4. 40 (s. Anm. 5 zu § 4).

Auf die oben bezeichneten als Täter in Betracht kommenden Personen ist § 143a (1) StGB nur dann anzuwenden, wenn sie Wehrmittel beschädigen, zerstören oder preisgeben, die keine Dienstgegenstände (s. Anm. 4) sind. Die Abs. 2—4 des § 143a StGB stellen Tatbestände auf, die im MStGB nicht enthalten sind; ihre Anwendung auf die dem MStGB unterworfenen Personen ist daher nach Maßgabe des im vorhergehenden Absatz Gesagten möglich.

2. Mit dem Bewußtsein, daß der betreffende Gegenstand im Eigentum des Wehrfiskus stand und daß er zum dienstlichen Gebrauch bestimmt war (7, 164). Bedingter Vorsatz genügt (12, 137/144).

3. Ohne daß der Täter „durch Gesetz oder militärische Vorschrift dazu befugt ist" (Schlayer 522), namentlich durch die gesetzlichen Vorschriften über Notstand und Selbsthilfe (12, 137).

4. Jeder im Eigentum des Wehrfiskus stehende, unmittelbar oder mittelbar zum dienstlichen Gebrauche bestimmte bewegliche oder unbewegliche Gegenstand (7, 164/167), gleichgültig, ob der Gegenstand dem Täter zur eigenen Benutzung übergeben war, ob er sich in Händen eines Kameraden befand oder der allgemeinen Benutzung diente (16, 32).

5. Durch eine solche Einwirkung, daß die Substanz der Sache verändert, ihre Unversehrtheit aufgehoben wird.

6. Durch eine Beschädigung, die die Sache für ihren Zweck völlig unbrauchbar macht, sie ihrem Wesen nach aufhebt (RGSt. 8, 33; 22, 325; 39, 223).

7. Preisgeben ist das „mindestens die Gefahr des Verlustes" für den Wehrfiskus „in sich schließende bewußte Aufgeben der tatsächlichen Innehabung des Dienstgegenstandes ohne gleichzeitige Übertragung der Verfügungsgewalt an einen Dritten" (Schlayer 524). Hat der Täter wie ein Eigentümer über die Sache verfügt und Verfügungen getroffen, die die Absicht in sich schlossen, die Sache ihrem Substanzwerte nach dem eigenen Vermögen zuzuführen, so liegt Diebstahl oder Unterschlagung (§ 138) vor (16, 32).

8. Anm. 6 zu § 92. — 9. Anm. 7—12 zu § 92.

10. Anm. 13 zu § 92. Der eingetretene Erfolg der Beschädigung usw. (erheblicher Nachteil oder Gefahr), der diese Handlungen erst zu gerichtlich strafbaren macht, ist dem Täter nur dann zuzurechnen, wenn auch dieser Erfolg schuldhaft, und zwar vorsätzlich oder fahrlässig, verursacht worden ist. Es genügt also nicht der rein objektive ursächliche Zusammenhang zwischen der Beschädigung usw. und dem eingetretenen Erfolge, sondern der Täter muß diesen Erfolg vorhergesehen haben oder wenigstens bei Anwendung gehöriger Sorgfalt imstande gewesen sein, ihn vorherzusehen.

11. §§ 16, 17, 21. Über die Zulässigkeit von Festungshaft s. Fußnote zu § 21.

12. Der Versuch der Beschädigung oder Zerstörung ist nach § 2 in Verbindung mit § 303 Abs. 2 StGB strafbar (1, 134/137), nicht dagegen der Versuch der Preisgabe (PE. 5, 111).

§ 138

Militärischer Diebstahl. Militärische Unterschlagung

(1) Wer bei Ausübung des Dienstes[1] oder unter Verletzung eines militärischen Dienstverhältnisses[2] sich eines Diebstahls[3] oder einer Unterschlagung[4] an Sachen schuldig macht, die ihm vermöge des Dienstes oder jenes Verhältnisses[5] zugänglich[6] oder anvertraut[7] sind, wird mit geschärftem Arrest[8] nicht unter vierzehn Tagen oder mit Gefängnis[9]

bis zu fünf Jahren bestraft[10]; zugleich kann auf Verlust der bürgerlichen Ehrenrechte erkannt werden[11]. Gleiche Strafe trifft den, der einen Diebstahl oder eine Unterschlagung gegen einen Vorgesetzten[12] oder einen Kameraden[13], gegen seinen Quartierwirt[14] oder eine zu dessen Hausstand gehörige Person[15] begeht.

(2) Ist die Handlung ein Verbrechen im Sinne der allgemeinen Strafgesetze[16], so ist auf die in diesen Gesetzen angedrohten Strafen zu erkennen[17].

1. Anm. 5 zu § 49, Anm. 2 zu § 89.

2. Verletzung des allgemeinen, durch die bloße Eigenschaft als Soldat bedingten Dienstverhältnisses unter Hinzutritt einer besonderen, über die in jedem Eigentumsvergehen eines Soldaten schon liegende Pflichtverletzung hinausreichenden Verletzung der auf den Anforderungen des Dienstes beruhenden Pflichten (9, 288 und 153; 4, 254).

3. Im Sinne des § 242 StGB (3, 284/287), mithin Wegnahme fremder beweglicher Sachen in der Absicht, sie sich rechtswidrig zuzueignen. Wegnahme ist die Aufhebung des fremden und die nachfolgende Erwerbung eigenen Gewahrsams (12, 109). Bewegliche Sachen sind Dinge (körperliche Gegenstände), die sich von Ort und Stelle schaffen lassen, also auch Bestandteile, sowohl von beweglichen, als von unbeweglichen Sachen, wenn sie aus der Verbindung mit diesen losgelöst und so zu selbständig für sich bestehenden Sachen gemacht worden sind (12, 109).

Mit der Ausführung des Gewahrsamsbruchs ist schon dann angefangen, wenn der fremde Gewahrsam wesentlich zurückgedrängt wird und durch die naheliegende Möglichkeit seines Bruchs ernstlich gefährdet worden ist, z. B. durch unmittelbare Annäherung zum Zwecke der Wegnahme. Hat der Täter auch Gewahrsam an der Sache und übt er die tatsächliche Herrschaft über sie (z. B. als Kammerunteroffizier) in gewissem Grade selbständig aus, so kann der Beginn des Gewahrsamsbruchs in einem Verhalten gefunden werden, das den bereits gefaßten Beschluß der Wegnahme offenbart und den fremden Mitgewahrsam ernstlich gefährdet (RKG. 2, 8/10).

Fremd sind solche Sachen, die zur Zeit der Wegnahme im Eigentum und im Gewahrsam eines anderen stehen. Eigentümer und Gewahrsamsinhaber brauchen nicht dieselben Personen zu sein. Der Gewahrsam besteht lediglich in der physischen Möglichkeit, über die Sache mit Ausschluß anderer zu verfügen. Den Gewahrsam einer Sache kann daher stets nur eine physische Person, niemals ein Truppenteil haben (2, 96).

An den Kompanie- usw. Beständen, die Eigentum des Wehrfiskus sind, hat nach feststehendem militärdienstlichen Grundsatz der Kompanie- usw. Chef oder der Kommandant eines Kriegsschiffs den alleinigen Gewahrsam. Es kann höchstens Mitgewahrsam eines anderen, auch eines fremden Kompaniechefs, in Frage kommen (1, 101; 8, 146; 10, 255; 18, 70). Hieraus folgt:

a) die Fortnahme von Sachen, die zu den Kompanie- usw. Beständen gehören, durch Untergebene des Kompanie- usw. Chefs, mögen ihnen die Sachen auch zum Gebrauch überlassen, ihnen also anvertraut sein, bewirkt den Bruch fremden Gewahrsams, ist also Diebstahl, nicht Unterschlagung (1, 101);

b) die Fortnahme von Sachen aus Kompanie- usw. Beständen, die anderen Kompanieangehörigen zum Gebrauch überlassen sind, um sie selbst dienstlich zu gebrauchen, ist kein Diebstahl, weil der Gewahrsam des Kompanie- usw. Chefs nicht verletzt wird (PE. 1, 124), sondern nur Disziplinarübertretung, daher gerichtlich nicht strafbar.

Die während des gegenwärtigen Krieges von mehreren Seiten unternommenen Versuche, diese im Truppendienst von jeher bewährten Grundsätze umzustoßen, sie als „Kluft zwischen Recht und Wirklichkeit" hinzustellen (Spatz, ZWehrR. VII S. 272) und eine gerichtliche Bestrafung auch im Falle b) auf dem Weg über § 2 StGB (s. hierzu Anm. 1 zu § 1) oder dadurch zu erzielen, daß der Alleingewahrsam des Kompanie- usw. Chefs an wehrmachteigenen Kompanie-usw.Beständen geleugnet (Lapsien, ZWehrR. VII S. 462) oder die Notwendigkeit des Bruchs fremden Gewahrsam für den Tatbestand des Diebstahls nicht für notwendig erachtet wird (Holl, ZWehrR. VIII S. 117), beruhen auf einer Verkennung des Vorrangs der disziplinaren vor der gerichtlichen Bestrafung (s. S. 58) und der Stellung des Kompanie-usw.Chefs. Dieser ist nach H. Dv. 3/11 Nr. XIV für den Geist und die Mannszucht sowie für die Schlagfertigkeit der Kompanie usw., für die Erziehung und Ausbildung seiner Offiziere, Unteroffiziere und Mannschaften, für die Vollzähligkeit, den Zustand und die Erhaltung der Heeresausstattung seiner Kompanie usw. verantwortlich und es ist ihm in der Wahl der Mittel freie Hand zu lassen. Der gerichtlichen Bestrafung von Untergebenen, die sich einer Entwendung von wehrmachteigenen Sachen aus Kompanie-usw.Beständen schuldig machen, bedarf der seiner Verantwortung bewußte Kompanie- usw.Chef nur in Ausnahmefällen (oben Fall a). Die Verkennung der Aufgaben, die dem Kompanie- usw. Chef einerseits, der Wehrmachtrechtspflege andererseits zugewiesen sind, hat sogar die Forderung ausgelöst, die Anwendung der Bestimmung des § 370 (1) Nr. 5 StGB (Mundraub) auf alle dem MStGB unterworfenen Personen auszuschließen (Kisser, ZWehrR. VIII S. 17). Gegenüber allen diesen Versuchen sei auf die beachtlichen Ausführungen eines Hauptmanns und Batterieführers ZWehrR. VIII S. 180 verwiesen, der mit Recht auf die Notwendigkeit hinweist, der Selbständigkeit auch der jungen oder unerfahrenen Disziplinarvorgesetzten nicht unnötig zu nahe zu treten.

Die Absicht rechtswidriger Zueignung erfordert in negativer Beziehung den Willen des Täters, dem Berechtigten den Besitz und Gebrauch der Sache zu entziehen, und ferner in positiver Beziehung die Absicht, die Sache ihrer Substanz nach in das eigene Vermögen zu bringen, über sie wirtschaftlich zu verfügen (3, 284), sie den Zwecken des Täters dienstbar zu machen (20, 197). Diese Absicht muß zur Zeit der Wegnahme vorhanden sein. Die Besitzergreifung zu dem ausschließlichen Zweck, die fremde Sache zu beschädigen oder zu vernichten, ist keine „Zueignung" (16, 32; 14, 106).

Zum Begriff der Zueignungsabsicht gehört keineswegs der Wille, die Sache dem Eigentümer dauernd zu entziehen, es genügt vielmehr die Absicht des Täters sie, wenn auch nur vorübergehend, wirtschaftlich in sein Vermögen zu bringen und darüber als Eigentümer, sei es auch durch Zurückführung in den Gewahrsam des eigentlichen Eigentümers, zu verfügen (22, 132/133; RGSt. 49, 405/406). Daher macht sich des militärischen Diebstahls auch schuldig, wer einem Kameraden oder von einer fremden Kompaniekammer einen wehrmachteigenen Gegenstand wegnimmt, um ihn auf der eigenen Kompaniekammer in Erfüllung einer Ersatzpflicht abzugeben (RG. v. 22. 7. 36 — 4 D 541/36 — ZWehrR. I S. 318; RKG. v. 28. 4. 37 Rev. L. 17/37 II).

Die §§ 370 Ziff. 5 StGB (Mundraub) und 248a StGB (Notdiebstahl und -unterschlagung) sind neben § 138 auf Soldaten anwendbar (18, 113 und 241). „Not" im Sinne des § 248a StGB setzt eine wirtschaftliche Bedrängnis voraus, die es dem Täter unmöglich macht, ein dringendes Lebensbedürfnis zu befriedigen (18, 241); jedoch schließt die Verabreichung der Mannschaftsverpflegung eine Nahrungsnot in der Regel aus (19, 64). Die Zueignung von rationierten Lebensmitteln und von Nahrungs- oder Genußmitteln oder anderen Gegenständen des hauswirtschaftlichen Verbrauchs aus Feldpostsendungen ist, weil ihr Verlust für den Betroffenen eine wesentlich höhere Bedeutung hat, als ihr Geldwert ausmacht, niemals Mundraub, sondern Diebstahl; Kohlrausch-Lange, Anm. 12 zu § 370, ferner RG. v. 30. 7. 43 — 5 D 203/43 — D. R. S. 1103 und — mit zutreffender Begründung — Weirauch, ZWehrR. VII S. 109.

4. Im Sinne des § 246 StGB, mithin rechtswidrige Zueignung fremder beweglicher Sachen (s. unter 3), die der Täter in Besitz oder Gewahrsam hat. Auf welche Weise der Gewahrsam erlangt ist, ist gleichgültig (9, 158). Wesentliches Erfordernis für den Zueignungswillen ist das Vorhandensein des Vorsatzes zur Zeit der Tat (16, 215); auch das Bewußtsein der Rechtswidrigkeit muß beim Täter bereits zur Zeit der Zueignung der fremden Sache vorhanden sein, dolus superveniens reicht nicht aus (12, 182).

Die Zueignung setzt hier voraus, daß der Wille des Täters, die bereits in seinem Besitz oder Gewahrsam befindliche Sache sich zuzueignen, äußerlich erkennbar durch Betätigung der Verfügungsgewalt zum Ausdruck kommt (2, 275). Daß der Täter an der fraglichen Sache Eigentum erwerben oder sie oder deren Vorteile dauernd als seine eigenen behalten will, ist nicht erforderlich (14, 263). In dem bloßen Nichtabliefern einer fremden Sache, zu deren Ablieferung der Täter verpflichtet ist, liegt aber noch keine Zueignung (4, 254), ebensowenig in dem bloßen, wenn auch unerlaubten Gebrauch einer fremden Sache (3, 179). Die Unterschlagung wird dadurch nicht ausgeschlossen, daß der Täter jederzeit imstande und auch von der Absicht getragen war, für die zugeeignete Sache Ersatz zu leisten. Jedoch hat die sogenannte Ersatzbereitschaft insofern Bedeutung, als der Glaube an die Genehmigung des Berechtigten bei Kenntnis der Vermögensverhältnisse des Täters das Bewußtsein der Rechtswidrigkeit ausschließen und der Zueignung gemäß § 59 StGB den Charakter einer strafbaren Handlung nehmen kann (2, 171; 12, 182).

5. Eine durch besondere Umstände hergestellte Beziehung des Täters zu der gestohlenen Sache ist erforderlich, vermöge deren die rechtswidrige Zueignung derselben eine besondere Pflichtverletzung enthält. Liegen solche Umstände vor, so kann auch die Verletzung des allgemeinen, durch die bloße Eigenschaft als Soldat bedingten Dienstverhältnisses genügen (9, 288). Verlangt wird außerdem, daß der Diebstahl oder die Unterschlagung auch an Sachen begangen ist, welche dem Täter vermöge desselben Dienstverhältnisses zugänglich oder anvertraut waren, unter dessen Verletzung die Tat begangen ist (10, 255).

6. Zwischen dem Dienst oder Dienstverhältnis und der Zueignungshandlung muß Kausalzusammenhang bestehen (Elsner-Sohl 6), „zugänglich" ist also in weitestem Sinne auszulegen (Rotermund 7), und es genügt, wenn dem Täter vermöge des Dienstes eine erleichterte Möglichkeit geboten ist, an die Sache heranzukommen (a. A. RGSt. 59, 26). Stand hingegen jedem anderen der Weg zu den fiskalischen Sachen ebenso wie dem Täter offen, benutzte dieser also zur Ausführung des Diebstahls oder der Unterschlagung nicht einen ihm gerade durch sein militärisches Dienstverhältnis ermöglichten Zugang, so erfolgt die strafbare Handlung nicht an Sachen, die dem Täter vermöge jenes Verhältnisses zugänglich waren (12, 132).

7. Durch Übertragung vom Geber an den Empfänger in seiner dienstlichen Eigenschaft, wenn der Empfänger sie in gleicher Eigenschaft anzunehmen willens war (4, 254/256; 7, 11).

8. §§ 22, 24, 25. Die Worte „nicht unter vierzehn Tagen" sind durch die VO. v. 10. 10. 40 (RGBl. I S. 1347) eingefügt worden. — **9.** Von mindestens 43 Tagen (§ 17 Abs. 1).

10. Im Urteil sind der militärische Diebstahl und die militärische Unterschlagung als solche zu bezeichnen (12, 156). Einer besonderen Bestimmung über die Strafbarkeit des Versuchs bedurfte es nicht, da für den militärischen Diebstahl und die militärische Unterschlagung, vom eigenen Strafrahmen abgesehen, alle Bestimmungen im Sinne der §§ 242, 246 StGB gelten (1, 134/137 und 154; 16, 23/26).

11. Anm. 13 zu § 134.

12. Anm. 3 zu § 47. Die Vorgesetzten gehören auch zu den Kameraden (s. die folgende Anm. 13), sind hier aber besonders hervorgehoben. Wenn der Diebstahl gegen einen Vorgesetzten begangen ist, den der Täter für einen (ihm nicht vorgesetzten) Kameraden hält, so liegt aus subjektiven Gründen kein Diebstahl gegen einen Vorgesetzten und aus objektiven Gründen kein solcher gegen einen Kameraden vor (22, 160).

13. Nicht nur die Angehörigen des gleichen Dienstgrades in der Wehrmacht oder einzelner Truppenteile (Schiffe). Vielmehr umfaßt der Begriff „Kameraden" die gesamte Kameradschaft, wie sie für die Soldaten durch den militärischen Dienst im Heer oder in der Kriegsmarine oder in der Luftwaffe und die Zugehörigkeit zur bewaffneten Macht bedingt ist, also auch Vorgesetzte und Untergebene des Täters (2, 101). Wegen der Vorgesetzten s. vorstehende Anm. 12. Gegen einen Kameraden usw. ist ein Diebstahl nicht nur dann verübt, wenn er Eigentümer der entwendeten Sache ist, sondern auch dann, wenn er zur Zeit des Diebstahls Gewahrsamsinhaber bezüglich derselben war (9, 288).

14. Zivilperson, der der Soldat zur Gewährung von Unterkunft dienstlich zugewiesen ist.

15. Alle Personen, die in häuslicher Gemeinschaft mit dem Quartierwirt die gleichen Wohnräume benutzen.

16. Die unter Abs. 2 fallenden Handlungen im Sinne des Abs. 1 sind militärische Verbrechen, wenn auch das MStGB hier eine selbständige Strafdrohung nicht aufstellt, sondern in Ansehung der Strafgrenzen auf das StGB (§§ 243, 244) verweist, auch insoweit hiernach die Strafbemessung vom Vorhandensein mildernder Umstände abhängt (5, 110/129). Eine Bestrafung auf Grund des § 138 begründet den Rückfall genau wie eine solche nach § 242 StGB (10, 330).

17. Mindeststrafe, falls mildernde Umstände vorliegen, 3 Monate Gefängnis (12, 132). Daneben kann auf Verlust der bürgerlichen Ehrenrechte erkannt werden (§ 248); geschieht das, so muß auch auf Dienstentlassung (Rangverlust) erkannt werden (§ 33 Abs. 1 Nr. 1), die im übrigen bei jeder Bestrafung wegen Diebstahls oder Unterschlagung gegen Offiziere, Unteroffiziere und Wehrmachtbeamte zulässig ist (§ 33 Abs. 2 Nr. 2).

Zehnter Abschnitt

Verletzung von Dienstpflichten bei Ausführung besonderer Dienstverrichtungen

§ 139

Falsche Meldung

Wer vorsätzlich ein unrichtiges Dienstzeugnis[1] ausstellt[2] oder eine dienstliche Meldung[3] unrichtig abstattet[4] oder weiterbefördert[5] und dadurch vorsätzlich oder fahrlässig einen erheblichen Nachteil[6], eine Ge-

fahr für Menschenleben oder in bedeutendem Umfang für fremdes Eigentum oder eine Gefahr für die Sicherheit des Reichs oder für die Schlagfertigkeit oder Ausbildung der Truppe[7] herbeiführt[8], wird wegen falscher Meldung mit Gefängnis[9] bestraft. In minder schweren Fällen[10] kann auf Festungshaft[11] oder Arrest, in besonders schweren Fällen[12] auf Zuchthaus[13] erkannt werden.

1. „Schriftliche Beurkundungen jeder Art, deren Ausstellung in den dienstlichen Wirkungskreis eines Soldaten fällt, auch militärärztliche Zeugnisse" (Schlayer 536).

2. Nicht schon mit der Niederschrift ist das Dienstzeugnis „ausgestellt", sondern erst dadurch, daß die Möglichkeit für einen anderen, insbesondere für eine militärische Dienststelle, geschaffen wird, davon Kenntnis zu nehmen oder sonstwie Gebrauch davon zu machen.

3. Darstellung oder Behauptung einer Tatsache (3, 219), und zwar muß die Darstellung oder Behauptung oder deren Weitergabe zu den besonderen dienstlichen Obliegenheiten der Verpflichteten gehören und zu dem Dienst in irgendwelcher Beziehung stehen (2, 294; 4, 221; 9, 269/277). Die besondere dienstliche Obliegenheit kann durch allgemeine Dienstvorschrift begründet sein oder durch besonderen Befehl des zuständigen Vorgesetzten dahingehend, daß der Untergebene über eine Angelegenheit, sei es auch eine persönliche, eine dienstliche Meldung erstatten soll (4, 221; 11, 215; 19, 24 und 280). Für Untergebene besteht keine Pflicht zur Meldung strafbarer Handlungen eines militärischen Vorgesetzten, abgesehen von den durch § 139 StGB besonders bestimmten Fällen. Es ist mit der militärischen Disziplin und mit der Stellung des militärischen Führers unvereinbar, dem Untergebenen eine solche Pflicht aufzuerlegen. Es widerspricht den militärischen Grundsätzen, den Untergebenen zu verpflichten, das Verhalten und die Handlungen seines militärischen Vorgesetzten in strafrechtlicher Hinsicht zu prüfen, weil das zwangsläufig zu einer die Mannszucht untergrabenden Beschnüffelung des Vorgesetzten führen würde; RKG. v. 20. 1. 43 StPL. (HLS) II 118/42. In der durch Nr. 5d in Verbindung mit Nr. 2 Abs. 1 der VO. über den Urlaub der Soldaten der Wehrmacht v. 28. 8. 35 (HDv. 17) begründeten Verpflichtung, bei Beantragung eines „Sonderurlaubs" das Gesuch mit Tatsachen zu belegen, liegt die Verpflichtung „eine dienstliche Meldung abzustatten" (RKG. 1, 33). Wer eine solche Meldung einer dienstlichen Verpflichtung gemäß zu erstatten hat, muß die Wahrheit melden, auch wenn er sich durch die richtige Meldung der Gefahr strafgerichtlicher oder disziplinarer Verfolgung oder anderweiten persönlichen Unannehmlichkeiten aussetzt (11, 215). „Selbst die bisher noch anerkannte Freiheit der Lüge im gerichtlichen Strafverfahren wankt im heutigen Staat! Die zunehmende Volks- und Prozeßmoral drängt auf wahrheitsgemäße Angaben oder Schweigen" (Dietz, HDStO. — 8. Aufl. I S. 164). Soll durch die Aussage des Meldepflichtigen erst eine wesentliche Unterlage für ein Prozeß-

verfahren geschaffen werden, so besteht unbedingte Wahrheitspflicht (14, 264/268).

4. Durch eine Tätigkeit, die sich ihrem Inhalt nach als ein Melden darstellt, bei schriftlichen Meldungen durch Gebrauchmachen davon gegenüber einem Vorgesetzten (7, 164; 10, 113). Es kommt nur darauf an, ob der Täter mit dem Willen, zu täuschen, gehandelt hat, nicht darauf, ob die Person, der gemeldet werden soll und gemeldet worden ist, noch getäuscht werden kann (13, 138/142).

5. Keine bloße Botentätigkeit; verlangt wird auch hier, daß die Weitergabe zu den besonderen dienstlichen Obliegenheiten des verpflichteten Vorgesetzten gehört, der mit der Weitergabe eine eigene Verantwortung für die Richtigkeit des Inhalts der Meldung übernimmt (Romen-Rissom 7a), und zu dem Dienst in irgendeiner Beziehung steht (2, 294).

6. Anm. 6 zu § 92. Unrichtige Angaben von Offizieranwärtern in der Erklärung über außerdienstliche Eignung (Offz.Erg.Best. Muster 3) sind dann geeignet, einen erheblichen Nachteil herbeizuführen, wenn die verschwiegene Belastung (Vorstrafe, Scheidungsvorgänge, nicht deutschblütige Abstammung, frühere Zugehörigkeit zu einer Loge oder staatsfeindlichen Organisation u. ä.) und die Tatsache der Verschweigung die Eignung zum Offizier ausschließen. Es empfiehlt sich, bei Strafverfahren wegen solcher unrichtigen Angaben in Zweifelsfällen eine Entscheidung des OKH. (PA) über die für eine Verurteilung wegen eines vollendeten oder versuchten Verbrechens gegen § 139 erhebliche Frage einzuholen, ob die Verschweigung der Belastung und diese selbst die Eignung des Betreffenden zum Offizier ausschließen; OKH. (Ch H Rüst u. BdE) Az. B 13 n 30 HR III a Nr. 85/42 — 8. Mob. S. Erl. — v. 10.1.42.

7. Anm. 7 bis 12 zu § 92.

8. Anm. 13 zu § 92, 10 zu § 137.

9. Von 43 Tagen bis zu 15 Jahren (§§ 16 Abs. 2, 17 Abs. 1).

10. Anm. 14 zu § 64. — **11.** Über ihre Zulässigkeit s. Fußnote zu § 21 (Richtlinien des Führers).

12. Anm. 4 zu § 70. — **13.** D. h. auf zeitiges (§ 14 Abs. 3 StGB) von einem bis zu 15 Jahren (§ 14 Abs. 2 StGB).

§ 140

Bestechung

Wer für[1] eine Handlung[2], die eine Verletzung einer Dienstpflicht[3] enthält, Geschenke[4] oder andere Vorteile[5] annimmt[6], fordert[7] oder sich versprechen läßt[8], wird wegen Bestechung[9] mit Zuchthaus bis zu fünf Jahren bestraft[10]. In minder schweren Fällen[11] tritt Freiheitsstrafe[12] bis zu drei Jahren ein.

1. Es muß ein Zusammenhang zwischen Annahme des Vorteils und der die Dienstpflicht verletzenden Handlung festgestellt werden, der erkennen läßt, daß der Vorteil als Gegenleistung für die besagte Handlung erscheint (5, 180; 7, 229).

2. Ohne Unterschied, ob sie bereits geschehen ist oder erst vorgenommen werden soll. Es genügt, wenn derjenige, der die Zuwendung macht oder verspricht, den anderen bestimmen wollte, seine dienstliche Tätigkeit in einer konkret bezeichneten Richtung in pflichtwidriger Weise auszuüben oder zu mißbrauchen (7, 229; RGSt. 63, 367).

3. Hierunter ist nicht schon eine Zuwiderhandlung gegen die allgemeine Verpflichtung des Soldaten, einen ehrenhaften Lebenswandel zu führen, zu verstehen, sondern nur solche Verstöße, die sich gegen die besonderen, mit der dienstlichen Verrichtung verbundenen Pflichten richten, mögen sie aus militärischen Dienstvorschriften, militärischen Grundsätzen oder besonderen, auf solchen Vorschriften oder Grundsätzen beruhenden Dienstbefehlen hervorgehen (RGSt. 56, 363).

4. Unentgeltliche Zuwendung, bei der der Täter äußerlich als Schenknehmer auftritt, ohne Rücksicht darauf, ob ein nach den Vorschriften des BGB. wirksamer Schenkungsvertrag vorliegt (20, 166), und ob die geschenkte Sache im privatrechtlichen Eigentum des Gebers steht (8, 222/226).

5. Unentgeltliche Zuwendungen, die nicht schon unter den Begriff „Geschenke" fallen, auch solche, die keinen Vermögenswert haben.

6. Ein äußeres Verhalten des Täters, den ihm entgegengebrachten Gegenstand zu behalten oder doch über ihn als eigenen, für eigene Zwecke zu verfügen, bei dem sich der Geschenknehmer dieser Bedeutung auch bewußt ist, wird in der Regel als „Annahme" anzusehen sein (RGSt. 58, 263/266).

7. Die Forderung muß einen Inhalt haben, welcher das Wesen des geforderten Vorteils als eines von dem Betreffenden verlangten Entgelts für seine eine Verletzung seiner Dienstpflicht enthaltende Tätigkeit oder Unterlassung zum Ausdrucke bringt (13, 171/174). Auch derjenige „fordert" ein Geschenk, welcher es nicht direkt, sondern nur verschleiert und auf Umwegen verlangt (Rsp. 7, 285).

8. Vollendet wird dieses Begriffsmerkmal nur durch eine Handlung, wodurch der Soldat dem Anbietenden zu erkennen gibt, daß er das Anerbieten annehme, mag es durch das Verhalten des Soldaten oder durch Äußerungen desselben, die nicht ein Fordern enthalten, veranlaßt worden sein oder nicht (Rsp. 7, 285).

9. Der Tatbestand des § 140 (passive Bestechung, Bestechlichkeit) entspricht dem des § 332 StGB und geht diesem als Sondervorschrift vor, während der die aktive Bestechung behandelnde § 333 StGB auch auf Wehrmachtangehörige (§ 4) Anwendung findet. Daß die die Dienstpflicht verletzende Handlung begangen ist, wird zur Vollendung der Bestechung nicht erfordert (5, 180/184).

10. Mindeststrafe ein Jahr (§ 14 Abs. 2 StGB). — **11.** Anm. 14 zu § 64. — **12.** §§ 16, 17, 21. Über die Zulässigkeit von Festungshaft s. Fußnote zu § 21 (**Richtlinien des Führers**).

§ 141
Wachverfehlung

(1) Wer als Befehlshaber[1] einer militärischen Wache[2], eines Kommandos[3] oder einer Abteilung[4] oder als Wachposten[5] vorsätzlich oder fahrlässig[6]

1. sich außerstande setzt[7], den ihm obliegenden Dienst zu versehen oder

2. seinen Posten verläßt[8] oder den ihm für diesen Dienst sonst gegebenen Vorschriften[9] zuwiderhandelt

und dadurch vorsätzlich[10] oder fahrlässig[11] einen erheblichen Nachteil[12], eine Gefahr für Menschenleben oder in bedeutendem Umfang für fremdes Eigentum oder eine Gefahr für die Sicherheit des Reichs oder für die Schlagfertigkeit oder Ausbildung der Truppe[13] herbeiführt[14], wird mit geschärftem Arrest[15] nicht unter vierzehn Tagen oder mit Gefängnis[16] oder Festungshaft[16] bestraft.

(2) Wird die Tat im Felde[17] begangen oder liegt ein besonders schwerer Fall[18] vor, so kann auf Todesstrafe, auf lebenslanges oder zeitiges Zuchthaus[19] erkannt werden.

1. Der auf Grund von Anordnungen militärischer Behörden (Anordnung einer zu militärdienstlichen Befehlen nicht befugten Verwaltungsstelle nicht ausreichend — 12, 102) oder auf Grund von Befehlen Vorgesetzter als Befehlshaber bestellt oder befehligt ist (vgl. Anm. 12 zu § 111). Die Eigenschaft als Befehlshaber einer militärischen Wache usw. wird nicht durch die Verpflichtung zur Ausübung des fraglichen Dienstes, sondern vielmehr durch die Ausübung selbst bedingt (9, 94).

2. § 111 Abs. 2 und dortige Anm. 1 und 10.

3. Ein solches bilden die zur Ausführung einer bestimmten Dienstverrichtung oder eines militärischen Auftrags ordnungsmäßig befehligten Soldaten bei Erfüllung des Auftrags (9, 176; 13, 109; 21, 152).

4. Der Ausdruck „Abteilung" entspricht nicht dem des gewöhnlichen Sprachgebrauchs; es ist darunter vielmehr nur die in Ausführung einer besonderen Dienstverrichtung oder eines militärischen Auftrags begriffene unter einem gemeinsamen Befehlshaber zusammengefaßte Truppeneinheit zu verstehen (12, 39 und 62; 17, 67). Eine scharfe Trennung der Begriffe „Kommando" und „Abteilung" ist nicht durchführbar (21, 158).

5. Anm. 1 zu § 111. Der zum Dienst als Posten bestimmte, von der Wachstube aus in Marsch gesetzte Mann befindet sich in der Regel nicht schon in Ausübung des Dienstes als Posten (21, 5). Die Eigenschaft als Posten wird also nicht durch die Verpflichtung zur Ausübung des fraglichen Dienstes, sondern erst durch die Ausübung selbst bedingt (9, 94).

6. Eine vorsätzliche Zuwiderhandlung gegen § 141 ist dann ausgeschlossen, wenn der Täter die von ihm übertretene Wachvorschrift nicht gekannt hat, gleichgültig ob diese Unkenntnis eine entschuldbare ist oder nicht. Die Unkenntnis schützt den Täter aber dann nicht, wenn sie durch Fahrlässigkeit verschuldet ist und die Zuwiderhandlung selbst aus Fahrlässigkeit begangen wurde (5, 33). Auch der nicht voraussehbare — also für den Täter zufällige — Erfolg (erheblicher Nachteil usw.) begründet die strafrechtliche Verantwortlichkeit, und die Nichtvoraussehbarkeit ist nur bei der Strafzumessung zu berücksichtigen (9, 12/15). Ein etwa vorhandener irriger Glaube, nicht Wache oder Posten zu sein, würde nur einen unbeachtlichen Rechtsirrtum über den Begriff Wache oder Posten enthalten (5, 270/272); hingegen sind die Wachvorschriften als Tatsachen im Sinne des § 59 StGB anzusehen, so daß sich ein ihr Bestehen oder ihre Auslegung betreffender Irrtum nicht auf das Strafgesetz selbst bezieht (5, 33/38).

7. Herbeiführung der körperlichen und geistigen Unfähigkeit zur besonderen Pflichterfüllung durch Schlaf, Trunkenheit usw. Die örtliche Trennung vom Posten fällt nicht darunter, weil sie als selbständiger Tatbestand (Abs. 1 Ziff. 2) neben das „Sichaußerstandesetzen" (Abs. 1 Ziff. 1) gestellt ist (21, 152/155).

8. Anm. 5 zu § 64. Ob das Verlassen nur ein vorübergehendes oder dauerndes war, ist unerheblich (13, 109/112). Der Kommandoführer (Befehlshaber) darf seinen Platz nur kurze Zeit, vorübergehend, verlassen und sich vertreten lassen (22, 240), der Wachhabende nur in den durch die örtliche Wachvorschrift vorgesehenen Fällen nach Übergabe des Kommandos an den Nächstältesten (St. O. D. V. 112). Der Ausdruck „Posten" ist hier gleichbedeutend mit „Platz" (13, 109), auch die Befehlshaber militärischer Kommandos und Abteilungen sind als „Posten" anzusehen (9, 12).

9. Es kommen nur bestimmte, auf das Verhalten bei Ausübung der betreffenden Dienstverrichtung bezügliche Gebote oder Verbote der zuständigen Stelle, die das Wesen dieses Dienstes betreffen, nicht bloße, in Beziehung auf den fraglichen Dienst geltende militärdienstliche Grundsätze in Betracht. Derartige Grundsätze können aber zur Auslegung der dem Täter in bezug auf seinen Dienst erteilten allgemeinen oder besonderen Vorschriften herangezogen werden (21, 136). Diese Vorschriften können auch in allgemeinen Dienstvorschriften als Vorschriften für eine besondere Dienstverrichtung enthalten sein (12, 62). Vorschriften für den Wachdienst enthalten besonders die St. O. D. V. und die Vorschrift D. a. B. Die besonderen Vorschriften für den Dienst als Befehlshaber eines Kommandos müssen nicht unbedingt von dem das Kommando abstellenden Truppenteil selbst ausgehen; es ist vielmehr auch zulässig, daß der Truppenteil den Kommandoführer an eine andere Stelle verweist, um dort die nähere Anweisung für den ihm obliegenden Dienst zu empfangen (22, 45).

Wer durch sein Verhalten nur den besonderen für den Wachdienst gegebenen Vorschriften zuwiderhandelt, macht sich nur nach § 141, nicht auch noch nach

§ 92 strafbar, da § 141 zu § 92 in diesem Falle im Verhältnis des Sondergesetzes steht (RKG. 1, 6; zustimmend Schmidt, ZWehrR. III S. 216).

10. Anm. 6 zu § 33. — **11.** Anm. 5 zu § 92.

12. Anm. 6 zu § 92. Auch mittelbare Nachteile (9, 48) und solche fallen darunter, die auf selbständigen Entschließungen, Handlungen oder Unterlassungen dritter Personen beruhen und den Tatbestand einer strafbaren Handlung darstellen, sofern nur zwischen ihnen und der Pflichtverletzung des Täters nachweisbar ein ursächlicher Zusammenhang besteht (9, 12).

13. Anm. 7—12 zu § 92.

14. Anm. 13 zu § 92. — **15.** §§ 22, 24, 25.

16. Von mindestens 43 Tagen (§ 17 Abs. 1). Über die Zulässigkeit von Festungshaft s. Fußnote zu § 21 (Richtlinien des Führers).

17. §§ 9, 10. — **18.** Anm. 4 zu § 70; Beispiel: Begehung bei unmittelbarer Feindberührung. — **19.** Von einem bis zu 15 Jahren (§ 14 Abs. 2 StGB).

§ 142

Beschädigung eines Schiffes oder Flugzeuges

Wer durch Fahrlässigkeit[1] in der Wahrnehmung seines Dienstes[2] eine erhebliche Beschädigung[3] eines Schiffes[4] oder Flugzeuges[5] oder deren Zubehörs[6] herbeiführt[7], wird mit Freiheitsstrafe[8] bis zu drei Jahren bestraft.

1. Außerachtlassung der dem Täter obliegenden Vorsicht und Sorgfalt. Deren Maß richtet sich nach den Umständen des Falles, namentlich nach der Diensterfahrung und der verantwortlichen Stellung des in Frage kommenden Soldaten. Konnte der Täter bei Anwendung dieser Sorgfalt und Vorsicht den eingetretenen Erfolg — die Beschädigung des Schiffes usw. — als mögliche Folge seines Handelns oder Unterlassens nicht voraussehen, so liegt eine Fahrlässigkeit im Sinne des § 142 nicht vor (5, 231/234). Die Vorhersehbarkeit eines schädlichen Erfolges ist also nicht nach objektivem, sondern nach individuellem Maßstabe zu prüfen (5, 15).

2. Anm. 5 zu § 49, 2 zu § 89.

3. Die Erheblichkeit der Beschädigung ist allein nach der Beeinträchtigung der Gebrauchsfähigkeit und Sicherheit des Schiffes oder Flugzeuges, nicht nach der Höhe der entstandenen Reparaturkosten zu beurteilen (PE. 16, 32). Die erhebliche Beschädigung eines Schiffs- oder Flugzeugzubehörs bemißt sich nach ihrer Bedeutung für die Gebrauchsfähigkeit und Sicherheit des Schiffes oder Flugzeugs im ganzen (16, 40).

4. Im Sinne des § 163. Ein Wehrmachtangehöriger, der in Wahrnehmung des Dienstes vorsätzlich oder fahrlässig unter Gefährdung von Menschenleben und Schadensverursachung ein nicht durch das MStGB geschütztes

Schiff zum Sinken oder Stranden bringt, ist nach den Bestimmungen des StGB (§§ 323, 326) zu beurteilen (16, 40).

5. Flugzeuge sind durch die VO. v. 10. 10. 40 (RGBl. I S. 1347) Schiffen gleichgestellt. Die leichtfertige (d. h. grobfahrlässige) Beschädigung anderer Wehrmittel ist nach § 143a StGB strafbar, der jedoch im wesentlichen nur für Handlungen außerhalb der Wehrmacht gilt (s. Anm. 1 zu § 137).

6. Das einzelne Zubehör, das tatsächlich zur Zeit der Beschädigung zu einem, und zwar zu einem bestimmten Schiffe gehört; es sind das die zur Ausrüstung dienenden Gegenstände (16, 40).

7. Anm. 13 zu § 92. — 8. §§ 16, 17, 21. Über die Zulässigkeit von Festungshaft s. Fußnote zu § 21.

§ 143

Duldung einer Straftat

Wer als Befehlshaber[1] einer militärischen Wache[2], eines Kommandos[3] oder einer Abteilung[4] oder als Wachposten[5] eine strafbare Handlung[6] wissentlich[7] begehen läßt, die er verhindern konnte und zu verhindern dienstlich verpflichtet war[8], wird ebenso bestraft, als ob die Handlung von ihm selbst begangen wäre[9].

1. Anm. 1 zu § 141. — 2. § 111 und dortige Anm. 1 und 10. — 3. Anm. 3 zu § 141. — 4. Anm. 4 zu § 141. — 5. Anm. 1 zu § 111, Anm. 5 zu § 141.

6. Hier wie im § 115, an den sich § 143 eng anschließt, kommen nur Verbrechen und Vergehen (auch bürgerliche), nicht Übertretungen in Betracht (ebenso Romen-Rissom 2; a. A. Rotermund 5, Fuhse 3, Raht S. 91).

7. Indem er strafbare Handlungen bewußt pflichtwidrig duldet. Es ist also Vorsatz erforderlich (RGSt. 56, 27). Bedingter Vorsatz genügt nicht.

8. Vermöge allgemeiner, für die Befehlshaber einer Wache usw. oder für Wachposten bestehender Dienstvorschriften oder einer besonderen, ihnen erteilten Unterweisung (2, 94).

9. Als Täter kraft gesetzlicher Unterstellung, nicht wegen Beihilfe. Beim Zusammentreffen der Tatbestände der §§ 143 und 115 kommt der Vorgesetzte als Täter auf Grund des § 143, als Anstifter (mit erhöhter Strafe) auf Grund des § 115 in Frage, mithin als Täter und Anstifter hinsichtlich derselben verbrecherischen Handlungen. In solchen Fällen liegt nicht Tateinheit vor, sondern er ist wegen Täterschaft zu bestrafen, wegen Anstiftung jedoch dann, wenn die dagegen gerichtete Strafandrohung härter ist als die gegen Täterschaft gerichtete (RG. in JW. 1926, 1202). Hingegen ist Tateinheit möglich mit § 141 (PE. 7, 40).

§ 144

Gefangenenbefreiung

(1) Wer einen Gefangenen[1], dessen Beaufsichtigung, Begleitung oder Bewachung ihm anvertraut[2] ist, vorsätzlich entweichen läßt[3] oder dessen Befreiung[3] vorsätzlich bewirkt oder fördert, oder wer eine von seinem Vorgesetzten ihm befohlene oder eine ihm dienstlich obliegende Verhaftung[4] vorsätzlich nicht ausführt, wird mit geschärftem Arrest[5] nicht unter vierzehn Tagen oder mit Gefängnis[6] oder Festungshaft[6] bis zu fünf Jahren bestraft.

(2) Ist die Entweichung des Gefangenen nur durch Fahrlässigkeit[7] gefördert oder erleichtert worden oder ist die Verhaftung nur aus Fahrlässigkeit unterblieben, so tritt Freiheitsstrafe bis zu sechs Monaten ein.

(3) Einem Gefangenen steht gleich, wer in Sicherungsverwahrung oder in einem Arbeitshaus untergebracht ist[8].

1. Gefangener ist derjenige, welchem in gesetzlich gebilligter Form aus Gründen öffentlichen Interesses durch ein Organ der Staatsgewalt die persönliche Freiheit entzogen ist und welcher infolgedessen tatsächlich in die Gewalt einer zur Festnahme zuständigen Person gebracht ist. Die bloße Ankündigung der Festnahme macht den Festzunehmenden noch nicht zum Gefangenen (8, 222; 11, 266). Irgendwelche formalen Voraussetzungen erfordert der Begriff des „Gefangenen" nicht, außer wenn die Freiheitsentziehung (Festnahme) durch Wachen oder Posten erfolgt; in diesem Falle gilt eine Person erst dann als festgenommen, wenn ihr durch Handauflegen oder Berühren mit der Waffe ausdrücklich erklärt ist, sie sei festgenommen, der bloße Zuruf „Halt!" oder „Sie sind verhaftet!", „festgenommen!" oder dgl. genügt nicht (St. O. D. V. 208). Außer den von militärischen Wachen und Posten oder von einer Behörde (nach § 127 StPO.) Festgenommenen sind zu den „Gefangenen" zu rechnen die in Straf-, Untersuchungs- oder ziviler Zwangshaft (nach den Vorschriften der ZPO.) befindlichen Personen, die in polizeiliche Schutz- oder Sicherheitshaft genommenen, die in einem Straflager, einer öffentlichen Irrenanstalt (RGSt. 44, 171) und in Sicherungsverwahrung oder in einem Arbeitshaus (Abs. 3) untergebrachten und die Kriegsgefangenen (§ 158).

2. Dadurch, daß der Gefangene mit Wissen und Willen des Täters in dessen Gewalt und Obhut tatsächlich gelangt ist und für den Täter die Verpflichtung zur Beaufsichtigung usw. des Gefangenen besteht (11, 266).

3. Jegliche Aufhebung der Gefangenschaft, ohne daß es darauf ankommt, ob der Gefangene von der Möglichkeit der Flucht Gebrauch gemacht hat oder sich der Wiedererlangung der Freiheit auch nur bewußt geworden ist (RGSt. 57, 75).

4. Eine Festnahme, zu deren Vornahme die militärischen Vorgesetzten oder Wachen gemäß § 101 MStGO., auf Grund gerichtlichen Haftbefehls oder zur Aufrechterhaltung der Mannszucht (§ 30 WDStO) berechtigt und verpflichtet sind.

5. §§ 22, 24, 25. — 6. Von mindestens 43 Tagen (§ 17 Abs. 1). Über die Zulässigkeit von Festungshaft s. Fußnote zu § 21.

7. Anm. 5 zu § 92. Erfordert wird ursächlicher Zusammenhang zwischen dem Entweichen des Gefangenen und der Handlung oder Unterlassung des Täters. Durch dessen tätiges oder untätiges Verhalten müssen günstigere Bedingungen für die Flucht des Gefangenen geschaffen und diesem das Entweichen hierdurch tatsächlich ermöglicht oder wenigstens erleichtert worden sein (22, 32).

8. Durch gerichtliches Urteil gemäß §§ 42 d und e StGB.

§ 145

Pflichtverletzung bei Verwaltungsgeschäften

Ein Soldat[1], der bei einem ihm übertragenen[2] Geschäft der Verwaltung eines der Wehrmachtteile[3] eine Handlung begeht[4], die im Sinne der allgemeinen Strafgesetze ein Verbrechen oder Vergehen im Amte darstellt, ist nach den in jenen Gesetzen für Beamte gegebenen Bestimmungen zu bestrafen[5].

1. Im aktiven Wehrdienst stehende Offiziere, Unteroffiziere und Mannschaften (§ 21 Abs. 2 WG.). Die Soldaten als solche, auch die berufsmäßigen, insbesondere Offiziere, sind nicht Beamte i. S. der §§ 331 ff. StGB. Vielmehr finden diese Vorschriften auf sie nur dann Anwendung, wenn die Voraussetzungen des § 145 vorliegen (22, 136; RG. in JW. 1926, 1201).

2. Zur selbständigen Wahrnehmung unter eigener Verantwortung, was dann nicht als vorliegend zu erachten ist, wenn der Auftrag lediglich auf gewisse Verrichtungen nach bestimmten Befehlen und Anweisungen Dritter geht. Jedoch braucht andererseits die Selbständigkeit keine absolute in dem Sinne zu sein, daß der Betreffende in seinen Entschließungen völlig frei und an keinerlei Weisungen einer höheren Stelle gebunden sein müßte. Es ist vielmehr nur eine relative Selbständigkeit (z. B. als Vertreter eines Waffenmeisters — 13, 21) zu verlangen (11, 227/240; 12, 114/117). Bezüglich des Rechnungsführers vertritt das OKH. nach dem Erlaß v. 14. 11. 38 Az. B 13 n HR III Nr. 2186/38 (12. Sammelerlaß) die Auffassung, daß ihm nicht das Recht verliehen ist, die Geschäfte selbständig und unter eigener Verantwortung zu besorgen. Aus der Kassen- und Rechnungslegungsordnung für das Heer (H. Dv. 325), insbesondere Ziff. 6, 7, 30, 34, 37 und 38 der Anl. 1 ist ersichtlich, daß sich die Tätigkeit des Rechnungsführers unter der ständigen Aufsicht des Kompanie- usw. Chefs vollzieht, und zwar nach den Anweisungen, die sich nicht nur

auf allgemeine Richtlinien beschränken, sondern die Erledigung der Aufgaben bis ins Einzelne vorschreiben, so daß dem Handelnden kein Raum zu eigenen Entschließungen gelassen wird. Wegen dieser Unselbständigkeit und Abhängigkeit ist auch die Anwendung des § 266 StGB auf den Rechnungsführer, der dienstliche Gelder unterschlägt, nicht gerechtfertigt. Der Rechnungsführer ist daher für Unterschlagung von Dienstgeldern nur aus § 138 zu bestrafen; übereinstimmend Zacherl und Rissom, ZWehrR. I S. 543 ff. Auch der sog. Kasinooffizier scheidet aus dem Anwendungsbereich des § 145 aus (Hülle, RMilRBl. S. 4).

3. Anm. 6 zu § 147. Es handelt sich vorwiegend um die Befassung von Soldaten mit Angelegenheiten, deren Besorgung im allgemeinen den Wehrmachtbeamten obliegt, nicht um Ausübung der Kommandogewalt (RGSt. 60, 94 und in JW. 1926, 1201). Die für Beamte geltenden Sondervorschriften (§§ 331 ff. StGB) finden nach § 145 auf Soldaten nur dann Anwendung, wenn der Täter ein Geschäft der Wehrmachtverwaltung verrichtet und dabei einen der Sondertatbestände für Beamte verwirklicht hat. Geschäfte der Wehrmachtverwaltung sind solche Geschäfte, die nach ihrer Eigenart dem Aufgabenkreis eines der Verwaltungszweige der Wehrmachtteile zugehören, wie z. B. Angelegenheiten des Haushalts, der Ausrüstung, der Verpflegung und der Gerichtsbarkeit. Die Verwaltung und Bearbeitung der Personalakten von Soldaten kann nicht hierher gerechnet werden. Sie gehört zur Truppenführung, und zwar als Ausfluß der Befehlsgewalt (RKG. 2, 106), ebenso die Ausstellung der Urlaubsscheine (RKG. 2, 103).

4. Während der Dauer der dem Täter übertragenen amtlichen Tätigkeit. Ein bloßer ursächlicher Zusammenhang zwischen der letzteren und der Tat reicht nicht aus (13, 21).

5. Die im § 145 bezeichneten Straftaten bleiben Zuwiderhandlungen gegen die allgemeinen Strafgesetze. Aus diesen sind daher die Strafen ausschließlich zu entnehmen. Daneben ist aber § 29 (2) anwendbar, sofern nach den Umständen des Einzelfalls in dem strafbaren Handeln gleichzeitig die Verletzung einer militärischen Dienstpflicht liegt. Ein allgemeiner Grundsatz, wonach jede Pflichtverletzung im Sinne des § 145 ohne weiteres die Verletzung einer militärischen Dienstpflicht enthielte, besteht nicht (18, 145). In solchen Fällen, in denen das Gesetz einzelne der im 28. Abschnitt des StGB enthaltenen strafbaren Handlungen, sofern sie von Soldaten begangen werden, allgemein, also ohne das Erfordernis einer beamtenähnlichen Stellung, zu militärischen Sondertatbeständen gestaltet und im MStGB unter besondere Strafe gestellt hat (so z. B. §§ 119, 138, 140, 144) wird die Tat infolge idealen Zusammentreffens beider Strafgesetze zum militärischen Delikt (18, 145/152).

Elfter Abschnitt

Sonstige Handlungen gegen die militärische Ordnung

§ 146

(weggefallen)

§ 147

Verabsäumung der Aufsichtspflicht

(1) Wer[1] die ihm obliegende Beaufsichtigung[2] seiner Untergebenen[3] vorsätzlich oder fahrlässig[4] verabsäumt, wird mit Freiheitsstrafe[5] bestraft.

(2) Die Bestimmung des Abs. 1 gilt nicht bei der Verabsäumung der Beaufsichtigung Untergebener im militärischen Verwaltungsdienst[6].

1. Hier wie im 7. Abschnitt (s. Anm. 1 zu § 114) = Vorgesetzter. Jedoch genügt nicht das Bestehen eines allgemeinen, nur durch den Dienstgrad bedingten Vorgesetztenverhältnisses (s. Anm. 3 zu § 47), vielmehr kann Täter nur der unmittelbare, zu dem betreffenden Untergebenen in einem besonderen Dienstverhältnis stehende Vorgesetzte sein (1, 231; 13, 199; 16, 107). Ein Vergehen i. S. des § 147 begeht nur der Vorgesetzte, der pflichtwidrig das Verhalten seiner Untergebenen nicht so überwacht, daß sie vor Gefahr oder Schaden bewahrt bleiben. Wer einen Befehl erteilt, dessen vorschriftsmäßige Ausführung einen Untergebenen in Gefahr oder Schaden bringen kann, macht sich u. U. aus anderen strafrechtlichen Gesichtspunkten strafbar (z. B. wegen Ungehorsams), „verabsäumt" aber durch den Befehl als solchen keine Aufsichtspflicht i. S. des § 147 (RKG. 1, 39; zustimmend Schmidt, ZWehrR. III S. 224).

Jeder zur Führung von Untergebenen befehligte Vorgesetzte hat — ohne daß es eines besonderen Befehls in dieser Richtung bedürfte — die Pflicht zur Beaufsichtigung seiner, d. h. der ihm zur Beaufsichtigung unterstellten Untergebenen (12, 302; 15, 175) und ist bei schuldhafter Verabsäumung dieser Pflicht, auch wenn er auf sie bei Übertragung des Kommandos in der Form einer Ermahnung ausdrücklich hingewiesen ist, lediglich nach § 147, nicht außerdem wegen Ungehorsams, strafbar (9, 176). Die Aufsichtspflicht des Vorgesetzten wird, objektiv betrachtet, nicht dadurch eingeschränkt, daß noch ein anderer Vorgesetzter i. S. des § 147 die Pflicht hat, dieselben Untergebenen oder einen Teil von ihnen zu beaufsichtigen (17, 211).

2. Die Aufsichtspflicht bezieht sich nicht nur auf das Verhalten der Untergebenen bei Verrichtung von Dienstgeschäften, die Befolgung von Gesetzen und sonstigen Vorschriften (12, 302), sondern schließt auch die Pflicht in sich,

die Untergebenen, soweit es der Dienst zuläßt, vor Schaden und Gefahren zu bewahren (15, 175). Für die den Vorgesetzten hiernach treffende Verantwortung können nicht nach Belieben Grenzen gezogen werden; vielmehr gilt als unverrückbar feststehender militärischer Grundsatz, daß die Verantwortlichkeit des Vorgesetzten für den jeweiligen Befehlsbereich eine umfassende ist, die nur in der im einzelnen Falle sich aus den tatsächlichen Verhältnissen ergebenden Unmöglichkeit ihre Grenze findet (1, 129/131; 4, 289). Vgl. Burkhardt, Zum Umfange der Aufsichtspflicht des militärischen Vorgesetzten, ZWehrR. VII S. 513.

3. Anm. 5 zu § 47. Auf Seiten der Untergebenen setzt die „Beaufsichtigung" stets ein Tun oder Unterlassen voraus; mangelhafte Unterrichtung, die ein dementsprechendes Verhalten der mangelhaft belehrten Mannschaften erst in Zukunft erwarten läßt, genügt also nicht (12, 302). Die Vorhersehbarkeit des infolge der verabsäumten Beaufsichtigung eingetretenen weitergehenden Erfolges (z. B. eine Verletzung des Untergebenen) ist jedoch kein Erfordernis für die Anwendbarkeit des § 147 (10, 90).

4. Ein fahrlässiges Verschulden liegt dann vor, wenn der Täter durch sein Verhalten das nach Maßgabe seiner Persönlichkeit, seiner militärischen Erfahrung und seiner Dienststellung vernünftigerweise zu fordernde Maß von Sorgsamkeit und Aufmerksamkeit außer acht gelassen hat und bei Anwendung dieser pflichtmäßigen Aufmerksamkeit die mangelnde Beaufsichtigung seiner Untergebenen als Folge seines Verhaltens hätte voraussehen können und müssen (10, 90; 15, 175/178). Ein Irrtum über das Vorliegen oder den Umfang der Aufsichtspflicht ist nur dann beachtlich, wenn die Unkenntnis nicht auf ein Verschulden des Täters, und dazu reicht ein fahrlässiges Verhalten aus, zurückzuführen ist (14, 45).

5. §§ 16, 17, 21. Über die Zulässigkeit von Festungshaft s. Fußnote zu § 21 (Richtlinien des Führers).

6. Er umfaßt — im Gegensatz zum Truppendienst und militärischen Arbeitsdienst — im wesentlichen die Tätigkeit, die dazu dient, die Erfüllung der eigentlichen militärischen Aufgaben zu ermöglichen und zu unterstützen. Hierzu gehören namentlich die Herstellung, Beschaffung und Verwaltung sämtlicher Bedürfnisse der Wehrmacht, wie der Unterkunft, Verpflegung, Ausrüstung, Bekleidung, Besorgung des Kassenwesens, der Kantinenangelegenheiten, Verwaltung der Lazarette, militärischen Fabriken, Depots, Remonten, die Ersatz- und Organisationsangelegenheiten und Versorgungssachen. Auch Wehrmachtbeamte, die zu Vorgesetzten über Soldaten bestellt sind (s. § 153 Abs. 2) und deren Beaufsichtigung im militärischen Verwaltungsdienst verabsäumen, können nach § 147 (1) nicht bestraft werden, auch nicht auf dem Wege über § 2 StGB, da § 147 (2) ihre Bestrafung ausdrücklich ausschließt; a. A. Petermann, ZWehrR. VII S. 512.

§ 147 a

Nichtmeldung der Straftat eines Untergebenen

Wer[1] die ihm obliegende Meldung[2] oder Verfolgung[3] strafbarer Handlungen[4] seiner Untergebenen[5] vorsätzlich[6] unterläßt,[7] wird mit Freiheitsstrafe[8] bestraft.

1. Anm. 1 zu § 147. Auch hier wird ein besonderes dienstliches Verhältnis vorausgesetzt, aus welchem für den Vorgesetzten den ihm unterstellten Untergebenen gegenüber eine besondere Verpflichtung für die Mannszucht erwächst. Der Umstand, daß ein Vorgesetzter sich mit der strafbaren Handlung eines Untergebenen überhaupt befaßt hat, begründet das erforderliche besondere dienstliche Verhältnis noch nicht (13, 199; 16, 107).

2. Jede auf dienstlichem Wege erhaltene Kenntnis von der strafbaren Handlung seines Untergebenen verpflichtet den Vorgesetzten zur Meldung (13, 199). Die Verpflichtung wird dadurch nicht beseitigt, daß eine wegen der Straftat erhobene Beschwerde zurückgenommen wird (1, 231). Eine Rechtspflicht zur Anzeige einer eigenen strafbaren Handlung besteht nur dann, wenn die Nichtanzeige mit einer gesetzlichen Meldepflicht kollidiert (6, 103/109). Daher kann z. B. ein Korporalschaftsführer, der in seiner Korporalschaft vorgekommene Diebstähle, die er selbst begangen hat, nicht meldet, nicht nach § 147a bestraft werden.

3. Dieser Begriff umfaßt alle Diensthandlungen, welche die Einleitung oder Durchführung eines Strafverfahrens zum Gegenstand haben. Der Täter unterläßt die Verfolgung, wenn er eine auf Einleitung oder Durchführung des Strafverfahrens gerichtete Diensthandlung nicht vornimmt, zu deren Vornahme er verpflichtet ist, desgleichen wenn er einen falschen Tatbericht erstattet, durch den die Verfolgung von der richtigen Spur abgelenkt wird. Über die Anwendbarkeit des § 147a auf den Disziplinarvorgesetzten, der eine nach § 16a KStVO erfolgte disziplinare Erledigung dem Gerichtsherrn nicht meldet, s. Anm. 3 II zu § 3 EG. zum MStGB.

4. Nur kriminell strafbare Handlungen kommen in Frage, reine Disziplinarverfehlungen genügen nicht (13, 199). Wirklich begangen zu sein braucht die strafbare Handlung nicht. Nur darauf kommt es an, daß der Untergebene einer solchen verdächtig war und der Vorgesetzte dies zu melden unterlassen hat (14, 175; RGSt. 64, 91). Übertretungen (§ 1 Abs. 3 StGB) sind von der Pflicht zur Meldung nicht ausgenommen; hingegen ist ihre Verfolgung (Anm. 3) nur geboten, wenn es das öffentliche Interesse erfordert (§ 174 Abs. 1 MStGO.).

5. Anm. 1 zu § 89.

6. Es müssen alle Tatumstände, welche für den Begriff der Zuwiderhandlung gegen § 147a in objektiver wie in subjektiver Hinsicht wesentlich sind, insbesondere also auch das Merkmal der Verpflichtung zur Meldung

(oder Verfolgung) von dem Vorsatz des Täters umfaßt sein. Dieser muß auch den Tatumstand der Begehung einer strafbaren Handlung durch einen seiner Untergebenen umfassen. Der Umfang der Meldepflicht muß anderen, außerhalb des MStGB liegenden Bestimmungen (z. B. § 76 MStGO.) entnommen werden. Bedingter Vorsatz genügt (12, 228/230; 22, 57; 14, 3/7). Ein Irrtum darüber, wann im einzelnen Falle durch die — außerhalb des Strafgesetzes — bestehenden Vorschriften eine Meldepflicht begründet ist, steht dem reinen Tatsachenirrtum (§ 59 StGB) gleich, schützt also den Vorgesetzten (22, 57). Hingegen wird er nicht geschützt, wenn er in Unkenntnis einer strafrechtlichen Norm ein reines Disziplinardelikt für gegeben erachtet (16, 19/21).

7. Die Unterlassung der Meldung, die sofort zu erstatten ist, d. h. unverzüglich, nachdem der Vorgesetzte die Überzeugung vom Vorliegen einer strafbaren Handlung gewonnen hat (16, 93), ist in dem Zeitpunkte begangen, in dem die Meldepflicht zu erfüllen ist, aber nicht erfüllt wird. Es wird jedoch dem Meldepflichtigen ein gewisser Zeitraum zur Überlegung, ob die Voraussetzungen der Meldepflicht gegeben sind, zugestanden werden müssen (13, 199/206). Eine Begrenzung nach Stunden oder Tagen kann nicht gemacht werden, dies richtet sich ausschließlich nach der Lage des Einzelfalls. Bevor ein Vorgesetzter einen Tatbericht gegen einen Untergebenen einreicht, hat er nicht nur das Recht, sondern bei der einschneidenden Wirkung einer solchen Maßnahme auch die Pflicht zu einer gründlichen Nachprüfung. Mit viel größerem Recht könnten bei einem leichtfertigen Einreichen eines Tatberichts Vorwürfe erhoben werden; RKG. v. 27. 7. 43 StPL. (HLS) I 48/43.

8. §§ 16, 17, 21. Über die Zulässigkeit von Festungshaft s. Fußnote zu § 21 (Richtlinien des Führers).

§ 148

Unvorsichtige Behandlung von Waffen oder Munition

Wer durch unvorsichtige[1] Behandlung[2] von Waffen[3] oder Munition[4] einen Menschen körperlich verletzt[5], wird mit Freiheitsstrafe[6] bis zu drei Jahren und, wenn der Tod eines Menschen verursacht[7] worden ist, mit Gefängnis[8] oder Festungshaft[8] bis zu fünf Jahren bestraft.

1. Soviel wie fahrlässige (Anm. 1 zu § 142). Zuwiderhandeln gegen Dienstvorschriften wird nicht verlangt (2, 16). Als Maßstab für die Vorhersehbarkeit des Erfolges der Fahrlässigkeit (Körperverletzung oder Tod eines Menschen) ist die Erfahrung des täglichen Lebens zugrunde zu legen. Was auf Grund gewöhnlicher Erfahrung bei gehöriger Sorgfalt als Erfolg der Handlung vorausgesehen werden kann, hat der Handelnde zu verantworten. Bei mitverursachendem Verschulden (Handeln oder Unterlassen) Dritter ist zu untersuchen, ob eine solche Zwischenursache ihrer besonderen Gestaltung nach nahe genug gelegen ist, daß dem Täter das Nichteinbeziehen ihrer Möglichkeit in seinen

Vorstellungskreis noch als Verletzung der gebotenen Aufmerksamkeit angerechnet werden kann (20, 292).

2. Nicht allein der bestimmungsgemäße Gebrauch der Waffe, sondern überhaupt das „Umgehen" mit ihr (Tun oder Unterlassen). Die Anwendung des § 148 ist nicht auf die Personen beschränkt, die durch eigenes Tun oder Unterlassen den Erfolg unmittelbar auslösen. Auch das Tun oder Unterlassen Dritter kann unter dieses Gesetz fallen, wenn sie eine besondere Beziehung zu der Waffe haben, die ihnen die Möglichkeit bietet, auf das Umgehen mit der Waffe einzuwirken, z. B. der die Schießübungen beaufsichtigende Vorgesetzte (18, 22/25; 4, 289), der Geschützführer und Zugführer (1, 129).

Auf fahrlässige Selbstverletzung ist § 148 nicht anwendbar. Das ergibt sich aus seiner Entstehungsgeschichte, aber auch aus folgender Erwägung: Unter „Waffen und Munition" versteht § 148 nur militärische Waffen und Munition (s. Anm. 3 und 4). Denn nur bei deren unvorsichtiger Behandlung liegt eine „Handlung gegen die militärische Ordnung" vor (vgl. RMG. 8, 98; RKG. 1, 67/95/193). Deshalb kann nach § 148 z. B. nicht der Soldat bestraft werden, der sich während seines Heimaturlaubs mittels eines Jagdgewehrs fahrlässig verletzt, oder der sich durch einen Beilhieb fahrlässig dienstuntauglich macht. In beiden Fällen tritt aber derselbe, die Wehrkraft des deutschen Volkes schädigende Erfolg ein wie bei einer Selbstverletzung durch eine militärische Waffe oder Munition. Bleibt ein solcher Täter straflos, so besteht auch kein einleuchtender Grund, denjenigen gerichtlich zu bestrafen, der sich bei seiner Tat einer militärischen Waffe oder Munition bedient hat. Es gibt auch Fälle, in denen eine verhältnismäßig geringe Fahrlässigkeit einen außerordentlich schweren Nachteil für den Selbstverletzer hat, so z. B. wenn bei fahrlässigem Umgehen mit einer auseinander genommenen Gewehrpatrone der Täter infolge Entzündung des Pulvers das Augenlicht verliert. In solchem Falle erfordert das gesunde Volksempfinden eine gerichtliche Bestrafung nicht; sie würde hier und in vielen anderen Fällen dem Schaden noch den Spott zufügen, wie Romen-Rissom in Erläuterung 1 zu § 148 MStGB zutreffend hervorhebt; RKG. v. 23. 3. 43 StPL. (HLS) I 21/43.

3. Werkzeuge, die bestimmungsgemäß Wehrmachtangehörigen zum Angriff oder zur Verteidigung dienen und geeignet sind, bei bestimmungsgemäßer Verwendung durch äußere Einwirkungen Menschen körperlich zu verletzen oder Sachen zu beschädigen, sowie die der Art und Form nach ähnlichen Werkzeuge, die zur Ausbildung eines Wehrmachtangehörigen im Gebrauch dieser Waffen an deren Stelle zu treten bestimmt und geeignet sind, z. B. das Zielgewehr (2, 243), auch die an Stelle der Dienstwaffe getragene eigene Waffe (1, 264). Die Leuchtpistole ist keine Waffe (8, 98). Die Frage, ob ein Panzerkampfwagen als Waffe i. S. des § 148 zu gelten hat, ist danach zu entscheiden, ob er im einzelnen Fall bestimmungsgemäß als solche (vermöge seiner Stoßkraft und Walzwirkung) Verwendung findet oder für andere Zwecke, z. B. als Schlepper (RKG. 1, 67).

4. Die Begriffe Waffen und Munition i. S. von § 148 gehen unter den jetzigen Verhältnissen ineinander über und sind als ein zusammengehörendes, sich ergänzendes Ganzes zu bestimmen. Zu ihnen gehören alle Kampfmittel des Soldaten, die dazu bestimmt sind, Menschen oder Sachen zu vernichten oder zu beschädigen. Vor allem ist es nicht mehr haltbar, als Munition nur das zu bezeichnen, was zur Verwendung in einer Waffe bestimmt ist. Es würden sonst wichtigste neuzeitliche Kampfmittel, wie Land- und Seeminen jeder Art, Fliegerbomben usw., nicht erfaßt werden (RKG. 1, 193). Auch Zielmunition fällt unter den Begriff Munition i. S. des § 148 (2, 243).

5. Liegt der Tatbestand des § 148 vor, so wird dadurch die Anwendung der §§ 222, 230 StGB ausgeschlossen, weil § 148 zu denjenigen Gesetzesvorschriften gehört, welche ein anderes als die allgemeinen Strafgesetze bestimmen. Nach § 10 StGB. kommen daher die letzteren nicht zur Anwendung (2, 243/249).

6. §§ 16, 17, 21. — 7. Anm. 13 zu § 92. — 8. Von mindestens 43 Tagen (§ 17 Abs. 1). Über die Zulässigkeit von Festungshaft s. Fußnote zu § 21 (Richtlinien des Führers).

§ 149

Rechtswidriger Waffengebrauch

Wer rechtswidrig von seiner Waffe[1] Gebrauch macht[2] oder einen Untergebenen[3] zum rechtswidrigen Waffengebrauch auffordert[4], wird vorbehaltlich der verwirkten höheren Strafe[5] mit Freiheitsstrafe bis zu einem Jahre[6] bestraft.

1. Das ist die Waffe, die der Soldat als solcher zu tragen berechtigt ist, einerlei ob sie ihm eigentümlich gehört oder einem Kameraden, und einerlei ob sie ihm oder einem Kameraden irgendwelchen Dienstgrades zum dienstlichen Gebrauch überlassen ist (2, 166/169). Demnach ist auch die an Stelle der Dienstwaffe getragene eigene Waffe als Waffe i. S. des § 149 anzusehen (1, 264), hingegen nicht — anders als nach § 148 — eine bloße Ausbildungswaffe (Fuhse 3).

2. Unter Waffengebrauch i. S. von § 149 ist (entgegen Begrdg. 40) ein bestimmungsgemäßer Gebrauch zu verstehen. Ein Gebrauch der Waffe liegt nur dann vor, wenn der Soldat die Waffe in solcher Weise benutzt, wie sie ihrer Bestimmung und der Unterweisung gemäß benutzt werden soll. Ein Soldat macht sich eines Vergehens gegen § 149 demnach nur dann schuldig, wenn er seine Waffe rechtswidrig gegen Personen benutzt. Eine andere Auffassung würde mit der Entstehungsgeschichte, dem Zweck und dem verhältnismäßig hohen Strafmindestmaß des § 149 nicht in Einklang zu bringen sein. Durch die Vorschrift des § 149 soll nur verhütet werden, daß der Soldat die ihm aus dienstlichen Gründen gegebene Waffe rechtswidrig, insbesondere in persön-

lichem Interesse gegen Personen gebraucht; RKG. v. 26. 10. 42 StPL. (HLS) II 65/42.

3. Anm. 1 zu § 89. — **4.** Anm. 8 zu § 99. Einen Erfolg braucht die Aufforderung nicht gehabt zu haben. Leistet der Untergebene ihr Folge und begeht durch rechtswidrigen Gebrauch seiner Waffe eine Körperverletzung, eine Sachbeschädigung usw., so ist der Vorgesetzte als Anstifter dazu zu bestrafen (Romen-Rissom 8). Zu § 116 steht der § 149 ebenso in Idealkonkurrenz wie zu jedem anderen gleichzeitig verletzten Strafgesetz mit härterer oder milderer Strafe (9, 283); s. jedoch Anm. 5.

5. Die gesetzliche Mindeststrafe beträgt, nachdem durch die VO. v. 10. 10. 40 (RGBl. I S. 1347) an Stelle von „Gefängnis oder Festungshaft": „Freiheitsstrafe" gesetzt worden ist, ein Tag Arrest, dessen Art sich nach dem Militärrang des Täters richtet (§ 22 Abs. 1), jedoch vorbehaltlich einer verwirkten höheren Strafe. Dieser Vorbehalt ist so zu verstehen, daß damit der Fall der idealen Konkurrenz (§ 73 StGB) vorgesehen ist, und daß infolgedessen durch die Bestimmung auch besonders für die ideale Konkurrenz eine Strafvorschrift getroffen sein soll. § 149 ist sonach dahin auszulegen, daß, wenn mit rechtswidrigem Waffengebrauch ein hierdurch verübtes Delikt zusammentrifft und für das letztere, z. B. für gefährliche Körperverletzung (§ 223 a StGB), eine höhere Strafe verwirkt ist, auf diese erkannt werden muß.

6. S. Anm. 5. Über die Zulässigkeit von Festungshaft s. Fußnote zu § 21 (Richtlinien des Führers).

§ 150

Heiraten ohne Erlaubnis

Wer sich ohne die erforderliche dienstliche Genehmigung[1] verheiratet[2], wird mit Freiheitsstrafe[3] bis zu drei Monaten bestraft[4].

1. Nach § 27 WG. bedürfen die Angehörigen der Wehrmacht zur Heirat der Erlaubnis ihrer Vorgesetzten. Wie und unter welchen Voraussetzungen sie erteilt wird, regelt die Heiratsordnung v. 1. 4. 36 (H. Dv. 3/6) und für Kriegsdauer die Heiratsordnung für die Dauer des Krieges v. 28. 1. 43 (HVBl. C S. 81 Nr. 77, MVBl. S. 293 Nr. 205), geändert durch VO. v. 23. 2. 43 (HVBl. C S. 147 Nr. 124) und v. 17. 4. 43 (HVBl. C S. 246 Nr. 239, MVBl. S. 410 Nr. 313).

2. Ganz gleich, ob im In- oder Auslande (13, 97). § 150 findet auch auf Fahnenflüchtige Anwendung, die sich während der Dauer der Fahnenflucht im In- oder Auslande ohne die erforderliche Genehmigung verheiraten. Zwischen §§ 69 und 150 besteht dann Realkonkurrenz (15, 95).

3. §§ 16, 17, 21. Über die Zulässigkeit von Festungshaft s. Fußnote zu § 21 (Richtlinien des Führers). Über Dienstentlassung (Rangverlust) ist nach § 33 zu befinden.

4. Das Vergehen gegen § 150 kann nur vorsätzlich begangen werden; zum Vorsatz gehört die Kenntnis des Täters, zur Eheschließung der dienstlichen Genehmigung zu bedürfen. Bedingter Vorsatz genügt. Kannte der Täter die erwähnte Verpflichtung nicht, so handelt es sich nicht um einen strafrechtlichen Irrtum, sondern um einen solchen, der auf tatsächlichem Gebiet liegt, mithin den Täter schützt; die — verwaltungsrechtliche — Vorschrift des § 27 WG. ist eine Tatsache i. S. des § 59 StGB (13, 97/101). Auf die Rechtsgültigkeit der geschlossenen Ehe ist der Mangel der dienstlichen Genehmigung ohne Einfluß; vgl. § 13, dazu §§ 20ff. und 33ff. EheG. v. 6. 7. 38 (RGBl. I S. 807).

§§ 151, 152

(weggefallen)

Zweiter Titel

Militärische Verbrechen und Vergehen der Wehrmachtbeamten

§ 153

(1) Für Wehrmachtbeamte[1], die Stubenarrest[2] verbüßen, gilt § 80[3].

(2) Für Wehrmachtbeamte, die zu Vorgesetzten über Soldaten bestellt worden sind, gilt dieses Gesetz, wenn sie eine der im Siebenten Abschnitt des Ersten Titels des Zweiten Teils und in den §§ 147 und 147a bezeichneten strafbaren Handlungen begehen[4].

(3) Im übrigen gilt dieses Gesetz für Wehrmachtbeamte, die im Felde[5] eine der im Ersten bis Sechsten und Achten Abschnitt bezeichneten strafbaren Handlungen begehen[6].

1. Anm. 4 zu § 4. — 2. § 20. — 3. Diese Bestimmung ist wegen § 29 (1) nötig geworden: Gegen einen Wehrmachtbeamten kann auch im Frieden wegen eines Verstoßes gegen ein allgemeines Strafgesetz Stubenarrest verhängt werden. § 80 muß daher auch außerhalb des Feldverhältnisses für Wehrmachtbeamte gelten (Begrdg. 40).

4. Abs. 2 stellt gegenüber aufgetretenen Zweifeln fest, daß die zu Vorgesetzten über Soldaten bestellten Wehrmachtbeamten den Vorschriften der §§ 114—124, 147, 147a unterworfen sind. Das soll auch außerhalb des Feldverhältnisses gelten (Begrdg. 40).

5. §§ 9, 10. — 6. Abs. 3 erweitert die Unterstellung der Wehrmachtbeamten im Felde unter das MStGB durch Einbeziehung der Vorschriften in §§ 81, 83, 84—86. Die §§ 81, 83 sind zwar nach § 6 KSSVO während deren Geltungsdauer nicht anwendbar. Die Wehrmachtbeamten sind jetzt dem § 5 (1) Nr. 3 KSSVO unterworfen. Das MStGB in der Neufassung v. 10. 10. 40 (RGBl. I

S. 1348) soll aber zunächst auch nach Kriegsende fortbestehen und für Krieg und Frieden gelten. Ein dringendes Bedürfnis, die Wehrmachtbeamten im Felde auch den Vorschriften des 9.—11. Titels des Zweiten Teils zu unterstellen, liegt nicht vor (Begrdg. 40); vgl. Ronneburger, Die neue strafrechtliche Stellung der Wehrmachtbeamten, Zeitschrift f. d. Heeresverwaltung 1940 S. 238.

§ 154

Andere Pflichtverletzungen der Wehrmachtbeamten[1] sind nach den allgemeinen, für Beamte geltenden Vorschriften[2] zu beurteilen.

1. Anm. 4 zu § 4. — 2. §§ 331—359 StGB.

Dritter Titel

Strafbestimmungen für Personen, die den Militärgesetzen nur in Kriegszeiten unterworfen sind

Gefolge

§ 155

Während eines gegen das Deutsche Reich ausgebrochenen Krieges[1] sind alle Personen, die sich in irgendeinem Dienst- oder Vertragsverhältnis bei der Wehrmacht befinden oder sonst sich bei ihr aufhalten oder ihr folgen[2], den Strafvorschriften dieses Gesetzes[3], insbesondere den Kriegsgesetzen[4] unterworfen[5], soweit die Oberbefehlshaber der Wehrmachtteile oder der Chef des Oberkommandos der Wehrmacht es für ihren Befehlsbereich bestimmen.

In Ausführung der Neufassung, die § 155 bereits durch den — jetzt wieder gestrichenen — § 6a KSSVO erhalten hatte, hat der Oberbefehlshaber des Heeres durch Erlaß v. 12. 3. 40 (HVBl. C S. 117 Nr. 333) verfügt:

Auf Grund gesetzlicher Ermächtigung bestimme ich:

1. Während eines gegen das Deutsche Reich ausgebrochenen Krieges sind alle Personen, die sich in irgendeinem Dienst- oder Vertragsverhältnis bei dem Feldheer befinden oder sich sonst bei ihm aufhalten oder ihm folgen, den militärischen Strafvorschriften, insbesondere den Kriegsgesetzen, sowie der Disziplinarstrafordnung für das Heer unterworfen.
2. Personen, die in dem bezeichneten Verhältnis zum Ersatzheer stehen, sind dem Militärstrafgesetzbuch und der Disziplinarstrafordnung nur unterworfen, wenn es ausdrücklich bestimmt ist;

ferner durch Erlaß v. 1. 8. 40 (HVBl. B S. 299 Nr. 449):

Auf Grund gesetzlicher Ermächtigung unterstelle ich für die Dauer des Krieges das Gefolge des Ersatzheeres in den Wehrkreisen XX, XXI, dem Protektorat Böhmen und Mähren, dem Generalgouvernement für die besetzten polnischen Gebiete sowie bei allen Dienststellen des Ersatzheeres im Ausland den militärischen Strafvorschriften, insbesondere den Kriegsgesetzen, die männlichen Gefolgschaftsmitglieder in diesen Gebieten auch der Disziplinarstrafordnung für das Heer.

Der **Oberbefehlshaber der Kriegsmarine** hat für seinen Befehlsbereich durch Erlaß v. 9. 3. 1940 (MVBl. S. 176 Nr. 159) und die Ergänzungserlasse v. 24. 5. 40 (MVBl. S. 383 Nr. 357), 8. 9. 41 (MVBl. S. 636 Nr. 628), 28. 9. 42 (MVBl. S. 950 Nr. 833), 27. 10. 43 (MVBl. S. 799 Nr. 678) und 11. 11. 43 (MVBl. S. 822 Nr. 712), folgende Bestimmungen getroffen:

Dem Militärstrafgesetzbuch und der Disziplinarstrafordnung sind unterworfen:

I. An Bord.

1) Kapitän und Besatzung der marineeigenen Troßschiffe und sonstigen Seeschiffe, die die Berechtigung zum Führen der Reichsdienstflagge besitzen.

2) Kapitän und Besatzung der auf Grund des Reichsleistungsgesetzes für die Kriegsmarine in Anspruch genommenen Hilfsbeischiffe, Versorgungsschiffe, Lazarettschiffe, Transportschiffe und sonstigen Seeschiffe, die die Berechtigung zum Führen der Reichsdienstflagge besitzen.

3) Die Kapitäne deutscher Handelsschiffe und die sonst für die Schiffsführung verantwortlichen Personen, soweit sie bei ihrer Fahrt militärische Weisungen (z. B. Fahrtanweisung im Geleitzug, Funkbefehle, Sonderanweisung) zu beachten haben.

3a) Die gewerbetreibenden Lotsen im Nordseegebiet, die Kapitäne der Lotsendampfer in der Nordsee, die Sperrlotsen sowie die Lotsen und Kanalsteuerer im Kaiser Wilhelm-Kanal.

4) Alle an Bord von Kriegsschiffen eingeschifften Zivilpersonen.

5) Feindliche oder neutrale Zivilpersonen, die sich an Bord eines deutschen Kriegsschiffes befinden oder an Bord eines sonstigen Schiffes, das unter deutscher militärischer Gewalt steht (z. B. Troßschiff, Prise, neutrales Schiff mit deutschem Untersuchungs-, Aufbringungs- oder Einbringungskommando).

II. An Land.

1) Die Gefolgschaftsmitglieder der Kriegsmarine auf den zu einem Marinefestungsgebiet des Nordseebereichs gehörenden Inseln.

1a) Die Wach- und Feuerwehrmänner bei allen Einheiten und Dienststellen der Kriegsmarine.

1b) Die Marinehelfer und Marinehelferinnen nach besonderer Vorschrift und die zu militärischen Lehrgängen kommandierten Gefolgschaftsmitglieder der Kriegsmarine für die Dauer dieses Kommandos.

2) Die im B-Dienst verwendeten Angestellten.

2a) Das Personal des Flugmeldedienstes.

3) Die nach § 35 Wehrgesetz den militärischen Bestimmungen unterworfenen Zivilpersonen, soweit die Unterwerfung nicht auf die Gebührnis- oder Versorgungsbestimmungen beschränkt ist.

4) Die Zivilpersonen, die sich bei einer unmittelbar gegen den Feind eingesetzten Truppe befinden, für die Dauer einer Kampfhandlung.

5) Die bei Einheiten oder Dienststellen der Kriegsmarine in außerheimischen Gebieten eingesetzten Zivilpersonen.

6) Die bei der Kriegsmarine eingesetzten Zivilpersonen, die von dem Chef des Oberkommandos der Wehrmacht für seinen Befehlsbereich zum Gefolge bestimmt werden.

(Mit dem Worte „eingesetzten" in Ziff. II 5 sollen über die ebenfalls zum Gefolge der Kriegsmarine an Land gehörenden angestellten Zivilpersonen (vgl. Ziff. II 3) alle diejenigen Zivilpersonen erfaßt werden, die in irgendeinem organisatorischen Zusammenhang zur Kriegsmarine stehen; RKG. 2, 164/167).

Der Oberbefehlshaber der Luftwaffe hat durch Erlaß v. 26. 11. 42 (LVBl. S. 1733), geändert durch Erlaß v. 21. 12. 43 (LVBl. S. 1219), bestimmt:

§ 1

(1) Die Angehörigen der NSKK-Transportbrigade Speer, der NSKK-Gruppe Luftwaffe und die männlichen Angehörigen des Luftschutzwarndienstes (militarisiertes Gefolge) sind dem MStGB in vollem Umfange unterworfen. Die Bestimmungen über Fahnenflucht (§§ 69, 70, 76, 77 MStGB) gelten nicht für Ausländer.

(2) Die Bestimmungen über das Rang- und Vorgesetztenverhältnis (L. Dv. 3/11) gelten sinngemäß im Verhältnis von Wehrmachtangehörigen gegenüber den Angehörigen dieser Organisationen sowie im Verhältnis der gleichen Organisationen untereinander.

§ 2

(1) Alle übrigen Angehörigen des Gefolges sind dem MStGB mit Ausnahme der Bestimmungen über Fahnenflucht (§§ 69, 70, 76, 77 MStGB), Dienstpflichtverletzung aus Furcht (§§ 49 Abs. 1, 84 bis 86 MStGB) und Umwandlung von Freiheitsstrafen in Arrest (§ 29 Abs. 1 MStGB) unterworfen. Für Personen, die sich bei der Wehrmacht aufhalten oder ihr folgen, ohne in einem Dienst- oder Vertragsverhältnis zu ihr zu stehen, gilt auch § 29 Abs. 1 MStGB nicht.

(2) Bei Verstößen gegen die Strafbestimmungen des Arbeitsrechts, des Notdienstrechts und des Luftschutzrechts, die zugleich eine Verletzung von Bestimmungen des MStGB enthalten, ist die Anwendung des MStGB nur zulässig, wenn der Gerichtsherr erklärt, daß besondere militärische Notwendigkeiten dies im Einzelfall erfordern.

(3) Auf die Angehörigen des Gefolges findet § 50 MStGB keine Anwendung. Geschärfter Arrest gegen Jugendliche unter 18 Jahren und Frauen ist unzulässig.

(4) Vorgesetzte im Sinne dieser Bestimmungen sind nur die Disziplinarvorgesetzten, auf Schiffen auch die Schiffsführer sowie die Schiffsoffziere gegenüber dem übrigen Gefolge. Weitere Vorgesetzte können vom Reichsminister der Luftfahrt und Oberbefehlshaber der Luftwaffe oder mit seiner Ermächtigung bestellt werden.

Durch Erlaß des Chefs OKW. v. 19. 4. 41 (HVBl. C S. 280 Nr. 415) sind die zur Bewachung von Kriegsgefangenen bestimmten Hilfsmannschaften dem MStGB (und der HDStO) unterworfen und durch OKW.-Erlaß v. 7. 3. 43 — $\frac{14}{810/43}$ AWA/WR (IVa) ist bestimmt worden, daß deutsche und ausländische Zivilpersonen, die sich als Untersuchungsgefangene in Wehrmachtgefängnissen oder Wehrmachtuntersuchungsgefängnissen befinden, zum Gefolge gehören.

Ferner hat das OKW. durch Erlaß v. 23. 2. 43 (MVBl. S. 250 Nr. 173) unter Zusammenfassung, Abänderung und Ergänzung der bisher ergangenen nicht bekanntgegebenen Erlasse bestimmt:

> Auf Grund gesetzlicher Ermächtigung wird für die Dauer des Krieges das Gefolge bei den dem Oberkommando der Wehrmacht nachgeordneten Dienststellen, die sich in den Gebieten außerhalb der Reichsgrenze mit Einschluß des Generalgouvernements befinden, den militärischen Strafvorschriften, insbesondere den Kriegsgesetzen sowie der WDStO. unterstellt.

Durch diese Regelung werden die im HVBl. 1940 B Nr. 607/LVBl. 1940 Nr. 1374 und im HVBl. 1741 C Nr. 415 veröffentlichten Erlasse betr. die Unterwerfung gefangenen feindlichen Sanitätspersonals und der Hilfsmannschaften für Kriegsgefangenenbewachung (s. oben) unter die Strafvorschriften des MStGB (und die WDStO) nicht berührt.

1. Krieg ist der mit Waffengewalt geführte Kampf zweier oder mehrerer Staaten, neben den der Wirtschafts- und der Propaganda- oder Seelenkrieg treten (Heckel S. 32/33).

a) Der **Beginn** des Krieges kann durch eine Kriegserklärung, wie die Englands und Frankreichs an das Deutsche Reich v. 3. 9. 39, außer Zweifel gestellt werden. Nach dem 3. Haager Abkommen v. 18. 10. 07 (RGBl. 1910 S. 82) über den Beginn der Feindseligkeiten (nur teilweise ratifiziert) sollen die Feindseligkeiten nicht beginnen ohne eine vorausgehende unzweideutige Benachrichtigung. Indessen kann tatsächlich der Krieg auch ohne ausdrückliche Kriegserklärung beginnen. Grenzunternehmungen von Posten und kleineren Truppeneinheiten oder Erkundungsflüge einzelner Flugzeuge sind aber noch nicht ohne weiteres als Krieg (vielleicht als kriegerisches Unternehmen) aufzufassen.

b) Das Ende des Krieges wird durch den Friedensschluß bestimmt. Jedoch kann der Kriegszustand auch ohne Friedensschluß aufhören; Beispiele bei Stuckart-v. Rosen S. 67 unter V, II. Über diesen Zeitpunkt hinaus sind die Personen des Gefolges dem MStGB nicht mehr unterworfen, womit aber spätere Aburteilung wegen vorher begangener Straftaten nicht ausgeschlossen ist.

2. Die Einteilung des Gefolges in zwei Gruppen, und zwar in

a) Personen, die sich in irgendeinem Dienst- oder Vertragsverhältnis bei der Wehrmacht befinden, also zu ihr in rechtlicher Beziehung stehen,

b) Personen, die sich bei der Wehrmacht befinden oder sich sonst bei ihr aufhalten oder ihr folgen, also zu ihr nur in tatsächlicher Beziehung stehen (vgl. Art. 81 des Abkommens über die Behandlung der Kriegsgefangenen v. 27. 7. 29, RGBl. 1934 II S. 227), ist von Bedeutung für den Umfang der Unterwerfung unter die Bestimmungen des MStGB (s. die folgende Anm. 3). Auf die Staatsangehörigkeit kommt es nicht an (OKH. v. 27. 11. 40 Az. B 13 n HR III a Nr. 3347/40). **Bezügl. Arbeits-Bataillone s. H. M. 1942 Nr. 842.**

3. Bei Anwendung der Vorschriften des MStGB auf Angehörige des Gefolges ist nach den Erläuterungen des R. d. L. u. Ob. d. L. v. 26. 11. 42 (LVBl. S. 1736) zu seinem Erlaß vom gleichen Tage (s. oben) „zu berücksichtigen, daß das MStGB in erster Linie für Soldaten bestimmt ist. Die Anwendung auf das Gefolge kann daher nur eine sinngemäße sein, sie wird je nach organisatorischen Beziehungen und Bindungen des Gefolges an die Wehrmacht verschieden sein. Insbesondere ist bei der Strafzumessung zu beachten, daß die besonderen soldatischen Pflichten fehlen und deshalb nicht der gleiche Maßstab angelegt werden kann. Einige Vorschriften des MStGB sind für das gesamte Gefolge unanwendbar. Hierzu gehören Heiraten ohne Erlaubnis (§ 150), die militärischen Verbrechen und Vergehen der Wehrmachtbeamten (§§ 153 und 154), die Bestimmungen für ausländische Offiziere (§ 157 I).

Ist der Angehörige des Gefolges auch Wehrpflichtiger des BeurlStandes, so ist in dem wehrmachtgerichtlichen Verfahren zugleich auf die Ehrenfolgen zu erkennen (§ 35). Ein besonderes wehrmachtgerichtliches Verfahren ist zu vermeiden (§ 35 Abs. 2). Die Ehrenstrafe des Rangverlustes hat nur Bedeutung für den militärischen Rang. Ein Rang in der Partei (NSKK.-Sturmführer), in der gewerblichen Wirtschaft (Betriebsführer) geht durch den Ausspruch des Rangverlustes nicht verloren und kann durch wehrmachtgerichtliches Urteil auch nicht aberkannt werden. Wohl aber kann nach § 156 auf Aufhebung des Dienst- oder Vertragsverhältnisses erkannt werden.

Vorschriften, die eine Dienstpflicht oder militärische Dienstpflicht als Tatbestandsmerkmal haben, können auf Angehörige des Gefolges entsprechend angewendet werden, sofern ein Dienst- oder Vertragsverhältnis entweder zur Wehrmacht oder zu einem anderen besteht, der für die Wehrmacht tätig wird (z. B. Bauarbeiter einer Privatfirma auf Fliegerhorst, NSKK.-Mann). Von solchen Angehörigen des Gefolges kann auch eine Entfernung von der ‚Truppe oder Dienststelle' begangen werden.

Die Angehörigen der NSKK-Transportbrigade Speer, der NSKK-Gruppe Luftwaffe und des Luftschutzwarndienstes (militarisiertes Gefolge) sind dem MStGB im vollen Umfange unterstellt. Die oben erwähnten, ihrer Natur nach unanwendbaren Bestimmungen (§§ 150, 153, 154, 157 I) gelten auch für sie nicht. Vorgesetzte und Angehörige dieser Organisationen sind sowohl die Soldaten mit allgemeinem oder besonderem Vorgesetztenverhältnis als auch die Angehörigen der betreffenden Organisationen, die nach ihren Rangstufen (s. nachstehend) einem Soldaten mit allgemeinem oder besonderen Vorgesetztenverhältnis entsprechen. Wehrmachtbeamte können gegenüber den Angehörigen dieser Organisationen zu Disziplinarvorgesetzten bestellt sein, andernfalls sind sie nur gemäß nachstehender Rangeinstufung im Dienstrang Höhere. Die Angehörigen dieser Organisationen sind Wehrmachtangehörigen gegenüber weder Vorgesetzte noch im Dienstrang Höhere. Die Vorschriften über Wachen werden hiervon nicht berührt.

Für das nicht militarisierte Gefolge gilt das MStGB nur in dem im Erlaß v. 26. 11. 42 (s. oben § 2) aufgeführten Umfange. Bei der entsprechenden Anwendung des MStGB ist im Einzelfall zu prüfen, ob die für Wehrmachtangehörige gedachten Begriffe auf das Gefolge zutreffen. Dabei ist zu beachten, daß Vorgesetzte für das nicht militarisierte Gefolge nur die Disziplinarvorgesetzten sind, daß es außerdem im Dienstrang Höhere nicht gibt. Straftaten, die voraussetzen, daß der Täter Vorgesetzter ist, können danach von Angehörigen des Gefolges nicht begangen werden, soweit sie nicht ausdrücklich zu Disziplinarvorgesetzten bestellt sind. Andererseits können Straftaten, die als Täter einen Untergebenen voraussetzen, nur gegenüber dem Disziplinarvorgesetzten begangen werden. Eine militärische Wache, die auch aus Angehörigen des Gefolges bestehen kann, wird allerdings wie ein Vorgesetzter behandelt (§§ 111, 125 MStGB).

Angehörige des Gefolges können Wachen i. S. der §§ 111, 125, 141 MStGB sein, wenn sie durch die Disziplinarvorgesetzten oder in ihrem ausdrücklichen Auftrag hierzu bestimmt sind.

Befehle i. S. der §§ 92ff. MStGB können nur durch die Disziplinarvorgesetzten erteilt werden".

Rangeinstufung

(Anlage 1 zu vorstehenden Erläuterungen)

1. **Wie Mannschaften:**
Sturmmann, Obersturmmann, Rottenführer; Luftwaffenhelfer;
ungelernte und angelernte Arbeiter, Lehrlinge;
Luftschutzwarner und Luftschutzwarntruppführer;
Flakw.-Helferin und Flakw.-Oberhelferin;
Angestellte der Vergütungsgruppe X TO. A.
2. **Wie Unteroffiziere ohne Portepee:**
Scharführer;
gelernte Arbeiter (Handwerker);
Luftschutzwarndienstgruppenführer;
Flakw.-Truppführerin;
Angestellte der Vergütungsgruppe IX bis VIII TO. A;
fliegendes Personal der Vergütungsgruppe VI.
3. **Wie Unteroffiziere mit Portepee:**
Oberscharführer, Truppführer, Obertruppführer, Haupttruppführer;
Luftschutzwarndienst-Haupt- und -Stabsgruppenführer;
Flakw.-Obertruppführerin;
Angestellte der Vergütungsgruppe VII TO. A;
fliegendes Personal der Vergütungsgruppe V.
4. **Wie Offiziere im Leutnants- und Hauptmannsrang:**
Sturmführer, Obersturmführer, Hauptsturmführer;
Luftschutzwarndienst-Zugführer, -Oberzugführer, -Hauptführer;
Flakw.-Führerin, Flakw.-Oberführerin, Flakw.-Hauptführerin;
Angestellte der Vergütungsgruppe VI bis IV TO. A;
fliegendes Personal der Vergütungsgruppe II bis IV.
5. **Wie Stabsoffiziere:**
Staffelführer usw.;
Luftschutzwarndienst-Stabsführer;
Flakw.-Stabsführerin und Flakw.-Oberstabsführerin;
Angestellte der Vergütungsgruppe III bis I TO. A;
fliegendes Personal der Vergütungsgruppe I.

Vgl. auch „Anwendung der militärischen Strafvorschriften und der Disziplinarstrafordnung auf das Gefolge", HVBl. 1940 B S. 384 Nr. 558, und die Durchführungsbestimmungen des OKM. zum Erlaß v. 9. 3. 40 (MVBl. S. 176 Nr. 159, oben abgedruckt) v. 8. 9. 41 (AMA/MR II B. Nr. 7111) und v. 14. 6. 40 (AMA/M Wehr MR II B. Nr. 236g).

Nach der alten Fassung des § 155 „wirkte sich besonders nachteilig aus, daß die Gefolgschaft der Wehrmacht unterschiedslos dem MStGB (und den Disziplinarstrafordnungen) unterworfen war, obwohl ihre tatsächliche Stellung in vielen Fällen nicht anders ist, als die des Gefolges von privaten Betrieben gleicher Art. Die Strafdrohungen des allgemeinen Strafrechts auf arbeitsrechtlichem Gebiet, insbesondere auch in den Verordnungen des Vierjahresplans, und die Wahrung der Arbeitsdisziplin durch die Deutsche Arbeitsfront genügen in einer großen Anzahl dieser Fälle" (Wieland, Gefolge und Strafrecht der Wehrmacht, ZWehrR. IV S. 571). Verwiesen sei besonders auf die NotdienstVO. v. 15. 10. 38 (RGBl. I S. 1441) und auf die VO. zur Sicherstellung des Kräftebedarfs v. 13. 2. 39 (RGBl. I S. 206) mit ihren DurchführungsVO. sowie auf die VO. über die Beschränkung des Arbeitsplatzwechsels v. 1. 9. 39 (RGBl. I S. 1685). Sie sind auch auf Personen des Gefolges anwendbar, Zuwiderhandlungen dagegen können von den oben unter 2a bezeichneten Personen in Tateinheit mit unerlaubter Entfernung (§ 64) begangen werden. Fahnenflucht ist bei Personen des Gefolges nicht möglich (19, 175; zustimmend Schwinge III), es sei denn, daß unter den Verhältnissen des jetzigen Krieges auch einzelne Gruppen des Gefolges nach Art ihres Einsatzes, der jedoch eine besondere Treudienstpflicht begründen müßte (z. B. das „militarisierte Gefolge" der Luftwaffe — s. oben — und die Besatzungen von Troß- und Hilfsbeischiffen der Kriegsmarine), dem § 69, etwa in entsprechender Anwendung, unterworfen sein sollten (RKG. 2, 164/166). Die Anwendbarkeit des § 138 auf die zur Wehrmacht in einem Dienst- oder Vertragsverhältnis stehenden Personen des Gefolges wird in Übereinstimmung mit Romen-Rissom (Anm. 9 i zu § 155) und Schwinge (III) zu bejahen sein; das Dienst- oder Vertragsverhältnis tritt hierbei „an Stelle des militärischen Dienstverhältnisses" (Romen-Rissom).

4. §§ 9, 10. — **5.** Militärische Ehrenstrafen kommen nicht in Betracht; s. § 156.

§ 156

Neben einer jeden Freiheitsstrafe[1], die gegen eine Person verhängt wird, die sich zu den Truppen in einem Dienst- oder Vertragsverhältnis befindet[2], kann zugleich auf Aufhebung dieses Verhältnisses[3] erkannt werden.

1. Allgemein zu verstehen, also auch Zuchthaus und Haft in sich begreifend.

2. Anm. 2 zu § 155.

3. In einzelnen Fällen kann es ratsam erscheinen, die betreffende Person zu entlassen, während man in anderen ihrer Dienstleistungen bedarf und es daher nützlicher ist, das Dienst- oder Vertragsverhältnis fortdauern zu lassen (Mot.).

§ 157

Ausländische Offiziere

(1) Ausländische Offiziere, die zu der kriegführenden Wehrmacht[1] zugelassen sind[2], werden, wenn der Führer keine besonderen Bestimmun-

gen getroffen hat, nach den für deutsche Offiziere geltenden Vorschriften beurteilt[3]. Militärische Ehrenstrafen dürfen nicht verhängt werden[4].

(2) Auf das Gefolge solcher Offiziere findet die Vorschrift des § 155 Anwendung[5].

1. Das ist nicht die gesamte deutsche Wehrmacht im Kriege, sondern es sind nur die Truppenteile (Schiffe, Flugzeuge usw.) als kriegführend anzusehen, denen die besondere Tätigkeit des „Kriegführens" zukommt, die zum Kampf gegen den Feind, sei es im Felde oder in der Heimat, bestimmt sind, einerlei, ob sie an der eigentlichen Kampftätigkeit teilnehmen oder nicht. „Kriegführend" sind jedenfalls alle Teile der Wehrmacht, die auf dem Kriegsschauplatz, d. h. vor allem im Operationsgebiet und in dem unter Militärverwaltung gestellten feindlichen Gebiet Verwendung finden, nicht hingegen diejenigen, deren Aufgabe darin besteht, die Kriegführung durch jene anderen zu ermöglichen und zu unterstützen, das zu ihrer Ausrüstung, Bewaffnung, Versorgung usw. erforderliche Material herzustellen, ihre Ersatzmannschaften auszuheben und auszubilden und dergleichen (19, 265; 20, 95, 143, 149, 152, 163; 21, 150; RGSt. 56, 4).

2. Durch Vereinbarungen mit den betreffenden ausländischen Regierungen.

3. Die Exterritorialität diplomatischer Vertreter fremder Staaten (Militärattachés) bleibt unberührt.

4. Satz 2 ist durch VO. v. 10. 10. 40 (RGBl. I S. 1347) hinzugefügt.

5. Anm. 3 zu § 155.

§ 158

Kriegsgefangene

Auf strafbare Handlungen[1] eines Kriegsgefangenen[2] finden nach Maßgabe seines Militärranges[3] die Vorschriften dieses Gesetzes entsprechende Anwendung[4]. Militärische Ehrenstrafen dürfen nicht verhängt werden[5].

1. Ob auch auf die vor der Gefangennahme begangenen, ist streitig (vgl. Romen-Rissom S. 876), nach Fuhse (9) unter der Voraussetzung zu bejahen, daß die Strafverfolgung nach §§ 3ff. StGB (alter Fassung), 160, 161 MStGB zulässig ist, während v. Verdroß (Die Bestrafung von Kriegsgefangenen wegen Kriegsverbrechen, ZWehrR. V S. 168) mit Recht die Auffassung vertritt, daß grundsätzlich jeder Gewahrsamstaat die im Ausland von feindlichen Soldaten verübten Verbrechen nach der Gefangennahme bestrafen kann, auch die auf Befehl eines Offiziers begangenen gemeinen Kriegsverbrechen, wie Plünderung, Notzucht, Mißhandlung der Zivilbevölkerung; übereinstimmend Schwinge V.

2. Ein nicht vorwiegend strafrechtlicher, sondern ein auf den Grundsätzen des Kriegsrechts beruhender, also völkerrechtlicher Begriff, welcher der Wand-

lung und Fortbildung des Völkerrechts unterworfen ist. Als dessen letzte Quelle kommt hier in Betracht die LKO., deren Bestimmungen ebenso wie die des Genfer Abkommens zur Verbesserung des Loses der Verwundeten und Kranken der Heere im Felde v. 27. 7. 29 (RGBl.1934 II S. 208) als Kriegsbrauch zu berücksichtigen sind (19, 228; 20, 110/119; 21, 163/168). Das Gleiche gilt für das Abkommen über die Behandlung der Kriegsgefangenen v. 27. 7. 29 (RGBl. 1934 II S. 227), bei dem man „ganz allgemein bewußt sehr viel mehr in Einzelheiten eingegangen ist, um für die Zukunft Erscheinungen und Entartungen, wie sie der Weltkrieg gezeigt, vorzubeugen. Der Rechtsschutz ist nach jeder Richtung hin erheblich ausgebaut" (Frantz, Kriegsgefangene, Handbuch d. neuzeitl. Wehrwissenschaften, Berlin u. Leipzig 1936, 1. Band S. 178; Finger, Das neue Recht der Kriegsgefangenen, NMilRBl. S. 250). Nach Art. 1 dieses Abkommens und Art. 1—3 der (insoweit weitergeltenden) Anlage zum Haager Abkommen v. 18. 10. 07 (Lodemann, Deutsches Kriegsrecht, Berlin 1937, S. 50) haben Anspruch auf Behandlung als Kriegsgefangene, sobald sie bei kriegerischen Handlungen zu Lande, zur See oder in der Luft in Feindes Hand fallen, die zu einer feindlichen Wehrmacht gehörenden Kombattanten (auch Fallschirmjäger; s. Anm. 1 und 4 zu § 3 KSSVO) und Nichtkombattanten, die mit Ausweis der Militärbehörde versehenen Personen, die den Streitkräften folgen, ohne ihnen unmittelbar anzugehören, wie Kriegskorrespondenten, Zeitungsberichterstatter, Marketender und Lieferanten, auch Schiffsangestellte. Zur bewaffneten Macht gehören auch Milizen und Freiwilligenkorps, wenn sie die in § 3 (2) Nr. 2 KSSVO aufgezählten Bedingungen (S. 22) erfüllen, und die Bevölkerung eines nicht besetzten Gebiets unter den Voraussetzungen des § 3 (2) Nr. 3 KSSVO. Die sogenannten Zivilinternierten gehören nicht zu den Kriegsgefangenen (Begrdg. 36 zu § 8; RG. v. 18. 7. 40 — 5 D 315/40 — D. J. 1940 S. 1013); soweit sie sich in Internierungslagern der Wehrmacht befinden, unterliegen sie gemäß Erlaß des Chefs OKW. v. 28. 5. 43 (HVBl. B S. 181) den Bestimmungen des MStGB (wegen ihrer Unterwerfung unter die KStVO s. HVBl. 1943 B S. 207 Nr. 409). Das Sanitätspersonal und die den Heeren beigegebenen Feldgeistlichen sind nach Art. 9 der Abkommen zur Verbesserung des Loses der Verwundeten und Kranken der Heere im Felde v. 6. 7. 06 (RGBl. 1907 S. 279) und v. 27. 7. 29 (RGBl. 1934 S. 208), wenn sie in Feindeshand fallen, nicht als Kriegsgefangene zu behandeln. Sie bleiben also auf freiem Fuß, wenn sie auch gewisse Freiheitsbeschränkungen, die mit der Fortsetzung ihrer Verrichtungen verbunden und durch diese bedingt sind, sich gefallen lassen müssen und in den Gefangenenlagern festgehalten werden dürfen, weil sie voraussichtlich in der Hauptsache nur dort ihre Tätigkeit werden ausüben können (21, 166). Sanitätspersonal und die den Heeren beigegebenen Feldgeistlichen sind vorbehaltlich anderer Vereinbarung zu dem Kriegführenden, zu dem sie gehören, zurückzuschicken, sobald ein Weg für ihre Rückkehr offen ist und die militärischen Erfordernisse es gestatten (Art. 12 Abs. 2 des Genfer Abkommens v. 27. 7. 29). Solange sie sich bei der deutschen Wehrmacht befinden, gehören sie zum Gefolge (§ 155); OKH. v. 27. 11. 40 Az. B 13 n 30 HR III a Nr. 3347/40. Dem Sanitätspersonal stehen gleich die Militärpersonen, die einen besonderen Unterricht genossen haben, um gegebenenfalls als Hilfskrankenwärter und Hilfskrankenträger zur Bergung, zur Beförderung und zur Behandlung von Verwundeten und Kranken verwendet zu werden, und die im Besitz eines Personalausweises sind, wenn sie während der Ausübung dieser Verrichtungen gefangen genommen werden, ferner das Personal der von ihrer Regierung in gehöriger Form anerkannten und ermächtigten freiwilligen Hilfsgesellschaften, zu denen auch das Deutsche Rote Kreuz nach § 3 G. über das Deutsche Rote Kreuz v. 9. 12. 37 (RGBl. I S. 1330) gehört (s. Domke, Das Rote Kreuz, ZWehrR. IV S. 529), wenn es zu denselben Verrichtungen wie das Sanitätspersonal und die Feldgeistlichen verwendet wird mit dem Vorbehalt, daß das Personal dieser Gesellschaften den militärischen Gesetzen und Verordnungen untersteht (Art. 9 Abs. 2, 10 Abs. 1 a. a. O.). Das geistliche, ärztliche und Lazarettpersonal weggenommener Schiffe ist nach Art. 10 des Abkommens betr. die Anwendung der Grundsätze des Genfer Abkommens v. 6. 7. 06 auf den Seekrieg v. 18. 10. 07 (RGBl. 1910 S. 283) unverletzlich und kann nicht kriegsgefangen gemacht werden (das Abkommen ist u. a. von England nicht ratifiziert, für diesen Staat auch durch Beitritt nicht wirksam geworden; Lodemann, Deutsches Kriegsrecht, S. 246—248). Verwundete und Kranke eines Heeres, die in die Hände des anderen Kriegführenden gefallen sind, werden ohne weiteres Kriegsgefangene (Art. 2 des Genfer Abkommens v. 27. 7. 29), ebenso im Seekrieg Verwundete, Kranke und Schiffsbrüchige (Art. 14 des Abkommens betr. die Anwendung der Grundsätze des Genfer Abkommens auf den Seekrieg v. 18. 10. 07, RGBl. 1910 S. 283). Über Truppenkörper, die in Friedenszeiten auf fremdes Herrschaftsgebiet übertreten und dort interniert werden, vgl. RGSt. 52, 167 (betr. die während des 1. Weltkriegs in Görlitz untergebrachten Griechen). Im Verhältnis zu den Staaten, die das Abkommen über die Behandlung der Kriegsgefangenen v. 27.7.29 nicht ratifiziert haben (s. Lodemann, Deutsches Kriegsrecht, S. 84/85), gelten die Bestimmungen der LKO. von 1907 und, soweit diese nicht ratifiziert sein sollte, die LKO. von 1899 (Schwinge II).

a) Die Kriegsgefangenschaft hat eine feste Beziehung zum sog. aktiven Kriegsstande, zu der als kriegführend im Sinne der Art. 1—3 LKO. anerkannten Streitmacht. Sie ist ein Mittel der Kriegführung, und zwar die mildeste Form, den Feind unschädlich zu machen oder seine weitere Teilnahme am Kampfe zu hindern. Demgemäß ist sie eine militärische Einrichtung, die sich nach militärischen Grundsätzen und in militärischen Formen vollzieht (19, 228). Daraus folgt, daß die Kriegsgefangenen dem MStGB in weitem Umfange unterworfen werden mußten.

Ein in Deutschland festgenommener Deserteur des feindlichen Heeres unterliegt der Behandlung als Kriegsgefangener, auch wenn die Festnahme vor Ausbruch des Krieges mit dem Staate, dem er angehörte, erfolgt ist (21, 85).

Über Spione und Freischärler, die keinen Anspruch auf Behandlung als Kriegsgefangene haben, s. §§ 2, 3, auch Anm. 8 zu § 3 KSSVO.

Die Kriegsgefangenen sind Sicherheitsgefangene, aber auch „Gefangene" im strafrechtlichen Sinne (s. Anm. 1 zu § 144), zum mindesten dann, wenn sie in einem Gefangenenlager eingeschlossen sind (20, 52).

b) Die Beendigung der Kriegsgefangenschaft tritt, insoweit nicht Tod, Entlassung, Friedensschluß in Frage kommen, mit der gelungenen Flucht ein. Die Flucht ist aber nach Art. 8 (2) und (3) LKO. erst dann als gelungen anzusehen, wenn der entwichene Kriegsgefangene sein Heer erreicht oder das Gebiet verlassen hat, das von den Truppen des Nehmestaats besetzt ist (21, 270).

3. Dieser ist für Kriegsgefangene nur insoweit von Bedeutung, als bei der Wahl der Arreststrafen der Rang des Täters in der feindlichen Wehrmacht zu berücksichtigen ist (19, 138; 20, 208/211) und feindliche Kriegsgefangene, soweit nicht von zuständiger Stelle besondere Anordnungen ergangen sind, nach Maßgabe des von ihnen in der heimatlichen Wehrmacht bekleideten Ranges denselben Vorschriften über Unterordnung gegenüber Soldaten der deutschen Wehrmacht unterworfen sind wie diese selbst (21, 302). Die Regelung des Vorgesetztenverhältnisses bei den Kriegsgefangenen steht im übrigen im Ermessen der zuständigen militärischen Stelle; diese ist daher auch in der Lage, deutsche Soldaten jeden Dienstgrades zu Vorgesetzten kriegsgefangener Offiziere zu bestellen, sobald sich die Notwendigkeit oder Zweckmäßigkeit hierfür ergibt (20, 208). Vorgesetzter eines anderen Kriegsgefangenen ist nur derjenige Kriegsgefangene, der von der zuständigen Kommandobehörde als solcher ausdrücklich bestellt ist. Denn während der gemeinsamen Kriegsgefangenschaft ruht das Unterordnungsverhältnis der Kriegsgefangenen zu ihren bisherigen Vorgesetzten (19, 138); für deutsche Kriegsgefangene bleibt jedoch auch im feindlichen Gefangenenlager — im Verhältnis zum deutschen Strafrecht — das Vorgesetzten- und Untergebenenverhältnis bestehen (s. Anm. 2 zu § 1 KSSVO).

4. Das soll besagen, daß eine Anzahl von militärischen Straftaten, beispielsweise Fahnenflucht, Selbstbeschädigung und Vorschützung von Gebrechen, nur von Wehrmachtangehörigen der eigenen Wehrmacht, nicht von Kriegsgefangenen begangen werden können. Hierzu gehören nicht tätlicher Angriff wider einen Vorgesetzten (19, 138). Kriegsgefangene sind auch im Sinne des § 99 (Aufwiegelung) und der für den Begriff des militärischen Dienstes maßgebenden Grundsätze deutschen Soldaten gleichgestellt (19, 239; 20, 86). Sie unterstehen überhaupt den im Heere des Gewahrsamstaates geltenden Gesetzen, Vorschriften und Befehlen (Art. 45 des Abkommens v. 27. 7. 29, RGBl. 34 II S. 227). Soweit diese Gesetze nicht unmittelbar anwendbar sind, ist zu prüfen, inwieweit eine entsprechende Anwendung sinnvoll ist. Dies gilt namentlich bei Verstößen gegen die Mannszucht. Es bestehen keine Bedenken, alle der Aufrechterhaltung der Mannszucht und dem Schutz des Reichs

gegen Zersetzung dienenden Strafbestimmungen (§§ 5, 5a KSSVO, HeimtückeG.) auf Kriegsgefangene entsprechend anzuwenden (OKH. v. 27. 11. 40 Az. B 13 n 30 HR III a Nr. 3347/40). Kriegsgefangene können also auch wegen Ungehorsams und Gehorsamsverweigerung (19, 241), Herausforderung eines Vorgesetzten zum Zweikampf nach § 112 (21, 50) und Bruch des Stubenarrestes (§ 80) bestraft werden (21, 243), jedoch nicht wegen Kriegsverrats (§ 57). Denn der Kriegsgefangene hat Deutschland gegenüber keine Treupflicht und hat nicht die Aufgabe, für Deutschland zu kämpfen; RKG. v. 12. 10. 43 StPL. (HLS) I 56/43. Eine Berufung auf angebliche oder tatsächliche Abweichungen eines Befehls von dem Kriegsgefangenen-Abkommen v. 27. 7. 29 (RGBl. 1934 II S. 227) ist unbeachtlich. Diese Auffassung ergibt sich aus Art. 45 des genannten Abkommens, wonach die Kriegsgefangenen den im Heer des Gewahrsamsstaates geltenden Gesetzen, Vorschriften und Befehlen unterliegen (vgl. auch § 158 MStGB); RKG. v. 20. 4. 43 StPL. (HLS) I 35/43. Gemäß Erlaß des Chefs OKW. v. 10. 1. 40 Az. 2 f 24. 11a AWA/Kriegsgef. Ic Nr. 69/40 sind sämtliche Kriegsgefangene sofort über nachstehenden Befehl eingehend zu unterrichten:

„Den Kriegsgefangenen wird strengstens verboten, unbefugt sich deutschen Frauen oder Mädchen irgendwie zu nähern oder mit ihnen in Verkehr zu treten".

Die Kriegsgefangenen sind darauf hinzuweisen, daß Zuwiderhandlungen dagegen als Ungehorsam mit Gefängnis bis zu zehn Jahren, unter Umständen nach § 5a KSSVO mit dem Tode bestraft werden.

Entwichene Kriegsgefangene dürfen nach Art. 50 des Abkommens v. 27. 7. 29, wenn sie wieder ergriffen werden, bevor sie ihr Heer erreichen oder das von dem Heer, das sie gefangen genommen hat, besetzte Gebiet verlassen konnten, nur disziplinarisch bestraft werden. Nebentaten, die ein Kriegsgefangener zur Vorbereitung oder Durchführung seiner Flucht verübt, sind dann disziplinar zu ahnden, wenn der Unrechtsgehalt der Nebentat verhältnismäßig gering ist (OKW.-Erlaß v. 9. 4. 41 Az. 1, 4 n 19 WR (II/6, 6a, III 10b)/Tgb.-Nr. 525/41). Dies wird dann nicht der Fall sein, wenn Kriegsgefangene zur Vorbereitung oder Durchführung der Flucht Taten begehen, die sich gegen Leib oder Leben eines Menschen richten oder die deutsche Kriegswirtschaft schädigen. Als Schädigungen der deutschen Kriegswirtschaft sind u. a. anzusehen: a) Zerstörung oder Beschädigung von Gebäude- oder Barackenteilen (z. B. Durchbrüche durch Wände und Fußböden), b) Zerstörung, Beschädigung oder Diebstahl von Einrichtungsgegenständen (z. B. Beschädigung von Bettbrettern beim Stollenbau, Beschädigung der Lichtleitung usw.), c) Umänderung der den Kriegsgefangenen nicht persönlich gehörenden Uniformen usw., d) Diebstahl von Werkzeugen, Rohstoffen, unberechtigter Verbrauch von elektrischem Strom beim Stollenbau, e) Fälschung und Diebstahl von Ausweisen. Kriegsgefangene, die sich solcher Verfehlungen schuldig machen, können keinesfalls anders behandelt werden, wie deutsche Soldaten bei gleichen Taten (s. Art. 45 des Abkommens v. 27. 7. 29 RGBl. 1934 II S. 227); OKW. v. 27. 8. 43 Az. 2 f 24. 19[1] AWA/Kriegsgef. Allg. (R/I) Nr. 8595/43. Art. 50 des Kriegsgefangenen-Abkommens v. 27. 7. 29 bezieht sich nur auf das Entweichen aus der Kriegsgefangenschaft als solcher, nicht auf das Entweichen aus der Strafhaft. Kriegsgefangene in Strafhaft sind daher nach § 122 StGB strafbar, wenn sie sich der dort behandelten Meuterei schuldig machen. Über die Bestrafung eines entwichenen Kriegsgefangenen als Spion s. Anm. 6a zu § 2 KSSVO.

5. Satz 2, der dem Art. 49 (1) des Abkommens v. 27. 7. 29 (RGBl. 1934 II S. 208) entspricht, ist durch die VO. v. 10. 10. 40 (RGBl. I S. 1347) hinzugefügt worden.

6. Kriegsgefangene sind wegen aller Straftaten, die sie während der Gefangenschaft begehen, dem Kriegsverfahren unterworfen (§ 2 Nr. 3 KStVO). Sonderbestimmungen für dieses Verfahren enthalten die §§ 73—75 KStVO; Ausführungsbestimmungen des Chefs OKW. v. 19. 9. 38 (RGBl. 1939 I S. 1477). Eine Schutzmacht im Sinne der §§ 73, 74 und 75 gibt es für polnische und serbische Kriegsgefangene nicht mehr, weil der polnische und der jugoslavische Staat zu bestehen aufgehört haben; OKH. (Ch H Rüst u. BdE) B 13 n 30 HR III Nr. 611/40 — 4. Mob. S. Erl. — v. 1. 3. 40 Nr. 14 und G 2 f HR III Nr. 1403/41 II. Ang. v. 10. 7. 41. Eine Abgabe von Verfahren gegen Kriegsgefangene nach § 2a KStVO an die allgemeine Gerichtsbarkeit ist unzulässig; OKH (Ch H Rüst u. BdE) B 13 n 30 HR III Nr. 1936/40 — 5. Mob. S. Erl. — v. 22. 7. 40 Nr. 12. Die disziplinare Bestrafung eines Kriegsgefangenen schließt nach Vollstreckung der Strafe eine spätere gerichtliche Bestrafung desselben tatsächlichen Vorgangs aus. Dies ergibt sich aus Art. I Ziff. 4 der Ausführungsbestimmungen des Chefs OKW. v. 19. 9. 38 (RGBl. I S. 1477) zur KStVO, die auf Grund des Art. 52 (3) des Abkommens v. 27. 7. 29 geschaffen worden sind; Wehrmachtrechtsabtlg. 14 n 19 WR — II/6/III/10b — v. 25. 3. 41.

§ 159
Wortbruch als Kriegsgefangener

(1) Ein Kriegsgefangener[1], der sein Ehrenwort, nicht zu entweichen, bricht[2], wird mit dem Tode bestraft.

(2) Ebenso wird bestraft, wer vor Beendigung des Krieges[3] oder des kriegerischen Unternehmens[4] den Bedingungen zuwiderhandelt, unter denen er aus der Kriegsgefangenschaft entlassen worden ist.

1. Anm. 2 zu § 158. — **2.** Die Neufassung, die § 159 durch die VO. v. 10. 10. 40 (RGBl. I S. 1347) erhalten hat, stellt klar, daß der Grund der Bestrafung der Bruch des Ehrenworts oder der Entlassungsbedingungen ist, nicht das Entweichen als solches, das nach Art. 50 des Abkommens v. 27. 7. 29 gerichtlich nicht bestraft werden darf (s. Anm. 4 zu § 158).

3. Anm. 1b zu § 155. — **4.** Anm. 8 zu § 69.

§ 160

Ausländer oder Deutsche auf dem Kriegsschauplatz

Ausländer[1] und Deutsche[2] sind diesem Gesetz unterworfen, wenn sie sich auf dem Kriegsschauplatz[3] einer der im § 134 vorgesehenen Handlungen[4] schuldig machen[5].

1. Zivilperson oder Angehöriger einer feindlichen oder einer anderen nichtdeutschen Wehrmacht, soweit sie nicht schon durch §§ 155, 157 oder 158 erfaßt werden. — **2.** Hier (wie in § 18 Abs. 1 WG.) jeder Reichsangehörige, auch wenn er außerdem im Besitz einer ausländischen Staatsangehörigkeit ist.

3. Der Begriff „Kriegsschauplatz" ist enger als der Begriff „Kriegsgebiet" (s. Anm. 3 zu § 2 KSSVO). Es ist darunter nur das Operations-, das rückwärtige Armeegebiet und das unter militärische Verwaltung gestellte besetzte feindliche Gebiet zu verstehen, also nicht „das gesamte Land- und Wassergebiet der kriegführenden Staaten mit dem darüber befindlichen Luftraum und dem darunter liegenden Erdraum" (Stuckart-v. Rosen S. 56). Wäre dies alles nicht nur Kriegsgebiet, sondern Kriegsschauplatz, so wären die für diesen gegebenen Sondervorschriften, wie § 160, überflüssig. Aus- und inländisches Gebiet, das nicht zum Operations- oder rückwärtigen Armeegebiet oder zu dem unter militärische Verwaltung gestellten besetzten feindlichen Gebiet gehört, ist „Kriegsschauplatz" nur dann, wenn es durch kriegerische Ereignisse irgendwelcher Art — Angriffe feindlicher Flugzeuge u. a. — in Mitleidenschaft gezogen wird. Ob dies geschehen, bedarf der tatsächlichen Feststellung in jedem einzelnen Fall. Zu den Gebieten, die außerhalb des Kriegsschauplatzes, wie er oben abgegrenzt ist, liegend, durch Luftangriffe in Mitleidenschaft gezogen und dadurch Kriegsschauplatz werden, gehören nicht nur die Gebiete, auf die der Angriff tatsächlich erfolgt, sondern auch die Gebiete, die zur Ausführung des Angriffs von den Flugzeugen überflogen werden. Die genannten Gebiete können aber nur solange als „Kriegsschauplatz" angesehen werden, als nach den Umständen des einzelnen Falles von einem feindlichen Angriff gesprochen werden kann (20, 163). Zum Operationsgebiet rechnet auch das zwischen den feindlichen größeren Heeresverbänden gelegene Gelände, in das von einer der beiden oder von beiden Seiten Patrouillen vorgetrieben, in dem Vorposten ausgestellt und andere der Aufklärung, der Sicherung und dergleichen dienende kriegerische Maßnahmen ausgeführt werden (20, 153 und 163; 21, 189/90); übereinstimmend Schwinge III.

4. Den Landesverrat erwähnt die Neufassung des § 160, die durch VO. v. 10. 10. 40 (RGBl. I S. 1347) erfolgt ist, angesichts der Neufassung der §§ 3, 4 StGB nicht mehr (Begrdg. 40).

5. Über die Ergänzung der §§ 160, 161 durch Verordnungsrecht s. Anm. 2 zu § 1 KSSVO, § 4 KSSVO und die dortigen Anm.

§ 161

Ausländer oder Deutsche im besetzten Gebiet

Ein Ausländer[1] oder Deutscher[2], der in einem von deutschen Truppen besetzten ausländischen Gebiete[3] gegen deutsche Truppen oder deren Angehörige[4] oder gegen eine auf Anordnung des Führers eingesetzte Behörde[5] eine nach den Gesetzen des Deutschen Reichs strafbare Handlung[6] begeht, ist ebenso zu bestrafen, als wenn diese Handlung von ihm im Reichsgebiet begangen wäre[7].

1. Anm. 1 zu § 160. — **2.** Anm. 2 zu § 160. — **3.** Nach Art. 42 LKO. gilt ein Gebiet als besetzt, wenn es sich tatsächlich in der Gewalt des feindlichen Heeres befindet. Die Besetzung erstreckt sich nur auf die Gebiete, wo diese Gewalt hergestellt ist und ausgeübt werden kann.

4. Gefolge (§ 155), Familienmitglieder, Hausgehilfen usw.

5. Anm. 6 zu § 65. — **6.** Es kommen nur die allgemeinen Strafgesetze in Frage, da sich die im § 161 genannten Täter im Reichsgebiet nur gegen diese vergehen können (Fuhse 7).

7. Auch hier, wie im § 160 (s. dortige Anm. 3), eine Erweiterung des räumlichen und persönlichen Herrschaftsbereichs der deutschen Strafgesetze.

Vierter Titel

Zusatzbestimmungen für die Kriegsmarine

§ 162

Sprachgebrauch

Von den in diesem Gesetz den Verhältnissen des Heeres entlehnten Ausdrücken sind für die Kriegsmarine als gleichbedeutend zu betrachten:

Truppe[1] als gleichbedeutend mit Schiff[2];

Befehlshaber einer militärischen Wache[3] als gleichbedeutend mit Wachhabender Offizier;

Stubenarrest[4] als gleichbedeutend mit Kammerarrest[5];

Wohnung[6] als gleichbedeutend mit Kammer.

1. §§ 9 Nr. 3, 62, 64, 65, 69, 92, 137, 139, 141, 156, 161.

2. § 163. — **3.** §§ 141, 143. — **4.** §§ 6b (2), 19, 20, 23, 80, 153 (1).

5. WStV. Ziff. 127, 129; WStVzV. Nr. 180. — **6.** §§ 23, 80 u. dortige Anm.

§ 163
Schiff

Unter Schiff im Sinne dieses Gesetzes[1] ist jedes Fahrzeug der Kriegsmarine zu verstehen, auf dem ein militärischer Befehlshaber nebst Besatzung eingeschifft[2] ist.

1. In den §§ 323, 326 StGB ist der Begriff „Schiff" ein weitergehender. Ein „Schiff" ist ein umschlossener Raum im Sinne des § 243 (1) Nr. 7 StGB (RKG. 1, 235/238). Über Schiffszubehör s. Anm. 6 zu § 142.

2. Das Eingeschifftsein erfordert die durch die zuständige Dienststelle erfolgte Kommandierung an Bord, d. h. zu einem Kriegsmarineteil auf See, zu einem an Bord eines in Dienst gestellten Schiffes organisierten selbständigen Schiffsverband. Eine Besatzung ist auf einem Fahrzeuge der Kriegsmarine dann „eingeschifft", wenn sie einen derartigen, einem Kommandanten — in der Regel einem Seeoffizier — als militärischem Befehlshaber unterstellten Schiffsverband — Besatzungsverband — bildet. Einen selbständigen Schiffsverband bildet eine Pinasse niemals. Daher kann auch eine Besatzung auf dem Boote nicht „eingeschifft" sein. Dieses wird vielmehr nur vorübergehend militärisch besetzt. Seine Besatzung bildet, wenn das Boot zu einem Schiffe gehört, einen Teil der dort eingeschifften Besatzung; wenn es einem Marineteil an Land zugeteilt ist, einen Teil der Mannschaft dieses Verbandes (16, 40/43).

§ 164
Mobiler Zustand

Als mobiler Zustand[1] gilt in der Kriegsmarine, von § 9 abgesehen, auch der Kriegszustand eines Schiffes[2].

1. §§ 9, 10. — 2. § 163.

§ 165
(weggefallen)

§ 166
Schiffsangestellte

(1) Außer den Wehrmachtangehörigen sind die Angestellten[1] des Schiffes[2] den Militärstrafgesetzen unterworfen.

(2) Andere an Bord des Schiffes dienstlich eingeschiffte Personen[3] unterliegen den Kriegsgesetzen[4], solange sich das Schiff im Kriegszustand[5] befindet.

1. Kellner, Köche, Barbiere (Fuhse 1).

2. § 163. — 3. Sie sind „eingeschifft", solange sie eine Stelle im Besatzungsetat inne haben, selbst wenn sie sich zeitweise aus militärischen, disziplinaren oder persönlichen Gründen an Land befinden (RGSt. 61, 403).

4. §§ 9, 10, 155. — 5. § 164.

Anhang 1

Bestimmungen über Rang- und Vorgesetztenverhältnis der Soldaten des Heeres

(R. u. V.)

Vom 1. Oktober 1940

A. Ranggruppen

I. Offiziere
II. Musikinspizienten und Musikmeister
III. Unteroffiziere
IV. Mannschaften.

B. Rangklassen und Dienstgrade

I. Offiziere

1. Rangklasse der Generale

Dienstgrade:

a) Generalfeldmarschall,
b) Generaloberst,
c) General der Infanterie, Gebirgstruppe, Kavallerie, Artillerie, Pioniere, Panzertruppe, Nachrichtentruppe, Generaloberstabsarzt, Generaloberstabsveterinär,
d) Generalleutnant, Generalstabsarzt, Generalstabsveterinär,
e) Generalmajor, Generalarzt, Generalveterinär.

2. Rangklasse der Stabsoffiziere

Dienstgrade:

a) Oberst, Oberstarzt, Oberstveterinär,
b) Oberstleutnant, Oberfeldarzt, Oberfeldveterinär,
c) Major, Oberstabsarzt, Oberstabsveterinär.

3. Rangklasse der Hauptleute und Rittmeister

Dienstgrade:

Hauptmann, Rittmeister, Stabsarzt, Stabsveterinär.

4. Rangklasse der Leutnante

Dienstgrade:
a) Oberleutnant, Oberarzt, Oberveterinär,
b) Leutnant, Assistenzarzt, Veterinär.

II. Musikinspizienten und Musikmeister

1. Rangklasse der Musikinspizienten

Dienstgrade:
a) Obermusikinspizient,
b) Musikinspizient.

2. Rangklasse der Stabsmusikmeister

Dienstgrad:
Stabsmusikmeister.

3. Rangklasse der Musikmeister

Dienstgrade:
a) Obermusikmeister,
b) Musikmeister.

III. Unteroffiziere

1. Rangklasse der Festungswerkmeister und Hufbeschlaglehrmeister

Dienstgrade:
a) Festungsoberwerkmeister, Oberhufbeschlaglehrmeister,
b) Festungswerkmeister, Hufbeschlaglehrmeister.

2. Rangklasse der Unteroffiziere mit Portepee

Dienstgrade:
a) Stabsfeldwebel (Stabswachtmeister usw.), — Stabsbeschlagmeister, Stabsfeuerwerker, Stabsschirrmeister, Stabsfunkmeister, Stabsbrieftaubenmeister —,
b) Oberfähnrich, Unterarzt, Unterveterinär,
c) Oberfeldwebel (Oberwachtmeister), — Oberbeschlagmeister, Oberfeuerwerker, Oberschirrmeister, Oberfunkmeister, Oberbrieftaubenmeister —,
d) Feldwebel (Wachtmeister), — Beschlagmeister, Feuerwerker, Schirrmeister, Funkmeister, Brieftaubenmeister —,
e) Fahnenjunker-Feldwebel.

3. Rangklasse der Fähnriche und Unteroffiziere ohne Portepee

Dienstgrade:

a) Fähnrich (nur im Frieden),
b) Unterfeldwebel (Unterwachtmeister),
c) Unteroffizier (Oberjäger),
Fahnenjunker-Unteroffizier.

Zu 3 a)

Fähnriche sind die dienstältesten Unteroffiziere ohne Portepee.

Auf dem Gebiet des Militärstrafgesetzbuchs und der Disziplinarstrafordnung rechnen sie zu den Unteroffizieren mit Portepee.

IV. Mannschaften

Unter den Mannschaften gibt es keine verschiedenen Rangklassen.

Dienstgrade:

a) Stabsgefreiter,
b) Obergefreiter,
c) Gefreiter, Fahnenjunker-Gefreiter,
d) Oberschütze (auch bei Jägertruppenteilen), Oberreiter, Oberkanonier, Panzeroberschütze, Oberpionier, Oberfunker, Oberkraftfahrer, Oberfahrer, Sanitätsobersoldat, Bauobersoldat,
e) Schütze, Jäger (Grenadier, Füsilier), Reiter, Kanonier, Panzerschütze, Pionier, Funker, Kraftfahrer, Fahrer, Sanitätssoldat, Bausoldat, Fahnenjunker.

C. Vorgesetztenverhältnis

I. Allgemeines Vorgesetztenverhältnis

1. Offiziere aller Gattungen, Musikinspizienten und Musikmeister der Wehrmacht sind in und außer Dienst Vorgesetzte der Unteroffiziere und Mannschaften der Wehrmacht.

2. Offiziere einer höheren Rangklasse sind in und außer Dienst Vorgesetzte aller Offiziere, Musikinspizienten und Musikmeister der niedrigeren Rangklassen.

3. Zwischen den Offizieren derselben Rangklasse, Musikinspizienten und Musikmeistern begründen höherer Dienstgrad oder höheres Dienstalter (Rangdienstalter) kein allgemeines Vorgesetztenverhältnis, jedoch ist jeder dienstjüngere Offizier, jeder Musikinspizient und Musikmeister dem Dienstälteren Achtung schuldig. Ein Vorgesetztenverhältnis von Musikinspizienten und Musikmeistern gegenüber Offizieren besteht in keinem Fall.

4. Unteroffiziere der Wehrmacht sind in und außer Dienst Vorgesetzte aller Mannschaften der Wehrmacht.

5. Ein allgemeines Vorgesetztenverhältnis zwischen den einzelnen Rangklassen der Unteroffiziere der Wehrmacht besteht nicht. Der Angehörige einer niedrigeren Rangklasse ist jedoch dem im Dienstgrad Höheren Achtung schuldig. Festungswerkmeister und Hufbeschlaglehrmeister (Rangklasse B III 1) und Unteroffiziere mit Portepee (Rangklasse B III 2) sind in und außer Dienst Vorgesetzte der Fähnriche und der Unteroffiziere mit Portepee ihrer Einheit.

6. Zwischen den Angehörigen der Rangklasse der Mannschaften besteht kein allgemeines Vorgesetztenverhältnis.

II. Vorgesetztenverhältnis auf Grund besonderer Dienststellung

1. Soldaten, denen durch allgemeine Dienstvorschriften oder durch besondere Anordnung der Befehl über andere Soldaten übertragen wird, sind, auch wenn sie einer niedrigeren Rangklasse angehören als diese, für die Dauer der übertragenen Dienststellung deren Vorgesetzte, jedoch nur für den Umfang der damit verbundenen Diensthandlungen.

Zu Vorgesetzten dürfen nicht bestellt werden: Musikinspizienten, Musikmeister, Unteroffiziere und Mannschaften über Offiziere; Unteroffiziere und Mannschaften über Musikinspizienten und Musikmeister; Mannschaften über Unteroffiziere.

Zur Übertragung einer dauernden Befehlsbefugnis an Mannschaften über Mannschaften für gewisse Dienststellungen bei der Ausbildung und im Innendienst, z. B. als Korporalschafts-(Trupp-, Beritt-, Geschütz-)Führer, Hilfslehrer oder Aufsichthabender im technischen Dienst, Stubenältester, Rekrutengefreiter, sind nur die mit Disziplinarstrafgewalt versehenen Vorgesetzten berechtigt. Jede derartige Übertragung ist allen Beteiligten dienstlich bekanntzugeben.

Zur Übertragung einer vorübergehenden Befehlsbefugnis an Mannschaften über Mannschaften für einzelne Dienstverrichtungen (z. B. zum Zurückführen einer Abteilung vom Schießstand) ist jeder Vorgesetzte berechtigt. Einer Bekanntgabe an die Untergebenen bedarf es zur Begründung des Vorgesetztenverhältnisses in diesem Fall nicht. Um aber zu verhindern, daß sich ein Untergebener auf Unkenntnis der Vorgesetzteneigenschaft beruft, ist auch in diesem Fall die Übertragung den Beteiligten in geeigneter Weise bekanntzugeben.

2. Sanitäts- oder Veterinäroffiziere sind nicht befugt, in die Kommandogewalt der Truppen- usw. Offiziere einzugreifen oder der Truppe usw. Befehle zu erteilen. Ebensowenig haben die Truppenbefehlshaber die Befugnis, in die fachliche Tätigkeit der vorgenannten Offiziere einzugreifen. Die Truppenbefehlshaber haben auch nicht einzugreifen in die disziplinare Strafgewalt der Sanitäts- und Veterinäroffiziere bei Verfehlungen gegen die ärztlichen oder sanitätsdienstlichen, veterinären oder veterinärdienstlichen Vorschriften und

Pflichten und bei Verfehlungen gegen das dienstliche Ansehen der Sanitäts- oder Veterinäroffiziere in Ausübung des Sanitäts- oder Veterinärdienstes.

Offiziere, die sich in den von Sanitäts- oder Veterinäroffizieren geleiteten Anstalten oder geführten Verbänden befinden, treten unter den Befehl des Leiters der Anstalt oder Führers des Verbandes. Gehören jene Offiziere einer höheren Rangklasse an als der leitende oder führende Sanitäts- oder Veterinäroffizier, so erstreckt sich dessen Befehlsgewalt über Offiziere nur auf Anordnungen, die die Hausordnung oder die fachliche Tätigkeit betreffen.

3. Treffen Truppenteile oder einzelne Offiziere oder Unteroffiziere zufällig in Ausübung des Dienstes zusammen und erscheint dem Dienstältesten aus dringenden militärischen Gründen einheitliche Führung erforderlich, so hat er unter Bekanntgabe an die Beteiligten das Kommando zu übernehmen. Er ist für die Dauer der einheitlichen Befehlsführung Vorgesetzter der übrigen Soldaten. Er hat zu verantworten, wenn er jemand veranlaßt, von Sonderbefehlen, die dieser ihm mitzuteilen verpflichtet ist, abzuweichen und sich seinem Befehl zu unterstellen.

4. Stabsfeldwebel oder Oberfeldwebel (Stabs- oder Oberwachtmeister) in Hauptfeldwebel-(Hauptwachtmeister-)stellen und die vom zuständigen Disziplinarvorgesetzten für die Dauer der Beurlaubung, Kommandierung oder Krankheit usw. des Hauptfeldwebels beauftragten Stellvertreter sind in und außer Dienst Vorgesetzte aller Unteroffiziere ihrer Einheit.

5. Die Musikmeisteranwärter (Musikoberfeldwebel usw.) und Korpsführer, die den Dienst eines fehlenden Musikmeisters wahrnehmen, sind für die Dauer der übertragenen Dienststellung in und außer Dienst Vorgesetzte aller Unteroffiziere ihres Musik-(Trompeter-)Korps.

III. Vorgesetztenverhältnis auf Grund eigener Erklärung

1. Jeder dienstältere Offizier hat das Recht und die Pflicht, dienstjüngere Offiziere, falls deren außerdienstliches Verhalten es erfordert, zurechtzuweisen. Er darf sich dabei, wenn nötig, ihnen gegenüber in das Verhältnis eines Vorgesetzten setzen. Das Vorgesetztenverhältnis beginnt mit der Erklärung des Offiziers, daß er als Vorgesetzter anzusehen ist.

2. Jeder Offizier und Unteroffizier ist berechtigt, die nach dem Dienstgrad oder Dienstalter unter ihm stehenden Soldaten vorläufig festzunehmen oder ihre vorläufige Festnahme zu bewirken, wenn die Aufrechterhaltung der Mannszucht es erfordert. Mit der Erklärung der Festnahme tritt der Festnehmende gegenüber dem anderen in ein Vorgesetztenverhältnis.

D. Dienstverhältnis zwischen Soldaten und Wehrmachtbeamten

1. Ein durch Dienstrang oder Dienststellung begründetes Vorgesetztenverhältnis von Wehrmachtbeamten gegenüber Soldaten besteht mit der unter

Ziff. 3 angeführten Ausnahme nicht. Jedoch stehen die Wehrmachtbeamten gegenüber den Soldaten in einem ihrem Dienstrang entsprechenden Verhältnis.

2. Soldaten haben die dienstlichen Anordnungen von Wehrmachtbeamten, unter deren Leitung oder Verantwortung sie Dienst tun, zu befolgen.

Bei mobiler Verwendung haben Soldaten außerdem außerhalb des Dienstes den Wehrmachtbeamten auf Verlangen bei Ausübung ihres Dienstes zu helfen, wenn der Beamte erklärt, daß Gefahr im Verzuge sei. Im Dienst haben die Soldaten unter derselben Voraussetzung Hilfe zu leisten, wenn ihr Dienst es gestattet.

3. Den Intendanten des Feldheeres sind die Verwaltungsdienste des Befehlsbereichs ihrer Kommandobehörde unterstellt. Sie sind Disziplinar- und Dienstvorgesetzte der Verwaltungsbeamten und Disziplinarvorgesetzte der Unteroffiziere und Mannschaften der unterstellten Verwaltungsdienste.

E. Dienstverhältnis zwischen Soldaten und Angestellten oder Arbeitern

Soldaten, die unter Leitung oder Verantwortung von Angestellten oder Arbeitern Dienst tun, haben deren Anordnungen zu befolgen, soweit diese sich auf den betreffenden Dienst beziehen.

Anhang 2

Gattungen und Rangklassen der Wehrmachtbeamten (Auswahl).

Es haben den militärischen Rang als:

Generalleutnant	Generalmajor	Oberstleutnant	Major	Hauptmann	
Ministerialdirektor	Ministerialdirigent **Oberst** Ministerialrat	Oberfeldapotheker, Ministerialbürodirektor, Oberregierungsrat (techn. u. nichttechn.), Oberregierungsbaurat, Amtsrat (ältere)	Oberstabsapotheker, Regierungsrat (techn. u. nichttechn.), Regierungsbaurat, Vermessungsamtmann, Verwaltungsamtmann (techn. und nichttechn.), Amtsrat (jüngere), Heeresjustizoberamtmann und -Amtmann	Reichskriegsgerichtsoberinspektor, Heeresjustizoberinspektor, Techn. Oberinspektor beim Pionierwesen u. bei der Festungsbauverwaltung, Regierungsassessor, Regierungsoberinspektor (techn. u. nichttechn.)	Heeresverpflegungsamtsvorsteher, Heeresbekleidungsamtsvorsteher, Vorsteher der Remonteämter, Verwaltungsoberinspektor, Oberinspektor (techn. u. nichttechn.), Waffenoberrevisor, Obertrigonometer, Oberkartograph

Anhang 2 (Fortsetzung)

Gattungen und Rangklassen der Wehrmachtbeamten (Auswahl).

Es haben den militärischen Rang als:

Oberleutnant		Leutnant	Oberfeldwebel	Feldwebel	Bemerkungen
Reichskriegsgerichtsinspektor, Heeresjustizinspektor, Techn. Inspektor beim Pionierwesen u. bei der Festungsbauverwaltung, Regierungsreferendar, Regierungsinspektor (techn. u. nicht techn.), Verwaltungsinspektor	Remonteamtsverwalter, Betriebsleiter bei den Remonteämtern, Waffenrevisor, Trigonometer, Kartograph, Kanzleivorsteher beim Reichskriegsgericht	Lithograph, Waffenmeister, Verwaltungssekretär, Technischer Sekretär, a. p. Inspektor der in der Übersicht aufgeführten Beamtengattungen	Regimentssattlermeister, Backmeister, Oberbotenmeister, Ministerialamtsgehilfen, Drucker, Lagermeister, Laboranten, Reichskriegsgerichtswachtmeister, Magazinaufseher, Assistent, Heeresjustizoberwachtmeister	Heeresjustizwachtmeister, Botenmeister	1. Zugrundegelegt sind die Amtsbezeichnungen des BesG. v. 16. 12. 1927. 2. Die Wehrmachtbeamten des Heeres, außer den Heeresjustizbeamten, tragen auf den Schulterstücken ein „HV", und zwar die aktiven Beamten aus gelbem Metall, die Beamten d. B. und a. K. ein solches aus weißem Metall.

Anhang 8

Die Pflichten des deutschen Soldaten

1. Die Wehrmacht ist der Waffenträger des deutschen Volkes. Sie schützt das Deutsche Reich und Vaterland, das im Nationalsozialismus geeinte Volk und seinen Lebensraum. Die Wurzeln ihrer Kraft liegen in einer ruhmreichen Vergangenheit, im deutschen Volkstum, deutscher Erde und deutscher Arbeit.

Der Dienst in der Wehrmacht ist Ehrendienst am deutschen Volke.

2. Die Ehre des Soldaten liegt im bedingungslosen Einsatz seiner Person für Volk und Vaterland bis zur Opferung seines Lebens.

3. Höchste Soldatentugend ist der kämpferische Mut. Er fordert Härte und Entschlossenheit. Feigheit ist schimpflich, Zaudern unsoldatisch.

4. Gehorsam ist die Grundlage der Wehrmacht, Vertrauen die Grundlage des Gehorsams. Soldatisches Führertum beruht auf Verantwortungsfreude, überlegenem Können und unermüdlicher Fürsorge.

5. Große Leistungen im Kriege und Frieden entstehen nur in unerschütterlicher Kampfgemeinschaft von Führer und Truppe.

6. Kampfgemeinschaft erfordert Kameradschaft. Sie bewährt sich besonders in Not und Gefahr.

7. Selbstbewußt und doch bescheiden, aufrecht und treu, gottesfürchtig und wahrhaft, verschwiegen und unbestechlich soll der Soldat dem ganzen Volk ein Vorbild männlicher Kraft sein. Nur Leistungen berechtigen zum Stolz.

8. Größten Lohn und höchstes Glück findet der Soldat im Bewußtsein freudig erfüllter Pflicht.

Charakter und Leistung bestimmen seinen Weg und Wert.

Berlin, den 25. Mai 1934.

Der Reichspräsident
gez. von Hindenburg.

Anhang 4

Der Reichswehrminister Berlin, den 15. Februar 1935*).

Nr. 14 x 12 J (Ia) / 740. 35.

Die in der Anlage beigefügten Bestimmungen über Polizei und Wehrmacht treten mit dem heutigen Tage in Kraft.

Die Verfügung soll später als HDv. 3/4 mit den Bestimmungen über Waffengebrauch zusammengefaßt werden**).

gez. von Blomberg.

Polizei und Wehrmacht

Im Einvernehmen mit den Reichsministern des Innern und der Justiz sind folgende Richtlinien für die Befugnisse der Polizeiorgane gegenüber Angehörigen der Wehrmacht aufgestellt worden, nach denen in Zukunft zu verfahren ist.

I. Allgemeines

1. Die Angehörigen der Wehrmacht sind durch ihre Vorgesetzten dahin anzuweisen, daß sie als Vertreter der Staatsgewalt im besonderen Maße verpflichtet sind, außerhalb des Dienstes alle allgemeinen und örtlichen polizeilichen Verordnungen genau zu befolgen und den Anordnungen der Polizeibeamten, die diese in Ausübung des Dienstes erteilen, Folge zu leisten.

Auch im Dienst befindliche Soldaten und Abteilungen haben derartigen Anordnungen nachzukommen, soweit nicht dringende dienstliche Gründe dem entgegenstehen (vgl. außerdem Abschnitt II).

2. Einzelne Soldaten außerhalb des Dienstes haben die Pflicht, den Polizeibeamten auf deren Anforderung in dringenden Fällen Hilfe und Unterstützung zu leisten. Einzelne Soldaten im Dienst haben solchem Ansuchen gleichfalls nachzukommen, soweit ihr Dienst dies gestattet.

Werden die Führer geschlossener Abteilungen von einzelnen Polizeibeamten um Hilfe angegangen, so haben sie dieser Bitte, wenn irgend angängig, zu entsprechen. Für das etwaige Eingreifen sind die Bestimmungen der Vorschrift über den Waffengebrauch maßgebend.

3. Wird die Polizei zum Einschreiten gegen Angehörige der Wehrmacht gezwungen, so hat dies in ruhiger, möglichst unauffälliger Form zu geschehen.

---

*) Ergänzt durch Erlaß v. 10. 5. 37 (HVBl. 1937 S. 239 Nr. 619).

**) Inzwischen geschehen.

II. Befugnisse der Polizei gegenüber Wehrmachtangehörigen

A. Vorläufige Festnahme von Wehrmachtangehörigen durch die Polizei beim Verdacht strafbarer Handlungen.

1. Voraussetzungen.

— §§ 101, 96 der Militärstrafgerichtsordnung (MStGO.) —

(1) Die Polizei ist zur vorläufigen Festnahme von Wehrmachtangehörigen nur berechtigt, wenn bei dringendem Tatverdacht und Gefahr im Verzug ein militärischer Vorgesetzter oder eine militärische Wache nicht erreichbar ist, sofern

a) es sich um ein Verbrechen handelt oder

b) Fluchtverdacht besteht oder

c) Gefahr der Verdunkelung oder des Mißbrauchs der Freiheit zu neuen strafbaren Handlungen vorliegt.

(2) Wird ein Wehrmachtangehöriger bei einem Verbrechen oder Vergehen auf frischer Tat betroffen oder verfolgt, so darf er schon dann polizeilich festgenommen werden, wenn seine Persönlichkeit nicht sofort festgestellt werden kann.

(3) Die Polizei ist berechtigt, festgenommenen Wehrmachtangehörigen von ihnen mitgeführte Waffen abzunehmen. Abgenommene Waffen sind dem Truppenteil (Dienststelle) des Festgenommenen zuzustellen.

2. Festnahme von Wehrmachtangehörigen im Offiziersrang.

Bei einem im Offiziersrang stehenden und in Uniform mit entsprechenden Dienstgradabzeichen befindlichen Wehrmachtangehörigen ist die Annahme ausgeschlossen, daß er der Flucht verdächtig sei, oder daß seine Persönlichkeit nicht sofort festgestellt werden könne, es sei denn, daß er bei Begehung eines Verbrechens auf frischer Tat betroffen oder verfolgt wird (vgl. § 101 Abs. 3 MStGO.).

3. Festnahme in militärischen Dienstgebäuden*).

Befindet sich ein Wehrmachtangehöriger in einem militärischen Dienstgebäude — hierzu gehören auch Kriegsfahrzeuge —, so hat die Polizei die Militärbehörde**) um Ausführung der Festnahme zu ersuchen.

Die Zugehörigkeit fremdvölkischer Personen zum Wehrmachtgefolge steht dem Festnahmerecht der deutschen Polizei nicht entgegen. Der Reichsführer ᛋᛋ und Chef der deutschen Polizei ist vom OKW. gebeten worden, seine Polizeiorgane anzuweisen, daß Festnahmen solcher Personen in militärischen Dienstgebäuden oder während des Dienstes nur nach vorheriger Unterrichtung des Dienststellenleiters stattfinden sollen (OKW. v. 16. 3. 43 MVBl. S. 137 Nr. 131).

*) Zu militärischen Dienstgebäuden sind auch zu rechnen sonstige militärische Anlagen, die durch Soldaten oder Wächter der Wehrmacht bewacht werden, sowie in Dienst gestellte Kriegsfahrzeuge einschließlich Beiboote.

**) Für den Begriff „Militärbehörde“ gilt sinngemäß der Erlaß v. 7. 12. 1933 zu Nr. V (Reichsministerialblatt 1933 S. 690, HVBl. 1933 S. 193, MVBl. 1934 S. 4), abgedruckt auch HDv. 3 g S. 92/MDv. Nr. 124 Heft 3.

4. Festnahme während des Dienstes.

Befindet sich ein Wehrmachtangehöriger im Dienst, so soll ihn die Polizei nur aus besonders dringlichen Gründen selbst festnehmen, z. B. wenn er bei einem Verbrechen auf frischer Tat betroffen wird und ein militärischer Vorgesetzter oder eine militärische Wache nicht sofort erreichbar ist. Als im Dienst befindlich ist ein einzelner Wehrmachtangehöriger nur dann anzusehen, wenn es die Umstände (z. B. Postenstehen) eindeutig erkennen lassen, oder wenn er einen Ausweis darüber vorzeigen kann.

5. Festnahme außerhalb militärischer Dienstgebäude oder außer Dienst.

Auch in anderen Fällen als zu 3 und 4 soll die Polizei die Festnahme möglichst durch Wehrmachtangehörige bewirken.

6. Mitteilung der Festnahme.

Die Polizei hat von jeder Festnahme eines Wehrmachtangehörigen sofort seine vorgesetzte Dienststelle zu benachrichtigen, soweit nicht der Festgenommene unmittelbar der Dienststelle zugeführt oder nach Verständigung mit dieser oder Feststellung seiner Persönlichkeit entlassen werden kann.

B. Einschreiten gegen Wehrmachtangehörige, die nicht strafbarer Handlungen verdächtig sind.

Ist ein Einschreiten der Polizei gegen Wehrmachtangehörige geboten, gegen die kein Verdacht strafbarer Handlungen vorliegt, so hat sie sich darauf zu beschränken, sie auf ihr ordnungswidriges Verhalten hinzuweisen, nötigenfalls Namen und Dienststelle festzustellen und dieser Anzeige zu erstatten. Kann sich ein Wehrmachtangehöriger nicht ausreichend ausweisen, so kann er zur Feststellung der Persönlichkeit einem militärischen Vorgesetzten oder einer militärischen Wache oder, wenn diese nicht sofort erreichbar sind, einer Polizeiwache zugeführt werden; auch dies soll tunlichst durch Wehrmachtangehörige bewirkt werden.

C. Wehrmachtangehörige in Zivil.

Wehrmachtangehörige in Zivil sind ebenso zu behandeln wie Zivilpersonen. Können sie sich einwandfrei als Wehrmachtangehörige ausweisen, so ist nach Abschnitt A oder B zu verfahren.

D. Beschlagnahme und Durchsuchungen.

1. Bei Wehrmachtangehörigen, die strafbarer Handlungen verdächtig sind, darf die Polizei Beschlagnahmen oder Durchsuchungen nur auf Ersuchen des Gerichtsherrn oder des Untersuchungsführers vornehmen (§ 161 MStGO).

2. In anderen Fällen, z. B. wenn in einem Verfahren gegen eine Zivilperson eine Beschlagnahme oder eine Durchsuchung bei einem Wehrmacht-

angehörigen nötig wird, steht der Polizei das Recht dazu in demselben Umfang zu wie gegenüber Zivilpersonen. Durchsuchungen in militärischen Dienstgebäuden erfolgen jedoch durch Ersuchen der Militärbehörde*), es sei denn, daß Räume zu durchsuchen sind, die in militärischen Dienstgebäuden ausschließlich von Zivilpersonen bewohnt werden (§§ 98 Abs. 4, 105 Abs. 4 der Strafprozeßordnung).

E. Polizeiliche Ermittlungen.

Soweit die Polizei zur Vornahme von Ermittlungen zuständig ist, darf ihr der Zutritt zu militärischen Dienstgebäuden nicht verweigert werden (vgl. aber A 3 und D 2). Der militärische Dienst soll jedoch dadurch möglichst nicht gestört werden. Dem Ersuchen der Polizei, Wehrmachtangehörige zur Vernehmung außerhalb der militärischen Dienstgebäude zu gestellen, ist Folge zu leisten, soweit es der militärische Dienst irgend zuläßt.

Soweit gegenüber Wehrmachtangehörigen die Militärgerichtsbarkeit nicht besteht (§§ 2—4 MStGO., § 10 EinfGes. zur MStGO.), gelten an sich für die Befugnisse der Polizei die Vorschriften der Strafprozeßordnung. Die vorstehenden Richtlinien sind jedoch auch dann anzuwenden.

Verstöße von Angehörigen der Wehrmacht gegen die Luftschutzdienstpflicht.

(HVBl. 1941 A S. 23 Nr. 20)

Verstöße von Angehörigen der Wehrmacht, die zur Dienstleistung im Selbstschutz herangezogen sind, gegen die Luftschutzdienstpflicht werden durch die Polizeibehörde der vorgesetzten militärischen Dienststelle gemeldet und sind von dieser zu ahnden. Polizeiliche Zwangsmaßnahmen werden nicht angewendet.

Gebührenpflichtige Verwarnung von Wehrmachtangehörigen durch die Polizei.

(OKW. v. 7. 4. 42 — HVBl. B S. 233 Nr. 342)

Bei Zuwiderhandlungen gegen die Straßenverkehrsordnung ist die Polizei bis auf weiteres berechtigt, auch Wehrmachtangehörige in den Fällen gebührenpflichtig zu verwarnen, wo sie gegenüber Zivilpersonen vom Erlaß einer Strafverfügung abzusehen und mit einer gebührenpflichtigen Verwarnung einzuschreiten pflegt. Der Wehrmachtangehörige ist jedoch nicht verpflichtet, die Warnung entgegenzunehmen oder die Gebühr zu bezahlen, er muß dann vielmehr den Polizeibeamten auf den Weg der Meldung an seinen Vorgesetzten verweisen.

---

*) Für den Begriff „Militärbehörde" gilt sinngemäß der Erlaß v. 7. 12. 1933 zu Nr. V (Reichsministerialblatt 1933 S. 690, HVBl. 1933 S. 193, MVBl. 1934 S. 4), abgedruckt auch HDv. 3 g S. 32/MDv. Nr. 124 Heft 3.

Sachregister

(Die Zahlen bedeuten die Seiten.)

C.

D.

E.

F.

G.

H.

J.

W.

FSC
www.fsc.org
MIX
Papier | Fördert
gute Waldnutzung
FSC® C083411

Kolibri 360 GmbH
Ferdinand-Jühlke-Straße 7
99095 Erfurt, Deutschland
produktsicherheit@kolibri360.de